AS CONTRATAÇÕES DE INOVAÇÃO PELA ADMINISTRAÇÃO PÚBLICA À LUZ DO MARCO LEGAL DAS *STARTUPS* E DO EMPREENDEDORISMO INOVADOR

JULIANA PICININ
TATIANA CAMARÃO
HENRIQUE CAMPOLINA

Prefácio
José Arthur de Carvalho Pereira Filho

AS CONTRATAÇÕES DE INOVAÇÃO PELA ADMINISTRAÇÃO PÚBLICA À LUZ DO MARCO LEGAL DAS *STARTUPS* E DO EMPREENDEDORISMO INOVADOR

Belo Horizonte

2024

© 2024 Editora Fórum Ltda.

É proibida a reprodução total ou parcial desta obra, por qualquer meio eletrônico, inclusive por processos xerográficos, sem autorização expressa do Editor.

Conselho Editorial

Adilson Abreu Dallari
Alécia Paolucci Nogueira Bicalho
Alexandre Coutinho Pagliarini
André Ramos Tavares
Carlos Ayres Britto
Carlos Mário da Silva Velloso
Cármen Lúcia Antunes Rocha
Cesar Augusto Guimarães Pereira
Clovis Beznos
Cristiana Fortini
Dinorá Adelaide Musetti Grotti
Diogo de Figueiredo Moreira Neto (*in memoriam*)
Egon Bockmann Moreira
Emerson Gabardo
Fabrício Motta
Fernando Rossi
Flávio Henrique Unes Pereira

Floriano de Azevedo Marques Neto
Gustavo Justino de Oliveira
Inês Virgínia Prado Soares
Jorge Ulisses Jacoby Fernandes
Juarez Freitas
Luciano Ferraz
Lúcio Delfino
Marcia Carla Pereira Ribeiro
Márcio Cammarosano
Marcos Ehrhardt Jr.
Maria Sylvia Zanella Di Pietro
Ney José de Freitas
Oswaldo Othon de Pontes Saraiva Filho
Paulo Modesto
Romeu Felipe Bacellar Filho
Sérgio Guerra
Walber de Moura Agra

CONHECIMENTO JURÍDICO

Luís Cláudio Rodrigues Ferreira
Presidente e Editor

Coordenação editorial: Leonardo Eustáquio Siqueira Araújo / Aline Sobreira de Oliveira
Revisão: Érico Barboza
Capa e projeto gráfico: Formato Editoração
Diagramação: Formato Editoração

Rua Paulo Ribeiro Bastos, 211 – Jardim Atlântico – CEP 31710-430
Belo Horizonte – Minas Gerais – Tel.: (31) 99412.0131
www.editoraforum.com.br – editoraforum@editoraforum.com.br

Técnica. Empenho. Zelo. Esses foram alguns dos cuidados aplicados na edição desta obra. No entanto, podem ocorrer erros de impressão, digitação ou mesmo restar alguma dúvida conceitual. Caso se constate algo assim, solicitamos a gentileza de nos comunicar através do *e-mail* editorial@editoraforum.com.br para que possamos esclarecer, no que couber. A sua contribuição é muito importante para mantermos a excelência editorial. A Editora Fórum agradece a sua contribuição.

Dados Internacionais de Catalogação na Publicação (CIP) de acordo com ISBD

P593c	Picinin, Juliana As contratações de inovação pela Administração Pública à luz do Marco Legal das Startups e do Empreendedorismo Inovador / Juliana Picinin, Tatiana Camarão, Henrique Campolina. Belo Horizonte: Fórum, 2024. 419p. 14,5x21,5cm il. ISBN impresso C ISBN digital 978-65-5518-824-0 1. Inovação. 2. Startup. 3. Marco Legal. 4. Procedimento. 5. Licitação. 6. Modal. 7. Marco Legal das Startups e do Empreendedorismo Inovador. 8. Lei Complementar nº 182/2021. 9. Ecossistema de inovação. 10. Contrato público de solução inovadora. 11. Contrato de fornecimento. 12. Teste de solução inovadora. I. Picinin, Juliana. II. Camarão, Tatiana. III. Campolina, Henrique. IV. Título. CDD: 350 CDU: 35

Ficha catalográfica elaborada por Lissandra Ruas Lima – CRB/6 – 2851

Informação bibliográfica deste livro, conforme a NBR 6023:2018 da Associação Brasileira de Normas Técnicas (ABNT):

PICININ, Juliana; CAMARÃO, Tatiana; CAMPOLINA, Henrique. *As contratações de inovação pela Administração Pública à luz do Marco Legal das Startups e do Empreendedorismo Inovador.* Belo Horizonte: Fórum, 2024. 419p. ISBN 978-65-5518-821-9.

SUMÁRIO

PREFÁCIO
José Arthur de Carvalho Pereira Filho 13

NOTA DOS AUTORES 15

CAPÍTULO 1
INOVAÇÃO E ECOSSISTEMA DE INOVAÇÃO
Tatiana Camarão 19
1.1 A governança e o pilar da inovação 19
1.2 A sustentabilidade nos diálogos sobre inovação 25
1.3 O que é inovação? 27
1.4 O que é ecossistema de inovação? 32
1.5 O enfrentamento do novo e o medo administrativo 38
1.6 Em que contexto inovamos? 45
1.7 Quais são os desafios de contratar inovação no Brasil e por que tantos novos arranjos? 49

CAPÍTULO 2
ARCABOUÇO NORMATIVO DA INOVAÇÃO NO BRASIL
Juliana Picinin 57
2.1 A previsão da inovação no texto constitucional e o papel do Estado na sua construção 57
2.2 A previsão da inovação no texto infraconstitucional 64
2.3 A relevância da inovação para o desenvolvimento nacional sustentável 74
2.4 As possíveis formas de contratar inovação pelos órgãos públicos 77
2.5 A escolha intencional do legislador pela deslegalização procedimental e o seu significado prático 79
2.5.1 O que significa deslegalização procedimental? 83
2.5.2 Os espaços decorrentes da deslegalização e o hábito da positivação dos procedimentos no Brasil 84

2.5.3	O preenchimento dos espaços deslegalizados no caso do MLSEI	85
2.5.4	O preenchimento dos espaços deslegalizados: como será a visão dos órgãos de controle?	87
2.5.5	O preenchimento dos espaços deslegalizados: como realizar o preenchimento e a influência da LINDB nessa tarefa?	88
2.5.6	A interferência positiva (ou não) das regulamentações pelos órgãos de controle e conselhos temáticos	89

CAPÍTULO 3
MARCO LEGAL DAS *STARTUPS* E DO EMPREENDEDORISMO INOVADOR: COMPREENDENDO O CONTEXTO EM QUE NASCE O NOVO MODAL LICITATÓRIO
Juliana Picinin 91

3.1	Em que contexto surge o marco legal das *startups* e do empreendedorismo inovador?	91
3.2	Princípios, diretrizes e enquadramento no novo marco legal	96
3.3	*Mindset* da inovação e eixos estruturantes do novo marco legal	102
3.3.1	O que se entende por eixos estruturantes e o motivo de existirem na estrutura do novo marco legal	102
3.3.2	Assimetria de informações e interação com o mercado	103
3.3.3	Desapego à ditadura da solução e escuta empática	105
3.3.4	Espaços dialógico-negociais e fluidez procedimental	108
3.3.5	Aceitação do risco e da incerteza	112
3.3.6	Aceitação dos gargalos desafiadores e o *brainstorm* honesto	114
3.3.7	Agilidade para ser eficiente	116
3.3.8	Foco no usuário e sua experiência	117
3.4	A utilização do novo marco legal pelas estatais e suas adaptações	123
3.5	Matriz de risco na inovação	133
3.6	Risco, incerteza e fracasso na inovação	138
3.6.1	Conceito de risco e incerteza em matéria de inovação	138
3.6.2	O que significa o poder de contratar o fracasso?	144

CAPÍTULO 4
AS CONTRATAÇÕES DE INOVAÇÃO PELA ADMINISTRAÇÃO PÚBLICA À LUZ DA LEI COMPLEMENTAR Nº 182/2021 E DA LEI Nº 14.133/2021
Tatiana Camarão, Henrique Campolina 147

4.1	A governança das contratações como fio condutor da utilização do novo modal	147

4.2	Repercussões de admitir a inovação como propósito nas contratações públicas	151
4.3	O que é *startup*?	154
4.3.1	Conceito de *startup* no novo marco legal	155
4.3.2	Conceito de *startup* para outros instrumentos	157
4.3.3	Quem pode participar das licitações no novo marco legal?	158
4.4	Qual o objetivo de contratar a partir do novo modal?	159
4.5	A etapa do planejamento da contratação no novo modal	163
4.5.1	A escolha do desafio	169
4.5.2	A natureza multidisciplinar da equipe de planejamento	171
4.5.3	O respeito ao princípio da segregação de funções e a forma de aproveitamento da matriz humana na esteira da inovação	173
4.5.4	A prescindibilidade do estudo técnico preliminar	178
4.5.5	A descrição da pretensão	181
4.5.5.1	A descrição do desafio	183
4.5.5.2	A descrição dos resultados esperados e dos requisitos técnicos necessários ou desejáveis	185
4.5.5.3	A inaplicabilidade do conceito de "termo de referência" do art. 6º, inc. XXIII, da Lei nº 14.133/21	186
4.5.6	O dilema da construção do preço de referência	188
4.5.6.1	O significado do art. 13, §10, do novo marco legal	193
4.5.6.2	O que pode ser negociado em fase própria	194
4.5.7	A utilização de processos eletrônicos e sistêmicos	195
4.5.8	O plano de comunicação da licitação e dos contratos subsequentes	197
4.5.9	O papel residual e subsidiário da utilização da Lei nº 14.133/21	198
4.5.10	Compreendendo os diversos modais	198
4.5.10.1	Encomenda tecnológica (ETEC)	198
4.5.10.2	Diálogo competitivo	200
4.5.10.3	Contrato Público de Solução Inovadora (CPSI)	203
4.5.10.4	Procedimento de Manifestação de Interesse (PMI)	203
4.5.10.5	Contratações na Lei nº 14.133/21	206
4.5.10.6	Contratações de TED e outros modelos	212
4.5.11	O que pode ser utilizado da Lei nº 14.133/21	213
4.6	Os principais itens editalícios do novo modal	216
4.6.1	Delimitação do escopo da licitação	216
4.6.2	Divulgação do edital	219
4.6.3	Esclarecimentos e impugnações ao edital	220
4.6.4	Potenciais licitantes e condições de participação	220

4.6.4.1	Participação de microempresas e empresas de pequeno porte ..	221
4.6.5	Comissão de julgamento...	222
4.6.5.1	Composição obrigatória e escolhas possíveis................................	222
4.6.5.2	Formas de contratação do professor de IPES................................	223
4.6.5.3	Formas de remuneração do professor de IPES.............................	227
4.6.6	Critérios para julgamento das propostas	227
4.6.6.1	O potencial de resolução do problema pela solução proposta e, se for o caso, da provável economia para a Administração Pública...	228
4.6.6.2	O grau de desenvolvimento da solução proposta	229
4.6.6.3	A viabilidade e a maturidade do modelo de negócio da solução...	232
4.6.6.4	A viabilidade econômica da proposta, considerados os recursos financeiros disponíveis para a celebração dos contratos...	233
4.6.6.5	A demonstração comparativa de custo e benefício da proposta em relação às opções funcionalmente equivalentes....................	233
4.6.6.6	O peso dos critérios de julgamento...	234
4.6.7	Possibilidade de contratação múltipla...	234
4.6.8	Fase habilitatória e seus documentos	235
4.6.9	Negociação...	237
4.6.9.1	Fase de negociação	237
4.6.9.2	Conteúdo da negociação...	237
4.6.9.3	Limites objetivos da negociação	241
4.6.10	Critérios para remuneração do teste...	242
4.6.10.1	Preço fixo x reembolso de custos...	245
4.6.10.2	Remunerações de incentivo: variável ou fixa..............................	246
4.6.10.3	A possibilidade de remuneração diferenciada por etapas	248
4.6.10.4	A possibilidade de alteração da remuneração por negociação...	249
4.6.11	Os limites de valor para as contratações......................................	250
4.6.11.1	Os limites gerais de valor	250
4.6.12	Os limites de tempo para as contratações....................................	252
4.6.12.1	Os limites de tempo nos diferentes tipos de contrato	252
4.6.12.2	A vivência de contratos simultâneos e de temporalidades distintas	252
4.7	Contrato Público de Solução Inovadora (CPSI)	253
4.7.1	Objeto do CPSI	254
4.7.2	Prazo do CPSI..	254
4.7.2.1	Prazo de publicação do extrato de contrato e assinatura do CPSI	255

4.7.3	Cláusulas negociáveis do CPSI	256
4.7.4	Cláusulas obrigatórias do CPSI	258
4.7.4.1	Metas a serem atingidas e metodologia de aferição	259
4.7.4.2	Relatórios de andamento da execução contratual	260
4.7.4.3	Matriz de riscos	261
4.7.4.4	Titularidade dos direitos de propriedade intelectual das criações resultantes do CPSI	266
4.7.4.5	Participação nos resultados da exploração	268
4.7.5	Pagamento pelos serviços prestados	273
4.7.5.1	A apuração dos valores a pagar	276
4.7.5.2	O risco tecnológico e suas consequências	277
4.7.5.2.1	Quando será considerado risco tecnológico	279
4.7.5.2.2	O pagamento pelo esforço	279
4.7.5.2.3	A extinção prematura do contrato e de suas responsabilidades	280
4.7.5.2.4	A possibilidade de pagamento antecipado	281
4.7.5.2.5	A necessidade (ou não) de risco tecnológico na contratação pelo novo marco legal	285
4.7.5.3	Os recebimentos provisório e definitivo do objeto	285
4.7.5.4	O ateste do teste e serviços prestados	287
4.8	Contrato de fornecimento	288
4.8.1	Objeto do contrato de fornecimento	290
4.8.2	Prazo do contrato de fornecimento	291
4.8.3	Escolha do contrato no caso de contratação múltipla por meio de CPSI	291

CAPÍTULO 5
A METODOLOGIA SUGERIDA PARA O NOVO MODAL
Juliana Picinin 295

5.1	A repercussão do desafio no plano de contratações anual	295
5.2	A visão estratégica do apetite de investimento no conjunto dos desafios	297
5.3	A abertura do procedimento de contratação	304
5.4	A seleção da equipe de planejamento	305
5.5	A contratação do professor de IPES	309
5.6	A simplificação e a alteração dos requisitos editalícios frente a licitações tradicionais	310
5.7	*Trade secrets*	312
5.7.1	O que são *trade secrets*	312
5.7.2	A previsão de *trade secrets* no direito brasileiro	315

5.7.3	O que é possível (ou não) sob sigilo e para quem	320
5.7.4	Tratamento dos *trade secrets* no processo e sua temporalidade	320
5.8	A figura do consórcio e suas cautelas	321
5.9	A forma de produzir esclarecimentos aos interessados	323
5.9.1	Consulta pública pré-edital	324
5.9.1.1	A prescindibilidade e a escolha administrativa na consulta	326
5.9.2	Transparência ativa	327
5.9.3	Sessão pública de esclarecimentos	330
5.10	Fases procedimentais	331
5.10.1	Fase eliminatória inicial	331
5.10.2	Fase do *pitch day*	332
5.10.3	Fase do *bootcamp*	333
5.10.4	Fase de negociação	335
5.10.4.1	O sentido de uma fase própria	335
5.10.4.2	Os limites objetivos da negociação	336
5.10.4.3	A crítica à desclassificação proposta pelo TCU aos não negociantes	336
5.10.4.4	Os pontos de possível negociação e a equanimidade entre os concorrentes	337
5.10.5	Fase de julgamento técnico das propostas	341
5.10.5.1	Critérios de julgamento	342
5.10.5.1.1	Observações acerca dos critérios e seus métodos de avaliação	342
5.10.6	Fase habilitatória	353
5.10.6.1	A redução dos itens habilitatórios	353
5.10.6.2	As consequências da inabilitação – o gestor está obrigado a convocar outros classificados?	355
5.10.6.3	A declaração de vencedores	358
5.10.7	Fase recursal	359
5.10.7.1	A existência de fase recursal única	359
5.10.7.2	Os efeitos da repristinação de fases em decorrência do acolhimento de recursos e os limites do retrocesso	360
5.10.8	Contrato Público de Solução Inovadora (CPSI)	361
5.10.8.1	Os espaços dialógico-negociais no contrato e a relativização do conceito de aditivação contratual	361
5.10.8.2	Reunião inaugural e única	363
5.10.8.3	A coordenação dos diferentes contratos em um mesmo processo executório e fiscalizatório e a isonomia no seu tratamento	364
5.10.8.4	A fiscalização dos contratos	365

5.10.8.4.1	O parecer conclusivo opinativo da Comissão Fiscalizadora......	366
5.10.8.5	Relatórios de execução...	368
5.10.8.5.1	Relatórios periódicos e metodologias ágeis.................................	369
5.10.8.5.2	Relatório de engenharia reversa..	371
5.10.8.6	Experiência do usuário como etapa..	372
5.10.8.6.1	A importância de ouvir o usuário..	373
5.10.8.6.2	Os módulos de experiência do usuário.......................................	374
5.10.8.6.3	Os registros da experiência do usuário.......................................	380
5.10.8.7	Os limites do teste..	381
5.10.8.8	Criações resultantes...	383
5.10.8.9	Evento do *demo day*..	387
5.10.8.10	Recebimento do objeto..	387
5.10.9	Contrato de fornecimento...	388
5.10.9.1	As possibilidades de fornecimento do serviço e a escolha do modelo de negócio..	389
5.10.9.2	A possibilidade do contrato de fornecimento como dispensa de processo licitatório..	390
5.10.9.3	Estudo Técnico de Modelo de Negócio (ETM)...........................	390
5.10.9.4	Diálogo com os usuários e instituições de representação.........	391
5.10.9.5	Apresentação, negociação e avaliação das propostas consolidadas...	392
5.10.9.6	Decisão do modelo de negócio e encaminhamento para contratação...	392

CAPÍTULO 6
CASES RELEVANTES DE UTILIZAÇÃO DO NOVO MARCO LEGAL .. 395
Henrique Campolina.. 395

6.1	A experiência vivida no Tribunal de Justiça de Minas Gerais...	395
6.2	Os editais do TCU	398
6.3	Outras experiências...	400
6.3.1	Copel	400
6.3.2	Recife	401
6.3.3	Ministério Público do Rio de Janeiro...	406
6.3.4	Petrobras	407

REFERÊNCIAS.. 411

PREFÁCIO

Como gestor, sempre tive ciência de que antigos paradigmas não ofereceriam respostas que compusessem a realidade de forma permanente.

Zygmunt Bauman já dizia que "nada foi feito para durar".

Diante do lançamento do Marco Legal das *Startups* e do Empreendedorismo Inovador, vislumbrei a possibilidade de que gargalos enfrentados pela Administração Pública pudessem encontrar soluções alternativas às tradicionais e ter maior interface com o mercado na construção das respostas.

Nesse contexto, como gestor, apoiei projetos inovadores e de utilização de modais diferenciados de contratação; dentre esses, o que será relatado neste livro, oportunidade em que todas as instituições parceiras do Tribunal convidadas para acompanhar a execução do CPSI se fizeram presentes e sinalizaram o acerto da iniciativa.

A propósito, vale citar que as pesquisas de satisfação indicaram que o modal foi acertado: a adoção de soluções tecnológicas para os desafios que atingem os jurisdicionados é desejada e apoiada por esses e suas instituições de representação. Não somente por esses, mas também por magistrados e servidores, que entendem o papel da tecnologia como aliada do desenvolvimento e a importância de abraçar os desafios e romper as paredes da inércia.

Aonde chegaríamos, não sabíamos, como fruto da própria incerteza que a inovação e a tecnologia contêm.

Como Norberto Bobbio já ensinava, "a história é um labirinto", do qual não temos como precisar a saída, já que não há ninguém do lado de fora que possa a indicar, competindo a nós mesmos o desafio de procurá-la.

Porém, nesse percurso, sabemos que existem caminhos que não nos levam a lugar algum e esses são os caminhos marcados pela inércia, pela acomodação, pelo medo e pela resistência.

Como dizia Zygmunt Bauman, "nenhuma sociedade que esquece a arte de questionar pode esperar encontrar respostas para os problemas que a afligem".

Assim, quando se adota a ousadia como maneira de pensar e agir, quando se incorpora a liquidez do viver e se permite experimentar, o resultado é encontrar respostas diferentes e mais adequadas às novas realidades e, assim, evoluir.

Desejamos a todos uma boa leitura.

José Arthur de Carvalho Pereira Filho
Desembargador do Tribunal de Justiça de Minas Gerais.
Vice-Presidente de Inovação e Tecnologia do Conselho de Presidentes dos Tribunais de Justiça (CONSEPRE).

NOTA DOS AUTORES

O Marco Legal das *Startups* e do Empreendedorismo Inovador – Lei Complementar nº 182 foi publicado no ano de 2021 e, logo após, o Tribunal de Justiça de Minas Gerais deu início aos estudos para sua utilização.

Paralelamente a isso, estudávamos a feitura deste livro e como preencher os espaços deixados pelo legislador para tornar operacional o modelo da lei.

A vivência no Tribunal permitiu com que tivéssemos verdadeira testagem das ideias concebidas para este livro.

Como dito por Uri Levine, "ninguém se apaixona por um método; apaixona-se pela jornada até encontrar o método que funciona".[*]

Aproveitamos para agradecer alguns profissionais que participaram diretamente nesse percurso e que têm méritos por suas participações representativas.

Especial agradecimento ao Desembargador José Arthur de Carvalho Pereira Filho, respectivamente Superintendente Administrativo (2021) e Presidente do Tribunal de Justiça de Minas Gerais (2022-2024), por apostar substancialmente no projeto, empenhar recursos humanos, operacionais e orçamentários para a sua realização, bem como atuar ativamente para que ele fosse executado.

Especial agradecimento à Alta Administração do Tribunal de Justiça de Minas Gerais, que, para além de seu Presidente, também apoiou a iniciativa (gestão 2022-2024). Nesse sentido, agradecemos aos Desembargadores Alberto Villas Boas, Renato Luís Dresch, Ana Paula Nanneti Caixeta, Luiz Carlos Corrêa Jr., Yeda Monteiro Athias e Evangelina Castilho Duarte.

Especial agradecimento à Alta Administração do Tribunal de Justiça de Minas Gerais, gestão 2024-2026, que segue apostando na inovação como estratégia de gestão. Nesse sentido, agradecemos aos Desembargadores Luiz Carlos Corrêa Jr., Marcos Lincoln dos Santos,

---

[*] LEVINE, Uri. *Apaixone-se pelo problema, não pela solução*: o Waze para todos os empreendedores e profissionais do mundo dos negócios. Porto Alegre: Citadel, 2023. p. 368.

Saulo Versiani Pena, Rogério Medeiros, Estevão Lucchesi e Kárin Emmerich.

Especial agradecimento aos Juízes Auxiliares que viabilizaram a construção do desafio-piloto e foram gestores dos primeiros CPSIs assinados: Dra. Marcela Maria Pereira Amaral Novais, Auxiliar da Presidência; e Dr. Sérgio Henrique Cordeiro Caldas Fernandes, Auxiliar da Corregedoria e Diretor do Foro da Capital, esse o grande líder de todo o desenvolvimento exitoso do projeto.

Também agradecemos ao Sr. Roberto Vasconcelos Nunes, Professor da UFMG e que atuou como membro da Comissão de Julgamento; aos servidores e colaboradores Júlio César Soares Nunes, Vanessa Lidiane de Oliveira Costa, Patrícia Araújo Belloni Nogueira, Cristiane Maria Ribeiro Alves, Luciano Fábio Marques de Brito, Cláudio Gonçalves Pimenta, Guilherme Catoni Costa, Henrique Esteves Campolina Silva, Mateus Cançado de Assis, João Pedro Stringhetta, Maria Regina Araújo de Castro e Mariana Gadioli Soares, que atuaram bravamente em suas especialidades para que o projeto-piloto pudesse alcançar êxito.

Além desses, também nosso agradecimento à equipe de servidores e colaboradores, bem como de magistrados, que atuaram durante as fases de desenvolvimento do piloto, uma equipe de quase 100 pessoas e que, sem essas, os resultados não teriam sido obtidos tal qual o foram.

Tivemos a sorte de estarmos nessa jornada com servidores eficientes, inovadores e devotados à missão da organização, que contribuíram para a experiência de implementar a contratação de solução inovadora.

Como diz Peter Drucker, "uma empresa só terá um bom desempenho se puder contar com a capacidade de cada um de seus trabalhadores".

De fato, não existe resultado que se construa só.

Se conseguimos chegar a uma metodologia testada e pivotada, foi porque muitas mãos se somaram ao projeto para torná-lo viável. Somos gratas a cada um deles.

E mesmo que tenhamos chegado ao mapeamento de metodologia e processos de trabalho, bem como a preenchimentos da vacuidade procedimental que decorre do Marco Legal em questão, essa é uma trajetória com ponto de partida e pontos de passagem, mas jamais com pontos finais ou intransigências.

Não temos o objetivo de expressar posicionamentos estanques e inflexíveis, inobstante façamos com paixão a apresentação dos pontos assumidos até o momento.

Assumimos o compromisso de pivotar e rever entendimentos à luz de construções que se mostrem mais adequadas, funcionais ou atuais e convocamos a comunidade científica e usuária a conversar a respeito dos pontos que comportem melhoria.

Como inúmeras vezes destacamos neste livro, não se inova no apego. Toda ciência é um processo datado, contextual, performático e, sobretudo, provisório.

Por isso, nosso compromisso público é de não pararmos, nem por um instante, no processo de pensar e repensar, tornando a experiência e as concepções tão fluidas como a própria vida é.

Por último, por mais incomum que a alguns possa parecer, gostaríamos de agradecer uma à outra, pois foi nos permitindo rediscutir pontos, diversas vezes, friccionando posicionamentos e paixões, que construímos uma trajetória de parceria e complementaridade. Acreditamos, inclusive, que apenas estávamos no exercício de construir--medir-aprender, como aulas práticas do que aqui apresentamos. E o prazer veio do exercício de viver a jornada.

Para além de uma amizade que se consolidou, construída por anos, desenvolver este projeto permitiu nos lembrar que todas as operações e inovações que a modernidade nos propuser não superarão a riqueza que é vivermos a humanidade que nos constitui.

Juliana Picinin
Tatiana Camarão

CAPÍTULO 1

INOVAÇÃO E ECOSSISTEMA DE INOVAÇÃO

TATIANA CAMARÃO

1.1 A governança e o pilar da inovação

A governança é norteadora da gestão da organização para melhores resultados e tem como premissa a qualidade dessa gestão.

Nesse contexto, cabe à alta administração, como timoneira da organização, assumir o comando desse mister, comprometendo-se com a nova forma de olhar a administração e com o incremento das estruturas, processos, controles e gestão de riscos.

Vale ressaltar que as leis e os normativos direcionados às organizações públicas estão tomados pela diretriz de implementação da governança, e essa previsão legal mandatória tem razão de ser, pois as organizações não estão realizando as entregas que lhes cabem.

Nesse sentido, alerta o TCU, no Acórdão nº 588/2028-Plenário, que a maior parte dos órgãos e entidades federais "não possui capacidade minimamente razoável de entregar o que se espera deles para o cidadão, gerindo bem o dinheiro público e cumprindo com suas competências, e de minimizar os riscos associados à sua atuação".[1]

A governança no setor público tem a finalidade de garantir que as organizações atuem sempre conforme o interesse público[2] e, por isso,

---

[1] BRASIL. Tribunal de Contas da União. Acórdão n. 588/2018. Plenário, Relator Ministro Bruno Dantas, j. 21/3/2018.

[2] BRASIL. Tribunal de Contas da União. Acórdão n. 2.622/2015. Plenário, Relator Ministro Augusto Nardes, j. 21/10/2015.

é fundamental que as decisões a serem tomadas sejam precedidas de avaliação criteriosa dos dados e evidências gerados pelo seu monitoramento permanente, conforme ilustração do TCU:

É importante e desafiador para os órgãos e entidades públicas implementarem os mecanismos de governança necessários, ou seja, o conjunto de práticas de liderança, estratégia e controle estruturados na organização para avançar e progredir no objetivo de avaliar, direcionar e monitorar a atuação da gestão.

No que diz respeito a contratações, a Lei nº 14.133/21 traz como propósito ingênito das contratações públicas a governança e, para além, estabelece que é dever da alta administração do órgão ou entidade pública a responsabilidade pela implementação de processos, estruturas, gestão de riscos e controles para que as contratações sejam eficientes, efetivas, eficazes e alinhadas com o planejamento estratégico:

> Art. 11.
> Parágrafo único. A alta administração do órgão ou entidade é responsável pela governança das contratações e deve implementar processos e estruturas, inclusive de gestão de riscos e controles internos, para avaliar, direcionar e monitorar os processos licitatórios e os respectivos contratos, com o intuito de alcançar os objetivos estabelecidos no caput deste artigo, promover um ambiente íntegro e confiável, assegurar o alinhamento das contratações ao planejamento estratégico e às leis orçamentárias e promover eficiência, efetividade e eficácia em suas contratações.

O TCU,[3] há tempos, vem recomendando como medida inadiável que os órgãos e entidades públicas dispensem atenção ciosa às contratações e que adotem a governança.

A propósito, o Acórdão nº 2.622/15, do TCU, é um marco sobre o tema e prevê várias medidas necessárias à implementação da governança e quais os pontos vulneráveis decorrentes de sua ausência.

A preocupação com a adoção da governança das contratações tem razão de ser, pois esse sistema permite, quais sejam os objetivos das contratações, assegurar a seleção da proposta apta a gerar o resultado de contratação mais vantajoso para a Administração Pública, inclusive no que tange ao ciclo de vida do objeto.

Além disso, a normativa busca assegurar tratamento isonômico entre os licitantes e a justa competição; evitar contratações com sobrepreço, com preços manifestamente inexequíveis ou superfaturamento na execução dos contratos; incentivar a inovação e o desenvolvimento nacional sustentável; promover um ambiente íntegro e confiável; assegurar o alinhamento entre as contratações e o seu planejamento estratégico e as leis orçamentárias; e promover eficiência, efetividade e eficácia em suas contratações.

Portanto, a presença da governança com a implantação de mecanismos de liderança, estratégia e controle destinados a avaliar, direcionar e monitorar a atuação da gestão das contratações públicas permite-lhes agregar valor ao negócio-fim de cada organização, mantendo um grau de riscos aceitável.[4] [5]

A adoção de tais medidas torna-se premente nos órgãos e entidades públicos, pois o que temos hoje é um desperdício passivo e ativo inaceitável, notadamente em momento de crise fiscal.[6]

---

[3] Cite-se, a propósito: BRASIL. Tribunal de Contas da União. Acórdão n. 1.524/2019. Plenário, Relator Ministro Vital do Rego, j. 3/7/2019.

[4] Recomendamos a leitura da Resolução CNJ nº 347/20.

[5] Governança e gestão não se confundem. O TCU, no Processo TC-023.202/2014-9, aponta a distinção desses dois institutos, esclarecendo que a governança se refere à definição do que deve ser executado (direção), e gestão refere-se à forma como se executa. Por exemplo, diversas organizações (*e.g.*, IBGC, GAO e OCDE) preconizam que uma boa prática de governança é estabelecer política (diretrizes) para gestão de riscos (inclusive das aquisições). Entretanto, a implementação dessa política não é função da governança, e sim da gestão. Já o controle da gestão é função da governança, ou seja, a gestão deve ser monitorada quanto ao cumprimento das diretrizes estabelecidas e quanto aos resultados obtidos.

[6] Alexandre Ribeiro Motta, na sua tese de mestrado, demonstra como a ineficiência e a corrupção causam prejuízos impactantes aos cofres públicos: MOTTA, Alexandre Ribeiro. *O combate ao desperdício no gasto público*: uma reflexão baseada na comparação entre os

24. Ante o exposto, a importância da adoção das boas práticas de governança pública está em guiar a atuação da gestão das organizações governamentais, possibilitando assim o alinhamento dos objetivos organizacionais ao interesse da população, a otimização na produção de resultados, a melhoria na eficiência da aplicação dos recursos públicos e, consequentemente, a oferta de mais e melhores serviços públicos à sociedade.[7]

Nesse ponto, faz-se necessário apresentar um panorama geral dos mecanismos de governança para perfeita compreensão das práticas essenciais para sua consolidação, de acordo com os normativos aplicáveis às contratações.

A liderança é o conjunto de condições mínimas para o exercício da governança. É importante que as pessoas responsáveis pela alta administração e as principais posições voltadas à área de contratação sejam probas, capacitadas, competentes, responsáveis, motivadas e familiarizadas com as contratações públicas, com vistas ao alcance dos resultados esperados pela organização.[8]

Partindo dessa premissa e tomando como referência a Lei nº 14.133/21, essa diretriz se revela nas medidas de integridade voltadas aos agentes públicos (art. 7º, inc. III e §1º; art. 9º), na gestão por competência (art. 7º, incs. I e II), na matriz de responsabilidade (art. 8º); no plano de capacitação (art. 18, §1º, inc. X; art. 169, §3º, inc. I; art. 173) e na definição de funções (art. 8º, §§3º e 4º).

A estratégia, por outro lado, compreende a definição de diretrizes, objetivos, planos e ações, além de critérios de priorização e alinhamento entre organizações e partes interessadas, para que os serviços e produtos de responsabilidade da organização alcancem o resultado pretendido.[9]

Para aprimorar as contratações públicas, a Lei nº 14.133/21 considera estratégica nas organizações a implantação de:
    a)   Programa de Integridade (arts. 25, §4º; 60, inc. IV; 156, §1º, inc. V; 163, parágrafo único);

---

sistemas de compra privado, público federal norte-americano e brasileiro. Disponível em https://repositorio.unicamp.br/acervo/detalhe/771507. Acesso em: 22 maio 2024.
[7] BRASIL. Tribunal de Contas da União. Acórdão nº 1.273/2015. Plenário, Relator Ministro Augusto Nardes, j. 27/5/2015.
[8] Ver conceito em: https://portal.tcu.gov.br/governanca/governanca-no-tcu/mecanismos-de-governanca/#:~:text=Mecanismos%20de%20Governan%C3%A7a%20do%20TCU,objetivos%20da%20organiza%C3%A7%C3%A3o%20sejam%20alcan%C3%A7ados. Disponível em: 2 abr. 2021.
[9] Art. 5º do Decreto nº 9.203, de 2017.

b) Plano de Logística Sustentável – PLS (arts. 4º; 11, inc. IV; 18, §1º, inc. XII; 25, §2º; 34; 42, inc. III; 45; 60; 63, inc. IV; 75, inc. IV, alínea "j" e inc. XIV); e
c) Plano de Contratação Anual – PCA (art. 12, inc. VII), pois vários dispositivos espelham seus parâmetros e diretrizes.

Por fim, o terceiro mecanismo da governança, o controle, vai tratar das estruturas que possibilitam o acompanhamento das ações, o monitoramento dos resultados e a tempestiva correção dos caminhos, quando necessário.[10]

Um dos instrumentos essenciais para realização do controle, também previsto na Lei nº 14.133/21, é o gerenciamento e monitoramento de riscos.

Nesse ponto, a Lei nº 14.133/21 deu ênfase à adoção dessa medida de controle preventivo pelas três linhas de defesa. Vejamos.

> Art. 169. As contratações públicas deverão submeter-se a práticas contínuas e permanentes de gestão de riscos e de controle preventivo, inclusive mediante adoção de recursos de tecnologia da informação, e, além de estar subordinadas ao controle social, sujeitar-se-ão às seguintes linhas de defesa:
> I - primeira linha de defesa, integrada por servidores e empregados públicos, agentes de licitação e autoridades que atuam na estrutura de governança do órgão ou entidade;
> II - segunda linha de defesa, integrada pelas unidades de assessoramento jurídico e de controle interno do próprio órgão ou entidade;
> III - terceira linha de defesa, integrada pelo órgão central de controle interno da Administração e pelo tribunal de contas.

Com relação à transparência, outro pilar do controle, podemos citar o tão festejado PNCP, previsto no art. 54, que dará transparência e permitirá o controle social.

É importante notar que o controle previsto na Lei nº 14.133/21 se volta para o resultado e não fica atrelado à inflexibilidade de procedimentos solenes. Essa orientação pode ser confirmada nos arts. 5º; 169, §1º; e 170.

---

[10] BRASIL. Tribunal de Contas da União. *Referencial básico de governança aplicável a órgãos e entidades da administração pública*. 2ª versão. Brasília: TCU, Secretaria de Planejamento, Governança e Gestão, 2014. Disponível em: https://portal.tcu.gov.br/data/files/FA/B6/EA/85/1CD4671023455957E18818A8/Referencial_basico_governanca_2_edicao.PDF. Acesso em: 8 nov. 2020.

Esse último dispositivo merece reprodução:

Art. 170. Os órgãos de controle adotarão, na fiscalização dos atos previstos nesta Lei, critérios de oportunidade, materialidade, relevância e risco e considerarão as razões apresentadas pelos órgãos e entidades responsáveis e os resultados obtidos com a contratação, observado o disposto no §3º do art. 169 desta Lei.

Alcançar o resultado por meio do monitoramento de riscos e avaliação de indicadores de desempenho constante é a essência da governança, e os órgãos de controle assim devem fazer.

A marca indelével do controle, voltado à legalidade estrita, e o formalismo não vêm funcionando, tampouco as inúmeras penas que foram aplicadas não surtiram efeitos capazes de realizar mudanças efetivas.

Nesses termos e escudada no propósito de incrementar a gestão das contratações nas organizações, a governança é premissa essencial, que oferece os principais contornos de atingimento dos objetivos das contratações previstos no art. 11 da Lei nº 14.133/21:

a) assegurar a seleção da proposta apta a gerar o resultado de contratação mais vantajoso para a Administração Pública, inclusive no que se refere ao ciclo de vida do objeto;
b) assegurar tratamento isonômico entre os licitantes, bem como a justa competição;
c) evitar contratações com sobrepreço ou com preços manifestamente inexequíveis e superfaturamento na execução dos contratos;
d) incentivar a inovação e o desenvolvimento nacional sustentável;
e) promover um ambiente íntegro e confiável;
f) assegurar o alinhamento das contratações ao seu planejamento estratégico e às leis orçamentárias;
g) promover eficiência, efetividade e eficácia em suas contratações.

Destaca-se que essas práticas de governança são fundamentais para o avanço das organizações e para a geração de entregas que agreguem valor ao negócio. A sociedade demanda essa transparência e resultados eficazes da Administração Pública, e esse também é o fim último de qualquer organização pública.

Cumpre, ainda, registrar que um dos pilares da governança é o princípio da inovação.

Nesse contexto, diante da tamanha relevância do tema, a Lei nº 14.133/21 enalteceu a inovação e elencou o seu incentivo também como um dos objetivos da contratação.

Assim, pode-se observar da leitura do art. 11 da Lei nº 14.133/21 que incentivar a inovação se apresenta ao lado da observância do princípio constitucional da isonomia, da seleção da proposta apta a gerar o melhor resultado, da contratação de preços aceitáveis e da promoção do desenvolvimento nacional sustentável como premissa imanente às licitações públicas. Aliás, a sustentabilidade do país está atrelada à promoção da inovação.

Para além de ser objetivo das contratações públicas, a inovação é um compromisso da Administração Pública assumido no plano constitucional e presente no seu art. 218.[11]

Como pode-se ver, a governança das contratações anda imanada com a inovação.

1.2 A sustentabilidade nos diálogos sobre inovação

Os normativos voltados às contratações têm descrito como objetivo das licitações o desenvolvimento nacional sustentável.

Essa diretriz encontra-se presente no art. 11, inc. IV, da Lei nº 14.133/21, no art. 31 da Lei nº 13.303/16, na Resolução nº 347 do CNJ, entre outros.

Esse propósito das contratações tem razão de ser e corrobora o papel da Administração Pública de promoção de um presente e futuro mais sustentáveis.

Contudo, para cumprir esse objetivo, é necessária a melhoria incremental das contratações, o que será possível se houver uma mudança de cultura organizacional na Administração Pública e o aperfeiçoamento da gestão, saindo de analógica para uma cultura digital atualizada, em linha com os preceitos da inovação e que utilize metodologias ágeis e novas dinâmicas mais voltadas ao "errar rápido e corrigir rápido".

---

[11] O art. 218 da Constituição Federal prevê que o Estado promoverá e incentivará o desenvolvimento científico, a pesquisa, a capacitação científica e a inovação.

Como bem alerta Sandro Magaldi:

> As inúmeras possibilidades presentes atualmente na sociedade compõem o território onde as batalhas se desdobram. A sede desmedida de aproveitar todas as oportunidades, rompendo as barreiras do pensamento tradicional, é o combustível para a expansão. Utilizando um termo do campo da tecnologia, é necessário dar um *reboot* e reiniciar a mente dos atuais líderes com essa nova mentalidade, a qual não despreza as possibilidades anteriores, porém as ressignifica, trazendo um conjunto de opções até então inexistentes.[12]

O incentivo à inovação, como premissa imanente às contratações, também alcança a promoção de ações de sustentabilidade perenes e atrativas.

Como impulsionar as contratações de soluções que vão ao encontro das dimensões sociais, econômicas, culturais, ambientais, sem ter disponíveis nas organizações modais modernos, atuais e disruptivos de processos de trabalho de contratação?

O modelo tradicional não responde a essa pergunta.

Nota-se a necessidade de um novo tipo de gestão contratual alinhado ao contexto de inovação e a medidas disruptivas. Para tanto, os líderes das organizações devem estar abertos a mudanças e novos arranjos.

Como suporte a esses avanços necessários, uma boa prática é a adoção do MLSEI, o qual dispõe sobre a possibilidade da contratação de *startups* e empreendedores e da entrega da solução demandada após a realização de teste, desenvolvido de acordo com as suas especificidades e por meio de procedimento facilitado.

Nesse modelo, não há um levantamento prévio de possíveis alternativas para se chegar à solução viável. O que se tem é a empresa interessada no certame apresentando sua solução e, caso contratada, modulando o produto à realidade e necessidade da organização.

Dito isso, a inovação do procedimento de contratação, previsto no MLSEI, serve como um farol que lança luz para encontrar e/ou contratar soluções com padrões de sustentabilidade que poderão resolver problemas e demandas de uma organização.

---

[12] MAGALDI, Sandro; SALIBI NETO, José. *Gestão do amanhã*: tudo o que você precisa saber sobre gestão, inovação e liderança para vencer na 4ª Revolução Industrial. São Paulo: Gente, 2018. p. 187.

1.3 O que é inovação?

O ambiente das licitações públicas deve orientar-se pelo axioma da inovação, com o propósito de incrementar processos de trabalho, métodos gerenciais e estruturas existentes, podendo utilizar-se, para tanto, de ferramental tecnológico.

O prejuízo passivo decorrente do desperdício e corrupção pressiona as organizações públicas pela necessidade de inovação, e o despertar para esse propósito é fundamental para que as tão desejadas eficiência, efetividade e eficácia das contratações públicas sejam concretizadas.

Além disso, a adoção de modulagens diferenciadas de contratações de soluções inovadoras pode contribuir para a melhoria do índice de inovação no Brasil, que se encontra na 49ª posição entre 132 países, conforme dados divulgados pela Confederação Nacional da Indústria (CNI).[13]

Mas, afinal, o que é inovação?

A inovação é conceituada como a implementação de ideias que criam uma forma de atuação e geram valor para os órgãos e entidades públicos, seja por meio de novos produtos, serviços, processos de trabalho ou por uma maneira diferente e eficaz de solucionar problemas complexos sistêmicos encontrados no desenvolvimento das atividades que lhe são afetas.[14]

De forma clara, a inovação envolve quebrar a "ditadura de solução" e compreende novas iniciativas e estruturas tecnológicas, mas não se resume a essas duas finalidades.[15]

De acordo com a Lei nº 10.973/04, considera-se inovação a introdução de novidade ou aperfeiçoamento no ambiente produtivo e social que resulte em novos produtos, serviços ou processos, ou que compreenda a agregação de novas funcionalidades ou características a produto, serviço ou processo já existente que possam resultar em melhorias e em efetivo ganho de qualidade ou desempenho.[16]

---

[13] Disponível em: https://agenciabrasil.ebc.com.br/economia/noticia/2023-09/brasil-lidera-ranking-de-inovacao-na-america-latina#:~:text=O%20Brasil%20subiu%20cinco%20posi%C3%A7%C3%B5es,49%C2%BA%20lugar%20entre%20132%20pa%C3%ADses. Acesso em: 02 maio 2024.

[14] O conceito de inovação é elástico e abrangente, permitindo várias definições. Adotamos a definição considerada pelo CNJ na Resolução nº 395, de 7 de junho de 2021, que institui a Política de Gestão da Inovação no âmbito do Poder Judiciário.

[15] Para John Kao, inovação é a capacidade de indivíduos, empresas e nações inteiras criarem, de forma contínua, o futuro que desejam (citado no *Guia de bolso sobre uma iniciativa da Europa*, 2020). Disponível em: https://poseur.portugal2020.pt/media/38112/uniaoinovacao_guia.pdf.

[16] Art. 2º, inc. IV, redação dada pela Lei nº 13.243/16.

O Referencial Básico de Inovação do TCU destaca que "não se pode esperar que todas as ideias inovadoras sejam absolutamente inéditas ou revolucionárias e resultem na criação de novos produtos, serviços ou processos – as assim chamadas 'inovações radicais'".

Ao contrário, é essencial reconhecer e valorizar também as inovações incrementais, mais frequentes e de implementação geralmente mais simples e de menor custo.

Elas produzem benefícios significativos para organizações e indivíduos ao longo do tempo, a partir de mudanças em produtos, serviços ou processos, para melhorar o atendimento às necessidades de seus clientes ou, ainda, para viabilizar o atendimento de necessidades novas.[17]

No mesmo sentido, esclarece Ademir Piccoli:[18]

> Outro aspecto a ser destacado é que, embora muitas pessoas associem inovação a criar algo completamente novo ou a uma mudança disruptiva, o processo de inovar envolve também ações de menor impacto. A inovação incremental, aquela que acontece de forma gradual e com a revisão constante de processos, é tão importante quanto as transformações mais radicais.[19]

Ressalta-se a existência de entendimento doutrinário acerca da problemática de restringir a aplicação da inovação a soluções radicais ou disruptivas, pois deixam de abranger as iniciativas incrementais, que consistem na maior parte das inovações.

A respeito, escreve Rafael Carvalho de Fassio, no trabalho *Sandbox regulatório no Marco Legal das Startups*:

---

[17] BRASIL. Tribunal de Contas da União. *Referencial básico do programa de inovação*. Brasília: TCU, Instituto Serzedello Correa, Centro de Pesquisa e Inovação, 2017. Disponível em: https://portal.tcu.gov.br/data/files/93/43/FA/EA/2451F6107AD96FE6F18818A8/Referencial_basico_programa_inovacao.pdf. Acesso em: 02 maio 2024.

[18] PICOLLI, Ademir. *Contratação de Inovação na Justiça*. São Paulo: Editora Vidaria Livros, 2020. p. 20.

[19] Além da inovação radical e disruptiva, o Referencial Básico do Programa de Inovação do TCU cita a inovação reversa, que cria produtos e serviços voltados inicialmente para o atendimento de nações em desenvolvimento, mas que terminam provocando transformações disruptivas em países desenvolvidos, e a inovação social, que envolve uma nova solução para um problema social, a qual é mais eficaz, eficiente, sustentável ou justa que as soluções existentes e na qual o valor é criado e acumulado principalmente para a sociedade como um todo, e não para indivíduos de forma isolada. BRASIL. Tribunal de Contas da União. *Referencial básico do programa de inovação*. Brasília: TCU, Instituto Serzedello Correa, Centro de Pesquisa e Inovação, 2017. Disponível em: https://portal.tcu.gov.br/data/files/93/43/FA/EA/2451F6107AD96FE6F18818A8/Referencial_basico_programa_inovacao.pdf. Acesso em: 02 maio 2024.

O risco dessa abordagem é que soluções inovadoras que não sejam suficientemente "radicais" ou "disruptivas" não possam se beneficiar de programas de ambiente regulatório experimental. Afinal, a maior parte das inovações é de natureza incremental, e a exclusão prematura com base em um critério bastante subjetivo pode comprometer severamente o potencial do *sandbox*, caso fique restrito aos casos de inovação radical.

No que diz respeito às contratações pelo Poder Público, a adoção da inovação se faz plasmada na criação de algo novo, modelagens diferenciadas ou melhoria da solução existente. Nas duas situações, a inovação é um ativo valioso da organização.

Com efeito, o entendimento de que a inovação está vinculada à aplicação de tecnologia não é o mais acertado. A inovação catalisa mudanças que se conectam com o bem-estar social, sem ter a obrigatoriedade do uso de meios tecnológicos.

Assim é o entendimento de Rodrigo Narciso:[20]

> Inovação é sinônimo de resultado. Resultado, nesse contexto, é resolver os problemas que as pessoas enfrentam, atender suas necessidades. Esta é a principal característica da inovação.
> E esta definição pessoal traz uma provocação justamente por não usar palavras como novidade (e seus derivados) e tecnologia. Na minha opinião, a associação entre inovação como novidade, "fazer diferente" e tecnologia prejudica a compreensão geral do que é inovação. A inovação não está em sua "forma" (tecnologia, métodos, aparência), mas sim na sua "função" (resolver problemas). Por isso que a inovação não reside nas tecnologias em si – elas são um meio para inovar – mas sim no resultado, no impacto humano que você obtém.

De acordo com a OCDE, a inovação é multifacetada e cada faceta satisfaz diferentes meios e finalidades.

O portfólio implica:[21]

> a) Inovação orientada ao aprimoramento, que atualiza as práticas atuais, alcança eficiências e melhores resultados, e se baseia em estruturas existentes;

---

[20] Ementário Gestão Pública: Entrevista: Rodrigo Narcizo (Ementário GP 07/06/2021). Disponível em: https://ementario.info/2021/06/07/egp-entrevista-rodrigo-narcizo/#comments. Acesso em: 02 maio 2024.

[21] OCDE. *Declaração sobre inovação no setor público, OCDE/LEGAL/0450*. Disponível em: https://oecd-opsi.org/wp-content/uploads/2018/11/OECD-Declaration-on-Public-Sector-Innovation-Brazilian-Portuguese-.pdf. Acesso em: 02 maio 2024.

b) Inovação orientada à missão, que alcança ambições e prioridades claras, desenvolvendo novos métodos e abordagens conforme necessários;
c) Inovação adaptativa, que responde a um ambiente em mudança e incentiva a curiosidade de interpretar e responder às mudanças na sociedade e na tecnologia;
d) A inovação antecipatória, que explora e se envolve com a incerteza em torno de questões emergentes que irão moldar as prioridades e compromissos futuros.

Acresça-se, ainda, a inovação aberta que trata do uso sistemático de recursos internos e externos à organização para acelerar a identificação, a experimentação e a implementação de novas ideias.[22]

A propósito, invocamos a lição de Carolina Mota Mourão e Vitor Monteiro:[23]

> Nesse modelo, tal como naquele desenhado para o setor privado, parte-se do pressuposto de que a administração não tem todas as informações e capacidades para desenvolver, por si só, as soluções necessárias. Assim, a inovação aberta possibilita que, por meio do crowdsourcing de ideias e soluções, múltiplos atores tragam inputs criativos para o desenho de respostas a demandas coletivas. Esse método também é útil por permitir que, de alguma maneira, os riscos sejam partilhados e que as alternativas de resposta sejam validadas no curso do seu desenvolvimento pela própria sociedade, destinatária final da ação pública. A inovação aberta é, portanto, ferramenta para que a atividade estatal se aproxime e se apoie na sociedade como meio de identificar respostas, favorecendo a cocriação de soluções tecnológicas e inovadoras e, ao mesmo tempo, incentivando o estabelecimento de parcerias em torno das soluções desenvolvidas para os problemas e demandas que se colocam diante da função pública.

Como escreve Tânia Lopes Pimenta Chioato:[24]

> Independente da natureza da inovação, a abertura do processo inovador para terceiros (externos à organização), permitindo o compartilhamento

---

[22] Definição prevista no Referencial básico do programa de inovação do TCU. Disponível em: https://portal.tcu.gov.br/data/files/93/43/FA/EA/2451F6107AD96FE6F18818A8/Referencial_basico_programa_inovacao.pdf.

[23] SANTOS, Bruna (org.). *Caminhos da inovação no setor público*. Brasília: Enap, 2022. Disponível em: https://repositorio.enap.gov.br/bitstream/1/7420/1/caminhos_da_inovacao_no_setor_publico.pdf. Acesso em: 02 maio 2024.

[24] Conteudista. *Marco Legal das Startups*: contratando inovação no setor público. Brasília: ENAP, 2023. p. 9.

de ideias e a utilização da capacidade criativa de uma comunidade maior em torno de um mesmo projeto, tem sido defendido como um dos modelos mais eficientes para se obter resultados. Esse modelo é conhecido como inovação aberta (*open Innovation*).

A inovação é um preceito constitucional[25] e uma premissa legal. A Lei nº 14.133/21 incentiva o incremento das estruturas e a contratação de soluções inovadoras para dar mais fluidez e eficiência ao fluxo do processo de trabalho das licitações, permitindo melhores resultados – é o que dispõe o art. 19.

Soma-se a isso o fato de que é possível acolher novas ferramentas gerenciais e tecnológicas por meio do diálogo competitivo e da contratação de *startups* e empreendedores.[26] [27]

Por fim, a inovação é vital para a promoção do desenvolvimento nacional sustentável, pois impulsiona a criação de coisas de maior desempenho e de ações incrementais de processos, estruturas e sistemas essenciais para sua efetividade.[28]

Sobre o tema, a *Agenda 2030 para o Desenvolvimento Sustentável*, que estabelece 17 Objetivos de Desenvolvimento Sustentável (ODS), revela como uma das suas metas o fomento à inovação.

---

[25] Nesse sentido, cumpre destacar a Emenda Constitucional nº 65, conhecida como Emenda da Inovação.

[26] Art. 81, §4º. O procedimento previsto no *caput* deste artigo poderá ser restrito a startups, assim considerados os microempreendedores individuais, as microempresas e as empresas de pequeno porte, de natureza emergente e com grande potencial, que se dediquem à pesquisa, ao desenvolvimento e à implementação de novos produtos ou serviços baseados em soluções tecnológicas inovadoras que possam causar alto impacto, exigida, na seleção definitiva da inovação, validação prévia fundamentada em métricas objetivas, de modo a demonstrar o atendimento das necessidades da Administração.

[27] É oportuno chamar atenção para as *startups* que receberam o privilégio de participação restrita no PMI para promoção do ecossistema de inovação nas organizações públicas. Na mesma linha, o MLSEI também trouxe condições negociais especiais com o poder público, com a finalidade de estimular o ambiente de negócios com essas empresas.

[28] Quanto aos desafios de inclusão de atributos de sustentabilidade, claro fica que, com o apoio e avanços da tecnologia da informação, é possível a concepção de uma plataforma digital voltada a apoiar o processo de compras sustentáveis que conecte compradores e fornecedores por meio da disponibilização de atributos sustentáveis definidos, com base na análise do ciclo de vida para diferentes tipos de produtos ou serviços e que também exerça a função de estimular a melhoria contínua dos fornecedores, seja dos que já produzem com foco na sustentabilidade, seja daqueles que queiram trilhar essa agregação de valor. Assim procedendo, desenvolve-se um cenário no qual competitividade e proposta mais vantajosas estarão na produção e nos serviços que respeitam os limites do planeta ou a capacidade de suporte bio e geofísica do ambiente para uma atuação produtiva e sustentável (GAMBOGI, Luís Carlos Balbino; FERREIRA Maura Bartolozzi; BOSON, Patrícia Helena Gambogi. Controle em foco. *Revista do MPC-MG*, Belo Horizonte, v. 1, n. 1, p. 128, jan./jun. 2021).

1.4 O que é ecossistema de inovação?

Para perfeita compreensão da expressão "ecossistema de inovação", faz-se necessário compreender o que é ecossistema.

O estudo *Atração de startups estrangeiras em ecossistemas de inovação europeus*, elaborado pela Embaixada do Brasil em Haia,[29] define "ecossistema" como o termo da biologia que define um conjunto de comunidades que interagem entre si e o ambiente em que estão inseridas, criando um sistema estável, equilibrado e autossuficiente.

Nessa linha de raciocínio, destaca-se o pensamento de João Kepler,[30] que, ao discorrer sobre o tema, assevera que ecossistema é o ambiente formado pelos mais diversos personagens ligados ao empreendedorismo, no qual há muita conexão.

Assim como no ecossistema animal, o empreendedorismo também trabalha em rede – há hierarquia, equilíbrio ou desequilíbrio e extinção. Ele também se desenvolve como uma espécie de organismo vivo, que está a todo momento se modificando e se movimentando.

O meio ambiente do ecossistema empreendedor é composto por empresas, governo, instituições de pesquisa e ensino, incubadoras, aceleradoras, associações de classe e prestadores de serviço e, claro, empreendedores – que são os protagonistas e fazem tudo isso acontecer.

Prossegue o autor: em um ecossistema de inovação, existe a governança multinível por princípio, ou seja, os atores estatais, empresariais e outras instituições devem cooperar, competir e interagir com interdependência.

De acordo com o art. 2º, inc. II, alínea "a", do Decreto nº 9.238/18, o qual regulamenta a Lei nº 10.973/04, ecossistema de inovação é espaço que agrega infraestrutura e arranjos institucionais e culturais, que atrai empreendedores e recursos financeiros. Constitui lugares que potencializam o desenvolvimento da sociedade do conhecimento e compreende, entre outros, parques científicos e tecnológicos, cidades inteligentes, distritos de inovação e polos tecnológicos.

---

[29] BRASIL. Embaixada do Brasil na Haia. *Atração de startups estrangeiras em ecossistemas de inovação europeus*. nov. 2021. Disponível em: https://www.gov.br/mre/pt-br/assuntos/ciencia-tecnologia-e-inovacao/estudo-de-mercado-atracao-de-startups-estrangeiras-em-ecossistemas-de-inovacao-europeus.pdf. Acesso em: 02 maio 2024.

[30] KEPLER, João. *O poder do equity*: como investir em negócios inovadores, escaláveis e exponenciais e se tornar um investidor-anjo. 1. ed. São Paulo: 2021. p. 83.

Assim, podemos conceituar, em linhas gerais, o ecossistema de inovação como o sistema que reúne um conjunto de agentes (governos, empresas, sociedade, fornecedores, *startups*, universidades, investidores, entidades do terceiro setor, *hubs*, Sistema "S",[31] laboratórios de inovação, entre outros) com o propósito de promover o desenvolvimento de projetos inovadores e fortalecer a interação entre eles.[32]

Abaixo, figura elaborada pela Universidade Federal de Santa Catarina que demonstra o mapa do sistema brasileiro de inovação.

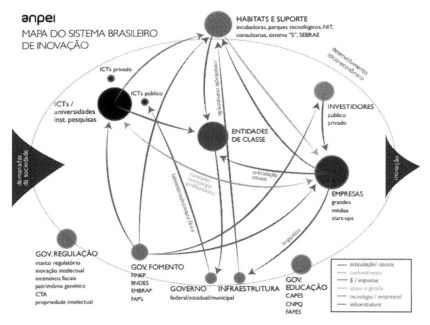

Considerando que a inovação é uma prática cogente nas organizações, a participação dessa variedade de *players* com propósitos comuns e confluentes permite beneficiamento de mudanças em todo o

---

[31] Termo que define o conjunto de organizações das entidades corporativas voltadas para treinamento profissional, assistência social, consultoria, pesquisa e assistência técnica, que, além de terem seus nomes iniciados com a letra S, têm raízes comuns e características organizacionais similares. Fazem parte do sistema S: Serviço Nacional de Aprendizagem Industrial (Senai); Serviço Social do Comércio (Sesc); Serviço Social da Indústria (Sesi); e Serviço Nacional de Aprendizagem do Comércio (Senac). Existem ainda os seguintes: Serviço Nacional de Aprendizagem Rural (Senar); Serviço Nacional de Aprendizagem do Cooperativismo (Sescoop); e Serviço Social de Transporte (Sest). Fonte: Agência Senado.

[32] Disponível em: https://via.ufsc.br/wp-content/uploads/2018/06/mapa.jpg.

ecossistema por meio da geração de novas soluções/produtos; melhoria do ambiente de negócios; troca de experiência e conhecimento; formação de profissionais especializados e novos talentos; promoção de *networking*; fortalecimento da economia com o aumento de emprego e tributos; e transferência e inclusão de novas tecnologias.

É importante enfatizar que a OCDE desenvolveu uma sólida base de evidências sobre estratégias e abordagens de inovação e declarou, por meio dos países signatários, o seu compromisso em cultivar novas parcerias e envolver vozes diferentes, fortalecendo o ecossistema de inovação.

Para tanto, serão envidados esforços para:

> a) Conectar diferentes atores (públicos, privados, sem fins lucrativos e individuais) de maneira que permitam às organizações do setor público fazer parcerias, colaborar e cocriar novas abordagens ou soluções para problemas;
> b) Criar parcerias e vincular as redes de intercâmbio, dentro, fora e em todo o sistema de inovação para aumentar a capacidade de inovar;
> c) Desenvolver um espectro de práticas de engajamento e cocriação, e usar suas diferentes formas, para garantir que os esforços de inovação sejam informados por experiência real e expertise relevante;
> d) Procurar oportunidades de parceria com outros países em desafios transfronteiriços que exijam abordagens inovadoras;
> e) Ouvir vozes novas e emergentes para ajudar a notar sinais de que as coisas podem estar mudando, o que pode ajudar a identificar uma necessidade emergente ou oportunidade de inovação.[33]

Além disso, o art. 219, parágrafo único, da Constituição Federal dispõe que:

> O Estado estimulará a formação e o fortalecimento da inovação nas empresas, bem como nos demais entes públicos ou privados a constituição e a manutenção de parques e polos tecnológicos e de demais ambientes promotores da inovação, da atuação dos inventores independentes e da criação, absorção, difusão e transferência de tecnologia.

---

[33] OCDE. *Declaração sobre inovação no setor público, OCDE/LEGAL/0450*. Disponível em: https://oecd-opsi.org/wp-content/uploads/2018/11/OECD-Declaration-on-Public-Sector-Innovation-Brazilian-Portuguese-.pdf. Acesso em: 02 maio 2024.

E o art. 219-A, inserido pela Emenda Constitucional nº 85/15, estabelece que a União, os estados, o Distrito Federal e os municípios podem:

> Firmar instrumentos de cooperação com órgãos e entidades públicas e com entidades privadas, inclusive para o compartilhamento de recursos humanos especializados e de capacidade instalada para a execução de projetos de pesquisa, de desenvolvimento científico e tecnológico e de inovação, mediante contrapartida financeira ou não financeira assumida pelo ente beneficiário, na forma da lei.

Do mesmo modo, esse amplo ecossistema de inovação tem recebido atenção do Estado, que já compreendeu ser vital para o salto evolutivo do país adotar políticas públicas direcionadas para essa rede de atores comprometidos com o estímulo à inovação.

Bruna Santos e Diogo Costa,[34] no prefácio da obra *Caminhos da inovação no setor público*, esclarecem que:

> Devemos reconhecer e apoiar esses caminhos para a inovação no governo se quisermos impulsionar o progresso não como um planejamento linear de adoção de tecnologias, projetos ou planos; mas como um processo de descoberta, de abertura de espaços para que as pessoas possam experimentar novas abordagens, aprender com os fracassos e aumentar a produtividade do capital humano do setor público.

O TCU registra que se deve considerar a tendência mundial em direção à inovação aberta e à colaboração entre Estado, setor privado, academia e sociedade como forma de otimizar o funcionamento da máquina pública e o atendimento às demandas dos cidadãos.[35][36]

---

[34] SANTOS, Bruna (org.). *Caminhos da inovação no setor público*. Brasília: Enap, 2022. Disponível em: https://repositorio.enap.gov.br/bitstream/1/7420/1/caminhos_da_inovacao_no_setor_publico.pdf. Acesso em: 02 maio 2024.

[35] BRASIL. Tribunal de Contas da União. *Referencial básico do programa de inovação*. Brasília: TCU, Instituto Serzedello Correa, Centro de Pesquisa e Inovação, 2017. Disponível em: https://portal.tcu.gov.br/data/files/93/43/FA/EA/2451F6107AD96FE6F18818A8/Referencial_basico_programa_inovacao.pdf. Acesso em: 02 maio 2024.

[36] O TCU cita como parceiros importantes dos seus programas de inovação a Rede de Inovação no Setor Público (Rede InovaGov), empresas, universidades e associações que se disponham a colaborar com o Tribunal, com o propósito de auxiliar em inovações que possam contribuir para o aprimoramento do controle externo e o aumento dos benefícios deste para a sociedade.

Thiago Gontijo Vieira e Ademir Milton Piccoli, focalizando aspecto interessante sobre inovação aberta, oferecem lúcido escólio acerca da cultura organizacional e seu impacto para definição do modelo de inovação:[37]

> O modelo de inovação está relacionado à cultura organizacional da instituição: fechado quando representar uma postura de autossuficiência, centralização e proteção; e aberto quando a mentalidade for de solidariedade, descentralização e colaboração. A inovação, portanto, não pode ser caracterizada apenas com base no critério dos sujeitos que participam do processo: fechada se desenvolvida entre membros da própria organização; ou aberta quando envolver integrantes internos e colaboradores externos. Ainda que uma instituição viabilize a participação de atores externos, a inovação será fechada se a mentalidade for de autossuficiência, sem uma efetiva abertura à colaboração, mantendo-se o isolamento em relação ao poder decisório. A partir desse critério, mesmo quando envolver exclusivamente atores públicos, a inovação poderá ser aberta se a postura for de solidariedade, com intercâmbios colaborativos de conhecimentos entre as instituições governamentais, em benefícios de todos os envolvidos.

Nesse contexto, as *startups*, que têm se posicionado como participantes estratégicas nessa rede de conexões e contribuído com o impulsionamento da cultura de inovação, foram atendidas no seu pleito de melhorar o seu posicionamento no ecossistema inovador e o relacionamento negocial com o setor público, por meio de privilégios previstos no art. 81 da Lei nº 14.133/21 e no MLSEI.

São várias as relações proporcionadas por *startups* no ecossistema de inovação.

Vejamos a figura abaixo elaborada pela Embaixada do Brasil em Haia:[38]

---

[37] VIEIRA, Thiago Gontijo; PICCOLI, Ademir Milton. *Inovação aberta na justiça*: transformação disruptiva por meio de colaborações público-privadas. Inovações Tecnológicas no Direito. Editora Thoth, 2024.

[38] BRASIL. Embaixada do Brasil na Haia. *Atração de startups estrangeiras em ecossistemas de inovação europeus*. nov. 2021. Disponível em: https://www.gov.br/mre/pt-br/assuntos/ciencia-tecnologia-e-inovacao/estudo-de-mercado-atracao-de-startups-estrangeiras-em-ecossistemas-de-inovacao-europeus.pdf. Acesso em: 10 abr. 2024.

Ecossistema de *startups*

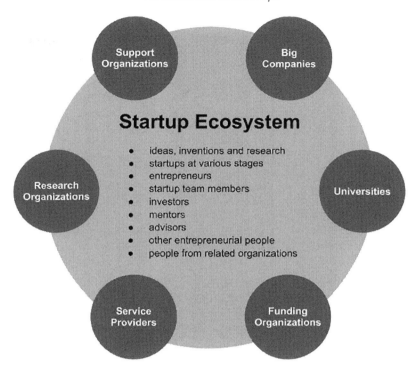

Fonte: Deal Street Asia (2015).

É importante enfatizar que o MLSEI enalteceu o empreendedorismo inovador e descreveu princípios relacionados ao fortalecimento do ecossistema de inovação:

Art. 3º. Esta Lei Complementar é pautada pelos seguintes princípios e diretrizes:
I - Reconhecimento do empreendedorismo inovador como vetor de desenvolvimento econômico, social e ambiental;
II - Incentivo à constituição de ambientes favoráveis ao empreendedorismo inovador, com valorização da segurança jurídica e da liberdade contratual como premissas para a promoção do investimento e do aumento da oferta de capital direcionado a iniciativas inovadoras;
III - Importância das empresas como agentes centrais do impulso inovador em contexto de livre mercado;

IV - Modernização do ambiente de negócios brasileiro, à luz dos modelos de negócios emergentes;

V - Fomento ao empreendedorismo inovador como meio de promoção da produtividade e da competitividade da economia brasileira e de geração de postos de trabalho qualificados;

VI - Aperfeiçoamento das políticas públicas e dos instrumentos de fomento ao empreendedorismo inovador;

VII - Promoção da cooperação e da interação entre os entes públicos, entre os setores público e privado e entre empresas, como relações fundamentais para a conformação de ecossistema de empreendedorismo inovador efetivo;

VIII - Incentivo à contratação, pela Administração Pública, de soluções inovadoras elaboradas ou desenvolvidas por startups, reconhecidos o papel do Estado no fomento à inovação e às potenciais oportunidades de economicidade, de benefício e de solução de problemas públicos com soluções inovadoras; e

IX - Promoção da competitividade das empresas brasileiras e da internacionalização e da atração de investimentos estrangeiros.

Eric Ries destaca que as *startups* usam muitos tipos de inovação: descobertas científicas, remodelagem de tecnologia para uso novo, criação de novos modelos de negócios que revelem um valor antes oculto ou simplesmente construção de acesso a um produto ou serviço em um novo local ou para um grupo anteriormente mal atendido.[39]

Como visto, a *startup* já desponta como agente de destaque nesse ecossistema de inovação e a sua contratação pelo poder público pode contribuir com as novas demandas da sociedade e para o desenvolvimento sustentável do país, promovendo um efeito sinérgico nas agendas dos *stakeholders*.

1.5 O enfrentamento do novo e o medo administrativo

Como diz Guimarães Rosa, "o que a vida quer de nós é coragem".

E entendemos que a sociedade quer das organizações públicas que também tenham coragem para acolher as mudanças para que possam sobreviver com êxito aos novos tempos.

---

[39] RIES, Eric. *A startup enxuta*. Rio de Janeiro: Sextante, 2019. p. 36.

A implementação de melhorias incrementais e a promoção da modernização das estruturas e dos processos de trabalho[40] são uma necessidade de todas as organizações públicas[41] e, para o alcance desse desiderato, os gestores públicos devem fomentar a inovação. Ocorre que inovar envolve riscos e falhas,[42] e a Administração Pública é reconhecida pelo seu conservadorismo e comodismo em manter o modelo atual.

Arriscar não faz parte da cultura da Administração Pública, a qual sofre, ainda, com o medo paralisante dos gestores de tomarem alguma medida diferenciada e receberem punição dos órgãos de controle pelo processo de experimentação fracassado.

Além disso, conforme destacado no Referencial Básico do Programa de Inovação elaborado pelo TCU, o risco de inovar decorre, também, de um ambiente de restrição orçamentária severa, que se baseia nas escolhas de investimentos mais conservadores, com resultados previsíveis, afastando a experimentação de soluções novas.

Por conseguinte, o desafio que se apresenta para governos em todo o mundo é reduzir custos e, ao mesmo tempo, manter ou aumentar sua capacidade de investir em inovações que aumentem a eficiência do Estado.[43]

---

[40] "A consolidação de um novo modelo de gestão demanda a revisão dos modelos tradicionais, já que as transformações atuais são de cunho estrutural" (MAGALDI, Sandro. *Gestão do amanhã*: tudo o que você precisa saber sobre gestão, inovação e liderança para vencer na 4ª Revolução Industrial. São Paulo: Editora Gente, 2018. p. 92).

[41] Um grande empreendedor pode pivotar, ajustar, melhorar e redirecionar uma ideia de negócio conforme necessário, enquanto um empreendedor mediano pode arruinar a promessa de um conceito de negócio brilhante (KEPLER, João. *O poder do equity*: como investir em negócios inovadores, escaláveis e exponenciais e se tornar um investidor-anjo. 1ª ed. São Paulo: 2021. p. 95).

[42] "Organizações que não lidam bem com as falhas acabam criando um ciclo que tende a distanciá-las cada vez mais de iniciativas inovadoras. O medo de falhar faz com que as pessoas estabeleçam metas menos ousadas, pois não querem colocar em risco sua avaliação de desempenho no fim do ano. Esse movimento, acumulado ao longo dos anos e disseminado por toda a organização, torna a empresa menos inovadora e fortalece uma cultura cada vez mais conservadora" (HORN, Guilherme. *O mindset da inovação*: a jornada de sucesso para potencializar o crescimento da sua empresa. São Paulo: Editora Gente, 2021. p. 135).

[43] BRASIL. Tribunal de Contas da União. *Referencial básico do programa de inovação*. Brasília: TCU, Instituto Serzedello Correa, Centro de Pesquisa e Inovação, 2017. Disponível em: https://portal.tcu.gov.br/data/files/93/43/FA/EA/2451F6107AD96FE6F18818A8/Referencial_basico_programa_inovacao.pdf. Acesso em: 02 mar. 2024.

Como menciona André Tortato Rauen:[44]

> Se, por um lado, toda aquisição pública possui risco (cambiais, de atrasos, legais etc.), é comum que compras de inovação envolvam, além do risco, a incerteza. Essa incerteza, portanto, existe nas fases de pesquisa, desenvolvimento, prototipagem e escalonamento, mas não após a introdução da inovação no mercado. Isso porque, em tese, a tecnologia já seria conhecida. Após a introdução da inovação, a incerteza (risco tecnológico) dá lugar a um risco de mercado derivado da novidade.

Entretanto, essa realidade de apego ao modelo de gestão tradicional está na contramão da história, alerta feito por Sandro Magaldi e José Salibi Neto no livro *Gestão do amanhã*:[45]

> Inovar, buscar novos caminhos, arriscar, pressupõe assumir riscos como parte do processo. É importante reconhecer que o tradicional modelo de gestão sempre esteve alicerçado na incansável busca pela mitigação de ameaças para a operação da organização. A busca pela estabilidade sempre foi uma constante.
> O paradoxo é que, atualmente, a busca pela sustentabilidade de uma empresa envolve colocá-la em situação de risco. A revolução digital forçou muitas empresas a reconstituir e repensar as bases de seus negócios, empurrando-as para territórios, até então, desconhecidos. O que era uma escolha em uma economia estável revestiu-se de uma necessidade mandatória: o líder deve levar sua organização a ousar e, para isso, conviver com o risco do fracasso.

Enfim, resta claro que o atual ambiente de negócios da Administração Pública deve estar aberto a riscos experimentais e práticas de inovação.

Se o comando das organizações públicas for no sentido de manter o *status quo*, não haverá avanços e melhorias, mas, sim, a perpetuação da situação atual, que já demonstrou não atender a anseios e necessidades da sociedade.

E de que se trata o risco tecnológico?

---

[44] RAUEN, André Tortato (org.). *Compras públicas para inovação no Brasil*: novas possibilidades legais. Brasília: IPEA, 2022. Disponível em: https://repositorio.ipea.gov.br/bitstream/11058/11623/16/Compras_publicas_para_inovacao_no_Brasil.pdf. Acesso em: 1º fev. 2024.

[45] MAGALDI, Sandro. *Gestão do amanhã*: tudo o que você precisa saber sobre gestão, inovação e liderança para vencer na 4ª Revolução Industrial. São Paulo: Editora Gente, 2018. p. 193.

De acordo com o art. 2º, inc. III, do Decreto nº 9.283/18, risco tecnológico é a possibilidade de insucesso no desenvolvimento de solução, decorrente de processo em que o resultado é incerto em função do conhecimento técnico-científico insuficiente à época em que se decide pela realização da ação.

Considerando que o risco é inerente a qualquer inovação, essa incerteza também se faz presente na contratação de *startups* e empreendedores, e não poderia ser outra a orientação do MLSEI, a qual prevê a possibilidade, no art. 15, §§4º e 5º, de que os pagamentos ocorram proporcionalmente ao trabalho executado, de acordo com o cronograma físico-financeiro aprovado, observado o critério de remuneração previsto contratualmente, ainda que os resultados almejados não sejam atingidos em decorrência de risco tecnológico.

Por óbvio, quando se tratar de remunerações variáveis de incentivo vinculadas ao cumprimento das metas contratuais, essa lógica não se aplica em prejuízo da rescisão antecipada do contrato, caso seja comprovada a inviabilidade técnica ou econômica da solução.

Além disso, é importante limitar o teste de solução à realização de um piloto, pois, se o objeto fracassar, os recursos despendidos com o investimento serão menores.

Lembrando sempre que o custo com as testagens deve ser considerado como investimento no aprendizado válido, e não como prejuízo, pois, a partir delas, passamos a ter conhecimentos básicos da versão testada da solução.

Sobre o tema, Eric Ries[46] alerta que, nos órgãos e entidades públicos, a não entrega da solução decorre de duas explicações possíveis: planejamento inadequado ou falha na execução. Esses dois resultados são considerados inadmissíveis.

Os gestores empreendedores enfrentam, portanto, um grande dilema, uma vez que os planos de inovação são cheios de incertezas. Por isso, é importante envidar esforços para se chegar à solução desejada e tomar todas as medidas de precaução para abrandar os riscos próprios do negócio.

Por fim, é importante alertar que esse novo olhar para os riscos de contratações que envolvem inovação deve ser considerado e aplicado na análise perceptiva dos órgãos de controle, evitando que esse tipo de contratação gere insegurança aos gestores públicos que têm medo de

---

[46] RIES, Eric. *A startup enxuta*. Rio de Janeiro: Sextante, 2019. p. 113.

adotar medidas que possam resultar em consequências gravosas nos âmbitos administrativo e judicial, tais como processos administrativos e ações de improbidade administrativa.[47]

Na mesma perspectiva é o entendimento de Gustavo Schiefler:[48]

> Nesse sentido, é preciso que os órgãos controladores também estejam com a mentalidade aberta à inovação e consigam diferenciar esses casos, encarando eventuais problemas em projetos com maior naturalidade, e não com uma quase automática repressão, compreendendo que a postura desses órgãos é crucial para o equilíbrio de incentivos ou desincentivos à inovação. Esse é um grande desafio no contexto atual, pois, ao mesmo tempo que o administrador precisa ter segurança para inovar, a inovação em si, por ser algo que nunca foi feito, provoca apreensão por parte de quem a controla. Isso ocorre porque o agente controlador nunca se deparou com aquilo antes e, por conta desse fato, pode ter dúvidas se algo foi feito com boa ou má-fé.

Não podemos esquecer que as orientações dos órgãos de controle, muitas vezes complacentes com as formalidades, e não com os resultados, acabam servindo como verdades absolutas para a maioria dos agentes públicos, de tal modo que os gestores se negam a desafiar as recomendações ou questionar sua validade, disseminando o malfadado apagão das canetas.

Como explica Fernando Vernalha Guimarães:[49]

> Decidir sobre o dia a dia da Administração passou a atrair riscos jurídicos de toda ordem, que podem chegar ao ponto da criminalização da conduta. Sob as garras de todo esse controle, o administrador desistiu de decidir. Viu seus riscos ampliados e, por um instinto de autoproteção, demarcou suas ações à sua "zona de conforto". Com isso, instalou-se o que se poderia denominar de crise da ineficiência pelo controle: acuados,

---

[47] Sobre contratação direta de consultoria, sugerimos a leitura do artigo de minha autoria com Maria Fernanda Pires: CAMARÃO, Tatiana; PIRES, Maria Fernanda. A inexigibilidade de licitação para a contratação de serviços jurídicos à luz da Nova Lei de Licitações. ONLL, 07 abr. 2021. Disponível em: http://www.novaleilicitacao.com.br/2021/04/07/a-inexigibilidade-de-licitacao-para-a-contratacao-de-servicos-juridicos-a-luz-da-nova-lei-de-licitacoes/. Acesso em: 11 set. 2021.

[48] PICCOLI, Ademir et al. Contratação da inovação: com os avanços do marco legal de ciência, tecnologia e inovação. 1ª ed. São Paulo: Vidaria Livros, 2020. p. 94.

[49] GUIMARÃES, Fernando Vernalha. O Direito Administrativo do Medo: a crise da ineficiência pelo controle. Direito do Estado, ano 2016, n. 71. Disponível em: http://www.direitodoestado.com.br/colunistas/fernando-vernalha-guimaraes/o-direito-administrativo-do-medo-a-crise-da-ineficiencia-pelo-controle. Acesso em: 1º fev. 2023.

os gestores não mais atuam apenas na busca da melhor solução ao interesse administrativo, mas também para se proteger. Tomar decisões heterodoxas ou praticar ações controvertidas nas instâncias de controle é se expor a riscos indigestos. E é compreensível a inibição do administrador frente a esse cenário de ampliação dos riscos jurídicos sobre suas ações. Afinal, tomar decisões sensíveis pode significar ao administrador o risco de ser processado criminalmente. Como consequência inevitável da retração do administrador instala-se a ineficiência administrativa, com prejuízos evidentes ao funcionamento da atividade pública.

É oportuno chamar à atenção que a prédica da espiral de tensão forjada em crenças imutáveis e inibidoras do novo não seja ampliada exponencialmente e barre a inovação nas organizações públicas.

No mesmo sentido é o alerta de Sandro Magaldi e José Salibi Neto:[50]

> Inovar, buscar novos caminhos, arriscar, pressupõe assumir riscos como parte do processo. É importante reconhecer que o tradicional modelo de gestão sempre esteve alicerçado na incansável busca pela mitigação de ameaças para a operação da organização. A busca pela estabilidade sempre foi uma constante.
> O paradoxo é que, atualmente, a busca pela sustentabilidade de uma empresa envolve colocá-la em situação de risco. A revolução digital forçou muitas empresas a reconstituir e repensar as bases de seus negócios, empurrando-as para territórios, até então, desconhecidos. O que era uma escolha em uma economia estável revestiu-se de uma necessidade mandatória: o líder deve levar sua organização a ousar e, para isso, conviver com o risco do fracasso.

Não há dúvidas de que os novos desafios que se avizinham envolvem todo o engenho para a compreensão da simbiose entre inovação e risco, pois são faces de uma mesma moeda.

A possibilidade de fracasso deve ser tratada como algo natural; por isso, quebrar a barreira do preconceito, inclusive no âmbito dos órgãos de controle, deve ser medida premente.

---

[50] MAGALDI, Sandro; SALIBI NETO, José. *Gestão do amanhã*: tudo o que você precisa saber sobre gestão, inovação e liderança para vencer na 4ª Revolução Industrial. 10ª ed. São Paulo: Gente, 2018. p. 193.

A esse respeito, Horn esclarece:[51]

> Inovar significa testar algo que ainda não foi feito e, necessariamente, inclui falhar. Significa experimentar uma nova forma de se fazer o mesmo ou fazer algo diferente. Em ambos os casos, há uma única certeza: dificilmente dará certo da primeira vez, sendo que, muitas vezes, a ideia inicial se mostrará inviável.

Em apoio a essa posição, como que sumariando tudo quanto foi citado sobre o medo que os agentes sofrem com relação à atuação dos órgãos de controle e ao comprometimento dos avanços da inovação, cabe transcrever passagem de Tânia Lopes Pimenta Chioato:[52]

> Enquanto os órgãos executores de controle mantiverem altos níveis de aversão ao risco, haverá uma tendência natural a encaixar a busca por soluções altamente inovadoras em ferramentas e métodos tradicionais, o que é incompatível e provavelmente não solucionará, de fato, o problema.

Para abrandar o receio de mudanças e mitigar os riscos da organização, é importante que as diretrizes adequadas à inovação sejam adotadas por meio de regulamento próprio, vocacionado à implantação de novos modais e processos de trabalho, considerando a especificidade da organização.

Conforme preceitua o art. 30 da LINDB, a edição de regulamentos promove a sistematização, coesão decisória e segurança jurídica na aplicação das normas.

Além disso, registramos como boa prática a iniciativa do TCU que promoveu a revisão da Portaria nº 185/13, que dispõe sobre a gestão das funções de confiança de especialista sênior no âmbito da Secretaria do Tribunal, e inseriu dois aspectos incrementais: inclusão do grau de inovação ou ineditismo de determinada iniciativa no rol de critérios para atribuição da função estabelecido no art. 9º da portaria; e adequação dos dispositivos do Capítulo VII, o qual trata do acompanhamento dos trabalhos, de modo a prever a possibilidade de que o conhecimento produzido a partir de eventuais casos de insucesso seja considerado um produto válido para fins de avaliação das entregas.

---

[51] HORN, Guilherme. *O mindset da inovação*: a jornada do sucesso para potencializar o crescimento da sua empresa. São Paulo: Editora Gente, 2021. p. 134.

[52] Conteudista. *Marco Legal das Startups*: contratando inovação no setor público. Brasília: ENAP, 2023. p. 164.

Na perspectiva de colaborar com os avanços da inovação nas organizações públicas, o TCU desenvolveu vários trabalhos e podemos citar como ótima prática as fichas de soluções que oferecem guia de apoio à auditoria e ao gestor:[53]

MODELOS SOBRE COMPRAS DE INOVAÇÃO

Portanto, em síntese, o medo sistêmico de implementar mudanças nas contratações públicas viceja há anos e esse método de cravar o prego nos avanços deve ser combatido com veemência, afinal, como diz Gunilla von Platen, o maior risco das organizações é não correr riscos.[54]

Temos dirigentes e servidores ávidos por inovar, mas precisamos oferecer, internamente e com apoio dos órgãos de controle, segurança jurídica.

1.6 Em que contexto inovamos?

Como já exposto, a mantença na gestão pública dos métodos ortodoxos e modelos já esgotados prejudica o salto tecnológico e o alcance dos propósitos das contratações de celebrar ajustes vantajosos, inovadores e sustentáveis para as organizações públicas e para os prestadores de serviços.

---

[53] *Modelo de Apoio a Compras Públicas de Inovação*. BID, 2021. Disponível em: https://portal.tcu. gov.br/data/files/02/12/B7/05/1EDC9710FC66CE87E18818A8/Inovamos_modelo_apoio_ compras_publicas_inovacao.pdf. Acesso em: 1º fev. 2024.
[54] Frase adaptada.

Portanto, essa migração para um modelo atual e moderno que contemple a realidade de inovabilidade do campo dos negócios é vital para todas as organizações.[55]

A Administração Pública deve libertar-se das amarras do padrão de gestão atual, o qual envolve modulagens ultrapassadas, e se permitir conhecer novas maneiras de promover as contratações e aperfeiçoar suas estruturas e processos de trabalho.

Nesse contexto, encaixam-se, perfeitamente, os registros da OCDE[56] que reconhecem os seguintes motivos para os governos despertarem para a inovação:

> a) Os governos desempenham um papel importante na definição e na implementação do quadro jurídico e político para economias sustentáveis e sociedades; e na criação de condições para a prestação efetiva de serviços públicos essenciais para todos;
> b) Como parte de seu trabalho para o bem público, os governos têm uma série de objetivos, tais como os objetivos de desenvolvimento sustentável ou as prioridades sociais que implicam a necessidade de um chamado explícito para novas abordagens;
> c) Os governos e as suas organizações do setor público operam em contextos voláteis, incertos, complexos e ambíguos e devem lutar com uma variedade de desafios, como a transformação digital, a pobreza energética, degradação ambiental, alterações climáticas e desigualdade;
> d) Nesse contexto, não se pode supor que as estruturas, os processos e as ações existentes continuem a ser os meios mais adequados ou eficazes para o setor público alcançar seu propósito e cumprir as necessidades e expectativas do governo e do cidadão;
> e) Inovação, implementando algo inovador no contexto a fim de alcançar um impacto, é uma estratégia proativa, da qual os governos podem usar para responder, adaptar-se e preparar-se para este contexto;
> f) O nível de inovação que acontecerá por "padrão" não é susceptível de ser suficiente ou sustentada sem confrontar o viés sistêmico no setor público para manter e replicar o status quo. Este último é um subproduto da necessidade de o governo e suas operações serem estáveis e confiáveis;

---

[55] "É requerida a adoção de uma nova mentalidade para organizações, e seus líderes terão de encontrar formas de operar seus negócios e gerenciar seus talentos" (MAGALDI, Sandro. *Gestão do amanhã*: tudo o que você precisa saber sobre gestão, inovação e liderança para vencer na 4ª Revolução Industrial. São Paulo: Editora Gente, 2018. p. 44).

[56] OCDE. *Declaração sobre inovação no setor público, OCDE/LEGAL/0450*. Disponível em: https://oecd-opsi.org/wp-content/uploads/2018/11/OECD-Declaration-on-Public-Sector-Innovation-Brazilian-Portuguese-.pdf. Acesso em: 02 maio 2024.

g) As organizações do setor público devem, portanto, serem capazes de inovar, de forma coerente e confiável, de forma que uma resposta inovadora a qualquer desafio (atual ou futuro), que exija uma nova abordagem, possa ser implantado quando e onde necessário.

Hoje temos disponível uma diversidade de modulagens para realizar as contratações, o que demanda capacitação e compreensão dos procedimentos que podem ser adotados.

Além disso, é fundamental avaliar o grau de maturidade da organização, pois a realidade da governança entre os entes públicos não é uniforme e padronizada.

A grande maioria deles tem-lhes atribuído um grau de governança insipiente, resultado da avaliação feita pelo TCU, constante do Acórdão nº 1.273/15P, sob a relatoria do ministro Augusto Nardes.

Dessa feita, a organização que tem grau de maturidade elevado de governança deverá melhorar qualitativamente seus processos de trabalho e buscar conhecer os novos procedimentos que estão acessíveis nos normativos de contratação, como, por exemplo, o diálogo competitivo, o PMI, a contratação de *startups* e empreendedores, a contratação integrada, entre outros.

Com efeito, é importante que essas organizações estabeleçam estratégias e um plano sólido para inovar, e não somente inovar por inovar.

Já a organização que apresenta grau de maturidade inicial ou inexistente, realizando aquisições convencionais, deve buscar compreender o mostruário de modelos novos que podem influenciar na melhoria das contratações.

É imprescindível a sensibilização dos dirigentes com relação à licitação tradicional e oxigenação dos procedimentos.

Essa é, provavelmente, a realidade dos municípios com até 20.000 habitantes, ou seja, quase 70% dos municípios brasileiros.

Nesses termos, escudado na concepção de que é necessário avaliar o grau de maturidade para implantar um plano estratégico de inovação, Hugo Tadeu assim se manifestou:[57]

> Tudo começa com a análise do nível de maturidade, uma avaliação da estrutura da empresa, de como podem inovar de acordo com seu

---

[57] Disponível em: https://sejarelevante.fdc.org.br/inovacao-tambem-precisa-gerar-resultado/. Acesso em: 1º jun. 2024.

potencial. Fazemos uma avaliação, um diagnóstico, uma leitura do ambiente corporativo e do conhecimento de estratégias de inovação, de concorrentes, da interação com startups e universidades e de sua mão de obra. E avaliamos que projetos de inovação possui e, acima de tudo, o perfil da liderança, porque nem todo mundo pode inovar. Inovação depende do perfil, da área, de métricas e de segurança do ambiente onde atua, além do nível de maturidade. E isso vale para grandes companhias, startups e governo. Fazemos um observatório de inovação, com coleta de dados. Em geral, as empresas de grande porte têm um nível de maturidade mediano para a inovação. Empresas de médio porte, no geral, têm maturidade média para a inovação. Nas startups, depende do setor onde atuam.

Dessa forma, denota-se que caberá à alta administração apoiar e patrocinar a implantação de procedimentos inovadores, os quais, após assimilados e sedimentados nas organizações, poderão avançar com adoção de outras iniciativas mais modernas e complexas.

É importante, mais uma vez, alertar que a assessoria jurídica e os órgãos de controle devem apoiar essas mudanças, sem descuidar da gestão de riscos e do monitoramento dos resultados pretendidos.

Com efeito, a implementação de medidas inovadoras está condicionada a uma análise correta pelas organizações. Não é possível determinar que as unidades realizem novas ações da mesma maneira.

Uma organização com grau elevado de governança – já estruturada e com seus processos de trabalho adaptados – tem mais chances de avançar em novos arranjos.

Lado outro, aquelas organizações que estão na fase inicial de implementação do sistema de contratação pública deverão priorizar a melhoria das estruturas de compras e seus processos de trabalho.

É recomendado, também, que as iniciativas sejam inseridas sem excesso, de forma gradual, para que não comprometam a curva de aprendizagem e a continuidade do serviço.

Enfim, se outro for o olhar dirigido para implementação de inovações, os órgãos e entidades públicos não avançarão ou não sairão do lugar.

Por todo o exposto, a implementação de inovação tem diferentes matizes e deve ser observada pelas organizações considerando o seu grau de maturidade em governança e estratégia de implementação, sempre com o propósito de alcançar mais eficiência e agregar valor para o seu negócio-fim.

Como cita Edmo Colnaghi Neves: "Governança e cultura são os primeiros caminhos a serem considerados, antes mesmo da 'estratégia'".

Assim, criar uma estratégia para alcançar e otimizar os resultados sem considerar a cultura e a governança, na maioria das vezes, mostra-se uma iniciativa infrutífera, como revela a frase contundente de Peter Drucker, o guru da administração moderna: "A cultura devora a estratégia no café da manhã".[58]

O incentivo à contratação de *startups* e empreendedores, previsto no MLSEI e na Lei nº 14.133/21, no art. 81, §4º, também demanda avaliação criteriosa para sua adoção, notadamente por se tratar de situação privilegiada de contratação que traz à tona questões de alta complexidade procedimental e criticidade de transparência e integridade.

Depreende-se do acima descrito que as organizações devem estar abertas para o portfólio de inovação, inclusive com relação às modulagens incorporadas pela Lei nº 14.133/21 e pelo MLSEI.

Como diz Guilherme Horn, "inovação não é mais uma opção para a grande maioria das empresas. Ou elas inovam ou estão fadadas ao fracasso".[59]

Ademais, a inovação não pode ser tratada como se fosse competência exclusiva de um departamento, do órgão de controle ou bandeira de governo. A inovação é transversal a toda a organização, é a epítome da arquitetura organizacional sustentável e deve estar presente em todos os órgãos e entidades públicos e no que eles promovem.

1.7 Quais são os desafios de contratar inovação no Brasil e por que tantos novos arranjos?

As contratações públicas no Brasil são marcadas por patente falta de planejamento, contribuindo para o desperdício de recursos públicos,[60] o que é inaceitável, principalmente, no atual momento de crise fiscal que o país vivencia.

---

[58] DAL POZZO, Augusto; MARTINS, Ricardo (coord.). *Compliance no direito administrativo*. São Paulo: Thomson Reuters, 2020. Coleção Compliance, vol. 1, p. 97.
[59] HORN, Guilherme. *O mindset da inovação*: a jornada do sucesso para potencializar o crescimento da sua empresa. São Paulo: Editora Gente, 2021. p. 21.
[60] O Acórdão nº 2.622/2015P, que é um marco para entendimento do planejamento das organizações, apontou que 54% das organizações estão no estágio inicial de capacidade na execução de processo de planejamento das contratações. BRASIL. Tribunal de Contas da União. Acórdão nº 2.622/2015. Plenário, Relator Ministro Augusto Nardes, j. 21/10/15.

Sobre o tema, o TCU, em 2022, elaborou relatório[61] no qual consolida informações de processos que já foram julgados pela Corte de Contas e que servem como grande suporte para o desenvolvimento de políticas públicas para o país.

De acordo com esse documento, é possível economizar até R$35 bilhões caso os órgãos e entidades públicos adotem medidas relacionadas à melhoria das contratações, em especial planos, políticas e ações destinados ao planejamento.

Falhas oriundas da fase de planejamento da licitação nos arranjos internos das organizações são destacadas como gargalos a serem superados no sistema de contratação em decorrência de dificuldades, como na feitura dos documentos iniciais, escolha da solução, identificação dos objetos, pesquisa mercadológica e descrição das informações que compõem a contratação.

Várias são as justificativas apontadas para essa realidade caótica, tais como baixa capacidade em governança, exiguidade de pessoal, limitação dos planos de contratação anual, fragilidade da ferramenta do sistema Planejamento e Gerenciamento de Contratações (PGC)[62] para gestão do PCA, pouco investimento em treinamento e desenvolvimento, ambiente regulatório incipiente, dificuldades na compreensão e elaboração dos documentos da fase preliminar.

Aliado a essa miríade de problemas, ainda temos o desconhecimento das áreas de negócio acerca do mercado que envolve a solução que se pretende contratar, resultando em indicação de objetos equivocados ou desarticulados com a realidade e necessidade da organização. Essa assimetria informacional tem gerado prejuízos incalculáveis para a Administração Pública.

Como enfatizam Marcos Nóbrega e Diego Franco de Araújo Jurubeba:

> A licitação é um mecanismo de revelação de informações. Ela existe porque há dificuldades de transmissão de informações entre os governantes e

---

[61] BRASIL. Tribunal de Contas da União. *Lista de alto risco na Administração Pública Federal*. 1. ed. Disponível em: https://portal.tcu.gov.br/data/files/7A/91/41/18/9D8A2810B4FE0FF7E18818A8/Lista_de_alto_risco_INFOGRAFICOS.pdf. Acesso em: 1º fev. 2024.

[62] O sistema PGC é uma ferramenta eletrônica que consolida todas as contratações que o órgão ou entidade pretende realizar no exercício subsequente, acompanhadas dos respectivos estudos preliminares e gerenciamento de riscos. Disponível em: https://www.gov.br/compras/pt-br/sistemas/conheca-o-compras/sistema-de-planejamento-e-gerenciamento-de-contratacoes. Acesso em: 1º abr. 2024.

os particulares que poderiam ser contratados para suprir as necessidades do Estado. Do contrário, se as informações fossem livres, perfeitas e gratuitas, não haveria necessidade de certame licitatório, bastaria ao gestor público contratar diretamente o particular que melhor atendesse aos seus critérios de escolha. No mundo real, porém, sempre haverá uma assimetria entre o governo e os licitantes, de modo que a licitação é o mecanismo de que o gestor lança mão para captar informações dos possíveis contratados e, só então, elencá-los de acordo com aqueles critérios de escolha.

Fica claro que a interação com as empresas para decifrar as soluções e informações relacionadas a produtos, novas tecnologias, novas ferramentas, novas técnicas de produção e serviços disponíveis no mercado é medida necessária e inadiável.[63]

Acentua Sebastião Almeida Júnior:[64]

> As compras não podem depender apenas de julgamentos intuitivos dos compradores para cumprir suas obrigações com uma função geradora de lucros. A pesquisa, em seu sentido mais amplo, é parte integrante contínua das atividades de compras. A investigação e a busca de novos fatos (novas tecnologias, novos fornecedores, novos produtos e novas técnicas administrativas e de produtividade) estão definitivamente envolvidas nas atividades e responsabilidades básicas de compras e do comprador.

Diante desse cenário, no qual se evidencia que é vital conhecer o mercado e elucidar quais são as soluções possíveis para agregar valor ao negócio, a adoção do diálogo competitivo, do PMI, de encomendas tecnológicas, de concurso e de contratação de *startups* e empreendedores se apresenta como uma excelente alternativa para remover esses entraves, visto que essas modulagens permitem ao mercado informar as soluções para atender à problematização apresentada pela área demandante.

Além disso, alguns desses modais não exigem as práticas preparatórias da contratação previstas na licitação comum, que são substituídas

---

[63] A área de compras nas organizações consiste em importante atividade que contribui para a melhoria da eficiência das operações e dos resultados da empresa. O desenvolvimento de novas ferramentas tecnológicas e de comunicação, além dos avanços na integração das informações nas análises dos riscos da operação e no melhor relacionamento com os fornecedores, é um importante elemento que fundamenta a evolução da função de compras nas organizações competitivas. FEDICHINA, Marcio A. H. *Gestão de compras e estoques*. 1. ed. Curitiba, 2021. p. 159.
[64] ALMEIDA JÚNIOR, Sebastião. *Gestão de compras*. Rio de Janeiro: Qualitymark, 2012. p. 99.

por processos de trabalhos mais interativos e de menor esforço de identificação requisitacional, bastando à área de negócio informar qual é o desafio a ser resolvido, sem precisar descrever todas as informações que são necessárias para encontrar a melhor solução.

Partindo dessa premissa – e geralmente nesses procedimentos não há o requisito das áreas aterem-se à feitura do ETP –, ficará a cargo das empresas apresentarem projeto, levantamento, investigação ou solução.

Trata-se, portanto, de uma inovação procedimental, a qual deve ser avaliada por todos na organização. Afinal, é oferecida mais uma opção de modo de contratação, o que pode atenuar as dificuldades enfrentadas no momento de concepção da fase preparatória.

Dessa forma, cabe às organizações fomentarem a inovação e analisarem quais são as alternativas disponíveis no mercado para atenderem à demanda apresentada, evitando, assim, o posicionamento cômodo – "é melhor deixar do jeito que está" –, mesmo que apoiadas em processos rígidos e na alegação de que mudanças não são bem-vistas.

Esse comportamento míope e comum nas organizações públicas, chamado vulgarmente de síndrome de Gabriela – "sempre foi feito assim" –, está na contramão da história e tem contribuído para o péssimo desempenho e resultados dos órgãos e entidades públicas.

Nota-se, portanto, que abraçar as novas maneiras de pensar e os novos modais de contratação não é tão somente uma questão de opção das organizações, mas, sim, um "dever" dos dirigentes para com a melhoria incremental dos processos de licitação.

Nesse sentido, dá-se o ensinamento de Cook, citado por Ries:[65]

> Desenvolver esses sistemas de experimentação é responsabilidade da alta administração; eles precisam ser introduzidos pela liderança. É fazer com que os líderes deixem de ser taxativos, apenas aceitando ou rejeitando cada ideia, e, em vez disso, estabeleçam a cultura e os sistemas de modo que as equipes possam agir e inovar na velocidade do sistema de experimentação.

A implementação dessas modulagens colaborativas depende de inúmeras medidas prévias, como previsão de ações para implementação da cultura de inovação no planejamento estratégico, capacitação de pessoal, elaboração de comunicação voltada para esse novo *mindset*,

---

[65] RIES, Eric. *A startup enxuta*. Rio de Janeiro: Sextante, 2019. p. 42.

padronização de documentos, adoção de sistemas operacionais, realização de gestão de riscos e implementação do plano de interação com o mercado e do plano de logística sustentável.

Além disso, para adoção dessas modulagens, as quais gerarão segurança jurídica, sistematização e coerência decisória, a edição de normativos é fundamental para a fixação de condições jurídico-institucionais basilares.

Com efeito, o desafio de implementar regulamentos inovadores também deve ser considerado, especialmente no âmbito do direito administrativo, que tem como axioma referencial o princípio da legalidade estrita.

A esse respeito, Ione Lewisck Cunha Mello e Raquel Melo Urbano de Carvalho esclarecem:

> O desafio de realizar a regulamentação de um setor que trabalha com o objetivo de superar incertezas, realizando testes em áreas ainda não mapeadas pelo conhecimento científico e buscando validar resultados positivos que sobrevenham, é especialmente difícil no âmbito do Direito Administrativo, em cujas bases está a noção de legalidade estrita, com repercussões em searas fundamentais, como a teoria monista das nulidades, inclusive em se tratando de contratos administrativos. Construir um microuniverso jurídico adequado para um campo em que a tentativa e o erro são etapas na construção dos resultados buscados implica tensão inevitável com o foco exclusivo no 'acerto mediante cumprimento do direito', que ainda orienta boa parte da compreensão da juridicidade. Malgrado tais dificuldade, é exatamente essa a tarefa que busca realizar contemporaneamente.[66]

O Referencial Básico do Programa de Inovação do TCU elenca os seguintes problemas prioritários que deverão ser enfrentados nas organizações com a adoção de novos procedimentos:[67]

a) apego excessivo a normas e processos burocráticos;
b) descontinuidade administrativa, a cada mudança de gestão;
c) alto grau de resistência a mudanças, de qualquer natureza;

---

[66] PÉRCIO, Gabriela Verona; FORTINI, Cristiana (coord.). *Inteligência e inovação em contratação pública*. 2. ed. Belo Horizonte: Fórum, 2023. p. 260.
[67] BRASIL. Tribunal de Contas da União. *Referencial básico do programa de inovação*. Brasília: TCU, Instituto Serzedello Correa, Centro de Pesquisa e Inovação, 2017. Disponível em: https://portal.tcu.gov.br/data/files/93/43/FA/EA/2451F6107AD96FE6F18818A8/Referencial_basico_programa_inovacao.pdf. Acesso em: 02 mar. 2024.

d) fixação de metas que implicam alocação integral dos recursos existentes para atividades de rotina;
e) ambiente com baixa tolerância a erros, resultando em medo dos servidores de se exporem a críticas; e
f) dificuldade para realizar ações experimentais e avaliar seu benefício.

A União Europeia, no esforço de acelerar a inovação para avançar na economia e contribuir com a sociedade e com o desenvolvimento dos países que integram o bloco econômico, elencou uma série de obstáculos que têm comprometido esse propósito:

a) insuficiências no ensino público e nos sistemas de inovação;
b) insuficiências na disponibilidade de financiamento;
c) preço elevado do registo de patentes;
d) regulamentação e procedimentos desatualizados;
e) lentidão no estabelecimento de normas;
f) não utilização dos concursos públicos de acordo com uma linha estratégica;
g) esforços não estruturados entre países membros e regiões.

Cumpre destacar que essas hipóteses descritas como desafios a serem enfrentados pelo conjunto de Estados-Membros do continente europeu somam-se aos demais desafios enfrentados pelas organizações públicas para um ambiente de contratação inovador, propício e fértil.

Resta evidente, portanto, que, alinhadas com o contexto atual do mundo dos negócios, as organizações públicas têm disponível um mostruário de procedimentos para adotarem sem necessidade de vinculação a contratações convencionais, as quais muitas vezes não solucionam a demanda apresentada.

Com efeito, essas mudanças devem ser moldadas para serem aceitas na organização, e os desafios, apontados pelo TCU e União Europeia, deverão ser endereçados no desenvolvimento de projetos e ações.

Por fim, essa realidade de revisitar as estruturas rígidas de gestão, vigentes há décadas nos órgãos públicos, e permitir a adoção de novos arranjos é uma imposição – e não faculdade dos líderes das organizações – e vai ao encontro da implementação da governança das contratações para que se obtenham resultados positivos na prestação do serviço público.

Diante do exposto, a Administração Pública deve libertar-se das amarras do padrão de gestão atual, o qual envolve modulagens ultrapassadas, e permitir-se conhecer novas maneiras de promover as contratações e aperfeiçoar suas estruturas e processos de trabalho.

ARCABOUÇO NORMATIVO DA INOVAÇÃO NO BRASIL

JULIANA PICININ

2.1 A previsão da inovação no texto constitucional e o papel do Estado na sua construção

A Constituição Federal tratou, desde o seu texto original, do papel do Estado como agente normativo e regulador da atividade econômica, em que se integra seu dever de *incentivo ao mercado* (art. 174), impondo que a lei viesse ao socorro dessa diretriz.

Dentre esses incentivos ao mercado, o texto constitucional já exaltava o papel do Estado na inovação.

Para isso, delimitara as competências executiva e legiferante, franqueando a que todos os entes federados estivessem aptos à sua realização (arts. 23, inc. V, e 24, inc. IX).

Para além, destacou a obrigação estatal quando o assunto era pesquisa e desenvolvimento tecnológicos (arts. 218 e 219).

Posteriormente, em 26.02.2015, foi promulgada a Emenda Constitucional nº 85, que alterou e adicionou dispositivos para "atualizar o tratamento das atividades de ciência, tecnologia e inovação".

Além de nominar equitativamente o Capítulo IV, os dispositivos exortaram a inovação em várias passagens, o que abriu as portas para que novos tempos fossem trazidos ao universo normativo a respeito da temática.

Nesse sentido, por exemplo, a introdução do art. 219-A, em que previsto poderem todos os entes federados:

> Firmar instrumentos de cooperação com órgãos e entidades públicos e com entidades privadas, inclusive para o compartilhamento de recursos humanos especializados e capacidade instalada, para a execução de projetos de pesquisa, de desenvolvimento científico e tecnológico e de inovação, mediante contrapartida financeira ou não financeira assumida pelo ente beneficiário, na forma da lei.

No mesmo art. 219, a inclusão do parágrafo único:

> O Estado estimulará a formação e o fortalecimento da inovação nas empresas, bem como nos demais entes, públicos ou privados, a constituição e a manutenção de parques e polos tecnológicos e demais ambientes promotores da inovação, a atuação dos inventores independentes e a criação, absorção, difusão e transferência de tecnologia.

Ainda, a redação do art. 218, ou seja, "o Estado promoverá e incentivará o desenvolvimento científico, a pesquisa, a capacitação científica e tecnológica e a inovação".

Estavam, então, fincadas as bases sobre as quais adviria, algum tempo depois, o MLSEI[68] e com o tom direcionado: não seria somente alcançar resultados, senão que os construir estimulando e fortalecendo a disseminação da inovação nas empresas, assumindo seu papel de fomentador e artífice de bons ventos ao mercado e, não menos importante, inaugurando uma relação dialógico-negocial (não apenas financeira)[69] com essas empresas.

---

[68] "As startups, que podem ser vistas como a materialização da junção entre empreendedorismo e inovação, foco deste artigo, são parte dessa mudança significativa na dinâmica dos processos de inovação, marcada por maior diversificação de mecanismos e atores envolvidos. Elas representam novos atores dentro do que foi definido na literatura como 'ecossistema de inovação', são desenvolvedoras de novos produtos, processos e modelos de negócios e centrais na criação de valor" (FREIRE, Carlos Torres; MARUYAMA, Felipe Massami; POLLI, Marco. *Inovação e empreendedorismo*: políticas públicas e ações privadas. Disponível em: https://www.scielo.br/j/nec/a/7MVBV5N3V3BcVmTTbmMjrDv/. Acesso em: 20 mar. 2023.

[69] "A percepção da importância da articulação de diferentes atores para o processo de inovação é a base para diferentes ações públicas. Mason e Brown, por exemplo, defendem um movimento 'das políticas financeiras para as políticas relacionais'. Ou seja, a aproximação entre empreendedores e investidores pode ser tão ou mais importante do que oferecer recursos financeiros diretamente. Essa ideia se apoia na tese da constituição de atributos relacionais para o desenvolvimento de atividades baseadas em conhecimento e, assim, abre espaço para iniciativas de indução do Estado na promoção de estímulos para aproximar

Assim, o lugar a ser assumido pela Administração Pública na construção de um mercado sólido, desenvolvido, aquecido e apto não é passivo, não se restringe à encomenda de bens e serviços públicos e não é meramente impositivo.

Muito além.

Como Estado que é, deve integrar seu *mindset* um papel timoneiro, ativo, prospectivo e performático na edificação do patrimônio nacional que é o mercado.

O artífice, portanto, pode (e deve, melhor dizendo) avaliar sua missão à luz dessa perspectiva.

Como dito em doutrina:

> Inovar é um processo inerente ao papel do gestor público na medida em que a sociedade demanda soluções para os inúmeros problemas existentes, assim como sua contínua evolução. (...) Os problemas começam justamente quando o gestor se limita a ideias e referenciais de sua própria organização, por acreditar que ampliar o debate em busca de soluções inovadoras pode levá-lo a perder um tempo precioso ou abdicar de sua autoridade sobre o processo. (...)
> A complexidade dos problemas com os quais o gestor público se depara implica que sejam mapeados os diferentes pontos de vista dos vários atores envolvidos desde as suas causas até as consequências das soluções implantadas no contexto de outras políticas públicas. Dessa avaliação vêm as decisões sobre compras públicas para inovação, que precisam ser consideradas em face dos diversos caminhos possíveis para atender às necessidades identificadas.[70]

Por isso, voltando os olhos ao que está posto no MLSEI,[71] como princípio e diretriz, vê-se que ali se subsomem as expectativas que são comuns ao *mindset* público e à necessidade privada (art. 3º), ou seja:

---

empreendedores, investidores, pesquisadores, clientes e fornecedores envolvidos no ecossistema de inovação" (FREIRE, Carlos Torres; MARUYAMA, Felipe Massami; POLLI, Marco, *op. cit.*).

[70] CHIOATO, Tânia Lopes Pimenta; LINS, Maria Paula Beatriz Estellita. *Compras públicas para inovação na perspectiva do controle apud* RAUEN, André Tortato (org.). *Compras públicas para inovação no Brasil*: novas possibilidades legais. Brasília, IPEA, 2022. p. 77.

[71] O Marco Legal não definiu o que sejam *startups*, inobstante tenha disciplinado seus contornos para os incentivos que estabelece. Nessa lacuna, portanto, compreendemos o que dizem os doutrinadores a respeito: a) "Uma startup é uma organização temporária em busca de um modelo de negócio escalável, recente e lucrativo" (SOBRAL, Michelle Vieira; BASTOS, Luciana de Castro. *Marco legal das startups*: incentivo ao empreendedorismo inovador e ao desenvolvimento econômico, social e ambiental *apud* PIMENTA, Eduardo Goulart; BASTOS, Luciana de Castro (org.). *Estudos sobre o marco legal das startups e do empreendedorismo*

inovador. Belo Horizonte: Expert, 2021. p. 220); b) Michele Sobral e Luciana Bastos, citando Steve Blank, "uma organização temporária projetada para buscar um modelo de negócios repetível e escalável" (SOBRAL, Michelle Vieira; BASTOS, Luciana de Castro, *op. cit.*, p. 220); c) "Independentemente de sua natureza – incremental ou disruptiva –, as startups têm gravado em seu DNA uma característica comum: desenvolvem suas inovações em um ambiente de incertezas, sendo o processo de testagem e validação de produtos e serviços imprescindível ao desenvolvimento de novos produtos" (AMORIM, Bruno de Almeida Lewer; CRUZ, Thays Murta dos Santos. *O marco legal das startups e o desenvolvimento do empreendedorismo de inovação no Direito apud* PIMENTA, Eduardo Goulart; BASTOS, Luciana de Castro (org.), *op. cit.*, p. 251; d) "A expressão em língua pátria que melhor corresponde, do ponto de vista técnico-jurídico, à palavra startup deve ser 'empresas emergentes', já consagrada no direito brasileiro, por alusão às regulamentações da Comissão de Valores Mobiliários sobre fundos de investimento (artigo 14, II. Instrução Normativa n. 578 de 2016). São empresas iniciantes, 'nascentes ou em operação recente', na redação do artigo 4º da Lei Complementar n. 182/2021. Há no mesmo dispositivo legal uma referência à inovação, decrita de forma abravante como 'aplicada a modelo de negócios ou a produtos ou serviços ofertados'. Tais critérios materiais previstos no caput do artigo 4º, na prática, são concretizados por meio de critérios mais objetivos que definem: (i) o tamanho máximo de uma empresa para ser qualificada como startup, valendo-se de parâmetro de faturamento (receita brutal), tal como faz, no geral a legislação tributária nacional; (ii) o tempo máximo de constituição da entidade que desenvolve a atividade empresarial; (iii) a condição de empresa inovadora" (LUPI, André Lipp Pinto Basto. *O marco legal das startups e do empreendedorismo inovador apud* LUPI, André Lipp Pinto Basto; QUINT, Gustavo Ramos da Silva; NIEBUHR, Joel de Menezes. *Marco legal das startups e do empreendedorismo inovador*. E-book. Disponível em: https://www.mnadvocacia.com.br/wp-content/uploads/2021/06/Marco-Legal-das-Startups-e-do-Empreendedorismo-Inovador_final.pdf); e) "Um modo de exercício empresarial, cujas raízes estão nos anos 60, especialmente na Costa Oeste dos EUA. Mas apenas na segunda década do séc. XXI as startups se consagram na economia brasileira" (PIMENTA, Eduardo Goulart; BASTOS, Luciana de Castro (org.), *op. cit.*; f) "Empresas inovadoras cujo objetivo é crescer em ritmo rápido, conquistando o mercado com seus produtos e serviços, com menor custo e, para isso, precisam provar seu potencial de soluções, por isso fazem apresentações ou protótipos para provar que sua ideia pode dar certo" (OLIVO, Emanuelle Fuzari; POMIN, Andryelle Vanessa Camilo. *O marco legal das startups e do empreendedorismo no Brasil*. Disponível em: https://rdu.unicesumar.edu.br/bitstream/123456789/9540/1/Emanuelle%20Fuzari%20Olivo.pdf; g) "Instituição humana projetada para criar novos produtos ou serviços e sob condições de extrema incerteza" (RIES, Eric. *A startup enxuta*: como os empreendedores atuais utilizam a inovação contínua para criar empresas exatamente bem-sucedidas. São Paulo: Lua de Papel, 2012; h) "Um grupo de pessoas à procura de um modelo de negócios, baseado em tecnologia [eu diria que também de disrupção], repetível e escalável, trabalhando em condições de extrema incerteza" (FEIGELSON, Bruno; NYBO, Erik; FONSECA, Vitor. *Direito das startups*. São Paulo: Saraiva, 2018. p. 31). No art. 65-A da Lei Complementar nº 123, a partir de sua alteração, está o conceito de *startup*. No *caput*, há referência a "iniciativas empresariais de caráter incremental ou disruptivo que se autodeclarem como startups (...) agentes indutores dos avanços tecnológicos e da geração de emprego e renda". E conforme o §1º, *startup* seria a "empresa de caráter inovador que visa a aperfeiçoar sistemas, métodos ou modelos de negócio, de produção, de serviços ou de produtos, os quais, quando já existentes, caracterizam startups de natureza incremental, ou, quando relacionados à criação de algo totalmente novo, caracterizam startups de natureza disruptiva". Ainda, §2º: "As startups caracterizam-se por desenvolver suas inovações em condições de incerteza que requerem experimentos e validações constantes, inclusive mediante comercialização experimental provisória, antes de procederem à comercialização plena e à obtenção de receita".

I – reconhecimento do empreendedorismo inovador como vetor de desenvolvimento econômico, social e ambiental;
II – incentivo à constituição de ambientes favoráveis ao empreendedorismo inovador, com valorização da segurança jurídica e da liberdade contratual como premissas para a promoção do investimento e do aumento da oferta de capital direcionado a iniciativas inovadoras;
III – importância das empresas como agentes centrais do impulso inovador em contexto de livre mercado;
IV – modernização do ambiente de negócios brasileiro, à luz dos modelos de negócios emergentes;
V – fomento ao empreendedorismo inovador como meio de promoção da produtividade e da competitividade da economia brasileira e de geração de postos de trabalho qualificados;
VI – aperfeiçoamento das políticas públicas e dos instrumentos de fomento ao empreendedorismo inovador;
VII – promoção da cooperação e da interação entre os entes públicos, entre os setores público e privado e entre empresas, como relações fundamentais para a conformação de ecossistema de empreendedorismo inovador efetivo;
VIII – incentivo à contratação, pela Administração Pública, de soluções inovadoras elaboradas ou desenvolvidas por startups, reconhecidos o papel do Estado no fomento à inovação e as potenciais oportunidades de economicidade, de benefício e de solução de problemas públicos com soluções inovadoras;
IX – promoção da competitividade das empresas brasileiras e da internacionalização e da atração de investimentos estrangeiros.

Com apoio em doutrina e jurisprudência:

A necessidade de pensar os processos de contratação como mais estratégicos e menos operacionais vem ganhando força e está alinhada ao posicionamento do TCU, que coloca como um dos objetivos da governança das aquisições "alinhar as políticas e as estratégias de gestão das aquisições às prioridades do negócio da organização em prol de resultados" (...). Esse objetivo pode ser alcançado por meio de contratações de inovação, que ampliam as possibilidades de solução de problemas críticos à prestação de bons serviços à população.[72]

---

[72] CHIOATO, Tânia Lopes Pimenta; LINS, Maria Paula Beatriz Estellita, *op. cit.*, p. 81. No mesmo sentido a tendência internacional, como lembrado nesta passagem: "A análise do contexto internacional atual para políticas públicas de apoio à inovação e a startups permite observar duas tendências principais: a presença do Estado como agente de compartilhamento de risco e como demandante de soluções inovadoras; e as ações públicas para estimular a

A Administração Pública, na busca dos bens jurídicos que são meio à entrega de suas missões, deve buscar a interação com o mercado que lhe permita o acesso a bens *vantajosos* a esses interesses.

Vantajosa não será, necessariamente, a contratação de menor dispêndio financeiro (o que, já de há muito, é uma impressão equivocada de equivalência de conceitos), mas aquela que seja capaz de realizar todas as missões ditadas pelo legislador, o que não se circunscreve a razões econômico-financeiras. Exemplos disso estão nas aquisições sustentáveis, com atenção à ME/EPP, que atentem ao ciclo de vida do objeto, entre outros.

Vantajosa será a contratação que incluir como um de seus pilares o princípio da eficiência e buscar respostas em que o mais importante não é *ser o autor dessas*, mas a potência que elas tenham para resolver os dilemas experienciados (art. 13, §4º, inc. I c/c art. 14, §1º, inc. I, ambos do MLSEI).

E, assim, a construção de uma resposta dialógico-negocial com o mercado, ouvindo o que empresas voltadas à inovação e à tecnologia podem informar, desenvolver e customizar, de forma a solucionar não apenas as necessidades públicas, mas também serem flexíveis e conglobantes o suficiente para as necessidades que vierem e que essas empresas (mais do que o ente público) conseguem projetar – e se abarcarão os olhos para o futuro, tão longe a vista possa alcançar em temas como esse.

Essa é, sem dúvida, uma mudança de *mindset*.[73]

Se um novo pensar se impõe, é fato que o apego a modelos constituídos não abre espaço aos objetivos constitucionalmente postos.

Inovar, se sabe, exige desprender. É aceitar-se disruptivo.

A partir desse *assentamento constitucional*, novas legislações surgiram para abarcar as vertentes de como executar esse fomento e essa inovação[74] até chegar ao MLSEI.

---

articulação de atores do ecossistema de inovação" (FREIRE, Carlos Torres; MARUYAMA, Felipe Massami; POLLI, Marco, *op. cit.*).

[73] "O profissional que conseguir se adaptar ao mundo exponencial, completamente remodelado pela quarta revolução industrial, terá expressivo protagonismo na nova realidade" (FEIGELSON, Bruno et al. *O futuro do Direito*: tecnologia, mercado de trabalho e os novos papeis dos advogados. 1. ed. Jota, 2017. Também a respeito: LANA, Henrique Avelino; PIMENTA, Eduardo Goulart. *A LC 182/2021 e o regramento sobre investimentos em inovação e tecnologia pelo novo marco legal das startups*. Disponível em: https://revistas.unibh.br/dcjpg/article/download/3314/pdfTTT. Acesso em: 20 mar. 2023.

[74] "Desde a criação dos Fundos Setoriais, ainda em 1999, passando pelo retorno das políticas industriais com a Política Industrial, Tecnológica e de Comércio Exterior (PITCE) e a Lei

Poderiam ser citados como instrumentos desse *ecossistema normativo da inovação* a Lei de Inovação (Lei nº 10.973/04), a Lei do Bem (Lei nº 11.196/05),[75] a Lei de Adaptação do Simples (Lei Complementar nº 155/16), a Lei da Informática (Lei nº 8.248/91 com a redação dada pela Lei nº 10.176/01),[76] a Lei das Estatais (Lei nº 13.303/16), a Lei de Governo Digital (Lei nº 14.129/21), as Leis de Licitações e Contratos Administrativos, anterior (Lei nº 8.666/93 com a redação dada pela Lei nº 10.973/04) e atual (Lei nº 14.133/21), e a Lei da Liberdade Econômica (Lei nº 13.874/19) como preparatórias do terreno do MLSEI.[77]

---

de Inovação, em 2004, até a programas mais recentes, como o Inova Empresa, em 2013, houve uma diversificação do espectro de mecanismos de apoio à inovação" (FREIRE, Carlos Torres; MARUYAMA, Felipe Massami; POLLI, Marco, *op. cit.*).

[75] "A partir da análise das políticas de apoio financeiro ao setor de inovação, conclui-se que houve um balanço positivo decorrente destas. O Ministério da Economia estima que os incentivos fiscais para pesquisa, desenvolvimento e inovação somaram US$ 5 bilhões em 2018, sendo a maior parcela desses incentivos garantida pela Lei de Informática, que a partir da redução do IPI, chegou a marca de US$ 2 bilhões em incentivos fiscais em 2018. Após, figura a Lei do Bem como segunda lei que mais promoveu incentivos à inovação, uma vez que, a partir da dedução no imposto de renda de empresas que investem em pesquisa e desenvolvimento, gerou uma renúncia tributária de cerca de US$ 1 bilhão em 2018" (AMORIM, Bruno de Almeida Lewer; CRUZ, Thays Murta dos Santos, *op. cit.*, p. 256).

[76] "Em âmbito legislativo, importante marco foi a Lei nº 8.248 de 1991 – Lei da Informática –, a qual estabeleceu redução no Imposto sobre Produção Industrial (IPI) para empresas que observam requisitos de conteúdo local e investem em pesquisa e desenvolvimento. Em 2004, por sua vez, o Brasil aprovou a Lei da Inovação (Lei nº 10.973 de 2004), que permitiu, pela primeira vez, que o Estado brasileiro concedesse subsídios a empresas inovadoras de forma direta. A Lei da Inovação teve sua redação alterada pela Lei nº 13.243 de 2016, a qual estabeleceu medidas de incentivo à inovação e à pesquisa científica e tecnológica no ambiente produtivo, com vistas à capacitação tecnológica, ao alcance da autonomia tecnológica e ao desenvolvimento do sistema produtivo nacional e regional do país. Em 2006, passou a vigorar a Lei nº 11.196 de 2005 – Lei do Bem –, que instituiu incentivos fiscais para alavancar o desenvolvimento da inovação tecnológica no país. Além do respaldo à inovação em âmbito legislativo, mister também destacar o fornecimento de crédito destinado à pesquisa e desenvolvimento, especialmente a partir da segunda década dos anos 2000" (AMORIM, Bruno de Almeida Lewer; CRUZ, Thays Murta dos Santos, *op. cit.*, p. 255).

[77] "Uma questão crítica apontada de forma recorrente em debates públicos e na literatura sobre o tema diz respeito às barreiras regulatórias para empreender no Brasil (Endeavor, 2015; World Bank, 2016). Mesmo sendo insuficientes frente ao escopo desses problemas, houve avanços nos últimos anos no Brasil: normatização da sociedade anônima simplificada (PLC nº 4.303/2012); regulamentação da figura do investidor anjo (PLC nº 25/2007); Novo Marco Legal da Inovação (Lei nº 13.243/2016), que, entre outros pontos, facilita a criação de empresas a partir de resultados da pesquisa em instituições de ciência e tecnologia (ICTs); regulação da oferta pública de distribuição de valores de emissão de sociedades empresárias de pequeno porte, realizada com dispensa de registro por meio de plataforma eletrônica de investimento participativo (ICVM nº 588/17), o crowdfunding" (FREIRE, Carlos Torres; MARUYAMA, Felipe Massami; POLLI, Marco, *op. cit.*).

2.2 A previsão da inovação no texto infraconstitucional

A legislação brasileira vem, nos últimos anos, construindo um *ecossistema normativo da inovação*, tanto no sentido de compreender as diferenças necessárias no arcabouço normativo para que a inovação possa florescer (já que terrenos tradicionalistas podem não ser férteis o suficiente) quanto no sentido de ampliar sua atratividade para o mercado (a partir de diferentes contextos e atores).

Em que pese aqui não seja o espaço para nos debruçarmos sobre cada um desses instrumentos, que requerem digressão merecida, alguns realces se mostram positivos.

O primeiro realce é a linha cronológica dessas mudanças – ela é significativa. De um lado, por representar um processo contínuo de ampliação dos mecanismos de proteção e florescimento da inovação – a maturação para o próprio legislador e os espaços galgados pelo público interessado no convencimento legiferante. De outro lado, por representar uma curva de aprendizado e maturação a respeito do que pode ser estabelecido em prol da inovação, aumentando os arranjos, a complexidade da abordagem e o envolvimento de atores disponíveis.

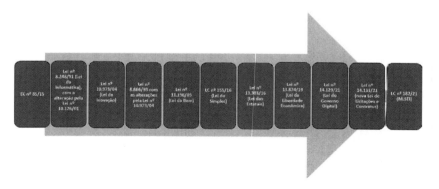

A seguir, faremos algumas considerações a respeito desses instrumentos, cujo objetivo não é esgotar os assuntos, que, como dito, merecem digressão própria, mas realçar em que medida a maturação e o tempo permitiram a ampliação do ecossistema.

Da Lei nº 10.973, de 02.12.2004, conhecida como *Lei da Inovação*, podemos extrair alguns pontos relevantes à nossa discussão:

a) O primeiro ponto a se realçar nessa lei é a previsão de princípios e diretrizes na consideração do que pertina a inovação e pesquisa.

É um passo significativo na construção de um *arcabouço normativo da inovação*, com regras gerais e abstratas que permitirão o açambarcamento de um universo de instrumentos interligados por sua principiologia.

Vale, nesse sentido, realçar alguns dos princípios e diretrizes previstos no art. 1º, parágrafo único, a partir da inclusão realizada pela Lei nº 13.243/16, e que guardam sentido com o que, neste livro, realçaremos sobre o MLSEI, ou seja:

> a.1) promoção das atividades científicas e tecnológicas como estratégias para o desenvolvimento econômico e social;
> a.2) promoção e continuidade dos processos de desenvolvimento científico, tecnológico e de inovação, assegurados os recursos humanos, econômicos e financeiros para tal finalidade;
> a.3) promoção da cooperação e interação entre os entes públicos, entre os setores público e privado e entre empresas;
> a.4) promoção da competitividade empresarial nos mercados nacional e internacional;
> a.5) incentivo à constituição de ambientes favoráveis à inovação e às atividades de transferência de tecnologia;
> a.6) atratividade dos instrumentos de fomento e de crédito, bem como sua permanente atualização e aperfeiçoamento; e
> a.7) utilização do poder de compra do Estado para fomento à inovação.

b) O segundo ponto a se realçar nessa lei é o apaziguamento do que se deva entender como inovação, trazendo o conceito contido no art. 2º, inc. IV, na redação dada pela Lei nº 13.243/16, ou seja:

> Introdução de novidade ou aperfeiçoamento no ambiente produtivo e social que resulte em novos produtos, serviços ou processos ou que compreenda a agregação de novas funcionalidades ou características a produto, serviço ou processo já existente que possa resultar em melhorias e em efetivo ganho de qualidade ou desempenho.

Esse conceito engloba tanto a concepção da *inovação disruptiva* (novidade) quanto da *inovação incremental* (aperfeiçoamento), evitando-se o pensamento de que inovar significa, apenas, romper padrões anteriores e por completo.

Esse conceito voltará a ser tratado em capítulo próprio deste livro, valendo neste momento a compreensão de que o conceito foi objeto de preocupação do legislador para escolher um que seja amplificado e inclusivo.

c) O terceiro ponto a ser considerado nessa lei é a previsão das diretrizes para as ações governamentais no sentido de ampliar a acolhida da inovação, ou seja, fomento estatal, alianças estratégicas, desenvolvimento de projetos em cooperação, criação de ambientes propícios, atração de centros de pesquisa e programas especiais (arts. 3º, 3º-B, 3º-C e 3º-D), entre diversas outras medidas de interação com o mercado (a exemplo do art. 19).

d) O quarto ponto a ser considerado nessa lei é a previsão de contratação direta, com dispensa de licitação, de institutos de ciência, tecnologia e inovação (ICTs), entidades de direito privado sem fins lucrativos ou empresas voltadas a atividades de pesquisa e reconhecida capacitação tecnológica para a realização de atividades de pesquisa, desenvolvimento e inovação (PD&I) que envolvam risco tecnológico para solução de problema específico ou obtenção de produto, serviço ou processo inovador (art. 20 na redação dada pela Lei nº 13.243/16), além da distribuição de bolsas, aberturas de fundos de investimento e outros estímulos.

Estavam, assim, dados os primeiros passos na construção de um *arcabouço normativo de inovação*, com princípios, conceitos, diretrizes e incentivos para que o progresso fluísse pelas fendas criadas.

Da Lei nº 11.196, de 21.11.2005, conhecida como *Lei do Bem*, podemos extrair outros pontos relevantes:

a) Para o engajamento à inovação, faltavam instrumentos atrativos à iniciativa privada, razão pela qual o legislador acolheu a pretensão criando incentivos de natureza tributário-financeira, em especial os constantes do art. 17, *caput* e incisos, ou seja:

a.1) dedução tributária de dispêndios realizados com pesquisa tecnológica e desenvolvimento de inovação tecnológica;
a.2) redução tributária para equipamentos, máquinas, aparelhos, instrumentos, acessórios sobressalentes e ferramentas que acompanhem bens destinados à pesquisa e ao desenvolvimento tecnológico;
a.3) depreciação integral ou amortização acelerada;
a.4) redução a zero de alíquota do IR para remessas destinadas a registro e manutenção de marcas, patentes e cultivares.

b) O segundo ponto a ser considerado nessa lei é a especificação do conceito de inovação tecnológica, conforme seu art. 17, §1º, ou seja:

A concepção de novo produto ou processo de fabricação, bem como a agregação de novas funcionalidades ou características ao produto ou processo que implique melhorias incrementais e efetivo ganho de qualidade ou produtividade, resultante maior competitividade no mercado.

c) O terceiro ponto a ser considerado nessa lei, também essencial ao engajamento privado a inovações, está no início da disciplina do *investidor-anjo*, a fim de que esse não fosse confundido com sócio da empresa investida (e protegido no caso de fracasso tecnológico) e como se daria o registro de seus dispêndios como despesas operacionais (art. 18).

Essa figura sofreria, em legislações posteriores, novas interveniências a fim de ampliar o espectro desses investidores (tanto privados quanto públicos), na medida da maturação possível de seus conceitos.

d) O quarto ponto a ser considerado nessa lei é a abertura à União, por intermédio das agências de fomento de ciências e tecnologia, para subvencionar o valor da remuneração de pesquisadores empregados em atividades de inovação tecnológica em empresas localizadas no território brasileiro (art. 21).

e) O quinto ponto a ser considerado nessa lei é quanto às adaptações de natureza tributária e de lançamento simplificado, como mecanismos de incentivo à inovação, entre outras questões (com o apoio de sua regulamentação pelo Decreto nº 5.798/06).

Da Lei Complementar nº 155, de 27.10.2016, conhecida como *Lei de Adaptação do Simples*, podemos extrair alguns pontos relevantes à nossa discussão:

a) O primeiro ponto a ser considerado nessa lei diz respeito ao processo evolutivo de aceitação e incentivo ao *investidor-anjo*, destacando-se a não integração ao capital social de seus investimentos (com repercussão tributária e contábil), além da natureza de relação contratual e suas consequências jurídicas, inclusive sobre desconsideração da personalidade jurídica, prazos contratuais e de resgate.

b) O segundo ponto a ser considerado nessa lei é a alteração da redação da Lei Complementar nº 123/06 para prever que o aporte de capital pelo investidor-anjo não integrará o capital social da empresa, o que possibilitará que a empresa não perca a natureza de microempresa ou empresa de pequeno porte em consequência (art. 61-A).

Da Lei nº 8.248, de 23.10.1991, a partir da redação dada pela Lei nº 10.176/01, conhecida como *Lei da Informática*, podemos extrair alguns pontos relevantes à nossa discussão:

a) O primeiro ponto a ser considerado nessa lei é a criação de preferência na aquisição de bens e serviços, em contratações públicas, com tecnologia desenvolvida no país e com processo produtivo regulamentado pelo poder público (art. 3º).

b) O segundo ponto a ser considerado nessa lei é de outros incentivos de natureza econômico-financeira, em especial a isenção em insumos (art. 8º) e a previsão de créditos e investimentos no setor.

Da Lei nº 13.303 de 30.06.2016, conhecida como *Lei das Estatais*, podemos ver a ampliação dos diálogos com as empresas envolvidas com inovação. Dois mecanismos merecem realce, a saber:

a) O primeiro instrumento a ser destacado nessa lei é a dispensa de licitação nas contratações visando ao cumprimento do disposto nos arts. 3º, 4º, 5º e 20 da Lei da Inovação, que assim poderiam ser sintetizados:

a.1) alianças estratégicas e desenvolvimento de projetos de cooperação envolvendo empresas, ICTs, entidades privadas sem fins lucrativos, centros de pesquisa e desenvolvimento de empresas estrangeiros e o poder público (União, Estados, Distrito Federal, Municípios e respectivas agências de fomento);
a.2) relações entre IFES/ICTS e fundações de apoio;
a.3) programas específicos de agências de fomento para ME/EPP;
a.4) compartilhamento de estruturas de ICTs, para os fins previstos nesses dispositivos.

b) O segundo instrumento a ser destacado nessa lei é a possibilidade de participação do poder público, de forma minoritária, no capital social de empresas, com o propósito de desenvolver produtos ou processos inovadores (art. 5º).

Das Leis nº 8.666, de 21.06.1993, e 14.133, de 1º.04.2021, conhecidas como antiga e nova *Lei Geral de Licitações e Contratos Administrativos*, podemos extrair as hipóteses de dispensa de licitação para os casos decorrentes da Lei da Inovação e de entidades vocacionadas a PD&I (respectivamente nos arts. 24, incs. XXIV e XXXI, e 75, incs. V, XV e XVI).

Dessa última lei, também é possível extrair outros instrumentos voltados à inovação:

a) O primeiro instrumento em destaque é a previsão da inovação como um dos objetivos do processo licitatório, o que exige a transformação do olhar do gestor desde o planejamento e concepção do objeto licitável/contratável até a seleção estratégica de desafios a serem cobertos pelo orçamento.

Não bastasse, essa mirada constante deve se dar em bloco com o desenvolvimento nacional sustentável (art. 11, inc. IV), tornando claro que o poder de compra do Estado está direcionado, enquanto propósito, ao desenvolvimento.

A inovação, assim, é instrumental de um propósito muito maior, deixando as compras governamentais de serem meramente operacionais.

b) O segundo instrumento em destaque nessa lei é a previsão de margem de preferência para bens manufaturados e serviços nacionais que atendam a normas técnicas brasileiras, bem como para reciclados, recicláveis ou biodegradáveis em percentual de 20% (vinte por cento) quando esses bens e serviços nacionais resultarem de desenvolvimento e inovação tecnológica no país, conforme regulamento federal (art. 26, §2º).

c) O terceiro instrumento em destaque nessa lei é a inauguração de uma nova modalidade de licitação, ou seja, o diálogo competitivo, para contratações em que a Administração Pública, entre outros requisitos, vise contratar objeto que envolva inovação tecnológica ou técnica (art. 32, inc. I, alínea "a").

d) O quarto instrumento em destaque nessa lei é a criação de um tipo especial de procedimento de manifestação de interesse (PMI), esse restrito a *startups*, nos casos em que essas se dedicarem à pesquisa, desenvolvimento e implementação de novos produtos ou serviços baseados em soluções tecnológicas inovadoras que possam causar alto impacto (art. 81, §4º).

e) O quinto instrumento em destaque nessa lei é a possibilidade de a Administração Pública deixar de exigir cessão de direitos nas contratações que envolverem atividade de pesquisa e desenvolvimento de caráter científico, tecnológico ou de inovação em casos especiais (art. 93, §2º).

Vale lembrar que o art. 93 determina que:

> Nas contratações de projetos ou de serviços técnicos especializados, inclusive daqueles que contemplem o desenvolvimento de programas e aplicações de internet para computadores, máquinas, equipamentos e dispositivos de tratamento e de comunicação da informação (software) – e a respectiva documentação técnica associada – o autor deverá ceder todos os direitos patrimoniais a eles relativos para a Administração Pública, hipótese em que poderão ser livremente utilizados e alterados por ela em outras ocasiões, sem necessidade de nova autorização de seu autor.

O objetivo da excepcionalidade é fomentar a adesão das empresas inovadoras e tecnológicas às tratativas governamentais, que, em consequência, será utilizar o poder de compra do Estado para que a inovação se prolifere.

Da Lei nº 13.874, de 20.09.2019, conhecida como *Lei da Liberdade Econômica*, podem ser destacados alguns pontos, a saber:

a) O primeiro ponto a ser realçado nessa lei é a previsão, dentre os deveres da Administração Pública, de não redigir enunciados que impeçam ou retardem a inovação e a adoção de novas tecnologias, processos ou modelos de negócios, ressalvadas as situações consideradas em regulamento como de alto risco (art. 4º, inc. IV).

b) O segundo ponto a ser realçado nessa lei é a alteração do Código Civil para inclusão do art. 49-A, cuja previsão principal é permitir que as pessoas jurídicas tenham autonomia patrimonial como um "instrumento lícito de alocação e segregação de riscos, estabelecido pela lei com a finalidade de estimular empreendimentos, para a geração de empregos, tributo, renda e inovação em benefício de todos".

Assim, abandona-se a concepção de que os arranjos nas empresas devem ser sempre na direção de que os investidores sejam tidos como sócios, com confusão patrimonial e despersonalização presumida.

Uma visão tradicionalista dessa impediria arranjos de investimento e incentivo, na contramão das previsões de fomento que derivam do texto constitucional. Esse ajuste era essencial para que, na combinação de códigos e textos normativos, não houvesse norma suicida ao ecossistema da inovação.

Sem prejuízo de outros instrumentos legais e infralegais relevantes, inclusive lançados após a construção deste livro (já que se trata de um processo contínuo de fortalecimento do ecossistema da inovação), esse é um panorama que sinaliza de que maneira o legislador foi (e vem) abrindo os flancos na direção da proteção e do estabelecimento de instrumentos incentivadores da inovação como pedra de toque ao regime democrático.

Os instrumentos inovadores em face de concepções normativas tradicionais eram necessários para aumentar a *segurança jurídica* (e a sua sensação/percepção) para investidores, nacionais ou estrangeiros, e para a atratividade do negócio como forma de se viver e entender o mercado.

Era preciso creditar para acreditar.

No entanto, esse processo não se circunscreve, jamais, a um esforço apenas do legislador, é bom que se diga.

A evolução do ecossistema está muito além de uma mera mudança normativa e é fundamental que isso fique claro.

Afinal, leis não mudam comportamentos.

Os princípios contidos nessas novas leis, como diria Niklas Luhmann, são decorrência de um *assentamento de expectativas* e, portanto, as principais alterações estão no mundo dos fatos.

Isso significa que se exigiu, após considerável fricção da gramática das práticas sociais em permanente transformação, que se flexionasse (sem precisar envergar) adequadamente o arcabouço normativo, e esse quadro aqui posto é o resultado do esforço empreendido.

Olhamos para a realidade e os comportamentos para analisarmos o que, realmente, flexiona o texto legal em uma ou outra direção.

Mas não somente.

Hoje estamos em um grau de maturação sobre a realidade da inovação e seu ecossistema em que é necessário que os textos legais possuam outra *tessitura*, o que significa uma *mudança geminada*.

Se a tessitura tradicional dos textos é de inflexibilidade, de rigidez e de ditadura de padrões, caminhamos hoje para a criação de textos que, *de per se*, são mais maleáveis, flexíveis, intercambiáveis, comunicativos e inclusivos.

Por certo, não é possível inovar na rigidez. Seria um contrassenso interno.

Isso significa uma considerável alteração da lente através da qual enxergamos o próprio papel da lei – e, também, do legislador que a elabora.

A lei passa a ser um instrumento de viabilidade, conformidade e franqueamento; por isso, o histórico da legislação nos últimos anos, os perfis de *deslegalização procedimental* e *aumento dos espaços dialógico-negociais* (como será destacado em outros momentos deste livro), menos, a cada vez, de aprisionamento, condicionamento e formalismos imoderados ou infundados.

Como dito em doutrina:

> O objetivo das leis é oferecer determinações e possibilidades claras e objetivas. A despeito disso, muitos dos avanços quanto à sua compreensão e interpretação decorrem da aplicação em casos concretos. Isso é especialmente complexo no processo inovador, no qual, diferentemente do que acontece com as contratações públicas usuais, *há uma demanda por mais flexibilidade*.[78]

Também a doutrina:

> Contudo, as compras públicas para inovação exigem uma *mudança do paradigma institucional vigente*, que foi construído muito em função das posições do controle sobre contratações de bens e serviços comuns, com base na legislação ordinária aplicável às contratações públicas. Essa mudança não é trivial de ser realizada, *depende de uma adequada reorientação* dos próprios órgãos de controle em direção ao reconhecimento da relevância do tema e, sobretudo, de seu caráter especial, *que demanda tratamento diferenciado no universo das compras públicas*.
> De maneira nenhuma isso implica afastar ou limitar a atuação do controle nas compras de soluções inovadoras. O que se coloca é a *necessidade de que essa atuação se baseie em princípios e valores adequados à presença de alto*

---

[78] CHIOATO, Tânia Lopes Pimenta; LINS, Maria Paula Beatriz Estellita. *Compras públicas para inovação na perspectiva do controle apud* RAUEN, André Tortato (org.). *Compras públicas para inovação no Brasil*: novas possibilidades legais. Brasília: IPEA, 2022. p. 88.

risco e de incerteza, típicos das contratações de inovação. Ainda há muitos desafios pela frente até que os órgãos de controle estejam preparados para adotar uma *visão diferenciada*. Estamos só começando.[79]

Não são, portanto, somente leis novas.

São novas lentes sobre leis novas, a exigir o esforço do leitor em não cair nas ciladas do tradicionalismo e aproveitar o impulso para inovar em duplicidade.

Justamente por isso, em compras públicas para inovação, a eficiência tradicional baseada em perfeita informação e mercados automáticos *dá lugar a outra*, baseada na maior chance de sucesso no atendimento da demanda original e nas externalidades positivas.

Em outras palavras, questões como sobrepreço, conluio, carteis etc. se *somam a outros mais complexos*, porém adequados ao risco e à incerteza, como assimetria de informação, efeitos de adicionalidade, externalidades positivas, interação com potenciais fornecedores, estudos preliminares e comissão de especialistas.[80]

Isso significará manter intermitente o aviso de que nem todos os mecanismos tradicionais são aplicáveis nas lacunas deixadas pelo novo legislador. Em alguns casos, o espaço de *deslegalização* é claramente intencionado e não automaticamente preenchível.

Deixa de ser um espaço de complementação *legiferante ou regulamentar* para ser um espaço próprio e exigido da inovação para que o gestor, titular dos direitos a compor via licitação ou contratação, escolha o caminho a seguir, a partir da sua realidade; da mesma forma, um espaço a ser preenchido no *diálogo com o mercado*, ouvindo quem possa vir a fornecer o que a Administração Pública pretende adquirir na solução de suas dores.

Há, assim, mais espaço dependente da *tessitura da realidade* e menos a depender da rigidez das pré-compreensões.

Não que esse seja um espaço costumeiro a gestores e licitantes, mas de claro convite do legislador à experiência. Experiência responsável e motivada, ninguém duvida, mas experiência sobremaneira.

---

[79] CHIOATO, Tânia Lopes Pimenta; LINS, Maria Paula Beatriz Estellita, *op. cit.*, p. 116.
[80] RAUEN, André Tortato. *Compras públicas para inovação no Brasil*: o poder da demanda pública *apud* RAUEN, André Tortato (org.). *Compras públicas para inovação no Brasil*: novas possibilidades legais. Brasília: IPEA, 2022. p. 24.

Um exemplo concreto dessa *tessitura receptiva* é a possibilidade que licitantes aportem propostas, no modal proposto pelo MLSEI, em que parte delas não é franqueada ao público e aos concorrentes.

Em que pese possam ser visualizadas pelos julgadores no processo licitatório e pelos fiscais no caso de uma ação de controle (interno ou externo), há uma sigilosidade indispensável ao *segredo de negócio* ou *trade secret* que se sobrepõe à transparência absoluta – esse tema será mais detalhado em capítulo próprio e adiante.

Exemplo disso está na própria Lei nº 14.133/21, que resolveu ser expressa a respeito no modal do diálogo competitivo (que igualmente serve a soluções tecnológicas) no art. 32.

A matriz sobre a qual agem as empresas e pessoas sobre inovação é exatamente o poder da ideação.

O legislador, então, deu os nortes de como vê a ocorrência de licitações futuras, deixando claro como podem ser lidas situações de natureza similar.

2.3 A relevância da inovação para o desenvolvimento nacional sustentável

Fica claro que o legislador, passo a passo, caminhou na direção de construir um arcabouço de regras sobre o relacionamento do Estado com as empresas, reconhecendo:

> a) o grau de importância dessas no cenário de empregabilidade, geração de riquezas, estabilização de mercado e arrecadação tributária, especialmente as *startups* e negócios empreendedores;
> b) a necessidade de viabilizar e fortalecer sua permanência;
> c) a dependência a incentivos e relação mais próxima e direta com essas, com visão de médio e longo prazo;
> d) a importância de prestigiar os arranjos voltados a todo esse quadro de expectativas.

O legislador percebeu que, sem uma virada de chave, essas empresas (especialmente as *startups*) sucumbiriam e, junto delas, o impacto sobre o mercado e as pessoas.

Assim, o fomento a essas empresas e à inovação seria o caminho do desenvolvimento nacional sustentável.

O desenvolvimento nacional sustentável fora previsto como norma atinente às aquisições governamentais em 2010 pela Lei nº

12.349, que alterou o art. 3º da Lei nº 8.666/93, para aliar os objetivos das licitações à sua promoção.

Desde então, passou a integrar as aquisições públicas de forma recorrente, a exemplo do art. 31 da Lei nº 13.303/16 (Lei das Estatais, incluindo a sustentabilidade como interesse coletivo, função social e responsabilidade corporativa, art. 27) e do art. 5º da Lei nº 14.133/21 (incluindo inovação e desenvolvimento nacional sustentável em bloco na lista dos objetivos da licitação, art. 11, inc. IV, previsão conjunta com importância sistêmica).

Não se entenda aqui o termo em um sentido estrito, ou seja, apenas de sustentabilidade ambiental, mas em um sentido amplo, abarcando também as vertentes jurídica, econômico-financeira e social.

Nesse sentido, prestigiar as empresas nascentes, *startups* e focadas em empreendedorismo inovador é, igualmente, atentar para a sustentabilidade no sentido amplo indicado e com os propósitos destacados no início deste item.

De fato, quanto mais se prestigiam as empresas e os instrumentos desse crescimento inovador, mais se investe em sustentabilidade nas várias vertentes: mais negócios sólidos e aptos à geração de empregos e arrecadação tributária, mais negócios alinhados aos propósitos ambientais e à preservação do planeta.

O MLSEI absorveu a reunião dos conceitos como interdependentes comunicantes, como se vê, por exemplo, no art. 3º, inc. I, ao prever, dentre os princípios e diretrizes, o "reconhecimento do empreendedorismo inovador como vetor de desenvolvimento econômico, social e ambiental".

Não estamos a afirmar que o MLSEI tenha sido suficientemente inovador e disruptivo, faltando ainda uma jornada de maturação e progresso no processo regulatório,[81] [82] mas flancos se abriram a descortinar novas experiências.

---

[81] "O principal gargalo jurídico para o fomento desse segmento do mercado encontra-se na ausência de um instrumento jurídico que confira, com solidez e possibilidade de multiplicação, ao investidor e ao investido a devida segurança jurídica e enseje menores impactos tributários" (SANTOS, Fábio Gomes *et al*. *Desafios jurídicos para o fomento financeiro da inovação pelas empresas*: inovação no Brasil: avanços e desafios jurídicos e institucionais *apud* NONNENMACHER, Bruna Isabela; CARVALHO, Elisa Andrade Antunes de; SILVA, Jéssica Maria Gonçalves da Silva. *O marco legal das startups e a figura do investidor anjo*. Disponível em: https://www.metodista.br/revistas-izabela/index.php/dih/article/view/2395/1258. Acesso em: 20 mar. 2023.

[82] "Além dos instrumentos tradicionais, como o crédito e o apoio financeiro não reembolsável, outros modos de suporte foram adaptados ou criados, especialmente para dar conta do

E mesmo que esse caminho ainda não tenha se completado enquanto espaços autorizados pelo legislador, o fato é que a mudança da realidade não virá da simples alteração normativa, nosso alerta contínuo. Pensar sob essa ótica e/ou esperar que o texto transforme as ações *de per se é pueril*.

A lei não muda comportamentos, vamos repetir. Homens mudam seus comportamentos.

A lei apenas autoriza, valida e fomenta que esses novos comportamentos se implantem e perpassem a forma de pensar e agir dos homens.

Olhando a razão pela qual somente 1/3 das *startups*[83] sobrevivem,[84] sucumbindo nos primeiros anos de exercício,[85] compreende-se que a regulação poderá auxiliar na mudança desse quadro, mas jamais fará esse percurso de forma autônoma e isolada.[86]

---

apoio à inovação em startups. É sabido, por exemplo, que instrumentos tradicionais como o crédito não são adequados para empresas iniciantes, uma vez que, por seu curto histórico de vida, muitas ainda não têm faturamento nem ativos tangíveis que sirvam de garantias para concretizar a operação. Por outro lado, a criação de ambientes de interação, aprendizado e difusão de conhecimento, combinados ao desenvolvimento sistemático de um empreendimento, surgem como alternativas de apoio às startups" (FREIRE, Carlos Torres; MARUYAMA, Felipe Massami; POLLI, Marco, *op. cit.*).

[83] A respeito: AIDIN, Salamzadeh; HIROKO, Kawamorita. *Startup companies*: life cycle and challenges. Disponível em: htpps://www.researchgate.net/publication/280007861_Startup_Companies_Life_Cycle_and_Challenges. Acesso em: 20 mar. 2023. Poucas conseguem sobreviver mais de 10 anos, inobstante – só no continente europeu, para se ter uma ideia – sejam responsáveis por 50% mais empregos que as empresas tradicionais (PALAGASHVILI, Liya; SUAREZ, Paola. *Technology startups and industry*. Disponível em: https://www.fraserinstitute.org/sites/default/files/technology-startups-and-industry-specific-regulations.pdf. Acesso em: 20 mar. 2023.

[84] "No Brasil, houve um grande avanço com o número de startups, que cresceu 20 vezes nos últimos oito anos, dando um salto de 207% no período de 2015 a 2017, atingindo uma média de 26, 75% ao ano, totalizando mais de 12 mil startups. Hoje, o Brasil já é destaque, ocupa o top 10 no cenário internacional e possui um total de 11 unicórnios, além de muitas em fase de potencial crescimento. Segundo relatório da The Global Startup Ecosystem Ranking (GSER), estudo mundial sobre startups, de maio de 2019, lançado anualmente em Genome, São Paulo está entre os trinta ecossistemas mais promissores do mundo" (SOBRAL, Michelle Vieira; BASTOS, Luciana de Castro, *op. cit.*, p. 221).

[85] 25% das *startups* brasileiras não sobrevivem ao primeiro ano e mais de 50% não sobrevive mais do que quatro anos. Quanto à taxa de sobrevivência a longo prazo (mais de 13 anos), o número é mais drástico: 75% deixam de existir. Veja dados em: NOGUEIRA, Vanessa Silva; OLIVEIRA, Carlos Alberto Arruda de. Causa da mortalidade das startups brasileiras: como aumentar as chances de sobrevivência no mercado. *DOM*, Nova Lima, v. 9, n. 25, p. 26-33, nov./fev. 2014/2015.

[86] Fatores do insucesso: "Falta de habilidades e competências pessoais, inclusive em gestão de negócios, carência de técnicas comerciais e falta de networking, ambiente regulatório e cultural pouco favorável ao empreendedorismo e dificuldades naturais de obter capital" (SPANIOL MENGUE, Tatiana; SCHIMDT, Serje; BOHNENBERGER, Maria Cristina. Contribuições do investimento anjo para o desenvolvimento de startups na região metropolitana de Porto Alegre. *Revista Gerão e Desenvolvimento da Universidade Feevale*,

Novos comportamentos não são alecrins dourados, precisam de semeadura, cultivo e hábito.[87]

Com efeito, o que altera a realidade é a mudança *através do comportamento*, que, por sua vez, se dá a partir de uma *tomada de consciência* e da *colocação de atitudes distintas em curso*, em um processo de *melhoria contínua*.

A realidade não muda com o texto, assim como o que faz o monge nunca são suas vestes.

De qualquer modo, o passo inicial da transformação se deu com o recado constitucional e as novas legislações: a inovação está entre os objetivos e marcas indeléveis de um Estado contemporâneo.

2.4 As possíveis formas de contratar inovação pelos órgãos públicos

Após o histórico apresentado nos subitens anteriores, é possível compreender que o legislador foi alterando o arcabouço normativo da inovação e, paulatinamente, foram sendo criadas formas distintas de se a contratar.

As nuances não vão ser, no entanto, apenas em razão da lei de origem e do grau de maturação ínsito de cada uma delas.

Há diferenças outras e, considerando essas, apresentamos uma classificação exemplificativa das hipóteses, à luz de um elemento principal eleito para a diferenciação, ou seja:

a) *Do ponto de vista subjetivo*: as contratações se diferenciam a partir do tipo de contratante ou de contratado.

Podem ser destacados três blocos:

a.1) *ICTs, IFES e agências de fomento*: as hipóteses estão reunidas na Lei nº 10.973/04 e incluem diversos tipos de contratos, desde transferência de tecnologia, licenciamento para outorga de uso ou

---

vol. 16, n. 1, jan./abr. 2019. Disponível em: https://periodicos.feevale.br/seer/index.php/revistagestaoedesenvolvimento/article/view/1640/2292. Acesso em: 20 mar. 2023. A respeito, também consulte: NONNENMACHER, Bruna Isabela; CARVALHO, Elisa Andrade Antunes de; SILVA, Jéssica Maria Gonçalves da Silva. *O marco legal das startups e a figura do investidor anjo*. Disponível em: https://www.metodista.br/revistas-izabela/index.php/dih/article/view/2395/1258. Acesso em: 20 mar. 2023.

[87] COVEY, Stephen R. *O 8º hábito*: da eficácia à grandeza. 5. ed. Rio de Janeiro: BestSeller, 2011.

exploração, prestação de serviços, acordos de parceira, execução de projetos de pesquisa, encomenda tecnológica e outros;

a.2) *União, Estados, Distrito Federal e Municípios*: as hipóteses estão pulverizadas em diversos instrumentos, a exemplo das Leis nº 10.973/04, 13.303/16, 8.666/93 e 14.133/21, divididas em 2 tipos principais: contratos/acordos/convênios (como ajustes bilaterais ou multilaterais) e ações de estímulo (tais como subvenções, participações societárias, fundos de participação ou investimento, estímulo a inventor independente etc.);

a.3) *figura do contratado*: restrito a *startups* (PMI especial do Art. 81, §4º da Lei nº 14.133/21), estímulo a inventor independente (Art. 1º, inc. XIV da Lei nº 10.973/04), pessoas físicas ou jurídicas para teste de soluções inovadoras (Art. 13 do MLSEI), acordos com universidades e centros de pesquisa (a exemplo da Lei nº 10.973/04).

b) *Do ponto de vista material*: as contratações se diferenciam a partir do tipo de matéria e conteúdo mínimo indispensável em cada uma delas.

Podem ser destacados três blocos:

b.1) *benefícios econômico-financeiros*, independentemente da modalidade licitatória ou contratual: preferência de bens e serviços com tecnologia desenvolvida no país (Lei nº 10.973/04), diferencial de custo de bens e produtos (como é o caso de equipamentos produzidos no país, na Lei da Inovação), regime especial de tributação (a exemplo do REPES na Lei nº 11.196/05), incentivos fiscais (a exemplo da Lei nº 11.196/05), cessão diferenciada de direitos patrimoniais (a exemplo dos Arts. 93, §2º da Lei nº 14.133/21 e 14, §1º, inc. IV do MLSEI);

b.2) *benefícios licitatórios*: margens de preferência (Art. 26, §2º da Lei nº 14.133/21) ou preferência de bens (Art. 3º da Lei nº 10.973/04);

b.3) *criação de ambientes promotores de inovação e mero compartilhamento de infraestrutura* (a exemplo das hipóteses das Leis nº 10.973/04 e 11.196/05).

c) *Do ponto de vista modal*: as contratações se diferenciam pelo modal licitatório ou modal contratual utilizado.

Podem ser destacados quatro blocos:

c.1) *contratações via processo licitatório*: a exemplo do modal do MLSEI (passando, primeiro, pela contratação para teste de solução inovadora e posteriormente podendo atingir, por dispensa, o contrato de fornecimento) e do diálogo competitivo (Art. 32 da Lei nº 14.133/21 e em alguns regulamentos de estatais);

c.2) *contratações via dispensa de licitação*: a exemplo das Leis nº 10.973/04, 13.303/16 e 14.133/21 (valem as contratações resquiciais da Lei nº 8.666/93);

c.3) *termos de ajuste em geral*, tais como acordos, termos de cooperação e convênios: para ambientes de inovação, incubadoras, parques e polos tecnológicos, TEDs, acordos de cooperação e outros (vários deles referidos na Lei nº 10.973/04);

c.4) *processos de consulta, sem contratação posterior*: consultas públicas, audiências públicas e PMIs.

d) *Do ponto de vista procedimental*: as contratações se diferenciam pelo tipo de procedimento necessário até serem alcançadas, se tradicionais ou inovadoras *de per se*, sem se contabilizarem aqui eventuais consultas que não têm o condão de levar a contratos efetivos.
Podem ser destacados quatro blocos:

d.1) *licitações tradicionais*, cujos objetos possam ter componentes de inovação;
d.2) *diálogo competitivo*, separando as etapas de diálogo e competição, com espaço específico na execução para PD&I;
d.3) *contratações diretas*, com dispensa de licitação;
d.4) *modal do MLSEI*, cujo procedimento licitatório leva ao contrato para teste das soluções inovadoras e, se for o caso, posteriormente à dispensa (ou licitação) para contrato de fornecimento.

2.5 A escolha intencional do legislador pela deslegalização procedimental e o seu significado prático

Analisando o *arcabouço normativo da inovação* constituído até o momento no Brasil, é possível reconhecer um recuo do legislador na procedimentalização dos modais de contratação.

A pergunta inicial que poderia ser feita é se esse recuo é intencional ou não.

Quanto a isso, a resposta é positiva: o legislador refletiu e intencionou o *recuo procedimental*, entendendo que a lei não era espaço para engessar os procedimentos e criar contenções que pudessem limitar o alcance da inovação como produto ou como processo.

Se é intencional, portanto, a pergunta seguinte é quem seria o responsável pelo *preenchimento da vacuidade*.

As opções, então, seriam:

a) o preenchimento a partir do *esforço hermenêutico*, com a forte contribuição da doutrina e do ambiente acadêmico, aplicando o conceito de microssistema e, assim, produzir intercambialidades ou, então, se valer da aplicação de normas gerais de caráter subsidiário;[88]
b) o preenchimento a partir do *esforço jurisprudencial*, com a forte contribuição do Poder Judiciário e dos órgãos de controle (inclusive em razão de seu poder normativo, a exemplo do TCU), sinalizando de que forma deverão os procedimentos ser constituídos;
c) o preenchimento a partir do *esforço regulamentar*, especialmente por parte do Poder Executivo, expedindo decretos e normativos infralegais capazes de suprir a vacuidade (inclusive a cargo do Art. 30 da LINDB);
d) o preenchimento a partir do *esforço administrativo*, deixando a cargo do próprio gestor ou do órgão interessado na utilização do modal, para que os ajustes de forma e procedimento levem em conta suas necessidades específicas, seu processo de maturação da inovação e as circunstâncias do caso concreto.

Do ponto de vista histórico, considerando ainda o arcabouço normativo da inovação, esse preenchimento já foi realizado de distintas formas.

Ao olharmos, por exemplo, para o caso da encomenda tecnológica, descrita na Lei da Inovação, o preenchimento foi a partir do esforço regulamentar.

A Lei de Inovação é a nº 10.973/04, mas a encomenda tecnológica aporta ao seu texto a partir da Lei nº 13.243/16.

De janeiro de 2016, quando publicada, a fevereiro de 2018, quando adveio o Decreto nº 9.283, a vacuidade procedimental foi sentida, gerando os questionamentos de quem faria o papel de seu supridor.

O que a lei havia definido era, somente, que:

a) o contrato de encomenda tecnológica poderia ser estabelecido entre o poder público e ICTs ou entidades de direito privado sem fins lucrativos ou empresas voltadas para atividades de pesquisa e de reconhecida

---

[88] Esse método, como sabemos, pode ser utilizado juntamente aos demais. Afinal, o processo hermenêutico é um caminho natural de construção dos demais. Nesse sentido, a jurisprudência e a normatização infralegal ou motivação dos atos administrativos concretos poderão adotar o que encontrar ressonância na doutrina construída. Estará, inclusive, harmonizado ao disposto no art. 2º, §2º, do Decreto nº 9.830/19, que regulamenta a LINDB a partir da Lei nº 13.655/18, ou seja, "a motivação indicará a normas, a interpretação jurídica, a jurisprudência ou a doutrina que a embasaram".

capacitação tecnológica no setor, especificamente para a "realização de atividades de pesquisa, desenvolvimento e inovação que envolvam risco tecnológico, para solução de problema técnico específico ou obtenção de produto, serviço ou processo inovador" (Art. 20);
b) esse contrato deveria estabelecer a respeito das criações intelectuais resultantes do seu período de vigência, sob pena de prevalecerem as regras gerais postas na lei (Art. 20, §1º);
c) a existência de risco tecnológico tornava possível a contratação do fracasso e, consequentemente, o pagamento pelo esforço e não pelo resultado, além de tornar da competência do gestor decidir entre findar a tentativa ou prorrogá-la por algum período (Art. 20, §§2º e 3º);
d) o contrato poderia prever, além da remuneração tradicional, adicionais por desempenho (Art. 20, §3º);
e) considerando que o contrato de encomenda é para pesquisa e desenvolvimento de produtos ou processos, a contratação do fornecimento é tida como ato posterior e facultativo, mas com a possibilidade de se dar por dispensa de licitação e consequencial à ETEC (Art. 20, §4º);
f) a entidade interessada poderia firmar mais de uma ETEC por objetivo, visando a "desenvolver alternativas para solução de problema técnico específico ou obtenção de produto ou processo inovador", bem como "executar partes de um mesmo objeto" (Art. 20, §5º, incs. I e II).

Para além desse bloco sucinto de especializações do contrato de ETEC, o legislador separou os universos.

De um lado, previu a necessidade de um *esforço regulamentar*, convocando os "órgãos e as entidades da Administração Pública federal competentes pra regulação, revisão, aprovação, autorização ou licenciamento atribuído ao poder público, inclusive para fins de vigilância sanitária, preservação ambiental, importação de bens e segurança", para que se ocupassem de:

> Normas e procedimentos especiais, simplificados e prioritários que facilitem a realização das atividades de pesquisa, desenvolvimento ou inovação encomendadas; a obtenção dos produtos para pesquisa e desenvolvimento necessários; a fabricação, a produção e a contratação de produto, serviço ou processo inovador resultante das atividades (Art. 20, §6º).

É possível perceber que o legislador circunscreveu, em um catálogo restritivo, o que competiria à regulamentação.

Para além disso, a vacuidade deveria ser preenchida de outra forma, como decorrência da própria dicção do legislador – por isso se afirmar, inclusive, que todo o processo é intencional nessa e em outras leis desse ecossistema.

Para o suprimento da *vacuidade resquicial*, cujo conteúdo é essencialmente procedimental (ou seja, de como a contratação deve se dar e sob que condições outras), o caminho seria a partir de outros esforços (hermenêutico, jurisprudencial ou administrativo).

À justificativa de serem "normas e procedimentos especiais, simplificados e prioritários que facilitem a realização das atividades" é que veio o Decreto nº 9.283, responsável por um maior detalhamento procedimental.

Isso poderia gerar, ao intérprete menos avisado, a ideia de que *todo* processo de deslegalização para o arcabouço normativo da inovação seria suprido *sempre* a partir do mesmo esforço regulamentar.

Seria uma apressada conclusão e que devemos afastar desde um ponto de vista abstrato.

Para as leis que se lhe seguiram ou circundaram, que também integram o *arcabouço normativo da inovação*, em que não há reserva de normatização por esforço regulamentar, o legislador intencionou a completa abertura do processo de suprimento da vacuidade e não se justificaria uma corrida desenfreada por mecanismos tradicionais de preenchimento.

Afinal de contas, o que inspirou a *deslegalização procedimental* é ser imprescindível que se medite a necessidade de ajustar os procedimentos à realidade da inovação, aos tempos em que é construída, e à maturação do órgão que a buscará, e esse ajuste fino não cabe nos estritos termos da inflexibilidade e rigidez de algumas normas.

Há uma fluidez e uma flexibilidade ínsitas à própria inovação, sua incerteza e risco, que orientam não buscar na tradição rédeas curtas, sob pena de um processo de autossabotagem.

Por isso é que afirmamos, com convicção, que a deslegalização procedimental é *intencionada* e de *suprimento múltiplo*, devendo-se optar por mecanismos mais flexíveis que rígidos, mais refletidos que automatizados.

Nem por isso, bom que se diga, menos técnicos, fundamentados ou estruturados.

2.5.1 O que significa deslegalização procedimental?

Em matéria de licitações e contratos administrativos, o legislador brasileiro optou por uma extensa procedimentalização e de forma intencionada.

Isso se tornou cultural.

Uma das pontas dessa justificativa está no fato de que a Constituição Federal, no art. 22, inc. XXVII, abriu flancos nessa direção ao estabelecer competir à União as "normas gerais de licitação e contratação" e, assim autorizado, o legislador se arvorou na criação dessas regras – inclusive com a difícil tarefa de saber o limite entre gerais e não gerais.

Outra das pontas dessa justificativa está na cultura positivista, que lança à lei a tarefa de tratar de tudo quanto for possível em face do administrador, legitimando suas ações e delimitando seus comportamentos.

Outra das pontas dessa justificativa é a crença de que travas legais seriam capazes de modular comportamentos e, nesse afã, de controlar focos corruptivos. Há uma crença pulverizada de que mais rigor na lei impediria que na prática houvesse "espaço" para a corrupção fluir.

A própria Lei nº 8.666/93 vem em um período histórico de repreensão a fendas éticas e corruptivas, cuja crença positivista é de que a lei poderia ser, se mais detalhista, capaz de selar e vedar essas fendas.

Já sabemos que essa crença não tem suporte científico e que a lei não molda os comportamentos dessa maneira.

Ao contrário: as *fendas éticas* são criadas pelas pessoas, em seus comportamentos, através das quais tudo é possível ocorrer (e escorrer), inclusive riscos de captura.

Os homens se tornam mais propícios à captura quanto mais fendas éticas se permitiram construir ao longo do tempo, e a lei, por mais bem intencionado esteja o legislador, não tem o poder curativo, secativo e cicatrizante das fendas preexistentes.

A lei não tem nem mesmo a capacidade de fortalecer finas camadas e membranas à criação de novas fendas.

Novamente, são os comportamentos e as escolhas com eticidade do homem que solidificam, fortalecem, cristalizam e filtram o que lhes pode (ou deve) perpassar.

No entanto, há uma crença disseminada de que o rigor na lei será acompanhado por um rigor na prática e, assim, as leis tendem a um *inchaço procedimental*.

Paralelo a isso, com alguma conexão, se encontra o *medo administrativo*, que foi ganhando contornos à medida que os gestores se viram receosos de agir, inovar, arriscar e empreender frente a mecanismos de controle e mudanças hermenêutico-jurisprudenciais, a ponto de gerar uma cultura de retenção às ações, conhecida como *apagão das canetas*.

Não bastasse o receio da fiscalização e da discordância na interpretação de possível-recomendável, está o próprio homem *refratário à mudança e à incerteza*, questão que se supera à medida que há investimento consciente e direcionado, tarefa da qual se veem mais fugitivos do que adeptos.

Como dito por Uri Levine, "prepare-se para ouvir que sua startup 'nunca vai funcionar', ou que é uma 'ideia estúpida'. As pessoas não gostam de mudanças".[89]

2.5.2 Os espaços decorrentes da deslegalização e o hábito da positivação dos procedimentos no Brasil

Nesse quadro crônico, portanto, se desenvolveu a crença de que ter uma previsão normativa ou um posicionamento jurisprudencial neutralizaria o receio e isentaria o gestor do risco ínsito à ação administrativa.

Diante desse, alguns podem receber com estranhamento e renitência a intenção do legislador de caminhar em direção diametralmente contrária na elaboração do *arcabouço normativo da inovação*, abrindo os flancos para deslegalizar procedimentos e permitir que outros esforços, que não o regulamentar, preencham a vacuidade intencionada.

Antes de o tradicionalismo vencer e esses espaços serem forçosamente preenchidos à moda antiga, é importante parar e refletir sobre como é melhor entender o preenchimento.

Em matéria de inovação, é fundamental que o intérprete ultrapasse o mero flerte com a flexibilidade e se acostume ao processo de constante adaptação e fluidez.

Como já dissemos neste livro, não é possível inovar no apego.

---

[89] LEVINE, Uri. *Apaixone-se pelo problema, não pela solução*: o Waze para todos os empreendedores e profissionais do mundo dos negócios. Porto Alegre: Citadel, 2023. p. 55.

Inovar pressupõe desprender-se, despegar-se e se assumir disruptivo.

Para além da coexistência com outras leis e modos de se alcançar a inovação, será necessário complementar o próprio modal do MLSEI para ser possível utilizá-lo.

O que não é possível é complementar a partir de um *transplante de procedimentos tradicionais*, sob o risco de corromper a tentativa de inovação que o próprio MLSEI possui em si.

De um lado, isso significa haver limites no uso subsidiário da Lei nº 14.133/21 (haverá tópico próprio sobre isso neste livro e remetemos sua leitura) ou de qualquer outra que se queira cogitar.

De outro lado, isso significa a imprescindibilidade de uma reflexão detida e escolha consciente de *como* preencheremos a vacuidade.

2.5.3 O preenchimento dos espaços deslegalizados no caso do MLSEI

No caso do MLSEI, o preenchimento da vacuidade não é por esforço regulamentar. Para os apegados ao tradicionalismo e à neurose positivista, porque o legislador não fez essa escolha (como no caso da ETEC que comentamos anteriormente). Para nós, porque o espaço precisa ser preenchido de forma mais dinâmica, flexível e sob medida, a partir da concepção *do próprio gestor*.

Nesse sentido, o gestor terá de olhar para sua entidade e avaliar, por exemplo:

a) *Capacidade de diagnose*.

O primeiro ponto do processo de inovação é o mapeamento dos problemas cuja resolução seja necessária pelo gestor, com espaço à aceitação de soluções inovadoras e tecnológicas, das quais não tenha ciência ou domínio.

O mapeamento desses problemas e, ato seguinte, a diagnose do que pode ser feito para os solucionar podem se dar com suporte nos ferramentais hoje largamente difundidos – como os *toolkits* comentados neste livro ou por outros disponíveis pelas disciplinas de gestão e inovação.

No entanto, muitos órgãos podem não estar aparatados para essa diagnose e, na construção desse caminho, optar por métodos particulares de certificação dos problemas a resolver.

Isso pode ser feito de distintas formas, desde consultas e audiências públicas pré-processuais, ampliação de debates interinstitucionais até *benchmarking* específicos.

Claro que todos esses mecanismos são possíveis (e até bem-vindos) em um número considerável de casos, mas competirá ao gestor avaliar, à luz do caso concreto, o que é necessário para si e é por isso que defendemos a ideia de que a procedimentalização tem de estar a cargo do gestor.

b) *Esteira de inovação.*

É recomendável que os órgãos, comprometidos com a inovação e a ampliação da resolução dos problemas por soluções além do tradicionalismo, estejam dispostos à criação de uma esteira de inovação em suas estruturas – o que interfere na procedimentalização pelo gestor.

Não estamos afirmando que seja inviável a realização dos procedimentos sem essa, mas a experiência indicará aos órgãos a vantagem de direcionar *experts* nas diversas etapas do processo que detalharemos neste livro, otimizando e aproveitando o potencial humano desenvolvido pela experiência, inclusive em atenção ao art. 7º, inc. II, da Lei nº 14.133/21.

c) *Grau de maturação.*

O gestor terá de avaliar o grau de maturação da entidade e suas equipes no que tange aos diversos mecanismos e instrumentos em torno da inovação e da implantação de novos modais em sua estrutura.

Isso indicará caminhos distintos na própria entidade, desde a criação de esteiras com profissionais mais afetos à inovação e à experiência novidadeira, a contribuição dos comitês de especialistas de formação heterogênea, a utilização de plataformas próprias ou de terceiros para realizar os processos até as ações pré-processuais – como normatização das comissões, da contratação de professor de IPES, de planejamento estratégico e inclusão no PCA das discussões de solução, entre outros pontos que serão tratados neste livro.

Além dessa experiência, outros graus de maturação são de necessária avaliação, como é o caso da capacidade de negociação, de execução dos testes em diálogo frequente, de metodologias ágeis no acompanhamento de P&D e testes, e do conhecimento tecnológico indispensável à aprendizagem durante esses.

d) *Preexistência ou não de experiências e suas metodologias.*

Alguns órgãos atuarão de forma mais disruptiva e inovadora, assumindo a dianteira na realização de licitações e contratos à luz do MLSEI.

Por isso, diante da vacuidade e da imprescindibilidade de seu preenchimento para que seja factível a utilização do MLSEI, tomarão para si o desafio de procedimentalizar internamente sua jornada, inclusive na produção de ajustes de rota durante e após as utilizações iniciais.

Mesmo que, em um momento posterior, se consolide o posicionamento de esforço hermenêutico, jurisprudencial ou regulamentar, em detrimento do administrativo, não se afastará o espaço administrativo de *operacionalização* do modal em cada órgão, função que permanecerá na competência do respectivo gestor.

2.5.4 O preenchimento dos espaços deslegalizados: como será a visão dos órgãos de controle?

Não é possível prever a direção que será dada pelos órgãos de controle de a quem competiria preencher a vacuidade que aqui debatemos. Neste momento histórico, os próprios órgãos de controle não podem fazer uma estimativa, haja vista que eles agem a reboque das iniciativas do gestor.

Mesmo nos casos em que é possível a consulta ou a fiscalização prévia ou concomitante de procedimentos licitatórios e contratuais pelos tribunais de contas, temos a necessidade de serem superados dois entraves temporais: é preciso que os gestores acionem os tribunais para avaliação de seus casos (ou haja rastreabilidade para um exame de ofício e colaborativo) e é preciso suplantar o tempo de tramitação dos feitos para que as decisões possam ser tomadas.

Do mesmo modo, no caso de fiscalizações por outros órgãos, incluído o Poder Judiciário, há um tempo mínimo na tramitação processual e de construção de uma jurisprudência que exige consolidação e repetição de posicionamentos até que se possa afirmar haver número hábil de precedentes que traduzam o pensar dos julgadores.

Para além disso, é forçoso reconhecer que esses próprios órgãos vão se ensimesmar em algum momento para a própria maturação dos temas e refletir de que maneira o preenchimento da vacuidade deveria caminhar.

Aí há, sem dúvida, uma *loteria imprevisível*: os casos que aportarem a esses órgãos poderão ter procedimentos preestabelecidos que afugentem ou reforcem o preenchimento administrativo e o espaço ao gestor.

De fato, depende da qualidade dos procedimentos gerados pelos gestores avaliados para que os órgãos de controle sinalizem que se vai em bom caminho ou é necessária alguma rédea interpretativo-jurisprudencial.

Por isso, não é possível prever o que teremos em um futuro próximo ou longevo – e nem deveria isso nos incomodar, assumindo a fluidez da construção inovadora, ou seja, como parte integrante de todo o pensamento inovador.

No entanto, podemos minimamente estimar a partir de alguns dados: a própria procedimentalização criada pelos órgãos de controle, em suas funções administrativas, para usar o modal do MLSEI – neste livro trataremos de alguns precedentes, como é o caso do TJMG e do TCU.

O importante, a este tempo, é que não sejamos invadidos pelo medo administrativo e recuemos na tarefa de preencher a vacuidade ou de deslegalizar o que a inovação exige fluidez e flexibilidade. Em outras palavras, devemos estar devidamente advertidos do primeiro impulso de inflexibilidade.

O tempo é de avançar e aprender com o ciclo *construir-medir-aprender*.[90]

2.5.5 O preenchimento dos espaços deslegalizados: como realizar o preenchimento e a influência da LINDB nessa tarefa?

Defendemos a ideia de que, mesmo havendo algum reboliço ou retrocesso na maneira de encarar o preenchimento da vacuidade legal, há um espaço indelevelmente destinado ao preenchimento por esforço administrativo.

Com efeito, sempre haverá um espaço para decisões procedimentais e operacionais do gestor, ínsitas não só ao próprio gerir e administrar a atividade e o serviço a seu cargo: ao gestor compete refletir (e espelhar em suas decisões e motivações) o quadro fático e as consequências práticas de suas decisões.

Se isso já era ínsito à própria ação de gerir, tornou-se categórico a partir da edição da Lei nº 13.655/18, que alterou a LINDB para trazer ao seu texto os arts. 20 a 22.

---

[90] RIES, Eric. *A startup enxuta*: como os empreendedores atuais utilizam a inovação contínua para criar empresas exatamente bem-sucedidas. São Paulo: Lua de Papel, 2012.

Há, portanto, um *espaço de amoldamento* que o gestor não pode prescindir, de flexibilidade e eleição consciente dos caminhos a seguir à medida que os fatos acontecem.

Até porque, no espaço contemporâneo do nosso viver, o que não falta é complexidade e fartura na existência de problemas a solucionar, direitos a compatibilizar, escassez a eleger e obsolescência a superar, ainda mais no franco quadro evolutivo e revolucionário que a tecnologia nos impõe.

Por isso, reforçamos que, independentemente da crença de nosso leitor em formas distintas de preenchimento da vacuidade, em grande ou reduzido volume pelo gestor, o fato é que sempre haverá um espaço que *só se performa na concretude*.

Para aqueles que se neurotizam na positivação, o caminho é compreender o que a LINDB hoje traz e propicia ao gestor na criação de soluções que contam com a inovação como ferramental.

2.5.6 A interferência positiva (ou não) das regulamentações pelos órgãos de controle e conselhos temáticos

Uma última advertência neste tópico se mostra necessária: o cuidado que se deve ter com o preenchimento da vacuidade a partir de esforços regulamentares e, nesse sentido, a partir de normativos por órgãos de controle e conselhos temáticos – aqui podendo ser citados o CNJ e o CNMP.

O legislador, ao deslegalizar, não erigiu em importância outros órgãos normatizantes para lhe *substituir no papel de fixação* de todas as regras.

Nesse sentido, não estamos autorizados a *trocar uma rigidez por outra*, sob pena de aniquilarmos o sentido que o legislador trouxe de flexibilidade e adequação das regras à realidade de cada órgão e sem atenção ao que decorre do caso concreto, da realidade local, do grau de maturação, da estruturação interna, da vivência de modelos de gestão, entre outros.

Deve haver um cuidado redobrado com a *tentação da tradição* (e o efeito da inércia), aniquilando bases do pensamento inovador.

MARCO LEGAL DAS *STARTUPS* E DO EMPREENDEDORISMO INOVADOR: COMPREENDENDO O CONTEXTO EM QUE NASCE O NOVO MODAL LICITATÓRIO

JULIANA PICININ

3.1 Em que contexto surge o marco legal das *startups* e do empreendedorismo inovador?

O primeiro ponto a ser destacado é que a própria Lei Complementar nº 182/2021 se alcunhou como "marco legal" e compete entender qual é o significado da expressão.

Marcos legais são constituídos de um conjunto mínimo de regras que permite compreender a existência de um *universo encapsulado*, uma temática regida por princípios e diretrizes particulares, especiais em relação ao conjunto de outras relações e que, por sua especialidade, justificam que se categorize e individualize.

Não tem o mesmo sentido da expressão "microssistema", empregada para significar outro tipo de recorte do conjunto normativo, composto por leis e regras que vão alcançar uma artificiosa (mas possível) intercambialidade de regras, com *cânulas invisíveis de comunicação* de

seus institutos por razões funcionais, para que o microssistema como um todo consiga operar.[91]
A raiz disso está nas *ondas* distintas de criação de normas. Ora o caminho é da *codificação*, ou seja, recriar o conjunto de regras de um assunto por grandes blocos (todo código é, *de per se*, um marco legal), ora o caminho é da *reforma pontual*, ou seja, a liberação de normas em menor volumetria e na medida da necessidade histórica.

Com normas esparsas sobre um assunto, sem que, em algum momento histórico, se as condense em uma codificação, elas são *reunidas artificiosamente pelo trabalho hermenêutico*, que, assim, lhes dá o contexto de um conjunto harmônico e aproveita institutos de umas às outras, com o único propósito de viabilizar o microssistema em si.

Sem adentrar na discussão se isso seria um *tertium genus* que só competiria ao legislador, o fato é que doutrina e jurisprudência pacificaram a existência desses microssistemas e entenderam a *intercambialidade como funcional* e, assim, vem sendo largamente utilizada no cotidiano.[92]

O trabalho do intérprete será entender quais, de fato, são as normas que compõem cada microssistema e quais institutos ou dispositivos têm potência para atravessar essas cânulas invisíveis e aproveitar em outros contextos.

---

[91] É possível, por sua vez, uma relação de gênero e espécie entre esses, se vistos sob a ótica conteudística.

[92] São inúmeros os precedentes jurisprudenciais nesse sentido, valendo aqui algumas citações exemplificativas: a) "Os arts. 21 da Lei da Ação Civil Pública e 90 do CDC, como normas de envio, possibilitaram o surgimento do denominado Microssistema ou Minissistema de proteção dos interesses ou direitos coletivos amplo senso, no qual se comunicam outras normas, como o Estatuto do Idoso e o da Criança e do Adolescente, a Lei da Ação Popular, a Lei de Improbidade Administrativa e outras que visam tutelar direitos dessa natureza, de forma que os instrumentos e institutos podem ser utilizados com o escopo de ‹propiciar sua adequada e efetiva tutela (art. 83 do CDC)" (SUPERIOR TRIBUNAL DE JUSTIÇA. Recurso especial nº 695.396/RS. 1ª Turma, Relator Ministro Arnaldo Esteves Lima, p. 27/4/2011); b) "A norma específica inserida no microssistema de tutela coletiva, prevendo a impugnação de decisões interlocutórias mediante agravo de instrumento (art. 19 da Lei n. 4.717/65), não é afastada pelo rol taxativo do art. 1.015 do CPC/2015, notadamente porque o inciso XIII daquele preceito contempla o cabimento daquele recurso em 'outros casos expressamente referidos em lei'" (SUPERIOR TRIBUNAL DE JUSTIÇA. Agravo interno no recurso especial nº 1.733.540/DF. 1ª Turma, Relator Ministro Gurgel de Faria, p. 4/12/2019); c) "A ideia do microssistema de tutela coletiva foi concebida com o fim de assegurar a efetividade da jurisdição no trato dos direitos coletivos, razão pela qual a previsão do artigo 19, § 1º, da Lei da Ação Popular ('Das decisões interlocutórias cabe agravo de instrumento') se sobrepõe, inclusive nos processos de improbidade, à previsão restritiva do artigo 1.015 do CPC/2015" (SUPERIOR TRIBUNAL DE JUSTIÇA. Recurso especial nº 1.925.492/RJ. 2ª Turma, Relator Ministro Herman Benjamin, p. 1/7/2021).

Ciência, tecnologia e inovação é um *microssistema*,[93] ou seja, do universo de previsões normativas no direito brasileiro é possível *selecionar* as normas que digam respeito a esse assunto, seja essa seleção feita sobre uma norma completa (como é possível fazer com a Lei de Inovação, a Lei do Bem, a Lei de Informática e o MLSEI), seja essa seleção feita sobre dispositivos esparsos (como é possível fazer com as previsões de dispensa na Lei das Estatais e nas Leis Gerais de Licitações e Contratos).

Dentro desse microssistema, existem já distintos marcos legais que, inobstante todos se refiram à mesma temática (ciência, tecnologia e inovação), incidem sobre espaços distintos da realidade, distintos atores ou contextos em que esses temas ocorrem. O importante é reconhecer o que é o conjunto e o que tenha força de cânula para melhor aproveitamento das regras de todo o sistema.

Neste livro (em outro capítulo), vamos sugerir uma dessas cânulas, que é o aproveitamento das regras do comitê de especialistas para as temáticas do MLSEI.

Assim, o primeiro contexto a se considerar a respeito do MLSEI é que ele já nasce integrando um *microssistema* e pertencendo a um *arcabouço normativo da inovação*, sem perder a potência de ser um marco legal em si.

Figura 1 – A visão do arcabouço normativo da inovação (mero somatório de leis com conteúdo sobre ciência, tecnologia e inovação)

---

[93] Encontramos também os termos "minissistema" e "sistema único" na doutrina. Exemplos disso, respectivamente, podem ser vistos em GRINOVER, Ada Pellegrini. *Código Brasileiro de Defesa do Consumidor*. 6. ed. Rio de Janeiro: Forense Universitária, 1999; e GOMES JR., Luiz Manoel. *Curso de Direito Processual Civil Coletivo*. 2. ed. São Paulo: SRS, 2008.

Figura 2 – A visão de um possível microssistema de ciência, tecnologia e inovação (com cânulas para comunicação de institutos intercambiáveis)

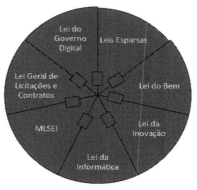

No que tange a compreender o que é esse marco legal, a própria lei, além de assim se alcunhar, trouxe as características típicas dessa natureza, ou seja, estabelecer princípios e diretrizes que regerão a utilização de suas regras e as ações da Administração Pública; conceituar os temas que lhe são caros e exigem direcionamento de sentido; enquadrar as empresas que se beneficiarão dos itens próprios de uma *startup* como nicho de mercado que pretende fomentar com especial acuro; detalhar os instrumentos e fomentos disponíveis e suas categorias; e adaptar outros normativos para que o conjunto das regras guarde coerência e coabitação.

Assim, podemos reconhecer essa natureza em dois blocos de normas dentro do microssistema de ciência, tecnologia e inovação: o MLSEI, como estamos tratando e foi alcunhado pelo próprio legislador, mas também o Marco da Inovação, trazido pela Lei nº 13.243/16. Para alguns autores, o bloco constituído por essa lei, a Emenda Constitucional nº 85 e o Decreto nº 9.283/18.

O segundo aspecto a ser considerado como contexto principal de surgimento do MLSEI é que ele veio abrir os flancos de viabilidade dessas empresas.

Neste livro, já abordamos que as *startups* não sobrevivem sem investimentos, e um número considerável delas sucumbe nos primeiros anos pela ausência de fôlego financeiro e musculatura para escalar com solidez; e que, inobstante isso, é do interesse do Estado que elas consigam superar essa vulnerabilidade, pois elas impactam, significativamente, a geração de empregos e espaços de trabalho em um país com escassez de oportunidades/vagas, além de representar um volume justificável de arrecadação tributária e impulsionamento de bens e serviços públicos.

Isso sem contar, claro, com sua função direta de inovar e trazer qualificação a bens, produtos, processos e serviços, aportando tecnologia às suas concepções.

Por isso é tão relevante que se compreenda que essa é uma lei de *fomento*, não sendo seu norte único e precípuo um novo jeito de licitar e contratar, compreensão que deverá ser trazida à luz em diversos momentos de interpretação da regra ou de sentido de sua aplicação e/ou controle.

A capacidade para o fomento advirá do *poder de compra do Estado* (art. 12, inc. II). Com efeito, as compras governamentais representam de 10% a 15% do PIB[94] e, sendo um comprador individual de tamanha envergadura, pode usar do seu poder de compra para direcionar o mercado.

Tal poder de compra tem sido usado nesse sentido em outros instrumentos legais, como se vê, por exemplo:

a) nas aquisições com foco em sustentabilidade, a exemplo da Política Nacional sobre Mudança do Clima (Lei nº 12.187/09), do Plano de Ação para prevenção e controle do desmatamento e das queimadas do Bioma Cerrado (Decreto de 15/9/2010, Art. 2º, inc. III), Política Nacional de Resíduos Sólidos (Lei nº 12.305/10, Art. 6º, incs. IV e VII, 7º, inc. XI, alíneas "a" e "b", além das legislações regionais que tratam de temas como aquisição de produtos de madeira legal ou certificada (em nível nacional o tema está no PL nº 234/16), dentre outros;
b) nas aquisições com foco no ciclo da vida do produto ou serviço (derivado do desenvolvimento sustentável), a exemplo das leis gerais de licitações e contratos, da anterior, a partir de sua atualização (Lei nº 8.666/93, dispensa por aquisição de produtos recicláveis ou reutilizáveis, Art. 24, inc. XXVII, dada pelo Marco Legal do Saneamento, Lei nº 11.445/07) e atual (Lei nº 14.133/21, desde os objetivos, como se vê no Art. 11, incs. I e IV, até o ciclo da vida nos Arts. 34, §1º e 26, inc. II);
c) na utilização dos contratos públicos para finalidades de fomento ao emprego, como no caso da empregabilidade de mulheres vítimas de

---

[94] Dentre outras referências, pode ser visto em RIBEIRO, Cássio Garcia; INÁCIO JR., Edmundo. *O mercado de compras governamentais brasileiro (2006-2017)*: mensuração e análise. Texto para discussão. Brasília, Rio de Janeiro, IPEA, 2019. Disponível em: https://repositorio.ipea.gov.br/bitstream/11058/9315/1/td_2476.pdf. Acesso em: 1º fev. 2023.

violência doméstica ou de pessoas oriundas do sistema prisional (Art. 25, §9º, incs. I e II da Lei nº 14.133/21);

d) na utilização dos contratos públicos para fomento de pequenos negócios, como no caso dos incentivos do Estatuto Nacional da Microempresa e da Empresa de Pequeno Porte (Lei Complementar nº 123/06, Art. 18-E, §4º, 42 e 44).

Portanto, o reconhecimento dessa capacidade de direcionamento tem sido feito pelo legislador ao longo dos últimos anos, especialmente a partir do amadurecimento da compreensão de que o futuro é um compromisso das gerações presentes.

Assim, não se preservam apenas os recursos naturais, mas também a possibilidade de sobrevida de empresas, negócios, vagas de trabalho e arrecadação tributária capazes de propiciar a fruição de serviços públicos e direitos fundamentais.

É nesse contexto, portanto, que o MLSEI aporta, incorporando o dever de fomento e realizando os preceitos constitucionais.

3.2 Princípios, diretrizes e enquadramento no novo marco legal

O MLSEI traz, no início de suas regras, a definição de quais seriam os princípios e diretrizes para a atuação da Administração Pública no âmbito de União, estados, Distrito Federal e municípios e que servirão de orientação a todas as ações (e interpretações) que o conjunto de regras do marco procura realizar.

Isso significa que esses pontos devem ser não só o ponto de partida na utilização do marco, mas o *ponto de reequilíbrio* nos instantes que o marco precisar de fôlego, afirmação ou compreensão.

Eles estão listados no art. 3º e merecem citação neste momento:

> I – reconhecimento do empreendedorismo inovador como vetor de desenvolvimento econômico, social e ambiental;
> II – incentivo à constituição de ambientes favoráveis ao empreendedorismo inovador, com valorização da segurança jurídica e da liberdade contratual como premissas para a promoção do investimento e do aumento da oferta de capital direcionado a iniciativas inovadoras;
> III – importância das empresas como agentes centrais do impulso inovador em contexto de livre mercado;

IV – modernização do ambiente de negócio brasileiro, à luz dos modelos de negócios emergentes;
V – fomento ao empreendedorismo inovador como meio de promoção da produtividade e da competitividade da economia brasileira e de geração de postos de trabalho qualificados;
VI – aperfeiçoamento das políticas públicas e dos instrumentos de fomento ao empreendedorismo inovador;
VII – promoção da cooperação e da interação entre os entes públicos, entre os setores público e privado e entre empresas, como relações fundamentais para a conformação de ecossistema de empreendedorismo inovador efetivo;
VIII – incentivo à contratação, pela Administração Pública, de soluções inovadoras elaboradas ou desenvolvidas por startups, reconhecidos o papel do Estado no fomento à inovação e as potenciais oportunidades de economicidade, de benefício e de solução de problemas públicos com soluções inovadoras; e
IX – promoção da competitividade das empresas brasileiras e da internacionalização e da atração de investimentos estrangeiros.

A vivência desses princípios (como tem de ser) perpassará a construção de todo o livro e será trazida à consideração à medida que ganha concretude.

Para além disso, no entanto, aqui serão feitas algumas considerações pontuais, a saber.

Há uma aparente contradição entre a dicção do inc. VIII, que trata do incentivo à contratação de soluções inovadoras "elaboradas ou desenvolvidas por *startups*", e o art. 13, que, ao tratar dessas mesmas contratações, disse poderem ser feitas com "pessoas físicas ou jurídicas, isoladamente ou em consórcio".

A questão é como solucionar o conflito.

O MLSEI não restringiu o uso do modal às *startups*, primeira conclusão necessária. Isso porque a lei não definiu o modal *a partir dos concorrentes*, mas, sim, a partir do *objeto a ser obtido*. Portanto, o modal é conceitualmente *objetivo* – e não subjetivo.

Essa compreensão começa pela mirada ao inc. II do parágrafo único do art. 1º, que, ao dizer a que se presta o MLSEI, informa que disciplinará "a licitação e a contratação *de soluções inovadoras* pela Administração Pública", mesma fisiologia do Capítulo VI, denominado "da contratação *de soluções inovadoras* pelo Estado".

Comparando-se os conceitos dos sujeitos (*startups* e licitantes), é possível que o MLSEI também não os igualou como figuras. Para compreender isso, veja o quadro comparativo das previsões do legislador:

Art. 4º	Art. 13
São enquadradas como *startups* as *organizações empresariais ou societárias*, nascentes ou em operação recente, cuja atuação caracteriza-se pela inovação aplicada a modelo de negócios ou a produtos ou serviços ofertados. §1º. Para fins de aplicação desta Lei Complementar, são elegíveis para o enquadramento na modalidade de tratamento especial destinada ao fomento de *startup o empresário individual, a empresa individual de responsabilidade limitada,*[95] *as sociedades empresárias, as sociedades cooperativas e as sociedades simples*: I – com receita bruta de até R$ 16.000.000,00 no ano-calendário anterior ou de R$ 1.333.334,00 multiplicado pelo número de meses de atividade no ano-calendário anterior, quando inferior a 12 meses, *independentemente da forma societária adotada*; II – com até 10 anos de inscrição *no CNPJ* da Secretaria Especial da Receita Federal do Brasil do Ministério da Economia; e III – que atendam a um dos seguintes requisitos, no mínimo: a) declaração *em seu ato constitutivo* ou alterador a utilização de modelos de negócios inovadores para a geração de produtos ou serviços (...); ou b) enquadramento no regime especial Inova Simples (...).	A Administração Pública poderá contratar *pessoas físicas ou jurídicas*, isoladamente ou em consórcio, para o teste de soluções inovadoras por elas desenvolvidas ou a ser desenvolvidas, com ou sem risco tecnológico, por meio de licitação na modalidade especial regida por esta Lei Complementar.

A figura da *startup* é necessariamente *empresarial ou societária*, não servindo à concepção de pessoas físicas, desvinculadas de uma

---

[95] Acresça-se não mais subsistir a figura da empresa individual de responsabilidade limitada que, inobstante tenha integrado o Código Civil (art. 980-A) por força da Lei Federal nº 12.441/2011, foi revogada pelo art. 20, inc. VI, alínea "b", da Lei Federal nº 14.382/2022. Subsiste o empresário individual conforme disposto no art. 966 do Código Civil, que, conforme descrito no art. 967 do mesmo Código, é inscrito no Registro Público de Empresas Mercantis.

atividade econômica exercida profissionalmente. Isso olhando apenas sua natureza jurídica.

Para o uso do modal, no entanto, o art. 13 ampliou o universo de licitantes possíveis, seja para permitir o acesso às pessoas físicas, seja para permitir o acesso às pessoas jurídicas sem vinculação de natureza, grau de faturamento ou descrição de objeto social.

Não bastasse, a lei estipulou que o modal se aplica, na finalidade, a muito mais do que apenas se prestar ao fomento das *startups*. Por isso previu, em seu art. 12, que:

> Art. 12. As licitações e os contratos a que se refere este Capítulo têm por finalidade:
> I – *resolver demandas públicas* que exijam solução inovadora com emprego de tecnologia; e
> II – *promover a inovação no setor produtivo* por meio do uso do poder de compra do Estado.

Isso não vem a ser um desvio da finalidade primordial do próprio MLSEI.

De um lado, porque o MLSEI não é apenas das *startups*, mas também do empreendedorismo inovador. Se o ecossistema da inovação, que inspira a criação do marco, não se circunscreve a essas, mesmo que as prestigie destacadamente, é possível que se compreenda a colocação sistêmica do modal a todo o conjunto de entidades beneficiadas pelo marco.

De outro lado, porque é bem possível que as licitações acudam apenas ou substancialmente *startups* ou pessoas de menor porte no ecossistema da inovação por algumas razões práticas – dentre essas, a limitação de prazo e valor da contratação. Assim, o instrumento as prestigia, mesmo que não seja *através da exclusividade*.

Não vemos, no entanto, um erro administrativo se, porventura, a Administração Pública opte por realizar licitações exclusivistas, pois o direcionamento do fomento pode se justificar mais intenso dessa maneira, assim como sói ocorrer com licitações destinadas a MEs e EPPs. Aliás, há autores que defendem e sustentam essa posição.[96]

---

[96] Na opinião de Luciano Reis, a participação do processo licitatório com fulcro no MLSEI é restrita às empresas que cumprirem os requisitos previstos no art. 1º. São suas palavras: "Desde já impende gizar que a lei representou um grande avanço para futuros negócios e investimentos em startups, entretanto é bastante rasa e sucinta, o que demandará uma série de atos legais e infralegais integrativos, sob pena de sua eficácia ficar prejudicada. Ante a

Há, nessas opções, uma sobreposição do caráter de fomento direcionado, o que é tolerado por doutrina e jurisprudência, se alicerçado na fundamentação apontada no caso concreto.[97] Por isso, ao gestor competirá avaliar se o direcionamento exclusivista se justifica e se não importaria risco à obtenção de propostas ou garantia de competitividade à luz das soluções inovadoras desejadas e à luz do *benchmarking* realizado sobre o possível mercado detentor da *expertise* perseguida; ou, em uma fase experimental e de sedimentação do modal (assim como de doutrina e jurisprudência sobre o assunto), medir a temperatura do mercado de *startups* e do próprio conjunto de regras de fomento que lhe foram idealizadas.

Não se tenha com isso, no entanto, uma falsa impressão de que se está subtraindo o mercado das *startups* ou que o legislador, em um discurso suicida, falseia o apoio a essas.

De um lado, porque o MLSEI não restringiu o fomento apenas e tão somente à criação do modal licitatório. Outras tantas regras integram o universo do que se chama fomento e melhoria do ambiente de negócio às *startups*.

---

qualificação da Lei Complementar nº 182, deve-se compreender o conceito legal de startup como as organizações empresariais ou societárias, nascentes ou em operação recente, cuja atuação caracteriza-se pela inovação aplicada a modelo de negócios ou a produtos ou serviços ofertados. Diverge do conceito estatuído na Lei de Licitações, qual seja, microempreendedores individuais, as microempresas e as empresas de pequeno porte, de natureza emergente e com grande potencial, que se dediquem à pesquisa, ao desenvolvimento e à implementação de novos produtos ou serviços baseados em soluções tecnológicas inovadoras. O marco das startups ainda enunciou que para os benefícios da citada legislação são elegíveis o empresário individual, a empresa individual de responsabilidade limitada, as sociedades empresárias, as sociedades cooperativas e as sociedades simples que preencham os seguintes requisitos: (i) receita bruta de até R$ 16.000.000,00 (dezesseis milhões de reais) no ano-calendário anterior ou de R$ 1.333.334,00 (um milhão trezentos e trinta e três mil trezentos e trinta e quatro reais) multiplicado pelo número de meses de atividade do ano-calendário anterior, quando inferior a 12 (doze) meses, independentemente da forma societária adotada; (ii) estar cadastrado até 10 (dez) anos de inscrição no Cadastro Nacional da Pessoa Jurídica (CNPJ) da Secretaria Especial da Receita Federal do Brasil do Ministério da Economia; e (iii) no mínimo preencha um dos requisitos a seguir: a) declarar em seu ato constitutivo ou alterador e utilizar modelos de negócios inovadores para a geração de produtos ou serviços, nos termos do inciso IV do caput do art. 2º da Lei nº 10.973, de 2 de dezembro de 2004, ou enquadramento no regime especial Inova Simples, nos termos do art. 65-A da Lei Complementar nº 123, de 14 de dezembro de 2006" (REIS, Luciano Elias. *Compras públicas inovadoras*. Belo Horizonte: Fórum, 2022. p. 297).

[97] A título de exemplo, confira-se: DOTTI, Marinês Restelatto; PEREIRA JR., Jessé Torres. As licitações exclusivas para microempresas e empresas de pequeno porte: regra e exceções. *Revista do TCU*, n. 123, 2012. Disponível em: https://revista.tcu.gov.br/ojs/index.php/RTCU/article/view/149/146.

De outro lado, porque o próprio modal tem previsões favorecedoras de um universo considerável de benefícios aplicáveis a essas, a exemplo das seguintes:

a) possibilidade de antecipação de pagamento (compreendendo que a baixa capitalização dessas *startups* é uma das razões de necessitarem de investimentos e estratégias de sobrevida no ambiente de negócios);
b) possibilidade de declinação da exigência de requisitos habilitatórios (compreendendo que a baixa formalização e capitalização dessas *startups* as exilam das licitações tradicionais e de uma parcela considerável do PIB brasileiro, focado em compras públicas);
c) realização de contratos com prazos mais reduzidos (compreendendo a velocidade e o escalonamento do negócio das *startups*);
d) maleabilidade das cláusulas a contratar (compreendendo que em negociação é possível ajustar as condições econômico-financeiras à proporção de benefício da solução proposta);
e) participação com liberdade de estipulação da solução a ser testada (compreendendo que as *startups* têm como modelo de negócios soluções criativas, adaptáveis e direcionais);
f) vantajosidade do teste remunerado das soluções inovadoras (compreendendo que as *startups* têm uma filosofia de erre-rápido-corrija-rápido ou ciclo básico de *feedback* construir-medir-aprender, na terminologia de Eric Ries,[98] não se perdendo tempo com desenvolvimento e contratação de soluções que não servirão aos propósitos).

Portanto, há um espaço de prestígio às *startups* que não se perde nem mesmo se o uso do modal se der a pessoas físicas e jurídicas, nos termos do art. 13, *caput*, do MLSEI.

A título de exemplo, apoiando o posicionamento aqui apresentado, as seguintes passagens:

a) Pela ENAP:

> Vale destacar que, embora a licitação para solução inovadora esteja prevista no Marco Legal das Startups, ela não se destina à contratação somente de empresas que se encaixam nessa classificação. Apesar da clara intenção legislativa de incentivar a contratação de startups, o que tende a voltar sua utilização para esse público, outras configurações societárias e empresariais também podem

---

[98] RIES, Eric. *A startup enxuta*: como os empreendedores atuais utilizam a inovação contínua para criar empresas extremamente bem-sucedidas. São Paulo: Lua de Papel, 2012.

ser contratadas sem limitações. O objetivo normativo é incentivar empresas de pequeno porte com grande potencial de crescimento, independentemente de sua classificação como startup ou não.[99]

b) Pelo TCU:

O importante é que esses instrumentos sejam utilizados apenas para resolver demandas públicas que exijam solução inovadora com emprego de tecnologia, independentemente de a empresa a ser contratada seja caracterizada ou não como startup.[100]

3.3 *Mindset* da inovação e eixos estruturantes do novo marco legal

Como já dito neste livro, *não se inova no apego*.

Uma das aplicações disso está em como pensar o MLSEI e a aplicação do novo modal licitatório por ele trazido. É indispensável haver um operador cujas lentes estejam calibradas para enxergar a partir de uma nova perspectiva.

Portanto, voltamos a considerar que o foco está no comportamento humano para que as mudanças programadas pela lei possam, de fato, ocorrer e gerar os frutos idealizados nas políticas públicas de assento constitucional.

3.3.1 O que se entende por eixos estruturantes e o motivo de existirem na estrutura do novo marco legal

Se assim é, agora é o momento de pensarmos como esse comportamento humano se constitui e se sustenta.

Esses comportamentos estão perpassados por um fio condutor, uma lente através da qual as realidades e os processos são vistos e tidos, uma moldagem do pensamento enquanto as situações se apresentam e de que forma vão ser solucionadas.

A isso denominamos *mindset*, que será fundamental para que, ao longo da vivência do modal licitatório proposto pelo MLSEI, se vá

---

[99] CHIOATO, Tânia Lopes Pimenta. *Marco Legal das startups*: contratando inovação no setor público. Brasília: ENAP - Fundação Escola Nacional de Administração Pública, 2023. p. 75.
[100] BRASIL. Tribunal de Contas da União. *Jornada de compras públicas de inovação*. Instituto Serzedello Corrêa. Brasília, 2022.

calibrando a rota, respondendo as indagações frente ao que seriam licitações em modelo tradicional, absorvendo os itens disruptivos e transformadores, moldando o comportamento de seus operadores e mantendo-se fiel ao que, efetivamente, o MLSEI pressupõe e propicia.

E, mais uma vez, vale lembrar que os eixos estruturantes desse *mindset* terão de ser *perseguidos*, não apenas seguidos, já que a tendência à inércia levará os homens à manutenção de comportamentos padronizados e introjetados.

É parte de um novo *mindset* comportar esforço e experiência consciente[101] – esse, sim, o *mindset* de crescimento a que Carol Dweck atribuiu o caminho do sucesso.[102]

Dito isso, entendam-se quais são esses *eixos estruturantes* e, em cada um deles, serão dados exemplos de como se resulta os praticar, não sem antes advertir: eles não têm uma escala de gradação ou separação de importâncias.

Como em um jogo de cartas, o posicionamento dos eixos tenderá a exigir mais de um que outro, dependendo de como a dinâmica do órgão foi (ou vá) se constituindo com o tempo.

O fato é que todos, vistos como uma quimera, sem importar onde começa ou termina o novelo, serão a base a sustentar o *mindset* que a Administração Pública precisa constituir e, permanentemente, a esse se reconectar.

3.3.2 Assimetria de informações e interação com o mercado

O mercado está, constantemente, desenvolvendo soluções tecnológicas e inovando, pesquisando e desenvolvendo produtos e protótipos, a partir de dores sentidas e percebidas por esse. O mercado observa, absorve e prototipa.

Por ser a sua própria tarefa e propósito no seu modelo de negócio, o mercado faz esse exercício ensimesmado, cuidando de garantir que a concorrência não conheça suas fórmulas, caminhos e interfaces.

Inobstante mais rapidamente prototipe, erre e se adapte, é no interior de suas unidades que confabula o que pode produzir as transformações que idealiza.

---

[101] Ou, como dito por Robert Sternberg, citado por Carol Dweck, a "dedicação com objetivo" (DWECK, Carol S., *op. cit.*, p. 9).
[102] DWECK, Carol S., *op. cit.*

Enquanto esse exercício é feito, a Administração Pública, voltada que está ao seu incontável rol de competências constitucionais, entre atividades-meio e atividades-fim, se mantém alheia, aérea, desconectada do que o mercado produz.

Nem há nisso um teor crítico.

Ao contrário, a Administração Pública também está ensimesmada em sua tarefa, grande e complexa o suficiente para justificar seu distanciamento.

E, enquanto ensimesmada se mantém, desconhece o que o mercado produz, confabula e projeta, não conhecendo a rica lista de dados e *expertises* que estão em poder desse.

Não bastasse, cada um está a desenvolver, experimentar e aprimorar suas próprias competências e papéis, complexos em si mesmos.

Nasce, assim, uma *assimetria de informações* e, dessa, a inviabilidade de a Administração Pública pensar soluções distintas das já tradicionalmente utilizadas para resolver os conflitos que possui.

Em um *looping* conservador, que precisa de força tangencial para se curar, a Administração Pública continua aplicando as mesmas soluções para seus desafios, inobstante:

> a) os desafios sejam cada vez mais distintos, contemporâneos e complexos;
> b) novos desafios surjam como reflexo da própria evolução mercadológica, da implantação tecnológica e dos anseios dos administrados;
> c) os conflitos de interesse sejam cada vez mais sofisticados, postos em camadas, discutidos no ambiente social e tornados demanda entre os administrados.

Daí ser necessário que à ensimesmada Administração Pública se ensine interagir com o mercado para que, superando a assimetria de informações, colha melhores soluções aos desafios que carrega.

Isso se vê pressuposto no próprio MLSEI, a exemplo do posto no art. 13, §1º, ou seja:

> A delimitação do escopo da licitação poderá restringir-se à indicação do problema a ser resolvido e dos resultados esperados pela Administração Pública, incluídos os desafios tecnológicos a serem superados, dispensada a descrição de eventual solução técnica previamente mapeada e suas especificações técnicas, e caberá aos licitantes propor diferentes meios para a resolução do problema.

Esse modal licitatório, portanto, é uma clara abdicação do papel de ditar as soluções, em todos os seus pormenores, para que o mercado forneça exatamente o produto ou serviço que a Administração Pública apenas rascunhou.

A visão se altera para que o mercado diga, a partir do que desenvolveu ou está desenvolvendo, o que existe de possibilidades para resolver o desafio proposto e alcançar os resultados esperados. E não deve a Administração Pública, movida por um *mindset* desalinhado e tradicional, impor requisitos que são típicos de uma única espécie de solução.

Essa é uma vigília constante, imprescindível em momentos como a resposta a pedidos de esclarecimentos e impugnações, reuniões de alinhamento e imersão no desafio, avaliação de componentes das soluções testadas, entre outros.

De fato, quando se vê a previsão do MLSEI de quais são os *critérios de julgamento* apostos no §4º do art. 13, dentre esses não estão o atendimento a requisitos limitantes propostos pelo edital, senão que os voltados à eficiência da solução à resolutividade dos problemas propostos.

Há, inclusive, no posicionamento dos incisos e no reforço do §5º, a clara indicação de que a Administração Pública treine sua busca à resolutividade em lugar de qualquer outro critério preponderante.

Isso é tão significativo que, mesmo que o *caput* do citado §4º tenha permitido a inclusão de outros critérios de julgamento no edital, moldados ao caso concreto proposto pela Administração Pública, a essa não está autorizado desconstruir o *mindset* ditado pelo MLSEI, sob pena de não haver razão de se usar esse modal.

Também é por isso que um dos principais pontos de alteração desse modal é permitir que a Administração Pública, antes de adquirir uma solução tecnológica, teste as existentes (desenvolvidas ou em desenvolvimento) e averigue qual delas é mais aderente à sua necessidade – os chamados contratos públicos de solução inovadora (CPSIs) do art. 14.

3.3.3 Desapego à ditadura da solução e escuta empática

Exatamente em decorrência dessa assimetria de informações é que a Administração Pública precisa estar realmente disposta a *abdicar do papel de impor* soluções pré-moldadas e de lançar editais que, minuciosamente, detalhem as soluções possíveis (ou única solução possível) para seus desafios, como se conhecesse todos os imbricados pontos que constituem o todo.[103]

Com efeito, a Administração Pública não sabe tanto quanto pensa saber e deve se policiar quanto a isso: para as soluções pré-concebidas, para os desafios rotineiros, é razoável que possa impor as soluções que lhe aprouverem.

Esse mesmo raciocínio, porém, não serve às situações que permitem novos formatos de solução.

Seria possível dizer (e assim pregamos) que até para corriqueiros desafios permanece a obrigação de a Administração Pública fazer a checagem da eventual existência de outras soluções possíveis (na temporalidade que entender razoável a si, mas cíclica e periódica) e que, consciente e motivadamente, são afastadas no caso concreto – é exatamente esse o sentido, por exemplo, do Estudo Técnico Preliminar imposto na Lei nº 14.133/21.[104]

No entanto, em algumas situações nas quais a Administração Pública sequer sabe as soluções possíveis ou pode supor que o mercado tenha como construir novas ou lhe apresentar as que estão em desenvolvimento, o caminho é abdicar da ditadura da solução e interagir com o mercado.[105]

---

[103] "Contudo, as compras públicas para inovação exigem uma mudança do paradigma institucional vigente, que foi construído muito em função das posições do controle sobre contratações de bens e serviços comuns, com base na legislação ordinária aplicável às contratações públicas. Essa mudança não é trivial de ser realizada, depende de uma adequada reorientação dos próprios órgãos de controle em direção ao reconhecimento da relevância do tema e, sobretudo, de seu caráter especial, que demanda tratamento diferenciado no universo das compras públicas. De maneira nenhuma isso implica afastar ou limitar a atuação do controle nas compras de soluções inovadoras. O que se coloca é a necessidade de que essa atuação se baseie em princípios e valores adequados à presença de alto risco e de incerteza, típicos das contratações de inovação. Ainda há muitos desafios pela frente até que os órgãos de controle estejam preparados para adotar uma visão diferenciada. Estamos só começando" (CHIOATO, Tânia Lopes Pimenta; LINS, Maria Paula Beatriz Estellita, *op. cit.*, p. 116).

[104] "Por serem desenhados a partir de problemas concretos e não de soluções pré-determinadas, os CIs podem encontrar soluções a partir de rotas tecnológicas não inicialmente previstas. Tais rotas podem ser exploradas por competidores não usuais que apresentam propostas inesperadas, sob o ponto de vista do demandante, para a solução do problema" (RAUEN, André Tortato. *Concursos para inovação*: como a licitação na modalidade concurso pode estimular o desenvolvimento e a introdução de soluções no mercado brasileiro *apud* RAUEN, André Tortato (org.), *op. cit.*, p. 447).

[105] "Justamente por isso, em compras públicas para inovação, a eficiência tradicional baseada em perfeita informação e mercados automáticos dá lugar a outra, baseada na maior chance de sucesso no atendimento da demanda original e nas externalidades positivas. Em outras palavras, questões como sobrepreço, conluio, cartéis etc. se somam a outros mais complexos, porém adequados ao risco e à incerteza, como assimetria de informação,

Essa interação, vale destacar, deve ser de uma *escuta empática*,[106] ou seja, que parta da observação, sem julgamentos, preconcepções ou preconceitos, sem interromper o fluxo da construção de novas conclusões, pensamentos e percepções.[107] Tudo que é posto pelo mercado merece integrar a observação e a construção de um pensamento mais analítico, criterioso e inclusivo.

Nesse sentido, a Administração Pública se coloca em *modo aprendiz* e busca diminuir a assimetria de informações (e não reforçar o modelo da ditadura de soluções) para, a partir do efetivo conhecimento amplificado, caminhar em direção à solução ideal – ou soluções ideais.

E o primeiro ponto a aprender é que estar aberto a tanto não é fragilidade, mas o seu exato oposto.

Vamos a exemplos simples do que está sendo dito.

O primeiro deles é impor insumos na execução das soluções tecnológicas com os já utilizados pela Administração Pública.

Por exemplo, impedir que soluções sejam propostas pelo mercado com armazenamento de dados em sistemas de nuvem porque o órgão não adquiriu licença previamente para esse modelo, mesmo que seja possível, caso haja a contratação do fornecimento propriamente dito no futuro, que essa questão seja resolvida.

Por exemplo, impedir soluções remotas ou com uso de inteligência artificial, em que pese esse seja um modal para acesso a soluções tecnológicas (art. 12, inc. I).

O segundo deles é impor um modelo prestacional para o qual os servidores já estão preparados e acostumados, dispensando a utilização de novos contextos e perfis que poderiam, perfeitamente, ser treinados e absorvidos até o momento do efetivo fornecimento.

Ou, até mesmo, restringir soluções porque comportariam contraprestações ou desenvolvimentos pela própria Administração Pública para que o resultado seja alcançado.

---

efeitos de adicionalidade, externalidades positivas, interação com potenciais fornecedores, estudos preliminares e comissão de especialistas" (RAUEN, André Tortato, *op. cit.*, p. 24).

[106] ROSENBERG, Marshall. *Comunicação não violenta*: técnicas para aprimorar relacionamentos pessoais e profissionais. São Paulo: Ágora, 2021; e ROSENBERG, Marshall. *Vivendo a comunicação não violenta*: como estabelecer conexões sinceras e resolver conflitos de forma pacífica e eficaz. São Paulo: Sextante, 2019.

[107] "A articulação é motivada pela capacidade das startups em renovar e arejar o sistema produtivo, nos diferentes setores, e construir pontes nas cadeias produtivas" (FREIRE, Carlos Torres; MARUYAMA, Felipe Massami; POLLI, Marco, *op. cit.*).

Afinal, se for para a Administração Pública ter mais do mesmo, há uma resistência estrutural à própria ideia de inovação, e isso seria um completo contrassenso.

3.3.4 Espaços dialógico-negociais e fluidez procedimental

Porque interagiu e ouviu, observando os fatos e colhendo as informações necessárias, seguirá a Administração Pública no procedimento dialogando e interagindo.

Isso significa que o procedimento conterá vários *espaços dialógico-negociais*, com uma plasticidade razoável à interação.[108]

Aqui cabem alguns exemplos:

a) Na metodologia que recomendamos seja adotada durante o processo licitatório, haverá uma etapa de *imersão no desafio*, em que os licitantes tomarão conhecimento de mais detalhes a respeito das necessidades e das vicissitudes da Administração Pública, inclusive com possibilidade de visitação conjunta do local do desafio, conhecimento de dados técnicos não apresentados no edital, diálogo com servidores que sejam conhecedores dos problemas a solucionar, apresentação de perguntas sobre dados fáticos e técnicos que julgam necessários para bem compreender como moldar suas soluções às necessidades públicas, entre outros. Denominamos essa fase de *bootcamp*.

Essa etapa funcionará tanto melhor quanto maior for a propensão ao diálogo e à troca de experiências, mas, para que isso funcione, é preciso alinhar a forma como a Administração Pública considera o mercado nas contratações públicas.

Não há risco na afirmação de que, tradicionalmente, a Administração Pública criou um processo de distanciamento frente ao mercado e a crença de que os interesses são apenas contrapostos e contraditórios entre esses (um pautado na supremacia do interesse público sobre o privado e com a possibilidade de impor, com mãos de ferro, posicionamentos e preferências, e outro pautado no mero interesse de obtenção de vantagem financeira a qualquer custo, mesmo que

---

[108] "O objetivo das leis é oferecer determinações e possibilidades claras e objetivas. A despeito disso, muitos dos avanços quanto à sua compreensão e interpretação decorrem da aplicação em casos concretos. Isso é especialmente complexo no processo inovador, no qual, diferentemente do que acontece com as contratações públicas usuais, há uma demanda por mais flexibilidade" (CHIOATO, Tânia Lopes Pimenta; LINS, Maria Paula Beatriz Estellita, *op. cit.*, p. 88).

para isso seja apresentado produto ou serviço desconforme, inferior ou defeituoso), alimentando o círculo vicioso da ditadura da solução.[109]

Essa forma de ver os contratos públicos como um jogo de interesses marcado pela *desconfiança*, meramente contrapostos e contraditórios (e, portanto, *desconectados*), é ultrapassada e não serve à boa execução do modal proposto.

A base aqui é uma mirada amadurecida entre as partes que se relacionam, desde uma Administração Pública que reconhece o poder do mercado em realizar o que lhe seria solução inovadora e tecnológica até respostas que podem ser encontradas e mais bem amoldadas a partir da interação, entendendo que o mercado também quer servir bem para servir sempre. Menos desconfiança e mais corresponsabilidade na construção de novos tempos.

Afinal, o que importa é trazer eficiência e focar nos resultados. Não é vencer (porque não há batalha real e genuína), é construir (o que pressupõe enxergar e valorar o outro).

b) Na metodologia que recomendamos seja adotada durante o processo licitatório, haverá uma etapa de *negociação*.

Ela está referida no §9º do art. 13 do MLSEI, ou seja, "após a fase de julgamento das propostas, a administração poderá negociar com os selecionados as condições econômicas mais vantajosas para a administração e os critérios de remuneração que serão adotados".

Além disso, a previsão do §10 do mesmo artigo, que permite aceitar o preço ofertado, "na hipótese de o preço ser superior à estimativa, mediante justificativa expressa, com base na demonstração comparativa entre o custo e o benefício da proposta, desde que seja superior em termos de inovações, de redução do prazo de execução ou de facilidade de manutenção ou operação, limitado ao valor máximo que se propõe a pagar".

Nossa proposta, em verdade e até em atenção à necessidade de direcionar mais fortemente a adoção de bons hábitos pela Administração Pública, é transformar a negociação em fase licitatória propriamente

---

[109] "Geralmente se conclui que a mudança nas regras é suficiente para persuadir as pessoas a agir de forma diferente. Os serviços públicos estão muito acostumados a mudanças de políticas; no entanto, usarão instintivamente velhos instrumentos para lidar com essas situações. Mudanças na administração envolvem mudanças nesses instrumentos, uma tarefa muito mais difícil, desestabilizadora e de longa gestação, se comparada com uma mudança de política, por mais complexa que seja" (BRESSER-PEREIRA, L. C.; SPINK, P. K. (org.). *Reforma do Estado e Administração Pública gerencial*. 7. ed. Rio de Janeiro: FGV, 2006. p. 212).

dita, estipulando um momento em que, necessariamente, essa será intentada – mesmo que em outros instantes a possibilidade se mantenha como possível. Dá-se à negociação um espaço de importância, com claro teor pedagógico e profilático a ambas as partes.

De fato, há muito o que pode ser negociado ou dialogado com os competidores e convém deixar claro o que será exigível quando a fase de testes das soluções se alcançar (os CPSIs).

É uma inversão da lógica decisória: é preciso assumir que as soluções são constructos dinâmicos, resultantes de um espaço dialogal.

Alguns exemplos aqui do que chamamos de espaço dialógico-negocial para essa fase:

a) Discussão sobre propriedade intelectual das "criações resultantes" do CPSI (art. 14, §1º, inc. IV) se assim autorizado pelo edital, reequalizando-se a titularidade se necessário.

b) Discussão sobre cronogramas e preços, volumetria dos testes, tempo de realização dos testes e das UX ("experiência do usuário"), insumos indispensáveis à prestação dos testes, entre outras questões que têm impacto nas "condições econômicas" ou no "custo-benefício da proposta", citadas nos §§9º e 10, respectivamente.

c) Discussão sobre distribuição de riscos, inclusive quanto aos impactos gerados pelo risco tecnológico.[110]

Isso significa abandonar a impressão de que as negociações se circunscrevem a um pedido de *desconto no preço ofertado*, sem qualquer base justificante ou alinhadora dos propósitos. Seria um reducionismo depreciativo.

Até porque, somente após ter conhecido quais são as soluções propostas, a Administração Pública poderá vir a ter (não necessariamente o terá) alguma dimensão do *custo de produção do teste* (ou do P&D) alijado

---

[110] "O inciso II do artigo 2º do Decreto Federal n. 9.283/2018, que regulamenta a Lei n. 10.973/2004, define risco tecnológico como a 'possibilidade de insucesso no desenvolvimento de solução, decorrente de processo em que o resultado é incerto em função do conhecimento técnico-científico insuficiente à época em que se decide pela realização da ação'. Nota-se que a 'possibilidade de insucesso' é o norteador do conceito de risco tecnológico, o que se confunde com a própria ideia de desenvolvimento de solução inovadora. Ora, se o resultado do desenvolvimento da solução fosse certeiro, conhecido de antemão, a mesma não seria inovadora" (NIEBUHR, Joel de Menezes, *op. cit.*).

do *custo do fomento à inovação*,[111] em que pese lhe seja legítimo ainda se valer dos valores que dimensionou como *apetite de investimento*.[112]

d) Discussão sobre como se dará a fase de *experiência do usuário* (UX), que recomendamos ocorra nos CPSIs paralelamente contratados (art. 13, §6º) e até mesmo no contrato de fornecimento, cujo molde pode decorrer de ajustamento entre os interessados e a Administração Pública.

e) Discussão sobre eventuais ajustes de rota, durante o P&D e os testes, em razão do risco tecnológico, que poderá gerar a adequação de requisitos para aproveitamento do processo ou, se for o caso, o encerramento prematuro desse – aqui impedindo que mais esforços tenham de ser indenizados (art. 14, §4º).

Assim, compete à Administração Pública despir-se da sana de julgar (e isoladamente decidir) e entender que as melhores soluções nascem do diálogo (que propicia mais conhecimento analítico do que será decidido).

---

[111] "O valor da contratação deve ser difícil para a Administração Pública, porque a principal característica da modalidade especial é que o edital não precisa especificar o objeto da futura contratação, apenas o problema a ser resolvido, os resultados esperados e os desafios tecnológicos a serem superados. Quer dizer que, na etapa preparatória da licitação e quando da publicação do edital, a Administração Pública conhece apenas o problema e não a solução do problema, que é justamente o que ela pretende contratar. Dizendo de outra forma, a dificuldade para a Administração é definir o valor teto da contratação sem especificar tecnicamente o objeto a ser desenvolvido" (NIEBUHR, Joel de Menezes, *op. cit.*).

[112] Como a Administração Pública, ao propor o desafio, desconhece que soluções poderão ser propostas pelo mercado, até porque há a possibilidade de que se aportem propostas de soluções ainda em desenvolvimento, não há *pesquisa de preço* que se possa antecipar no processo, na fase interna, que decorra, fidedignamente, do *custo de realização do teste*. Mesmo que a Administração Pública possa supor que algumas soluções possuam o custo x ou y, sua estimativa estará sobre o fornecimento, e não sobre o teste (cujas condições de ocorrência podem ser, inclusive, objeto de negociação durante a licitação, como dito) nem mesmo sobre o que pode ser efetivamente desenvolvido durante a fase de testes (especialmente nos casos de risco tecnológico) e o que custarão as *criações resultantes* desses. Portanto, qualquer estimativa que a Administração Pública se arvore em tentar, como *benchmarking* ou pedidos de proposta, até mesmo em consulta prévia, não é expressão hermética do que pode a Administração Pública vir a pagar pela fase de testes, já que há um espaço (mesmo que deva ser preenchido com discricionariedade, comedimento e fundamentação) próprio do fomento ao setor previsto pelo próprio marco legal. Esse conjunto se denomina *apetite de investimento*. Com isso, não se está a dizer que a Administração Pública está autorizada a aportar todo e qualquer valor, pois é indispensável atentar ao planejamento estratégico, à disponibilidade orçamentária, ao plano de contratações anual e à distribuição responsável de recursos e esforços entre os desafios existentes. Para além disso, deve procurar na fase de planejamento compreender, adequadamente, o que pode vir a economizar/otimizar com a adoção de uma solução inovadora. Ela pode compreender seus custos, tanto econômico-tangíveis quanto intangíveis, para em momento subsequente avaliar *custo-benefício*.

A criação de novos hábitos exige comportamento vigilante e consciente,[113] sob pena de se render aos sequestros mentais que os pilotos automáticos são capazes de fazer, mais ágeis que são nos processos de tomada de decisão. Assim é o mecanismo humano, e a Administração Pública, formada de humanos, não foge à cilada dos caminhos mentais.[114]

Por fim, neste tópico, importante lembrar que o espaço dialógico-negocial é resultado também de não ser esse modal uma consulta ou audiência públicas, ou seja, apenas um espaço de oitiva, para depois, novamente ensimesmada, a Administração Pública decidir que solução prefere.

Ao contrário.

Esses procedimentos licitatórios (e suas contratações) são construções em que a Administração Pública aprende, escuta, converge, dialoga, apreende, para além de apenas fomentar, desconfiar, impor ou contratar.

Pensar esses procedimentos novos apenas como instrumento passivo e mudo, de única via, é não compreender o que, verdadeiramente, é a matiz do modal.

3.3.5 Aceitação do risco e da incerteza

Diferentemente de outras relações contratuais, a Administração Pública precisa aceitar o fato de que não se tem garantia de que, ao final do procedimento, se chegará a uma solução viável, mesmo que os CPSIs sejam assinados, e a execução, trilhada.[115]

É ínsito ao fenômeno da inovação e da tecnologia a possibilidade de que não se alcancem respostas possíveis ou seja técnica ou economicamente viável resolver o desafio proposto (em parte ou no todo).[116]

---

[113] MELAMED, Alejandro. *Diseña tu cambio*. Ciudad Autónoma de Buenos Aires: Paidós, 2019.
[114] PETERS, Steve. *O paradoxo do chimpanzé*: o programa de gestão mental para alcançar a autoconfiança, o sucesso e a felicidade. Rio de Janeiro: Intrínseca, 2016.
[115] "Se, por um lado, toda aquisição pública possui risco (cambiais, de atrasos, legais etc.), é comum que compras de inovação envolvam, além do risco, a incerteza. Essa incerteza, portanto, existe nas fases de pesquisa, desenvolvimento, prototipagem e escalonamento, mas não após a introdução da inovação no mercado. Isso porque, em tese, a tecnologia já seria conhecida. Após a introdução da inovação, a incerteza (risco tecnológico) dá lugar a um risco de mercado derivado da novidade" (RAUEN, André Tortato, *op. cit.*, p. 22).
[116] "Extrai-se, portanto, que, para afastar sua responsabilização em relação às falhas próprias de ambientes de incerteza, cabe ao gestor conduzir a contratação de modo diligente e transparente, documentando o processo e as decisões tomadas. Desse modo, deve ser suficiente que ele demonstre que fez o que estava ao seu alcance e agiu de boa-fé, conforme o mandato de seu cargo e a legislação vigente, para obter os melhores resultados possíveis

Poderá ocorrer, inclusive, de a Administração Pública pagar pelo desenvolvimento e testes sem obter produto ao final. É ínsito a esses contratos com risco tecnológico (ou melhor, incerteza) a possibilidade de não serem atingidos os resultados esperados, mas as etapas constituídas serem remuneradas pelo esforço empreendido (art. 14, §§4º e 5º). Isso não é uma deficiência do prestador, mas um fenômeno do próprio objeto.

Significa que a Administração Pública está *autorizada a contratar o fracasso*, sem que disso se extraísse qualquer responsabilização.[117] Mesmo que não o persiga, por óbvio, tem claramente em conta a possibilidade de sua ocorrência (e de pagar por isso).

Por isso, precisa estar preparada a se lançar igualmente ao desafio, aceitando a possibilidade de não atingir o resultado desejado.[118]

Nesse sentido, é necessário um *ato de fé e vulnerabilidade*, ciente de que o esforço é tão importante quanto o resultado – decorrência, inclusive, do conceito de *mindset de crescimento* já referido.

E, vale dizer, se solução não se encontrar ao final, não se pode dizer que não se encontrou resposta. A resposta é exatamente essa.

---

na condução de uma compra pública para inovação" (CHIOATO, Tânia Lopes Pimenta; LINS, Maria Paula Beatriz Estellita, *op. cit.*, p. 87).

[117] Como dito por Uri Levine, "fracasso é um acontecimento, não uma pessoa. Esse é o único jeito de uma organização aceitar o fracasso e incentivar uma recuperação rápida para o experimento seguinte" (LEVINE, Uri. *Apaixone-se pelo problema, não pela solução*: o Waze para todos os empreendedores e profissionais do mundo dos negócios. Porto Alegre: Citadel, 2023. p. 97).

[118] "Tomados os devidos cuidados aqui explicitados, é preciso reforçar novamente que não existe inovação sem fracasso. Obviamente nem todo fracasso é aceitável, mas apenas o insucesso derivado do risco e da incerteza do processo inovativo, que provém, por sua vez, do ineditismo da solução. Mesmo em aquisições de objetos complexos, não devem ser tolerados insucessos decorrentes da má gestão de riscos ou de decisões tomadas sem embasamento técnico, refletidas em uma instrução processual simplista e lacunosa. Na presença de risco e incerteza, assume-se a possibilidade de fracasso, mas faz-se todo o possível para que ele não ocorra e registra-se adequadamente cada evento que possa impactar o resultado, assim como as medidas tempestivamente adotadas para tentar contorná-lo. Aceitar a possibilidade de fracassar não é o mesmo que tolerar qualquer erro e resultado insatisfatório sem que sejam empreendidos todos os esforços necessários para o atingimento dos objetivos. Haja vista isso, motivação processual, capacitação e gestão profissional, com reconhecimento da imperfeição da informação disponível, são elementos essenciais para permitir uma correta gestão da compra pública para inovação e tolerar eventual ocorrência de fracasso. Cabe ao controle, mais uma vez, estar atento a esses elementos" (CHIOATO, Tânia Lopes Pimenta; LINS, Maria Paula Beatriz Estellita, *op. cit.*, p. 106).

Existem problemas *temporariamente insolúveis*,[119] ao menos em determinado contexto temporal, maturação tecnológica e *performance* mercadológica.

Inobstante, não se retiram o brilho e a eficiência dessa resposta.[120]

3.3.6 Aceitação dos gargalos desafiadores e o *brainstorm* honesto

Outro ponto essencial à correta construção dos editais é saber dimensionar adequadamente o desafio que será proposto.

Muitas vezes, na construção desse desafio, a Administração Pública terá de explicitar suas próprias dificuldades e debilidades, e servidores terão de assumir suas próprias ineficiências, imperícias, erros procedimentais, limitações de conhecimento ou estrutura. Pessoas terão de admitir que não sabem as respostas ou os caminhos ou que o problema está instalado na Administração Pública, afetando a adequada entrega dos objetos a que se propõe.

Não deveria haver problema em viver vulnerabilidade e antifragilidade, que são expressões de coragem e resiliência, mas, sabemos, há um comportamento humano esperado (e assim afirmado pela ciência) de escamotear frente a esses desafios.

Se isso ocorre pela própria natureza humana, desafeta ao enfrentamento de suas sombras e ao adultecimento necessário nos processos de autorresponsabilização, mais ainda disso se verá nos corredores dos órgãos públicos.

Não há, na cultura da Administração Pública brasileira como um todo, o hábito de explorar todas as características de um desafio,

---

[119] "Mas quando estamos falando de inovações, ou tentativas de inovar, o fracasso é um fator aceitável e muitas vezes até comum. Não é por acaso a existência do popular adágio 'failure is the mother of innovation' (...). O processo inovativo pressupõe a exploração do terreno da incerteza e do desconhecimento. E a única forma de descobrir se uma solução vai funcionar ou não é experimentando. Cada teste e cada fracasso é uma fonte inestimável de informação, porque permite conhecer o que deu errado e o que deu certo. A partir de cada experimento, podem-se fazer ajustes e avançar na busca pela solução mais adequada" (MENDONÇA, Hudson; PORTELA, Bruno Monteiro; MACIEL NETO, Adalberto do Rego. *Contrato público de soluções inovadoras*: racionalidade fundamental e posicionamento no mix de políticas de inovação que atuam pelo lado da demanda *apud* CHIOATO, Tânia Lopes Pimenta; LINS, Maria Paula Beatriz Estellita, *op. cit.*, p. 467).

[120] Por isso, preferimos dizer que o MLSEI autorizou não a contratação do fracasso em si, mas a contratação da incerteza e seu esforço de superação, o que seria uma terminologia mais consentânea ao *mindset* de crescimento de Carol Dweck.

de mapear todos os influenciadores do problema, de diagnosticar suficientemente todas as dores que o caso comporta.

Pelo caminho, serão encontrados artífices que, sem aqui críticas às razões que os levam a tal, dificultam o processo de conhecimento da íntegra dos elementos incidentes sobre alguns desafios.

Nesse sentido, é mais razoável supor que os órgãos desistam de perquirir sobre seus desafios suficientemente do que aclarar os pontos nebulosos contributivos à sua ocorrência.

Esse *brainstorm*, se não é genuíno e desprendido, se não é honesto,[121] leva ao mau diagnóstico do problema, à incompleta descrição do desafio, à insuficiente imersão na dor pública, tudo a propiciar que as soluções não sejam hermeticamente construídas para a superação do desafio, em um jogo ofuscado de eficiência.

Por isso, a primeira parte da construção do desafio é a Administração Pública abertamente elencar os elementos que constituem sua dor. Não é uma caça às bruxas, mas uma *caça aos gargalos*. O olhar é sobre fatos, não sobre responsáveis.

Nesse sentido, a LINDB buscou acalentar os gestores, seja respeitando o *direito ao erro administrativo* (art. 28), seja respeitando as contingências que todo decidir comporta (art. 22).

Nesse trabalho, antes de excluir hipóteses e fatores que não influenciaram na construção do desafio, por mecanismo de defesa, os servidores precisam se lançar no *brainstorm* honesto, ou seja, permitir que todas as hipóteses sejam levantadas como possíveis intervenientes na construção do problema para que os licitantes tenham um quadro rico de informações para cogitar as possíveis soluções a isso.

E há aqui, portanto, um prestígio à habilidade do *pensamento analítico*.

Se, de antemão, se excluem hipóteses, dados e fatos, as soluções encontráveis serão limitadas e possivelmente impotentes ou inoperantes.

Esse comportamento vai se refletir ao longo do processo licitatório e contratual também, pois a Administração Pública deve estar preparada para ouvir, de licitantes e contratados, apontamentos sobre suas próprias ineficiências e o que, eventualmente, coloca em risco P&D, teste ou fornecimento. Deve estar preparada para resolver os incidentes

---

[121] Não se confunda, na utilização do termo neste artigo, honestidade com probidade, ausência de *brainstorm* honesto com corrupção. O termo vem no sentido de que seja sincero, aberto, franco, sem preconceitos, como uma *chuva de ideias* precisa ser.

próprios de incerteza e risco, adaptar-se às contingências da interação e reconhecer, se necessário for, que itens precisa aprimorar para que o resultado seja alcançado.

3.3.7 Agilidade para ser eficiente

Outro ponto importante é entender o tempo de construção das respostas, que pode ser sensivelmente otimizado nessa virada de chave. Vamos aos contornos disso.

A primeira mudança é aprender com o próprio modelo de negócio de *startups* e empreendedores, ou seja, *errar rápido e corrigir rápido*, o conhecido ciclo *construir-medir-aprender*.[122]

A Administração Pública, portanto, aceita testar soluções em desenvolvimento, não necessariamente já tracionadas e prontas, para verificar de que maneira as propostas do mercado podem se amoldar às suas necessidades.

Nesse caminho do teste, termina o desenvolvimento, experimenta os ajustes, redireciona a rota e se adapta, corrigindo o que necessário para, após, contratar o fornecimento (mesmo que nesse, até para conseguir escalonar o que testado, ainda fará ajustes e customizações, já que o ciclo não é abandonado no contrato posterior).

Muito tempo se demandaria até que o mercado terminasse o desenvolvimento e tracionasse as soluções inovadoras, e a Administração Pública tomasse delas conhecimento, amplificasse com elas seus estudos de solução e, aí sim, contratasse algum fornecimento (com as limitações de nesse customizar e adaptar).

O resultado é ter produtos e serviços com muito menos aderência à resolutividade dos problemas, soluções parciais ou adaptadas ou, até mesmo, ultrapassadas por novas soluções tecnológicas.

A segunda mudança é encurtar o caminho do aprendizado: em lugar de a Administração Pública conhecer todas as possíveis soluções e saber descrevê-las e arbitrar a preferência (com o risco de mal escolher), é deixar com o que o mercado o faça, a partir das descrições simplificadas que o MLSEI permitiu (art. 13, §1º).

Há substancial economia de tempo na adoção de soluções tecnológicas que, como se sabe, carregam em si o *gene da obsolescência*. Se

---

[122] RIES, Eric. *A startup enxuta*: como os empreendedores atuais utilizam a inovação contínua para criar empresas exatamente bem-sucedidas. São Paulo: Lua de Papel, 2012.

muito tempo se despende conhecendo, arrisca-se mais contratar algo superado.

Encurtar os caminhos permite com que se adquira o que de mais inovador exista para problemas que já estão instalados na Administração Pública e, assim, mais cedo se desfruta do resultado de os remediar.

A terceira mudança é testar o disponível antes de contratar e, se a prática demonstrar que o produto não é o ideal, já o descartar. Isso é, deveras, mais ágil e econômico do que só se chegar a essa conclusão quando do fornecimento.

Some-se a isso que, aliado ao próximo eixo, já se contrata o fornecimento de uma solução que o usuário validou e não se desperdiça a contratação de soluções que, escolhidas de maneira ensimesmada, podem não agradar ao verdadeiro usuário quando do fornecimento.

Mesmo com toda essa metodologia ágil, cabe uma advertência: é possível que o início de utilização do novo modal seja menos ágil aos olhos dos órgãos, pois ainda não estão versados no seu uso e na introjeção do *mindset* necessário.

Por isso, se consumirá tempo para treinar, desenvolver equipes, ajustar processos de trabalho, absorver metodologias, introjetar *mindset* e eixos. Mas isso não é escusa à percepção da agilidade como filologia.[123]

Isso é, na verdade, se reconhecer aqui o *ciclo de vida* para o processo de maturação.

Todo novo processo exige uma curva de aprendizado, mais acentuada quanto mais inovadora e disruptiva. O traquejo virá com o uso e, por isso, também se aprende a ser mais ágil agindo.

Ninguém ganha potência na teoria.

Qualquer um que recuse a mudança porque será inicialmente mais custosa (e, possivelmente, menos ágil) está negando o próprio eixo (e o conceito de ciclo de vida): não precisamos estar versados para começarmos o uso – é internalizar o ciclo de *construir-medir-aprender*.

3.3.8 Foco no usuário e sua experiência

O último eixo, não menos importante, se refere à *User Experience* – *UX* ou *Experiência do Usuário* e à consideração do usuário na percepção das soluções inovadoras em teste ou fornecimento. De início,

---

[123] Isso não exclui o fato de que outros fatores são fundamentais ao êxito, por certo. Deixamos o registro de que, dentre esses fatores, se destaca o comprometimento da alta administração, que funcionará como impulso a vários outros.

compreender o conceito e de que forma ele se adequa ao contexto em que o estamos utilizando.

Como conceito, parte da ideia de que o usuário final deve ser *satisfeito* com o produto ou serviço oferecido e que deve estar *contente* com o resultado alcançado.

Conforme a ISO 9241-210/2019, a experiência do usuário estaria interligada às percepções e respostas de uma pessoa que sejam resultantes do uso e/ou da antecipação do uso de um produto, sistema e/ou serviço.[124]

Em que pese exista uma centena de métodos de avaliação dessa experiência, o fato é que elas todas demonstram o foco sobre o usuário e a importância de se levar em conta o que satisfaz a esse.

De um lado, isso significa que quem projeta o produto ou serviço deve conhecer claramente quais são as necessidades, prioridades e expectativas desse usuário.

De outro lado, significa que é preciso averiguar se essas foram, de fato, atendidas, o que pressupõe ouvir o que ele tem a dizer, contribuir, criticar, comentar.

Mais uma vez é a Administração Pública aprendendo a não se ensimesmar, a ter escuta empática e a se dispor a convergir na construção das respostas.

Olhando ainda para o conceito e seus *elementos*, é possível avaliar se o produto ou serviço:

a) é útil (*useful*), ou seja, se o produto ou serviço oferece funcionalidade real ao usuário;

b) é *utilizável* (*usable*), ou seja, se o produto ou serviço pode ser usado quando necessário e funciona da maneira que dele se espera;

c) é *desejável* (*desirable*), ou seja, se a funcionalidade oferecida representa valor agregado ao usuário;

---

[124] A norma atual é a ISO 9241-210:2019 (*ergonomics of human-system interaction, part 210: human-centred design for interactive systems*). Esse documento fornece requisitos e recomendações para princípios e atividades de design centrado no ser humano durante todo o ciclo de vida de sistemas interativos baseados em computador. Conforme essa, "human-centred design is an approach to interactive systems development that aims to make systems usable and useful by focusing on the users, their needs and requirements, and by applying human factors/ergonomics, and usability knowledge and techniques. This approach enhances effectiveness and efficiency, improves human well-being, user satisfaction, accessibility and sustainability; and counteracts possible adverse effects of use on human health, safety and performance". Amostra disponível para consulta em https://www.iso.org/obp/ui/en/#iso:std:77520:en. Acesso em: 15 mar. 2024.

d) é *acessível* (*accessible*), ou seja, se o produto ou serviço possui características que permitem seu uso por pessoas com restrições e tem linguagem assistiva;
e) é *confiável* (*credible*), ou seja, se o produto ou serviço oferece segurança ao usuário, com respeito a regras de segurança da informação, a exemplo da LGPD, controle de senhas, hackeamento etc.;
f) é *localizável* (*findable*), ou seja, se o produto ou serviço pode ser facilmente localizado pelo usuário;
g) é *valioso* (*valuable*), ou seja, se as funcionalidades acrescidas diminuem o custo de atendimento e melhoram a satisfação do usuário e, assim, justifica o investimento público na sua aquisição.

O MLSEI não faz referência expressa a que o modal licitatório crie uma etapa de experiência do usuário ou leve em consideração essa do planejamento à execução contratual, mas esse atendimento está na índole do próprio empreendedorismo e a forma como *startups* e empreendedores focam a criação e o desenvolvimento de seus produtos e serviços.

Tal fato, inclusive, vai ao encontro dos resultados esperados que estão presentes nos documentos iniciais de preparação da contratação e no contrato, a exemplo do art. 14, §1º, inc. I, do MLSEI.

O objetivo delas é, efetivamente, agregar valor ao usuário e gerar eficiência, simplificação e comodidades em sua experiência.

No entanto, é possível dizer que o MLSEI respeitou essa concepção quando, por exemplo, se valeu de expressões como "potencial de resolução do problema" (art. 13, §4º, inc. I), "provável economia para a administração" (art. 13, §4º, inc. I), "resolver demandas públicas" (art. 12, inc. I), "viabilidade e maturidade do modelo de negócio da solução" (art. 13, §4º, inc. III) ou "facilidade de manutenção ou operação" (art. 13, §10).

Não bastasse, é necessário lembrar que a proposta do MLSEI é permeada pelo conceito de *deslegalização procedimental*, ou seja, o espaço reservado ao gestor para preencher o procedimento a partir das suas necessidades, sem que o texto legal tenha que ser exaustivo e narrativo sobre esse, como acontece para as licitações tradicionais.

Há um *espaço flexível de preenchimento procedimental* que o gestor terá de avaliar, seja para criar sua própria metodologia de realização do procedimento (de forma responsável e motivada, é claro) ou para preencher os requisitos do que a inovação e a tecnologia pretendidas devam abarcar.

O fato é que o objetivo do MLSEI não é simplesmente fomentar o mercado e propiciar recursos à subsistência de *startups* e empreendedores.

Nesse sentido, ao dispor no art. 12 sobre a *finalidade* das licitações e dos contratos produzidos a partir desse modal, o marco legal posicionou em primeiro lugar a virtude de resolver problemas e, nessa eficiência, usar o poder de compra do Estado para gerar inovação.

Portanto, a vantajosidade da contratação está muito bem dirigida e pressuposta no texto.

O que recomendamos, aliando-se à cultura dessas empresas e seus modelos de negócio, é que se desconstrua qualquer visão de aquisições frívolas, impensadas ou disfuncionais.

Com efeito, se a Administração Pública vai se propor a investir em P&D e testes (em mais de um, inclusive, por hipótese testável) e a despender aprendizado com o mercado, não será em vão.

Levando em conta, portanto, esse contexto, ouvirá o usuário para criar o desafio, para medir as soluções e para implantar a opção ideal, ou seja, do planejamento à execução contratual.

Manterá em vista se o que estimula e adquire está alinhado ao que os usuários entendem como acolhimento de suas expectativas.

A título de exemplo sobre essa opção, vamos contar o que foi desenvolvido no Tribunal de Justiça de Minas Gerais, ao lançar seu primeiro desafio sob esse modal (o case está contado neste livro e a metodologia foi capitaneada pelas organizadoras dele).

A solução inovadora e tecnológica buscada deveria oferecer, em local de fácil acesso, informações úteis aos usuários da Justiça (jurisdicionados, advogados, defensores públicos, promotores de justiça, policiais, instituições de apoio a vítimas, entre outros).[125]

O objetivo era, ao mesmo tempo, dar uma informação mais ágil, segura, uniforme e precisa (e, assim, proporcionar um atendimento

---

[125] Vide Edital nº 28/2023 no *link* https://www.tjmg.jus.br/portal-tjmg/noticias/projetos-inovadores-bienio-2020-2022/tjmg-seleciona-startups-para-desenvolver-solucoes-para-o-setor-de-atendimento.htm#:~:text=O%20Edital%2028%2F2023%20%C3%A9,o%20entendimento%20das%20empresas%20interessadas e https://www.tjmg.jus.br/portal-tjmg/informes/solucoes-inovadoras-de-startups-8ACC809886295CA701867F4A2FF64B38.htm#!. Acesso em: 14 mar. 2024.

mais digno, humanizado e adequado), e diminuir a repetição de atendimentos que sobrecarregam os serviços forenses e o custo da jurisdição.

As soluções aportadas utilizaram atendimentos remotos, com uso de *chatbot* e inteligência artificial, por camadas de atendimento que vão do automatizado até, se necessário, o agendamento de atendimentos presenciais.

Para entender se os usuários acolhiam as soluções propostas, foram idealizados três módulos de Experiência do Usuário:

a) no módulo 1, as soluções foram colocadas à disposição para experimentação de todos os usuários (internos e externos ao Judiciário), por um período de teste, podendo esses usar, opinar, sugerir alterações, informar disfuncionalidades para correção;[126]

b) no módulo 2, as soluções foram apresentadas às instituições parceiras (que representam os interesses dos grupos de usuários) e outros órgãos públicos, com o mesmo objetivo de compartilhamento (ambos os módulos foram realizados na fase do CPSI);[127]

c) no módulo 3, já no planejamento do contrato de fornecimento, as instituições parceiras seriam convidadas a reuniões de alinhamento para que as contribuições pudessem ser, no que possível, incorporadas à customização.

Para além disso, todas as ponderações dos usuários nos dois primeiros módulos foram levadas em conta para:

a) avaliar se valeria a pena alcançar-se a fase de fornecimento a partir das soluções testadas e desenvolvidas no CPSI;
b) já incorporar ao ETM (Estudo Técnico de Modelo de Negócio) da fase de planejamento do contrato de fornecimento.

Esse processo de escuta empática e coprodução da solução garantiu um produto mais voltado ao atendimento dos sete elementos da Experiência do Usuário acima descritos.

---

[126] Notícias podem ser vistas no *link* https://www.tjmg.jus.br/portal-tjmg/noticias/tjmg-realiza-testes-com-sistemas-tecnologicos-desenvolvidos-por-startups.htm. Acesso em: 14 mar. 2024.

[127] Notícias podem ser vistas no *link* https://www.tjmg.jus.br/portal-tjmg/noticias/tjmg-apresenta-prototipos-desenvolvidos-por-startups-para-aprimorar-atendimento-ao-cidadao.htm. Acesso em: 14 mar. 2024.

Assim, em lugar de as soluções serem testadas em ambiente de laboratório, apenas por técnicos internos, em situações simuladas, elas foram testadas em ambiente real de aplicação, pelo contexto dos usuários e suas instituições de representação, com registro por pesquisas de satisfação, gravação de entrevistas, registro de *feedbacks*, coleta de dados do SAC, entre outras.

Como dito por Uri Levine:

> Estamos acostumados a fazer as coisas de determinado jeito, mas outros têm maneiras diferentes. Não existe certo ou errado; há apenas maneiras diferentes. Ao pensarmos no usuário, enfrentamos o desafio próprio de nossa natureza, ou seja, pensar em nós mesmos como o exemplo perfeito – mas somos apenas amostra de um.[128]

Levando-se em conta o espaço deixado pelo legislador para que a metodologia e o processo de trabalho sejam estipulados pelo gestor à luz das suas necessidades, características e grau de maturação na vivência do modal e da inovação, a Administração Pública deve procurar acalentar a *Experiência do Usuário* nos moldes de sua realidade e, ao fazer isso, deverá levar em conta o eixo estruturante aqui proposto.

Sabemos que esse eixo estruturante é disruptivo em si e não integra o hábito da Administração Pública mais tradicional. No entanto, permite a obtenção de produtos e serviços muito mais aptos à aceitação e à utilização, justificando-se o investimento despendido. Por isso, a importância de se internalizar essa ação na utilização desse modal licitatório.

Vale, por último, lembrar que essa cultura não precisa ser restrita aos limites do quadrante do modal desse MLSEI. Pensar sobre os elementos de UX é útil até mesmo em licitações tradicionais.

Com efeito, entender se as aquisições vão, de fato, ao encontro das necessidades diagnosticadas e se o produto ou serviço é bem recebido por quem o usará previne desperdícios de recursos públicos e otimização de ações estatais.

A orientação para isso já estava no princípio da eficiência, previsto no art. 37 da Constituição Federal.

---

[128] LEVINE, Uri. *Apaixone-se pelo problema, não pela solução*: o Waze para todos os empreendedores e profissionais do mundo dos negócios. Porto Alegre: Citadel, 2023. p. 252.

3.4 A utilização do novo marco legal pelas estatais e suas adaptações

O MLSEI previu expressamente a sua aplicação aos "órgãos e entidades da Administração Pública direta, autárquica e fundacional de quaisquer dos Poderes da União, dos Estados, do Distrito Federal e dos Municípios" (art. 12, §1º) quando o assunto é a "contratação de soluções inovadoras pelo Estado" (Capítulo VI).

Já à Administração Pública indireta, especialmente às empresas públicas, sociedades de economia mista e suas subsidiárias, era necessário reservar a possibilidade de disposições distintas, que levassem em conta sua natureza própria e a relação de maior proximidade com a atividade econômica e a atividade privada, com necessidades não subsumíveis aos contornos que à primeira seriam possíveis.

Por isso, o art. 12, em seu §2º, ressalvou que essas poderiam adotar, "no que couber, as disposições deste Capítulo, nos termos do regulamento interno de licitações e contratações" que possuírem, "e seus conselhos de administração poderão estabelecer valores diferenciados para os limites de que tratam o §2º do art. 14 e o §3º do art. 15 desta Lei Complementar".

De fato, algumas normas precisam melhor atender às suas naturezas e objetos, aqui exemplificadas:

> a) a sociedade de economia mista adotar a postura de investidor-anjo, nos termos do Art. 2º, inc. I;
> b) a Administração Pública indireta, que possua natureza regulatória e que contrate em matéria compatível com essa, use as prerrogativas do *sandbox* regulatório, nos termos do Art. 2º, inc. II;
> c) as sociedades de economia mista, interessadas na participação de empresas empreendedoras e *startups* contratadas, utilizarem os instrumentos de investimento, aporte e absorção societária do Capítulo III do MLSEI, em seu Art. 5º;
> d) a partir dos mercados próprios da entidade interessada, regulamentar outros valores econômico-financeiros para os contratos (tanto o CPSI quanto o contrato de fornecimento), para mais ou para menos.

Para além disso, o regulamento de licitações e contratos dessas entidades poderá suprir a vacuidade procedimental que julgar pertinente, já que sua natureza, nos termos já expostos neste livro, é de *preenchimento por esforço administrativo*.

Serão citados aqui alguns regulamentos a título de exemplo, considerando os já publicados até a edição deste livro.

O primeiro exemplo é a alteração do Regulamento de Licitações e Contratos da Petrobras, que, recorrentemente, tem lançado desafios de inovação ao mercado. As normas estão no Título VI ("da contratação de soluções inovadoras") dos arts. 128-A a 128-P.

Para além da incorporação de algumas normas que já estavam no MLSEI, podem ser mencionadas as seguintes alterações/acréscimos:

a) A Petrobras optou pelo conceito amplo para os possíveis licitantes, ou seja, sem a restrição a *startups* e após o fundamento no §1º do art. 128-A, ou seja, "como forma de maximizar a probabilidade de sucesso nos objetivos da contratação", e, além de permitir o conceito amplo, previu a presença de estrangeiros "quando e na forma prevista no edital".

b) A Petrobras, acompanhando a tendência de suas outras licitações, previu a condução "preferencialmente de forma eletrônica" (art. 128-C), na mesma linha do que também é sugerido neste livro seja adotado como padrão.

c) A Petrobras previu que, para a Comissão de Avaliação e Julgamento das Soluções Inovadoras que atuará na fase licitatória, poderá haver convite de "membros externos", "de forma a ampliar a cooperação e a interação com os entes públicos, entre os setores público e privado e as empresas" (art. 128-E).

Esse preenchimento da vacuidade procedimental é relevante, seja por prever que a figura dos membros externos não necessariamente se restringirá à figura do professor de IPES previsto no art. 13, §3º, inc. II, do MLSEI, seja para dispor que, por fundamentação no caso concreto, outras formações heterogêneas poderão se dar.

De fato, a formação da Comissão deve ser multidisciplinar e capaz de agregar valor à avaliação do caso concreto, o que pode significar a participação de atores externos.

Essa maneira heterogênea de composição da Comissão está entre as sugestões metodológicas deste livro e sem restrição a que se dê apenas nessa Comissão, mas em outras que atuarão em fases distintas da contratação da inovação.

d) A Petrobras adotou a previsão, no art. 128-E, §2º, de algo similar ao *bootcamp* proposto neste livro, ali denominado como "etapas intermediárias de seleção de desafios para intensificar a interação técnica entre a Petrobras e os participantes, visando o refinamento e a adequação da proposta inicial, considerando, entre outros, os aspectos técnicos e as condições reais de aplicação da solução".

A diferença entre a previsão genérica da Petrobras e a proposta metodológica deste livro é a direção: para essa, o *bootcamp* é *opcional* e, no caso de adoção, na fase interna da licitação haverá *motivação inclusiva*.

Neste livro, ao menos neste momento histórico da maturação dos institutos pelos operadores em todo o país, consideramos mais cauteloso o caminho reverso, ou seja, o *bootcamp* é *recomendável* e, no caso de abolição, na fase interna da licitação haverá *motivação excludente*.

e) A Petrobras, em seu art. 128-G, adotou a simplificação das condições de habilitação, apontando o que é imprescindível em substituição a essa a partir de uma técnica: em lugar de definir quais são os documentos, ela preferiu prever quais são as naturezas comprovadas pelos que apresentados.

Não é uma mudança apenas semântica. Ao contrário.

Ao prever a natureza do que é imprescindível, sem fixar os modelos a partir dos quais se a comprovaria, o regulamento ampliou as hipóteses de se o fazer, substituindo uma lista hermética para uma dinâmica e autorregulada.

Para a habilitação jurídica, o regulamento previu a documentação referente à "possibilidade da aquisição de direitos e obrigações por parte da contratada", ou seja, a existência de um sujeito de direito apto à celebração do contrato e assunção de suas consequências.

O tipo de documentação capaz de satisfazer esse critério pode ser tanto as comprovações realizadas nas licitações tradicionais quanto quaisquer outros documentos, em uma interpretação analógica, que sejam capazes de demonstrar a existência desse sujeito de direitos e obrigações.

Para a habilitação econômico-financeira, a restrição é mais significativa, limitando-se, então, à apresentação da "regularidade junto aos tributos que custeiam a Seguridade Social", já que essa é indeclinável em razão da sua presença sistêmica, ou seja, está aposta no §3º do art. 195 da Constituição Federal e, por isso, inafastável por força de lei ou regulamento.

O que o operador e o leitor devem estar atentos é que a amenização das regras de entrada não pode significar um risco incalculado nas relações estabelecidas. A Administração Pública deverá ter o cuidado de bem mapear os riscos e estabelecer as ações profiláticas e acautelatórias à sua concreção.

Apesar da ressalva, que em outros momentos este livro voltará a trazer à luz, é fato que a simplificação de algumas exigências tradicionais é relevante.

Não se deve perder de vista os princípios e diretrizes do MLSEI e o objetivo desse de fomentar o mercado, de forma que algumas exigências rigorosas na licitação remariam em direção contrária.

Para a qualificação técnica, a previsão da Petrobras foi para a documentação voltada à "capacidade técnica de trabalhar na proposta de solução dos problemas", que não se distancia conceitualmente dos atestados de capacidade técnica das licitações tradicionais, embora não esteja limitada a comprovação às formas tradicionais de se o fazer.

Considerando a recorrente afirmação neste livro de que *não se inova no apego*, convém compreender neste momento que a densificação desse conceito pode se dar no caso concreto, pois a comprovação técnica não necessariamente deverá ser documental, com registro em órgãos especiais ou conselhos competentes, mediante ART ou outras restrições tradicionalmente conhecidas.

O edital deverá ser o polo de esclarecimento de como densificar adequadamente o conceito.

f) A Petrobras, em seu art. 128-N, §1º, em que pese não tenha preferido um valor superior ao previsto no MLSEI, previu a possibilidade de atualização do valor de base, de forma autônoma ao que decorrer do mecanismo previsto no MLSEI, o que é bem-vindo ocorra.

Para além das previsões acima, o regulamento da Petrobras não fez alterações em face do MLSEI e, como é possível perceber, também não esgotou a vacuidade procedimental, deixando a cargo dos editais os detalhamentos não antecipados normativamente.

O segundo exemplo é a alteração do Regulamento de Licitações e Contratos da Caixa, com a inclusão do Capítulo II ("contratações de *startups*"), especialmente dos arts. 53 a 56.

a) Em que pese não seja uma alteração procedimental ou estrutural, a Caixa optou por nominar as finalidades na utilização desse tipo de contrato, ou seja:

> a) atualizar os modelos de negócios da CAIXA, incorporando as inovações praticadas no mercado;
> b) ampliar as possibilidades e efetividade das soluções;
> c) otimizar recursos, alinhando-se à evolução do mercado;

d) aperfeiçoar os instrumentos de fomento ao empreendedorismo inovador, incentivando o uso de modelos de experimentação e contratação de startups;
e) perenizar o papel da CAIXA como braço estratégico do Governo Federal, fomentando soluções inovadoras às questões sociais, ambientais e econômicas do país.

A vantagem que vemos nessa previsão é apenas delimitar que as contratações não visarão apenas à solução de desafios próprios da instituição financeira, dando vazão aos propósitos assistencialistas previstos no art. 2º do Decreto-Lei nº 759/69.

b) A Caixa previu, em seu art. 54, §1º, também a possibilidade de *bootcamp*, ou seja, "etapas intermediárias de seleção de desafios para intensificar a interação técnica entre a CAIXA e os participantes, visando o refinamento e a adequação da proposta inicial, considerando, entre outros, os aspectos técnicos e as condições reais de aplicação da solução".

Mantemos as mesmas referências feitas ao edital da Petrobras, até mesmo em razão da similitude da previsão dos instrumentos federais citados.

c) A Caixa previu, em seu art. 55, automática atualização dos valores, pelo IPCA, anualmente, tendo o dia 1º de janeiro como database, sem a necessidade de reedição normativa, o que é vantajoso.

d) A Caixa previu, em seu art. 56, que os contratos seriam firmados com *startups*, como conceito restrito de alcance de licitantes.

No entanto, aqui parece haver apenas imprecisão do termo eleito, pois, apesar de o capítulo em que inseridas as normas estar nominado como "contratação de *startups*", o art. 53 de seu texto faz referência a "contratar pessoas físicas ou jurídicas, isoladamente ou em consórcio".

Preferimos considerar que o uso da expressão *startups* foi posto apenas de forma imprecisa, mas valendo o conceito amplo de participação nos certames.

Para além das previsões acima, o regulamento da CAIXA não fez alterações em face do MLSEI e, como é possível perceber, também não esgotou a vacuidade procedimental, deixando a cargo dos editais os detalhamentos não antecipados normativamente.

Esses são os instrumentos *federais* a merecer destacamento neste momento, especialmente em face da possibilidade de que, neste momento histórico, a União prefira a utilização de outros nesses espelhados.

Portanto, abaixo traremos dois exemplos de regulamentos *regionais* e que estão constituídos em formatos distintos e essa é a diferença que aqui se ressaltará.

O primeiro deles é o da Companhia de Tecnologia da Informação e Comunicação do Estado do Paraná (Celepar), primeira empresa pública de TI no Brasil, fundada em 1964. Seu regulamento foi aprovado em 27.07.2022 e tem como característica especial (por isso aqui adotado para referência) ser um regulamento específico para as contratações "com *startups*", conforme o art. 1º.

a) Aqui, diferentemente da ocorrência registrada acima sobre o regulamento da Caixa, parece intencional a restrição das contratações a *startups*, que estão definidas no texto exatamente no sentido restrito previsto no art. 4º do MLSEI, ou seja, "organizações empresariais ou societárias, nascentes ou em operação recente, cuja atuação caracteriza-se pela inovação aplicada a modelo de negócios ou a produtos ou serviços ofertados", afastando-se tanto da pessoa física quanto de outras pessoas jurídicas, conforme previsto no art. 13 do MLSEI.

Isso é afirmado independentemente de, no art. 4º em que estão conceitos, que tenha havido imprecisão na redação desses.

b) A Celepar, em seu art. 9º, previu a negociação como etapa procedimental.

Neste livro, sugerimos um passo além, ou seja, entender a negociação como uma fase propriamente dita, já que o sentido da negociação não é ser apenas um pedido de redução do valor global, arredondamento do preço ou oferta de um melhor lance financeiro.

A negociação tem um sentido muito mais profundo, complexo e direcionado, já que o objetivo da própria licitação não é alcançar o menor ou melhor preço, mas a maior resolutividade do problema proposto. Por isso, mais itens estão sujeitos à negociação, e não necessariamente atrelados a uma repercussão financeira.

Para além disso, considerando que é possível a celebração de mais de um CPSI, a negociação pode incluir a avaliação de como se alinham as propostas para serem futuramente comparáveis e/ou equanimemente tratadas, harmonizando-se cronogramas, fases, requisitos e condições. E isso não tem, necessariamente, que desdobrar em questões de natureza econômico-financeira.

Neste momento histórico, de consolidação do modal e do *mindset* da inovação, bom que se tenha a negociação como fase (ou ao menos etapa, como o regulamento em tela fez), valendo-se de todos os recursos possíveis para que seja bem executada.

c) Uma crítica se faz ao previsto no art. 10 do regulamento, pois esse estabeleceu que "a licitação e a contratação serão precedidas de substancial e suficiente planejamento elaborado pelo setor responsável da Celepar, de acordo com suas atribuições".

A escolha dos termos "substancial" e "suficiente" não pode significar o retorno à ditadura da solução e ao esgotamento das descrições de uma solução que impeçam a ampla participação de licitantes com suas próprias soluções inovadoras, e nem mesmo que se engesse o uso do modal nos casos em que a Administração Pública não se encontra apta para descrever, detalhadamente, a solução com a qual pretenderia fosse seu desafio resolvido.

Sabe-se que o uso dos termos procurou corresponder ao contido na Súmula nº 177 do TCU, que assim dispõe:

> A definição precisa e suficiente do objeto licitado constitui regra indispensável da competição, até mesmo como pressuposto do postulado de igualdade entre os licitantes, do qual é subsidiário o princípio da publicidade, que envolve o conhecimento, pelos concorrentes potenciais das condições básicas da licitação.

No entanto, esse entendimento não pode ser transportado, de forma automática e irrefletida, ao novo modal, em que não há definição da solução a ser apresentada.

Portanto, qualquer projeção da súmula sobre o MLSEI é meramente resquicial e a exigir adequação na leitura e na compreensão. Com efeito, não pode ser a definição precisa e suficientemente recaída sobre a solução tecnológica buscada, sob pena de aniquilar o propósito do modal. Mesmo que o melhor trabalho descritivo seja feito no edital, sob os moldes corretos, recairá somente sobre o desafio e os resultados esperados (completados no *bootcamp* mais adiante proposto).

Destacamos que melhor é não se afastar da previsão do art. 13, §1º, do MLSEI, no sentido de que o escopo da licitação pode se limitar à "indicação do problema a ser resolvido e dos resultados esperados pela Administração Pública, incluídos os desafios tecnológicos a serem superados, dispensada a descrição de eventual solução técnica previamente mapeada e suas especificações técnicas", cabendo "aos licitantes propor diferentes meios para a resolução do problema".

De fato, entender a expressão "substancial e suficiente" como impeditiva de interação com o mercado (e de construção de um modal) para que esse sinalize que solução, desenvolvida ou em desenvolvimento, seria apta a resolver o problema apresentado seria sucumbir ao próprio propósito de inovar.

Mais uma vez lembramos que *não se inova no apego*.

Por isso, a leitura do termo deve guardar apenas a intenção de que os procedimentos sejam feitos de forma "cuidadosa e motivada", evitando desafios alijados da real necessidade do órgão ou que não decorram de um planejamento frívolo, falho, incompleto, na esteira de recomendações que também trazemos neste livro.

De fato, não é porque a descrição do objeto e das requisitações mínimas é simplificada que se possa entender nisso uma menor qualidade técnico-descritiva ou fundamentadora.

Melhor teria sido a escolha de outras terminologias, até para que o sentido próprio do art. 13, §1º, do MLSEI, que vem repetido no art. 11 do Regulamento da Celepar, não se mostre contraditório.

d) Outra crítica está na hermética previsão da estimativa de preço, em moldes tradicionais, através de "pesquisa de preços com potenciais fornecedores ou de estudos preliminares detalhados na justificativa técnica". Ainda, as expressões "mapa de formação de preços" e "pesquisa de preços realizada" pela qual o coordenador ou gerente da área demandante terá de se responsabilizar diretamente.

O cuidado deve ser em não comparar preços que decorrem de soluções díspares, já que cada tipo ou maturidade de solução tecnológica está sujeito a custos próprios, principalmente considerando que o MLSEI permite a contratação de soluções inovadoras "por elas desenvolvidas *ou a ser* desenvolvidas" e, portanto, não comparáveis em termos de custos reais e unitários.

O MLSEI permitiu, inclusive, que, diante de um diferencial proposto pelo licitante, ou seja, "com base na demonstração comparativa entre o custo e o benefício da proposta, desde que seja superior em termos de inovações, de redução do prazo de execução ou de facilidade de manutenção ou operação", a Administração Pública pague mais do que o valor inicial de referência, desde que limitado ao valor máximo que se propõe a pagar.

Por isso, não há a formação de um mapa de preços nos moldes de uma licitação tradicional, em que se alcança um preço estimado estanque.

Ao contrário, o art. 13, §10, do MLSEI sinalizou a escolha de uma *margem flexível de valores estimados* e, portanto, o edital preverá dois quantitativos distintos, sobre os quais poderá a Administração Pública oscilar.

Remetemos o leitor ao capítulo próprio em que essa temática está desenvolvida, inclusive para compreender nossa proposta de como entender o termo "valor máximo" proposto no dispositivo.

Para além disso, a formação dos preços não está atrelada, apenas, à possibilidade dos custos envolvidos para o teste. Esses preços estão, em verdade, atrelados a outro conceito, mais sofisticado, ou seja, o *apetite de investimento*.

Não é inarredável que o preço pago pela Administração Pública seja apenas o custo ou total do custo, considerando o significado que os testes terão para ambas as partes e à luz dos objetivos, princípios e diretrizes do MLSEI.

Remetemos o leitor ao capítulo próprio em que esta temática está desenvolvida.

e) Outra crítica é quanto à utilização da expressão "termo de referência", pois essa não poderá ser no estrito sentido do art. 6º, inc. XXIII, da Lei nº 14.133/21.

Embora seja crucial lembrar que essa lei não é diretamente aplicável à Celepar, cuja norma geral de licitações e contratos é a Lei nº 13.303/16 e que não possui conceito similar, a natureza conceitual de termo de referência ultrapassa a mera previsão da primeira lei referida e vai servir, em doutrina e jurisprudência, a outros entes da Administração Pública.

Mas, no caso específico do MLSEI, defendemos não ser possível utilizar, integralmente, os elementos de um termo de referência clássico e, por isso, melhor seria a utilização de outra terminologia que não confundisse ou mal avisasse o leitor.

Por isso, a utilização da expressão no regulamento deveria ser entendida em um sentido menos técnico-conceitual.

De qualquer forma, a previsão do Regulamento de que esse documento deve ser elaborado "de acordo com padrão de documentos da Celepar" não deve significar a obrigação de se amoldar, integralmente, a como se constituem os documentos de licitações tradicionais, sob pena de, igualmente, sepultar o objetivo da inovação.

Como já dito, *não se inova no apego*.

f) Outra crítica a ser feita está na previsão de que a justificativa da seleção do modal "deve conter a indicação das razões pelas quais o escopo descrito são as mais adequadas às necessidades da Celepar e ao interesse público secundário, devendo restar demonstrada a exigência da contratação de uma solução inovadora como a forma mais adequada para resolver a demanda pública".

Há nessa redação, talvez não de maneira intencionada, um *mindset* tradicional, desalinhado aos eixos estruturantes do *mindset* que propusemos neste livro, especialmente a assimetria de informações e a imprescindibilidade de interação com o mercado.

A Administração Pública não tem todas as respostas e, por isso, não pode fazer afirmações categóricas sobre o que vai encontrar e se vai encontrar, principalmente diante da possibilidade de testar soluções a serem desenvolvidas ou em desenvolvimento.

Por isso, salientamos a importância de o operador ler com extremo cuidado e filtro terminologias maquiadas de novas normas, mas que, em verdade, são a repetição de um discurso tradicionalista.

g) A Celepar também não optou pela imediata alteração do valor máximo possível para CPSIs e contratos de fornecimento, mas previu a atualização anual dos valores nos moldes de seu regulamento geral de licitações e contratos, o que é salutar.

h) No art. 17, a Celepar declinou da presença obrigatória de um professor de IPES na comissão avaliadora na fase licitatória, como feito no MLSEI.

Em que pese tenha deixado em aberto quais são todos os membros que comporão referida Comissão e, portanto, nada impediria a utilização de professores no caso concreto, não é possível compreender a vantagem, neste momento histórico, sem qualquer testagem fundamentadora, ir na direção contrária de trazer a academia para esses processos avaliativos.

i) A Celepar, no seu art. 22, inc. IV, proibiu a utilização de *trade secrets*, o que consideramos um equívoco, à luz dos argumentos trazidos neste livro.

j) A Celepar, no art. 25 e seguintes, previu os documentos indispensáveis à fase habilitatória, adotando listagem similar às licitações tradicionais, o que não se mostra compatível com a estrutura do MLSEI e com o próprio ecossistema da inovação.

k) Vale dizer que, em diversos outros dispositivos, o referido regulamento repetiu rigores de licitações tradicionais que não se mostram alinhados aos propósitos do MLSEI nem ao *mindset* da inovação. Exemplifica-se essa previsão a de que o contrato deverá "estabelecer com clareza e precisão as condições para sua execução, expressas em cláusulas que definam os direitos, obrigações e responsabilidades das partes, em conformidade com os termos da licitação e da proposta a que se vinculem" (art. 52, §1º).

Esse engessamento não se justifica.

Como já tratamos nos eixos estruturantes, há um espaço dialógico-negocial e uma fluidez procedimental que devem acompanhar os contratos, tanto quanto acompanharam as etapas anteriores.

Há, nesse sentido, uma *releitura da inflexibilidade de vinculação ao edital* nos casos de inovação, inclusive pelo fato de que esse comporta risco tecnológico, incerteza quanto à possibilidade técnica de obtenção dos resultados pretendidos, além da necessidade de se amoldarem os contratos à facticidade de soluções que estão em desenvolvimento.

Não se quer com isso dizer que os contratos não possuam regras e que as relações são excessivamente fluidas e incontroláveis. O que se quer dizer é que a inovação e o desenvolvimento tecnológico exigem outra forma de se constituírem contratos, com menos engessamento de como se regula essa relação. É uma *alteração de tessitura*.

A isso voltaremos em capítulo próprio, mas advertimos o leitor que é necessário perceber, no uso de redações tradicionais, o quanto elas expressam um engessamento de espírito e propósitos, já que não se inova no apego.

O segundo deles é o da Companhia Ambiental do Estado de São Paulo (Cetesb), que acrescentou uma seção específica para "licitação e contratação para solução inovadora" (Seção VI-A com os arts. 17-A a 17-E).

O único registro a ser feito é que o regulamento adotou, sem modificações, o texto do MLSEI, não detalhando o procedimento e reservado ao edital essa tarefa. Em que pese pudesse ir além, já é uma abertura dos flancos a que a inovação se concretize para o órgão.

3.5 Matriz de risco na inovação

O primeiro ponto a ser destacado é que o MLSEI previu, como cláusula *obrigatória* do CPSI, fosse estabelecida matriz de risco entre as partes, "incluídos os riscos referentes a caso fortuito, força maior, risco tecnológico, fato do príncipe e álea econômica extraordinária" (art. 14, §1º, inc. III).

O segundo ponto a ser destacado é como devem ser compreendidos os conceitos no texto referidos, já que o próprio marco não os define.

a) Podemos nos valer do conceito de matriz de risco trazido pelo art. 6º, inc. XVII, da Lei nº 14.133/21, em que disposto ser essa a:

> XVII – matriz de riscos: cláusula contratual definidora de riscos e de responsabilidades entre as partes e caracterizadora do equilíbrio econômico-financeiro inicial do contrato, em termos de ônus financeiro decorrente de eventos supervenientes à contratação, contendo, no mínimo, as seguintes informações:
> a) listagem de possíveis eventos supervenientes à assinatura do contrato que possam causar impacto em seu equilíbrio econômico-financeiro e previsão de eventual necessidade de prolação de termo aditivo por ocasião de sua ocorrência;
> b) no caso de obrigações de resultado, estabelecimento preciso das frações do objeto com relação às quais não haverá liberdade para os contratados inovarem em soluções metodológicas ou tecnológicas, devendo haver obrigação de aderência entre a execução e a solução predefinida no anteprojeto ou no projeto básico, consideradas as características do regime de execução no caso de obras e serviços de engenharia;
> c) no caso de obrigações de meio, estabelecimento preciso das frações do objeto com relação às quais não haverá liberdade para os contratados inovarem em soluções metodológicas ou tecnológicas, devendo haver obrigação entre a aderência e a solução predefinida no anteprojeto ou no projeto básico, consideradas as características do regime de execução no caso de obras e serviços de engenharia.

Nem todos os itens são aproveitáveis para o MLSEI, mas essencialmente o conceito satisfaz.

De início, a compreensão de que todas as atividades humanas comportam risco, que é próprio do viver e do fazer escolhas.

No entanto, a partir do momento em que esses riscos ultrapassam a seara própria, ganham volume ou impactam uma das partes de forma desequilibrada, justifica-se pensar em como os repartir.

O objetivo primordial, portanto, é preestabelecer, antever situações e suas respectivas soluções, diminuir os pontos de atrito na vivência contratual, fixar as soluções que serão dadas se e quando os riscos se convolarem em realidade.

O importante é que a matriz seja uma *repartição objetiva de riscos*, o que pressupõe a compreensão de sua expressão de forma completa, ou seja:

De um lado, tratar-se de uma *repartição*, excluindo-se as *matrizes míopes* (e, infelizmente, recorrentes) de atribuir ao contratado tudo o que, efetivamente, é risco contratual.

Se só uma das partes a tudo deve suportar, não há matriz propriamente dita (e nem mesmo estímulo à assunção contratual).

De outro lado, tratar-se de uma repartição *objetiva*, excluindo-se as *matrizes anêmicas*, que não preveem as consequências objetivas que devem ser apostas a cada situação concreta, deixando, assim, de antecipar qual é a solução que efetivamente deva ser dada ao caso, postergando a solução para um mero e posterior entendimento entre as partes, perdendo a potência de ser uma antecipação efetiva.

Essa matriz será considerada sempre que houver o ajuste entre as partes para restabelecer o reequilíbrio econômico-financeiro inicial do contrato. Isso significa também dizer que não está excluída a possibilidade desse ajuste nos casos que não estiverem cobertos pela matriz.

Para compreender os pontos referidos, então, vejam-se os demais conceitos.

b) O art. 393, parágrafo único, do Código Civil estabelece que "o caso fortuito ou de força maior verifica-se no fato necessário, cujos efeitos não era possível evitar ou impedir".

Reservam-se ao segundo os fatos humanos ou naturais, mesmo previsíveis, mas de consequências incontroláveis ou incalculáveis, tais como tempestades, guerras, epidemias, desastres geológicos.

c) O fato do príncipe consiste "no exercício legítimo dos poderes de autoridade fora da relação contratual, mas de modo a afetar condições e obrigações de ajustes administrativos, dando causa ao reequilíbrio econômico-financeiro",[129] como pode acontecer nas mudanças de tributos incidentes sobre o contrato, alteração em taxas e requisitos regulamentares incidentes sobre bens ou serviços, desde que a imposição da mudança advenha do Poder Público e que às partes contratadas não compita contornar ou modificar.

---

[129] GASIOLA, Gustavo; MARRARA, Thiago. *Fato do príncipe*: o que é como identificar?. 18 abr. 2020. Disponível em https://www.conjur.com.br/2020-abr-18/fato-principe-identificar/.

c) Como dito, toda relação humana, contratual ou não, é composta de riscos, não sendo possível imaginar relações que não comportem algum nível desse.

No entanto, existem riscos que são ordinários (cotidianos e aceitáveis, normais para qualquer empreendimento e, por isso, chamados de álea ordinária ou empresarial, que serão suportados, via de regra, pelo contratado) e os que são extraordinários (imprevisíveis ou previsíveis, mas de consequências incalculáveis, extemporâneos, de excessiva onerosidade, que não justifica sejam suportados pelo contratado, comportando se proceda reequilíbrio econômico-financeiro do contrato ou, em alguns casos, redesenho de sua prestação ou extinção prematura).

d) Como especial adendo, considerando a natureza da inovação prevista no MLSEI, vale mencionar o que seja risco tecnológico.

De início, quais seriam as previsões a seu respeito no próprio MLSEI:

1) A contratação a ser entabulada a partir do modal pode ou não comportar risco tecnológico (art. 13, *caput*), o que deverá estar previsto no edital e decorrente da avaliação da Administração Pública na fase de planejamento.

2) No caso do CPSI, através do qual haverá o teste da solução inovadora e, se for necessário, o seu desenvolvimento até que esteja em condições de uma testagem eficiente, o estabelecimento do que fazer no caso da ocorrência do risco tecnológico.

3) Dentre as previsões para essa fase, o MLSEI ainda estabeleceu nos §§4º e 5º as consequências da possibilidade de contratação do fracasso e o pagamento pelo esforço.

O primeiro ponto a ser ressaltado é que, desde a concepção, se tem ciência de que os resultados almejados podem não vir a ocorrer em razão do risco tecnológico, se e quando houver comprovada inviabilidade técnica ou econômica da solução proposta.

É a *certeza da incerteza*.

O segundo ponto a ser ressaltado é que, apesar de incerto, não se deixa de buscar, obstinadamente, os resultados almejados, pois é o norte que orientou a que se contratasse e se fomentasse o mercado na direção das soluções para os problemas estatais.

O terceiro ponto a ser ressaltado é que, por já se pressupor que algo pode não vir a ser atingido, se isso ocorrer a Administração Pública ainda assim poderá vir a remunerar o contratado, desde que tenha havido esforço empreendido.

Nesse sentido, diríamos que melhor do que dizer "possibilidade de contratar o fracasso" seria afirmar "a certeza de contratar o esforço".

Portanto, com exceção das remunerações variáveis de incentivo vinculadas ao cumprimento das metas contratuais, a Administração Pública deverá efetuar o pagamento conforme o critério adotado, ainda que os resultados almejados não sejam atingidos em decorrência do risco tecnológico.

O quarto ponto a ser ressaltado é que, em decorrência das previsões do MLSEI, o gestor/fiscal do contrato deve fazer um acompanhamento muito próximo, ágil e eficiente, de forma que, uma vez detectada a inviabilidade técnica ou econômica da solução, já se providencie a resolução do impasse a partir de um desses caminhos:

> a) prorrogar o contrato (se é uma questão de tempo para que a solução se ultime);
> b) adaptar o contrato (se é uma questão de contemporizar elementos que não ainda viabilizem que a solução se ultime, inclusive com redistribuição de tarefas); ou
> c) extinguir prematuramente o contrato (se realmente não há como remediar e é necessário encerrar a relação).

Para a primeira opção, importante lembrar a posição de Uri Levine, ou seja, "depois de obter alguma tração inicial, comece a ir cada vez mais fundo"[130] e, portanto, o encontro do ponto ótimo pode ser, apenas, uma questão de tempo.

Para a última solução, deve ser contemporizada o quanto antes para que o contrato não siga sendo executado e, ao final, se pague por um esforço que, desde antes, se sabia não ser frutífero, hipótese em que haveria um desperdício de recursos públicos injustificável (e que nem a ideia de fomento faria sustentável).

Como dito por Uri Levine, "uma pivotagem não significa mais um experimento na jornada: envolve reconsiderar a suposição subjacente".[131]

---

[130] LEVINE, Uri. *Apaixone-se pelo problema, não pela solução*: o Waze para todos os empreendedores e profissionais do mundo dos negócios. Porto Alegre: Citadel, 2023. p. 368.

[131] LEVINE, Uri. *Apaixone-se pelo problema, não pela solução*: o Waze para todos os empreendedores e profissionais do mundo dos negócios. Porto Alegre: Citadel, 2023. p. 60.

3.6 Risco, incerteza e fracasso na inovação

3.6.1 Conceito de risco e incerteza em matéria de inovação

Mas o que, efetivamente, se deveria considerar como "risco tecnológico"?[132]

A Lei Federal nº 10.973/04, que dispõe sobre incentivos à inovação e à pesquisa científica e tecnológica no ambiente produtivo, estabeleceu em seu art. 20 que:

> Art. 20. Os órgãos e entidades da Administração Pública, em matéria de interesse público, poderão contratar diretamente ICT, entidades de direito privado sem fins lucrativos ou empresas, isoladamente ou em consórcios, voltadas para atividades de pesquisa e de reconhecida capacitação tecnológica no setor, visando à realização de atividades de pesquisa, desenvolvimento e inovação que envolvam risco tecnológico, para solução de problema técnico específico ou obtenção de produto, serviço ou processo inovador.

Regulamentando esse dispositivo, assim como para estabelecer medidas de incentivo à inovação e à pesquisa científica e tecnológica no ambiente produtivo, com vistas à capacitação tecnológica, ao alcance da autonomia tecnológica e ao desenvolvimento do sistema produtivo nacional e regional, veio o Decreto nº 9.283/18, que, em seu art. 2º, assim definiu:

> Art. 2º. Para os fins do disposto neste Decreto, considera-se:
> III - risco tecnológico - possibilidade de insucesso no desenvolvimento de solução, decorrente de processo em que o resultado é incerto em função do conhecimento técnico-científico insuficiente à época em que se decide pela realização da ação.

---

[132] A propósito, sugerimos conhecer: a) CHIOATO, Tânia Lopes Pimenta; LINS, Maria Paula Beatriz Estellita *apud* RAUEN, André Tortato (org.), *op. cit.*, p. 85; b) BRESSER-PEREIRA, L. C.; SPINK, P. K. (org.). *Reforma do Estado e Administração Pública gerencial*. 7. ed. Rio de Janeiro: FGV, 2006. p. 212; c) FOSS, Maria Carolina; MONTEIRO, Vítor. *Diálogos competitivos motivados pela inovação apud* RAUEN, André Tortato (org.), *op. cit.*, p. 263; d) RAUEN, André Tortato. *Concursos para inovação*: como a licitação na modalidade concurso pode estimular o desenvolvimento e a introdução de soluções no mercado brasileiro *apud* RAUEN, André Tortato (org.), *op. cit.*, p. 447; e) MENDONÇA, Hudson; PORTELA, Bruno Monteiro; MACIEL NETO, Adalberto do Rego. *Contrato público de soluções inovadoras*: racionalidade fundamental e posicionamento no mix de políticas de inovação que atuam pelo lado da demanda *apud* RAUEN, André Tortato (org.), *op. cit.*, p. 467.

Melhor seria que essa fosse a definição de *incerteza*, mas as normas consideraram adequado nominar como *risco*.

Portanto, já temos precedentes normativos que compreendem que, no momento do lançamento do desafio, não se sabe se será possível encontrar uma solução aos problemas propostos.

Há um quadro natural de incertezas nesse tipo de contratação e, por consequência, o risco do insucesso na jornada.

Exemplo típico e atual disso está no desenvolvimento das vacinas para o novo coronavírus.[133]

Não se sabia, ao tempo da encomenda tecnológica que fora realizada, se seria possível, ao final, encontrar vacinas (e se seriam essas ou outros tipos de produtos) que fossem capazes de remediar o quadro pandêmico mundial nem se essas seriam viáveis à utilização humana, muito menos se seria possível desenvolvê-las em tão pouco tempo ou de forma escalonada (dada a emergência de que uma solução viesse em muito menor tempo do que tradicionalmente vinham as vacinas até então conhecidas).

Também não se sabia se serviriam à íntegra dos seres, a todas as idades e condições clínicas, em quais temperaturas de conservação e transporte, validade e logística, custo de fabricação, acesso às matérias-primas importadas imprescindíveis (e pretendidas, ao mesmo tempo, por todos os países), entre outras questões.

O quadro de incertezas era de tal ordem que se podia afirmar ser esse um dos mais clássicos exemplos de risco tecnológico dos tempos atuais.

Nem por isso os países deixaram de realizar as encomendas e hoje se vê que a coragem de inovar valeu milhões de vidas humanas.

O olhar voltado à possibilidade (com foco na solução), e não à dificuldade (com foco no problema), é o *mindset* que se espera do gestor contemporâneo. Ciente, consciente e onipresente quanto aos riscos e incertezas, mas nem por isso omisso ou petrificado.

De qualquer forma, em que pese exista tal risco/incerteza, há uma expectativa de superação e, nesse trilhar, são possíveis e aceitáveis os chamados *erros honestos*.

---

[133] Sugerimos conhecer o seguinte estudo: DANTAS, S. I.; AMARAL, L. F. G.; COSTA, J. C. S. Encomenda tecnológica e transferência de tecnologia da vacina para COVID-19 no Brasil: um estudo de caso do modelo utilizado pela AstraZeneca/Oxford e Fiocruz. *Vigil Sanit Debate*, Rio de Janeiro, v. 10, n. 4, p. 57-68, nov. 2022. DOI: https://doi.org/10.22239/2317-269X.02068. Acesso em: 22 abr. 2024.

Com efeito, na contratação de soluções inovadoras pelo MLSEI, aliada diretamente ao intento do fomento como política pública, está a aceitação do fracasso que da incerteza pode advir, com a possibilidade de pagar pelo fracasso (ou diríamos nós, pelo mero esforço), pressuposto e aceito desde a etapa deflagratória.

Nem por isso se deve entender que o risco é inaceitável.

Pensar de maneira tão pessimista é um limitador de olhares, é pretender uma Administração Pública apegada ao *status quo*, ao formalismo e à tradição, em lugar de se aliar à eficiência como foco e ao resultado como meta e a realidade disruptiva atual.

Com apoio em doutrina:

> Há, por fim, o fator cultural a ser superado. Há uma resistência intrínseca natural a mudanças disruptivas, especialmente em estruturas e instrumentos administrativos consolidados e conhecidos com profundidade por seus operadores. (...)
> Ressalta-se a necessidade de contínuo desenvolvimento da cultura de inovação pública, na qual o controle é apenas um dos atores. Em todos os níveis e esferas de governo, há a necessidade de promover uma visão que vai desde o estímulo à prototipação ou pilotos com aceitação do erro honesto, atrelado a respostas rápidas de contorno até o estudo sobre as ferramentas mais apropriadas para os diferentes objetivos e tipos de contratações, a exemplo de compras em escala, sustentáveis, centralizadas ou de soluções absolutamente inovadoras.[134]

Ainda a doutrina:

> Geralmente se conclui que a mudança nas regras é suficiente para persuadir as pessoas a agir de forma diferente. Os serviços públicos estão muito acostumados a mudanças de políticas; no entanto, usarão instintivamente velhos instrumentos para lidar com essas situações. Mudanças na administração envolvem mudanças nesses instrumentos, uma tarefa muito mais difícil, desestabilizadora e de longa gestação, se comparada com uma mudança de política, por mais complexa que seja.[135]

Portanto, não é o medo administrativo que deve imperar na busca de soluções. É necessário assumir o papel disruptivo e inovar,

---

[134] CHIOATO, Tânia Lopes Pimenta; LINS, Maria Paula Beatriz Estellita *apud* RAUEN, André Tortato (org.), *op. cit.*, p. 85.
[135] BRESSER-PEREIRA, L. C.; SPINK, P. K. (org.), *op. cit.*, p. 212.

mesmo que risco/incerteza exista em não se encontrarem soluções, como planejado.[136]
Mais uma vez lembramos que *não se inova no apego*.

Nem por isso compete ao gestor formular pedidos de solução que sejam vagos, imprecisos, subjetivos, pouco ou mal direcionados, incompletos ou tecnicamente deficientes. Tudo quanto esteja ao alcance do gestor deve ser feito para aumentar as possibilidades de êxito na demanda.

Mesmo que esse não saiba a melhor solução (ou não licitaria nesses moldes), deve saber bem sobre o seu problema e o desafio que ele gera.

O edital deve, nesse sentido, procurar ser o mais preciso possível na descrição da situação-problema que leva ao desafio, bem como quais são as expectativas que procura ver acalentadas pela solução.

Ao mesmo tempo em que manter flancos abertos a que as entidades inovadoras sugiram mais do que o esperado, com flexibilidade para a absorção de soluções sequer imaginadas, assumindo a *serendipidade* como caminho (como aconteceria em um diálogo competitivo ou em um PMI/MIP/PMIS, por exemplo), o gestor deve ter feito bem seu dever de casa, que é conhecer suas necessidades e vicissitudes.

Nesse sentido, como suporte, está a própria norma, como se vê na LINDB a partir da redação dada pela Lei Federal nº 13.655/18:

> Art. 22. Na interpretação de normas sobre gestão pública, serão considerados os obstáculos e as dificuldades reais do gestor e as exigências das políticas públicas a seu cargo, sem prejuízo dos direitos dos administrados.
> §1º. Em decisão sobre regularidade de conduta ou validade de ato, contrato, ajuste, processo ou norma administrativa, serão consideradas as circunstâncias práticas que houverem imposto, limitado ou condicionado a ação do agente.

Em consequência, se erros vierem a ser cometidos, só se responsabilizariam os gestores pelos que se caracterizarem como "grosseiros" (Art. 28 da LINDB), evitáveis ao homem ordinário (segundo dicção do TCU), que podem ser evitados com a construção de desafios estruturados, como posto retro.

---

[136] Kierkegaard, citado por José Renato Nalini: "Atrever-se, assumir riscos, é perder o pé momentaneamente. Não se arriscar é perder a si próprio para sempre" (NALINI, José Renato. *A rebelião da toga*. Campinas: Millenium, 2006. p. 286).

A doutrina vai também auxiliar nessa abordagem, a exemplo das seguintes passagens:

a) A incerteza do objeto contratado, natural do processo inovativo, deve ser entendida como parte da instrumentalização da compra pública para inovação;[137]
b) Por serem desenhados a partir de problemas concretos e não de soluções pré-determinadas, os CIs podem encontrar soluções a partir de rotas tecnológicas não inicialmente previstas. Tais rotas podem ser exploradas por competidores não usuais que apresentam propostas inesperadas, sob o ponto de vista do demandante, para a solução do problema;[138]
c) Mas quando estamos falando de inovações, ou tentativas de inovar, o fracasso é um fator aceitável e muitas vezes até comum. Não é por acaso a existência do popular adágio "failure is the mother of innovation" (...). O processo inovativo pressupõe a exploração do terreno da incerteza e do desconhecimento. E a única forma de descobrir se uma solução vai funcionar ou não é experimentando. Cada teste e cada fracasso é uma fonte inestimável de informação, porque permite conhecer o que deu errado e o que deu certo. A partir de cada experimento, podem-se fazer ajustes e avançar na busca pela solução mais adequada;[139]
d) Se, por um lado, toda aquisição pública possui risco (cambiais, de atrasos, legais etc.), é comum que compras de inovação envolvam, além do risco, a incerteza. Essa incerteza, portanto, existe nas fases de pesquisa, desenvolvimento, prototipagem e escalonamento, mas não após a introdução da inovação no mercado. Isso porque, em tese, a tecnologia já seria conhecida. Após a introdução da inovação, a incerteza (risco tecnológico) dá lugar a um risco de mercado derivado da novidade;[140]
e) Extrai-se, portanto, que, para afastar sua responsabilização em relação às falhas próprias de ambientes de incerteza, cabe ao gestor conduzir a contratação de modo diligente e transparente, documentando o processo e as decisões tomadas. Desse modo, deve ser suficiente que ele demonstre que fez o que estava ao seu alcance e agiu de boa-fé, conforme o mandato

---

[137] FOSS, Maria Carolina; MONTEIRO, Vítor. *Diálogos competitivos motivados pela inovação apud* RAUEN, André Tortato (org.), *op. cit.*, p. 263.
[138] RAUEN, André Tortato. *Concursos para inovação*: como a licitação na modalidade concurso pode estimular o desenvolvimento e a introdução de soluções no mercado brasileiro *apud* RAUEN, André Tortato (org.), *op. cit.*, p. 447.
[139] MENDONÇA, Hudson; PORTELA, Bruno Monteiro; MACIEL NETO, Adalberto do Rego. *Contrato público de soluções inovadoras*: racionalidade fundamental e posicionamento no mix de políticas de inovação que atuam pelo lado da demanda *apud* RAUEN, André Tortato (org.). *op. cit.*, p. 467.
[140] RAUEN, André Tortato. *Compras públicas para inovação no Brasil*: o poder da demanda pública *apud* RAUEN, André Tortato (org.), *op. cit.*, p. 22.

de seu cargo e a legislação vigente, para obter os melhores resultados possíveis na condução de uma compra pública para inovação;[141]
f) Toda aquisição pública possui riscos. Nas compras de inovação, além dos riscos comuns às contratações, pode existir incerteza. Os riscos podem ser gerenciados diretamente e, até certo ponto, antevistos e mitigados. Já a incerteza não, pois é inerente ao desconhecido e às soluções com algum grau de inovação. A melhor forma de reduzir seus efeitos é por meio de uma adequada gestão profissional e da qualificação dos gestores envolvidos nos projetos inovadores. Assim, um dos maiores desafios a ser enfrentado e superado pelos órgãos de controle com vistas a garantir a fluidez de iniciativas em compras de inovação é o reconhecimento de que há maior risco intrínseco a essas contratações, seja pelo ineditismo da iniciativa, seja pela indisponibilidade do bem ou serviço no mercado nacional. Essa situação demandará percorrer etapas incomuns às contratações ordinárias e próprias do processo de criação ou incremento, como ideação, prototipagem e experimentação ao longo da execução contratual, sendo, portanto, mais suscetíveis a falhas, que devem ser, na medida do possível, mitigadas, aceitas ou contornadas, a depender de sua criticidade, por um consistente gerenciamento de riscos. A ocorrência de disfunções no desenrolar de quaisquer atividades é humana e inerente ao ato de fazer (...). Esse aspecto da falibilidade humana é, naturalmente, mais presente no percurso de novos caminhos, próprios da inovação, razão pela qual o gerenciamento de riscos ganha relevo para o alcance dos resultados das contratações;[142]
g) Tomados os devidos cuidados aqui explicitados, é preciso reforçar novamente que não existe inovação sem fracasso. Obviamente nem todo fracasso é aceitável, mas apenas o insucesso derivado do risco e da incerteza do processo inovativo, que provém, por sua vez, do ineditismo da solução. Mesmo em aquisições de objetos complexos, não devem ser tolerados insucessos decorrentes da má gestão de riscos ou de decisões tomadas sem embasamento técnico, refletidas em uma instrução processual simplista e lacunosa. Na presença de risco e incerteza, assume-se a possibilidade de fracasso, mas faz-se todo o possível para que ele não ocorra e registra-se adequadamente cada evento que possa impactar o resultado, assim como as medidas tempestivamente adotadas para tentar contorná-lo. Aceitar a possibilidade de fracassar não é o mesmo que tolerar qualquer erro e resultado insatisfatório sem que sejam empreendidos todos os esforços necessários para o atingimento dos objetivos. Haja vista isso, motivação processual, capacitação e

---

[141] CHIOATO, Tânia Lopes Pimenta; LINS, Maria Paula Beatriz Estellita *apud* RAUEN, André Tortato (org.), *op. cit.*, p. 87.
[142] CHIOATO, Tânia Lopes Pimenta; LINS, Maria Paula Beatriz Estellita *apud* RAUEN, André Tortato (org.), *op. cit.*, p. 99.

gestão profissional, com reconhecimento da imperfeição da informação disponível, são elementos essenciais para permitir uma correta gestão da compra pública para inovação e tolerar eventual ocorrência de fracasso. Cabe ao controle, mais uma vez, estar atento a esses elementos.[143]

Nem por isso, na esteira do que trouxemos no tópico anterior, se deixará de pagar pelo esforço.

3.6.2 O que significa o poder de contratar o fracasso?

Para além da advertência já feita anteriormente, sobre o poder de contratar o esforço, é possível dialogarmos sobre a possibilidade de vir a ser contratado algo que redunde em fracasso para integrar o *mindset* da Administração Pública.

São camadas distintas de instabilidade e incerteza.

A primeira delas está na própria *assimetria de informações* entre a Administração Pública e o mercado, fazendo com que essa não saiba exatamente o que está em desenvolvimento ou a desenvolver e, portanto, não pode afirmar de antemão que os resultados serão obtidos a partir de uma solução desconhecida.

Não bastasse, essa mesma Administração Pública sequer pode afirmar que a solução que advier será capaz de resolver os problemas propostos tal qual se apresentam, o que seria um trabalho de clarividência.

A segunda delas está na própria *vicissitude do empreendedorismo*, pois estamos cientes que *startups* e empreendedores têm, *de per se*, o desafio de se manterem ativos e capazes de alcançar e escalar resultados, cujo fomento estatal auxiliará para remediar as estatísticas e situações concretas.

A terceira delas está na própria *incerteza e risco tecnológicos*, pois as soluções podem não ser momentaneamente alcançáveis, a depender de que, com o tempo e a evolução tecnológica, se possa chegar até o sucesso.

---

[143] CHIOATO, Tânia Lopes Pimenta; LINS, Maria Paula Beatriz Estellita *apud* RAUEN, André Tortato (org.), *op. cit.*, p. 106.

Mas os esforços empreendidos para chegar até lá são indenizáveis, mesmo que, em um recorte histórico, ainda os chamemos de "erros" honestos.[144]

O importante é compreender o papel significativo da Administração Pública na geração de novas soluções tecnológicas, capazes de resolver problemas e desafios substanciais, usando o poder de compra do Estado.

Não fosse o empenho estatal na busca de novas respostas não teríamos, por exemplo, chegado à internet, à navegação por satélite, à telefonia celular na tecnologia GSM, entre outros que, mundo afora, partiram de patrocínios ou encomendas públicas.

Mesmo nos projetos em que houve fracasso momentâneo, houve esforço louvável ou itens a partir dos quais outros desenvolvimentos vieram (ou poderão vir) a se constituir no futuro.

Por isso é tão importante, na esteira do que ponderamos quando dos eixos estruturantes do *mindset*, que haja um compromisso com a mudança e que estejamos preparados para romper as barreiras do medo da inovação.

---

[144] A propósito, sugerimos conhecer: a) CHIOATO, Tânia Lopes Pimenta; LINS, Maria Paula Beatriz Estellita, *op. cit.*, p. 85; b) BRESSER-PEREIRA, L. C.; SPINK, P. K. (org.). *Reforma do Estado e Administração Pública gerencial*. 7. ed. Rio de Janeiro: FGV, 2006. p. 212; c) FOSS, Maria Carolina; MONTEIRO, Vítor. *Diálogos competitivos motivados pela inovação, op. cit.*, p. 263; d) RAUEN, André Tortato. *Concursos para inovação*: como a licitação na modalidade concurso pode estimular o desenvolvimento e a introdução de soluções no mercado brasileiro, *op. cit.*, p. 447; e) MENDONÇA, Hudson; PORTELA, Bruno Monteiro; MACIEL NETO, Adalberto do Rego. *Contrato público de soluções inovadoras*: racionalidade fundamental e posicionamento no mix de políticas de inovação que atuam pelo lado da demanda, *op. cit.*, p. 467.

CAPÍTULO 4

AS CONTRATAÇÕES DE INOVAÇÃO PELA ADMINISTRAÇÃO PÚBLICA À LUZ DA LEI COMPLEMENTAR Nº 182/2021 E DA LEI Nº 14.133/2021

TATIANA CAMARÃO (ITENS 4.1 A 4.5, 4.7 A 4.8)
HENRIQUE CAMPOLINA (ITEM 4.6)

4.1 A governança das contratações como fio condutor da utilização do novo modal

Um dos principais objetivos da governança na Administração Pública é a melhoria dos processos e gestão das suas contratações.

Nesse sentido, seu papel é alinhar políticas e estratégias de gestão das aquisições às prioridades do negócio da organização em prol da excelência e de resultados positivos para os cofres públicos.

Por outro lado, a boa governança também assegura a utilização eficiente de recursos, otimiza a disponibilidade e o desempenho dos objetos adquiridos, mitiga riscos nas aquisições, auxilia na tomada de decisão nessa matéria e busca garantir o cumprimento dos papéis e das responsabilidades dos envolvidos, gerando transparência ao processo das aquisições.[145]

---

[145] BRASIL. Tribunal de Contas da União. Acórdão nº 2.622/2015. Plenário, Relator Ministro Augusto Nardes, j. 21/10/2015.

Contudo e não menos importante, é preciso lembrar que a fragilidade da governança nas contratações ainda é realidade na maioria dos órgãos públicos e entidades, e os novos regulamentos se direcionam a prever práticas de liderança, estratégia e controle com o propósito de incrementar o desempenho das organizações e atender os objetivos das licitações.[146]

Seria oportuno chamar à atenção: para que seja efetiva essa orientação, é essencial que as práticas de liderança sejam observadas.

A propósito, o mecanismo da liderança implica no conjunto de condições mínimas para o exercício da governança, a partir da premissa de que, para o alcance dos referenciais esperados pela organização, os responsáveis pela alta administração nos órgãos e entidades públicas, assim como os profissionais que ocupam as principais posições da área de contratação, sejam probos, capacitados, competentes, responsáveis, motivados, familiarizados com as contratações públicas[147] e inovadores.

Nesse diapasão, quando tratamos de inovações é preciso que as organizações plasmem seus servidores a professarem as ideias de mudanças e melhorias, demandando que o material humano das organizações seja familiarizado com as novas tecnologias e tenha conhecimento, habilidade e atitude de assumir novos desafios e arranjos.

Para além disso, os procedimentos a serem estruturados nas organizações para contratação de novos modais devem se ater às medidas de integridade a serem observadas na relação com as empresas; à gestão por competência e à matriz de responsabilidade; à segregação de funções; e ao plano de capacitação e comunicação.

Por seu turno, o mecanismo da estratégia, dentro da mesma ótica de obtenção, por meio da contratação de novos arranjos, de melhores resultados para as organizações, compreende ter uma definição clara de diretrizes, objetivos, planos e ações com critérios de priorização que respeitem o alinhamento entre os interesses estratégicos das organizações e os das partes interessadas.[148]

---

[146] BRITO, Isabella. *Governança em contratações públicas*: a transformação passa pelos meios. Disponível em: http://www.licitacaoecontrato.com.br/assets/artigos/artigo_download_62.pdf.

[147] SILVA, Daniele Macedo da; BALASSIANO, Moisés (orientador). *A sustentabilidade fiscal de um plano de carreiras no setor público*: o caso do Tribunal de Contas do Estado do Rio de Janeiro. 2008. 107 f. Dissertação (Mestrado em Administração). Fundação Getulio Vargas. Escola Brasileira de Administração Pública, Rio de Janeiro, 2008.

[148] Art. 5º do Decreto nº 9.203, de 2017.

Sob a ótica da boa governança, é de extrema importância ter um planejamento estratégico estruturado, exequível, de fácil monitoramento e com previsão de novos modais e de contratação de tecnologias inovadoras.

Vale lembrar ainda, no que diz respeito às estratégicas nas organizações, que devem ser consideradas outras ações com fins de aprimoramento dos processos de contratações públicas: o Plano de Logística Sustentável (PLS), o Plano Estratégico de Tecnologia da Informação e Comunicação, o Plano Diretor de Tecnologia da Informação e Comunicação, o Plano de Contratações de Tecnologia da Informação e Comunicação, o Plano de Contratações Anual (PCA), entre outros.

Planificação importante ainda a ser considerada no planejamento estratégico e que impacta a adoção de novos procedimentos diz respeito à edição de políticas e diretrizes para o aperfeiçoamento da interlocução do órgão público com o mercado.

Essa interação se propõe a reduzir as assimetrias informacionais, entender o papel dos fornecedores, facilitar a sua participação nos processos licitatórios por meio dos canais de comunicação e de consultas públicas,[149] implementar padrões de integridade, assegurar relações ético-negociais e promover ações que permitam a compreensão das peculiaridades normativas que regem o negócio.

Registra-se que o fornecedor deve ser tratado como aliado estratégico na relação negocial e poderá contribuir para melhoria da *performance* das contratações.

Outra prática do mecanismo da estratégia que deve ser adotada na implementação do novo modal refere-se à estruturação de processos de trabalho, os quais são específicos, conforme lei especial ou regulamentos que tratam das contratações inovadoras.

É como uma viagem que, para ser boa, sem intercorrências, demanda conhecimento da rota ou ter-se um mapa que orienta o caminho a ser trilhado, do início ao destino.

Dito de outro modo, entender o percurso da viagem é útil, sob pena de correr o risco de despender mais tempo que o necessário ou, mesmo, não concluir o itinerário.

A analogia acima é pertinente no âmbito das contratações públicas: conhecer o caminho e as etapas do processo para entregar a melhor solução para a demanda é vital para as organizações.

---

[149] Nesse sentido, cite-se como boa prática o procedimento previsto no art. 21 da Lei nº 14.133/21.

Sem esse conhecimento, essa orientação, é grande e certo o risco de instaurar-se um distúrbio sistêmico de desencontro de rotas, impactando negativamente nos resultados a serem alcançados e aumentando o custo transacional.

Um dos pontos mais importantes para fixação das atribuições, competências e prazos para práticas dos atos necessários à adoção dos novos modais é a elaboração e implementação do portfólio de processos de contratações.[150] Algumas organizações sofrem com a falta de processos de contratação alinhados e sistematizados.

Portanto, é essencial definir os atos que deverão ser praticados, os atores que movimentarão essa engrenagem e os documentos a serem produzidos nos procedimentos auxiliar e de contratação do diálogo competitivo e no processo de contratação de *startups* e empreendedores.

Caso a tramitação do processo e a matriz de responsabilidade não sejam implementadas e padronizadas na organização, o fluxo de documentos fica desbussolado, o retrabalho torna-se regra e o desperdício de tempo, recursos e horas técnicas dos servidores e colaboradores resulta em prática comum.

Em suma, a estratégia de inovar por meio de novos modais seria comprometida e prejudicada.

Resta evidente, portanto, que os planos e processos implantados auxiliarão na direção, administração e monitoramento das ações e atividades das contratações por meio de procedimentos inovadores, facilitando o alcance dos objetivos das organizações.

Terceiro e último mecanismo da governança, o controle trata das estruturas que possibilitam o acompanhamento das ações, a transparência, a *accountability*, o rastreamento das impressões e a tempestiva correção dos problemas.

Por tudo e em tudo, claro está que a importância da governança e suas práticas são premissas basilares para o êxito da inovação nas contratações por meio da adoção de novos modais.

---

[150] O art. 28 da Lei nº 14.133/21 prevê as seguintes modalidades licitatórias: pregão, concorrência, concurso, leilão e diálogo competitivo. De outra banda, os arts. 72 e 74 do mesmo diploma legal prescrevem as hipóteses de contratação direta por dispensa e inexigibilidade. O art. 78 estabelece os procedimentos auxiliares. Todos esses procedimentos devem ter seus processos de trabalho desenhados e publicados.

4.2 Repercussões de admitir a inovação como propósito nas contratações públicas

O incentivo à inovação para promoção da melhoria da gestão em todos os órgãos e entidades públicas está previsto em vários normativos, inclusive no art. 11, inc. IV, da Lei nº 14.133/21, o qual determina essa premissa como objetivo a ser atendido em todas as contratações.

A inovação é, também, uma diretriz do Poder Judiciário, consoante às disposições trazidas pela Resolução nº 325/20 (Estratégia Nacional do Poder Judiciário 2021-2026) e Resolução nº 395/21 (Política de Gestão da Inovação no âmbito do Poder Judiciário), ambas do CNJ e com o propósito de aprimorar as atividades dos órgãos judiciários por meio da difusão da cultura da inovação e a partir da modernização de métodos e técnicas de desenvolvimento do serviço judiciário.

Do mesmo modo, o MLSEI define como aspecto-chave para o empreendedorismo inovador o incentivo à Administração Pública para contratação de soluções inovadoras elaboradas ou desenvolvidas por *startups* e empreendedores, fazendo reconhecer o papel do Estado no fomento à inovação e às potenciais oportunidades de economicidade, benefício e resolução de problemas públicos com soluções inovadoras.

Dessa feita, deve-se prestigiar o emprego de tecnologia nesses casos.[151]

Pelo exposto, fica claro que há uma preocupação cada vez mais frequente do Poder Público de conferir vivacidade à inovação nas contratações públicas, pois essa diretriz atua como motor de aperfeiçoamento dos procedimentos clássicos e na melhoria das entregas.

Sair do piloto automático e implementar mudanças nas contratações é crucial para o melhor desempenho das organizações na obtenção de seus resultados.

Oportuno asseverar-se que temos dois eixos de ações que podem impactar positivamente a eficiência, eficácia e efetividade do fator inovação nas contratações.

O primeiro aborda as contratações inovadoras, que têm o objetivo de revisar os processos de trabalho e reestruturar a engrenagem das licitações voltadas à eficiência e a saldos satisfatórios.

---

[151] Art. 12, inc. I, do MLSEI.

Essa erosão natural dos procedimentos triviais exige aceitação e acessibilidade de novos ritos, mais atuais, modernos e adequados ao mercado.

O segundo refere-se a compras de inovação, que reconhecem a falta de qualidade e conformidade das entregas de acordo com a necessidade do órgão.

Comumente, esse problema decorre da utilização de métodos tradicionais de contratação, os quais não conseguem responder às novas demandas de contratação, como de tecnologia da informação e investimentos na inteligência artificial, e geram margens para o imprevisto.

Explicando melhor, esse crescimento exponencial de demandas de novas tecnologias para contribuir com o desenvolvimento do país e da sociedade é destacado na Lei do Governo Digital, a qual preceitua como diretriz a promoção do desenvolvimento tecnológico e da inovação no setor público[152] e "fornece ao gestor público ferramentas relevantes para investir recursos para encontrar soluções e facilitar a compra de novas tecnologias por parte da Administração Pública".

"A legislação determina que a Administração Pública as utilizará para a gestão de suas políticas finalísticas e administrativas e para o trâmite de processos administrativos eletrônicos."[153]

Nesse passo, novos modais deverão ser implementados para contratação de serviços de soluções tecnológicas para as organizações públicas, que os utilizarão para prestar um serviço público mais eficiente.

Na Jornada de Compras Públicas de Inovação, o TCU ressaltou que os processos de compras públicas de inovação diferem dos de compras convencionais estáticas por terem como objeto um novo produto ou serviço especialmente desenhado para atender a necessidades sociais ou públicas ou ao esforço de pesquisa e desenvolvimento de um novo produto ou serviço.

Sob essa ótica, o TCU destaca os seguintes aspectos relevantes das contratações de inovação:[154]

---

[152] Art. 3º, inc. XXVI, da Lei nº 14.129/2021.

[153] BELICE, Afonso Códolo (coord.). Marco Legal das *Startups*: Compras Públicas e o Marco Legal das *Startups*: a nova modalidade de contratação de soluções inovadoras pelo Estado. São Paulo: Revista dos Tribunais, p. 35.

[154] BRASIL. Tribunal de Contas da União. *Jornada de compras públicas de inovação*. Brasília: TCU, Instituto Serzedello Correa, 2022. Disponível em: https://portal.tcu.gov.br/data/files/CF/47/FE/D5/BC3348102DFE0FF7F18818A8/Jornada%20de%20Compras%20Publicas%20de%20Inovacao.pdf. Acesso em: 1º fev. 2024.

De acordo com Gabriela Pércio:[155]

> Conformar-se com a falta de caminho legal explícito para a contratação de soluções indisponíveis no mercado, voltadas para o atendimento de necessidades específicas e peculiares, não é uma opção para a Administração Pública atual, orientada pela busca de resultados. É dever do gestor público buscar a solução para problemas que interferem na eficiência e na eficácia da atuação administrativa, provocando o mercado para a oferta de soluções ou valendo-se, de forma inédita, de soluções já disponíveis, com as necessárias adaptações. É preciso identificar soluções que permitam à Administração Pública continuar gerando valor à sociedade e cumprindo satisfatoriamente seu papel.

Portanto, em síntese, a contratação inovadora e as compras de inovação visam melhorar a *performance* das organizações públicas, razão pela qual há a necessidade de implementar-se uma estratégia

---

[155] PÉRCIO, Gabriela; FORTINI, Cristiana (coord.). *Inteligência e inovação em contratação pública*. Belo Horizonte: Fórum, 2023. p. 19.

corporativa de inovação e reestruturar um novo tipo de gestão adaptada a esse contexto.

4.3 O que é *startup*?

O tema *startup* ganhou repercussão nacional e internacional, pois seu modelo de gestão permite inspirar e viabilizar soluções viáveis para atender a demandas diversas, especialmente quando se tratar de demanda por inovação.

Por essa e outras razões, há um vasto número de conceitos que tratam do tema e descrevem a sua lógica.

De acordo com Eric Ries, *startup* é uma instituição humana projetada para criar um novo produto ou serviço sob condições de incerteza extrema[156] e, por isso, demanda um tipo de gestão adaptada ao contexto de risco.

Márcio André Lopes, por sua vez, registra que as *startups* se caracterizam por desenvolver suas inovações em condições de incerteza que requerem experimentos e validações.[157]

Sob a ótica de um conceito mais prático, Oséias Gomes explica que *startup*:

> Nada mais é do que um modelo de empresa que veio para renovar o mercado e a maneira de se trabalhar com uma visão e organização horizontalizadas, na qual a genialidade assume o protagonismo. É um empreendimento que possui grande potencial de crescimento por apostar em oportunidades inovadoras que, por isso, muitos associam as *startups* a empreendimentos tecnológicos ou de desenvolvimento digital (...) Mas, atualmente, as *startups* também podem ser empresas que oferecem soluções a outras empresas, ou seja, apresentam produtos ou serviços que disponibilizam facilidades e genialidades ao mercado ou ao modelo tradicional de negócios.[158]

---

[156] RIES, Eric. *A startup enxuta*. Rio de Janeiro: Sextante, 2019. p. 17.
[157] CAVALCANTE, Márcio André Lopes. Breves comentários à LC 167/2019 que instituiu o Inova Simples. *Revista Dizer o Direito*. Disponível em: https://www.dizerodireito.com.br/2019/04/breves-comentarios-lc-1672019-que.html. Acesso em: 1º fev. 2023.
[158] GOMES, Oseas. *Negócio Escalável*: Como transformar sua ideia em uma *startup* bem-sucedida. São Paulo: Ed. Gente, 2022. p. 73.

O mesmo autor destaca que as *startups* têm funcionado como empreendimento auxiliador de todos os demais segmentos, gerando facilidade, aumento de riqueza e inclusão social:

> A maioria das *startups* surge com o intuito de auxiliar a inovação de empresas tidas como tradicionais, sendo uma espécie de coadjuvante no *core business*, sem roubar o protagonismo da empresa a que serve.

Por fim, para João Kepler *startups* são empresas com o objetivo de transformar o mundo em que vivemos e encontrar soluções melhores utilizando uma base tecnológica para problemas existentes ou ainda nem existentes em alta velocidade e muita valorização.[159]

É perceptível, portanto, que *startup* é uma organização que integra o ecossistema de inovação e atua em condições de incerteza, assumindo o risco como parte do processo de experimentação de criar-se uma nova solução que, sendo validada, pode impactar positivamente a *performance* da organização e o atendimento de demandas da sociedade.

4.3.1 Conceito de *startup* no novo marco legal

O MLSEI traz condições especiais de contratação das *startups* a fim de estimular esse ambiente de negócios e o empreendedorismo inovador.

Com efeito, esse diploma legal também informa os requisitos que determinam o enquadramento ou não de empresas nesse regime mais favorável.

Conforme o dispositivo legal, são categorizadas como *startups* as organizações empresariais ou societárias, nascentes ou em operação recente, cuja atuação caracteriza-se pela inovação aplicada a tipos de negócios ou a produtos ou serviços ofertados.

Pode-se citar como exemplos os tipos societários ou natureza jurídica de empresas, como empresário individual, empresa individual de responsabilidade limitada, sociedades empresárias, sociedades cooperativas e sociedades simples, desde que ajustadas aos seguintes parâmetros:

---

[159] KEPLER, João. *O poder do equity*: como investir em negócios inovadores, escaláveis e exponenciais e se tornar um investidor-anjo. 1ª ed. São Paulo: 2021. p. 89.

a) empresa com receita bruta de até R$ 16.000.000,00 (dezesseis milhões de reais) no ano-calendário anterior ou de R$ 1.333.334,00 (um milhão, trezentos e trinta e três mil trezentos e trinta e quatro reais) multiplicado pelo número de meses de atividade no ano-calendário anterior, quando inferior a 12 (doze) meses, independentemente da forma societária adotada;
b) empresa com até 10 (dez) anos de inscrição no Cadastro Nacional de Pessoa Jurídica (CNPJ) da Secretaria Especial da Receita Federal do Brasil do Ministério da Economia.

O enquadramento na categoria de empresas com até 10 anos de inscrição no Cadastro Nacional de Pessoa Jurídica (CNPJ) observa os fatores:

I - para as empresas decorrentes de incorporação, será considerado o tempo de inscrição da empresa incorporadora;
II - para as empresas decorrentes de fusão, será considerado o maior tempo de inscrição entre as empresas fundidas; e
III - para as empresas decorrentes de cisão, será considerado o tempo de inscrição da empresa cindida, na hipótese de criação de nova sociedade, ou da empresa que a absorver, na hipótese de transferência de patrimônio para a empresa existente.

Essas empresas devem, ainda, atender, no mínimo, a um dos seguintes requisitos:

a) declaração em seu ato constitutivo ou alterador de utilização de modelos de negócios inovadores para a geração de produtos ou serviços, nos termos do inc. IV do *caput* do Art. 2º da Lei nº 10.973/04; ou
b) enquadramento no regime especial Inova Simples, nos termos do Art. 65-A da Lei Complementar nº 123/06.

Nesse último caso, as duas hipóteses oferecidas pelo MLSEI como condição de participação ficam condicionadas à autodeclaração de que são inovadoras, sendo sempre possível, para coibir fraudes, a contestação posterior pelo órgão ou entidade contratante em caso de falsidade da declaração.[160]

Como pode-se observar, há, como substrato subjacente ao MLSEI, a opção por delimitar os benefícios da lei a certo grupo de *startups* e,

---

[160] MATIAS, Eduardo Felipe P. (coord.). *Marco Legal das Startups*. Fomentando Ecossistemas de empreendedorismo inovador: lições internacionais e o Marco Legal das *Startups* brasileiro. São Paulo: Revista dos Tribunais, p. 35.

assim, temos os seguintes critérios: o tamanho e a idade da *startup* (critérios objetivos) e a característica de inovação (critério subjetivo).

Também se nota que a evolução legislativa brasileira acompanhou a tendência mundial de reconhecimento da importância da inovação e da necessidade de incentivos aos ecossistemas desse mercado inovador.

Todavia, o MLSEI restringe sua aplicação às *startups* que tenham menos de dez anos de criação e receita bruta determinada (na atual redação).

Essas restrições são reflexos dos princípios e diretrizes estabelecidos no bojo da criação da lei.

Como dito, o legislador buscou meios de fomentar o crescimento desse ramo de negócios e trazer maior segurança jurídica para as relações de investimento, contratação e experimentação.

Nesse aspecto, cabe obtemperar que o ambiente de experimentação é inerente à atividade da inovação; portanto, sua limitação às empresas nascentes retira das *startups* com mais tempo de criação a possibilidade de utilizar as benesses da lei para o desenvolvimento de novas ideias que poderiam ampliar e aprimorar os negócios e processos de trabalho já existentes no mercado.

4.3.2 Conceito de *startup* para outros instrumentos

Em função da relevância da temática, o conceito de *startup* encontra-se presente em alguns normativos mais recentes.

Vejamos, a Lei nº 14.133/21, no art. 81, §4º, definiu como *startup* os microempreendedores individuais, as microempresas e as empresas de pequeno porte, de natureza emergente e com grande potencial, que se dedicam à pesquisa, ao desenvolvimento e à implementação de novos produtos ou serviços baseados em soluções tecnológicas inovadoras que possam causar alto impacto, sendo exigida, na seleção definitiva da inovação, validação prévia fundamentada em métricas objetivas, de modo a demonstrar o atendimento das necessidades da Administração.

É certo, pois, que há uma singela diferença entre o conceito de *startup* do MLSEI e da Lei nº 14.133/21, que reside na constituição empresarial e atuação.

O MLSEI compreende como *startup* as organizações empresariais ou societárias, nascentes ou em operação recente, cuja atuação caracteriza-se pela inovação aplicada a modelos de negócio ou a produtos ou serviços ofertados.

Por sua vez, a Lei Complementar nº 167/19[161] prevê, no art. 65, a *startup* como empresa de caráter inovador que visa aperfeiçoar sistemas, métodos ou modelos de negócio, de produção, de serviços ou de produtos, os quais, quando já existentes, caracterizam *startups* de natureza incremental ou, quando relacionados à criação de algo totalmente novo, caracterizam *startups* de natureza disruptiva.

Esse conceito também tem viés diferenciado do MLSEI, pois se apoia na definição de inovação incremental ou disruptiva.

4.3.3 Quem pode participar das licitações no novo marco legal?

A questão da participação nas licitações regidas pelo MLSEI consegue despertar um bom debate.

De início, convém noticiar, como já descrito, que o MLSEI é intencionado ao empreendedorismo e às *startups*, inclusive prevendo privilégios de contratação simplificada, e fixa quais as exigências para sua qualificação nesse paradigma.

Com isso, têm-se testemunhado entendimentos de que a licitação está restrita a essa categoria de empresas por se tratar de procedimento especial, com privilégios que não se fazem presentes no processo ordinário de contratação, devendo ser exigido dos participantes o cumprimento dos requisitos previstos no art. 1º do MLSEI.

Ocorre que essa orientação tem sido combatida com veemência por vários doutrinadores, os quais afirmam que a disciplina da licitação e contratações de soluções inovadoras não se restringe a *startups*.

A fundamentação para esse relativismo de participação pauta-se na redação do art. 13 do MLSEI, a qual autoriza a Administração Pública a contratar pessoas físicas ou jurídicas, isoladamente ou em consórcio, com objetivo de testar soluções inovadoras por elas desenvolvidas.

De acordo com essa corrente, se há previsão de participação de pessoa física, por si só desmonta-se a tese de aceitação restritiva às *startups*.

Lado outro, quando se fixa o acolhimento de pessoas jurídicas, não se delimita quais exigências devem ser atendidas, criando um ambiente propício e fértil de ampla participação.

---

[161] Dispõe sobre a Empresa Simples de Crédito (ESC) e altera a Lei nº 9.613/98 (Lei de Lavagem de Dinheiro), a Lei nº 9.249/95 e a Lei Complementar nº 123/06 (Lei do Simples Nacional) para regulamentar a ESC e instituir o Inova Simples.

Dessa feita, resta evidente que o MLSEI não é de utilização apenas por *startups*, mas também por entidades empreendedoras, podendo a licitação se dirigir a pessoas físicas ou jurídicas, isoladas ou em consórcio, atendendo à redação do *caput* do art. 13.

Na defesa dessa linha de raciocínio, importa destacar que as *startups*, que até então não haviam tido o substrato legal para a defesa de seus interesses e características próprios, como proposto no MLSEI (com aumento gradativo de acolhimento na legislação dos últimos anos), não necessariamente documentaram junto a seus contratos sociais a referência ao seu modelo de negócio.

Dessa forma, denota-se que uma interpretação ampliativa é bem-vinda a fim de acolher o maior número de interessados.

4.4 Qual o objetivo de contratar a partir do novo modal?

A contratação de solução inovadora desenvolvida pelas *startups* e empreendedores oferece várias vantagens para a Administração.

Uma delas é a possibilidade que o órgão contratante tem de dispensar a elaboração dos documentos da fase preparatória da licitação.

Ora, é consabido que um dos pontos mais sensíveis das contratações reside, exatamente, nessa etapa de promover os estudos preparatórios para definição da demanda viável.

Com isso, deve-se ter em conta que a opção por apresentar apenas o problema é uma alternativa para resolver esse gargalo paralisante dos processos de contratação, em especial nos casos de aquisição e prestação de serviços na área de tecnologia da informação (TI).

Outro proveito desse novo modal de contratação é que a solução já existente no mercado passará pela verificação e avaliação, por meio da adoção de metodologia de testagem.

De acordo com Renato Mendes,[162] é fundamental, quando ocorre a contratação indireta dessa solução, ser feita a análise formal e/ou material do objeto com o propósito de verificar a compatibilidade da solução ofertada pelo particular com aquela definida para atender à necessidade da Administração.

---

[162] ZÊNITE. Núcleo de Pesquisa e Desenvolvimento. Apontamentos sobre a exigência e a análise da amostra nos processos de contratação pública. *Revista Zênite – Informativo de Licitações e Contratos (ILC)*, Curitiba, Zênite, n. 244, p. 580-584, jun. 2014.

> Na análise formal ou intangível, ocorre a comparação entre a descrição do objeto definido pela Administração e a descrição constante na proposta, ou seja, não há verificação física do objeto, apenas a comparação entre as descrições. Essa análise perceptiva deve ocorrer em todas as contratações realizadas pela Administração, sejam as processadas por meio de licitação, dispensa ou inexigibilidade.

De outra banda:

> A análise material ou tangível ocorre após a análise formal e, como a própria expressão sugere, trata-se de análise do objeto propriamente dito. Essa análise difere da formal porque analisa a compatibilidade física entre a solução definida pela Administração e o objeto ofertado pelo particular, a fim de atenuar o risco envolvido na contratação.

Aliado a isso, é conveniente para a Administração Pública que as áreas demandantes tenham mais liberdade e recebam várias sugestões de soluções que não foram pensadas ou prospectadas e que podem oferecer melhores resultados para o problema apresentado.

Como diz Albert Einstein, "nenhum problema pode ser resolvido pelo mesmo estado de consciência que o criou".

Não é possível menosprezar essa possibilidade de interagir com o mercado. Conhecer novos produtos mitiga a assimetria de informações e a seleção adversa com que sofrem os órgãos em suas contratações e que tem gerado prejuízo passivo incalculável.

Nesse sentido são as palavras de Bradson Camelo, Marcos Nóbrega e Ronny Charles:

> A licitação é um mecanismo de revelação de informações, que bem desenhado pode fazer com que as informações reveladas beneficiem o Poder Público licitante, mas que mal desenhadas pode tolher a eficiência do processo e, por conseguinte, o resultado pretendido com o certame público.[163]

Outra situação que desponta é a vantagem de receber as manifestações dos cidadãos e *stakeholders* que utilizarão a solução.

---

[163] CARMELO, Bradson; NÓBREGA, Marcos; TORRES, Ronny Charles. *Análise econômica das licitações e contratos*: de acordo com a Lei nº 14.133/2021. Belo Horizonte: Fórum, 2022. p. 52.

Por tratar-se de amostragem para teste com período de degustação, os usuários e entidades interessadas têm a oportunidade de avaliar o produto e reportarem sua experiência.

Com isso, há chances de abrandar o risco de erro na contratação por meio da análise dos registros e medidas de correção de rota, além de permitir uma tomada de decisão legitimada.

Por fim, a contratação de *startups* e empreendedores tem rito simplificado e exigências documentais reduzidas, facilitando a operacionalização da licitação e mitigando a propositura de impugnações e pedidos de revisão.

Nesse sentido, o MLSEI, uma lei aberta e pouco prescritiva, estabelece, no art. 13, §1º, que a delimitação do escopo da licitação poderá restringir-se à indicação do problema a ser resolvido e dos resultados esperados pela Administração Pública, incluídos os desafios tecnológicos a serem superados e dispensada a descrição de eventual solução técnica previamente mapeada e suas especificações técnicas, cabendo aos licitantes proporem diferentes meios para a resolução do problema.

Como nota-se, é forçoso afirmar que o referido dispositivo prevê que é possível contratar o desenvolvimento da solução ou a já desenvolvida, as quais passarão por exame de conformidade e teste,[164] entre outros ensaios de interesse da Administração, sem ter a obrigatoriedade de desenvolver todos os documentos comuns exigidos na fase preparatória, geralmente complexos e presos à solução predefinida.

Assim, *startups* e empreendedores poderão oferecer soluções desenvolvidas ou em desenvolvimento e passarão por validação.

Ademais, as modalidades clássicas de contratação que adotam práticas tradicionais não ornam com as medidas dos novos modais de interação de mercado dialogada a fim de se chegar à solução viável,

---

[164] No tocante à "prova de conceito", que também pode ser entendida como uma apresentação de amostras, é certo que a mesma tem por objetivo permitir que a empresa provisoriamente classificada em primeiro lugar no certame comprove que a solução apresentada satisfaz os requisitos exigidos no edital. Não deve ser entendida como uma categoria habilitatória, mas, sim, como uma verificação prática de aderência técnica da proposta ao edital, situada na fase de classificação/julgamento da licitação. A 3ª edição do *Manual de Licitações e Contratos do TCU*, entre as páginas 97 e 100, traz diversas deliberações do tribunal, que permitem, disciplinam e recomendam a sua utilização. Por último, resta analisar o acompanhamento da prova de conceito. O resultado final que se espera de tal prova é que a solução satisfaça os requisitos do edital, ou seja, nem todas as suas etapas precisam ser inspecionadas. É evidente que, utilizando-se de suas prerrogativas, a Administração tem o poder de acompanhar as etapas que bem entender. Deve, ainda, em homenagem ao princípio da publicidade, viabilizar a inspeção pelos demais licitantes (BRASIL. Tribunal de Contas da União. Acórdão nº 1.984/2006. Plenário. Relatório do Ministro Relator).

de aceitação das incertezas do resultado a ser alcançado e da ausência de dados para estabelecer requisitos e valor orçado.

A propósito, esclarece Afonso Códolo Belice:[165]

> Como essas *startups* e afins ofereceram justamente inovações técnicas, muitos dos entes públicos não detinham instrumentos para identificar espontaneamente a existência de soluções que lhes coubessem. Ou mesmo eles não teriam parâmetros de escolha de critérios de seleção adequados para constar nos editais de contratação. Modalidades licitatórias habituais, como o pregão, tinham seus entraves para inovações, como estabelecimento de preços de referência para novas soluções e falta de diálogo com a iniciativa privada.

Dada a exposição, fica claro que a opção de contratar *startups* e empreendedores permite, já na etapa de deflagração do processo licitatório, ter-se um dos maiores gargalos e enfrentamentos dos órgãos públicos, prática essa que permite conhecer o universo em que se situa a demanda, evitando, como já registrado, as nefastas assimetrias de informações e seleção adversa.

Ocorre que essa migração do modelo atual para o tipo de implementação de solução peculiar de *startups* e empreendedores pode sofrer resistência dos servidores que ficam apegados ao pensamento maniqueísta, voltado a uma solução predefinida.

Por isso, partir para esse arranjo de contratação demandará apoio da alta direção com relação à mudança profunda no *mindset* da organização e à forma como as coisas são realizadas.

Como diz Sandro Magaldi:

> Se não houver o apoio incondicional da alta gestão e a firme convicção da necessidade da mudança, possivelmente a transformação não acontecerá, imersa em inúmeras desculpas e constatações que "provarão" que não é necessário tanto esforço e investimento.[166]

A mantença na gestão pública dos métodos ortodoxos e arquétipos já esgotados compromete os avanços e alcance dos propósitos das

---

[165] MATIAS, Eduardo Felipe P. (coord.). *Marco Legal das Startups*: Contrato de Solução Inovadora pelo Estado. São Paulo: Revista dos Tribunais, p. 164.
[166] MAGALDI, Sandro. *Gestão do amanhã*: tudo o que você precisa saber sobre gestão, inovação e liderança para vencer na 4ª Revolução Industrial. São Paulo: Editora Gente, 2018. p. 121.

contratações, que é celebrar ajustes vantajosos, inovadores e sustentáveis para as organizações públicas e para os prestadores de serviços.

Portanto, essa migração para um modelo atual e moderno que contempla a realidade do campo dos negócios é indispensável para todas as organizações.[167]

De pronto, a possibilidade de contar com *startups* e empreendedores na fase preparatória para a aferição da solução mais viável é uma das medidas que pode e deve ser utilizada e, por certo, em muito ampliará a qualidade dos resultados das licitações.

4.5 A etapa do planejamento da contratação no novo modal

Sobre a necessidade de definir a estratégia e a planificação para adoção de ações e modelos relacionadas às compras públicas, Jair Santana explica:

> De regra, não temos indicadores para os Suprimentos, raramente falamos em metas, desempenho, avaliação dos riscos, de performance e assuntos tais inerentes ao Setor.
> Dentre nós, raramente se vê algo sistêmico, consistente e de resultados efetivos. É que para levar adiante um simples plano, dezenas, centenas ou talvez milhares de ações sejam necessárias; e devem ser coordenadas entre os diversos atores que integram o processo.
> Enfim, às vezes me deparo com pessoas bem-intencionadas e cheias de ótimas ideias em torno das compras públicas. Por vezes, medidas tópicas fantásticas são postas em discussão. Porém – no geral – estão acompanhadas da linearidade comum ao pensamento cartesiano. E não se chega a ótimos resultados exatamente pela falta de planificação. E quando me vejo obrigado a lembrar que um punhado de boas ideias não é necessariamente um plano. Aliás, "um plano bem detalhado pode ser até animador, mas não é uma estratégia".[168]

---

[167] "É requerida a adoção de uma nova mentalidade para organizações, e seus líderes terão de encontrar formas de operar seus negócios e gerenciar seus talentos" (MAGALDI, Sandro. *Gestão do amanhã*: tudo o que você precisa saber sobre gestão, inovação e liderança para vencer na 4ª Revolução Industrial. São Paulo: Editora Gente, 2018. p. 44).

[168] SANTANA, Jair Eduardo. O controle dos suprimentos governamentais pelo Tribunal de Contas: uma análise da Denúncia nº 1.066.682, do TCE/MG. *Controle em foco – Revista do MPC-MG*, Belo Horizonte, v. 1, n. 1, jan./jun. 2021, p. 70.

As contratações públicas são marcadas por patente falta de planejamento, contribuindo para o desperdício de recursos públicos,[169] o que é inaceitável, principalmente no atual momento de crise fiscal que o país vivencia.

Sobre o tema, o TCU, em 2022, elaborou um relatório[170] no qual consolida informações de processos que já foram julgados por cortes de contas e que servem como grande suporte para o desenvolvimento de políticas públicas para o país.

De acordo com esse documento, é possível economizar até R$35 bilhões se os órgãos e entidades públicas adotarem medidas relacionadas à melhoria das contratações, em especial planos, políticas e ações destinados ao planejamento.

Falhas oriundas da fase de planejamento da licitação nos arranjos internos das organizações são destacadas como gargalos a serem superados no sistema de contratação em decorrência de dificuldades, como na feitura dos documentos iniciais, na escolha da solução, na identificação dos objetos, na pesquisa mercadológica e na descrição das informações que compõem a contratação.

Várias são as justificativas apontadas para essa realidade caótica, como: baixa capacidade em governança, exiguidade de pessoal, limitação dos planos de contratação anual, fragilidade da ferramenta do PGC para gestão do PCA, pouco investimento em treinamento e desenvolvimento, ambiente regulatório incipiente, dificuldades na compreensão e elaboração dos documentos da fase preliminar e visão superficial do objeto.

Aliado a essa miríade de problemas, ainda temos o desconhecimento das áreas de negócio acerca do mercado que envolve a solução que se pretende contratar, resultando em indicação de objetos equivocados ou desarticulados com a realidade e necessidade da organização.

Essa assimetria informacional tem gerado prejuízos incalculáveis para a Administração Pública e tem sido uma constante o incentivo à adoção do princípio da transparência e informação plena, que permite esclarecer a demanda e melhorar as relações negociais. A esse respeito, Young Cho Tae menciona Beatriz Zancaner Costa:

---

[169] O Acórdão TCU nº 2.622/2015 - Plenário, que é um marco para entendimento do planejamento das organizações, apontou que 54% das organizações estão no estágio inicial de capacidade na execução de processo de planejamento das contratações.

[170] Disponível em: https://portal.tcu.gov.br/data/files/7A/91/41/18/9D8A2810B4FE0FF7E18818A8/Lista_de_alto_risco_INFOGRAFICOS.pdf.

O princípio do *full disclosure* visa corrigir assimetria da informação, ou seja, o fato de participantes do mercado terem níveis diferentes de informação. A falta de informação do mercado ou a diferença de informação entre seus agentes é prejudicial para todas as partes. Para os agentes, porque estes não conseguem distinguir o bom do mau produto e, portanto, não estão dispostos a pagar um valor superior por um produto melhor. Para o mercado, porque este não consegue ser remunerado pelo diferencial do melhor produto que desenvolveu e, como consequência, passará a produzir produtos de menor qualidade para diminuir os custos, oferecendo o mesmo produto que os demais competidores.[171]

Enfim, a interação com as empresas para decifrar as soluções e informações relacionadas a produtos, novas tecnologias, novas ferramentas, novas técnicas de produção e serviços disponíveis no mercado é medida necessária e inadiável.[172]

Consoante o antes aduzido, acentua Sebastião Almeida Júnior:[173]

> As compras não podem depender apenas de julgamentos intuitivos dos compradores para cumprir suas obrigações com uma função geradora de lucros. A pesquisa, em seu sentido mais amplo, é parte integrante contínua das atividades de compras. A investigação e a busca de novos fatos (novas tecnologias, novos fornecedores, novos produtos, novas técnicas administrativas e de produtividade) estão definitivamente envolvidas nas atividades e responsabilidades básicas de compras e do comprador.

Dentro dessa perspectiva, evidencia-se que é essencial conhecer o mercado e elucidar quais são as soluções possíveis para agregar valor ao negócio.

Dessa forma, a contratação de *startups* e empreendedores torna-se uma excelente alternativa para remover esses problemas, visto que essa

---

[171] TAE, Young Cho. *Governança corporativa*: abordagem jurídica da experiência brasileira. Rio de Janeiro: Lumen Juris, 2015. p. 130.

[172] A área de compras nas organizações consiste em importante atividade que contribui para a melhoria da eficiência das operações e dos resultados da empresa. O desenvolvimento de novas ferramentas tecnológicas e de comunicação, além dos avanços na integração das informações nas análises dos riscos da operação e no melhor relacionamento com os fornecedores, é um importante elemento que fundamenta a evolução da função de compras nas organizações competitivas (FEDICHINA, Marcio A. H. *Gestão de compras e estoques*. 1ª ed. Curitiba, 2021. p. 159).

[173] ALMEIDA JÚNIOR, Sebastião. *Gestão de compras*. Rio de Janeiro: Qualitymark, 2012. p. 99.

modulagem, incorporada no MLSEI, permite que o mercado apresente as soluções para atender à problematização posta pela área requisitante e, se tiver alinhamento com a demanda, é oferecida a oportunidade de triagem dos resultados dos testes da solução, superando as restrições identificadas e adequando-a à realidade e demanda da organização.

Afora isso, as práticas preparatórias da contratação previstas na Lei nº 14.133/21 são simplificadas, bastando à área de negócio informar qual é o problema a ser resolvido, sem necessidade de descrever todas as informações que possibilitariam encontrar a melhor solução.

Partindo dessa premissa, não se faz necessária a feitura do ETP, pois ficará a cargo do contratado sugerir a solução.

Trata-se, portanto, de uma inovação procedimental, a qual deve ser avaliada por todos na organização.

Afinal, é oferecida mais uma opção de modelo de contratação que pode atenuar as dificuldades enfrentadas no momento de concepção da fase preparatória.

Bem por isso, cabe às organizações fomentarem a inovação e analisarem por vários ângulos as alternativas disponíveis no mercado para atender à demanda apresentada, evitando, assim, o posicionamento de que "é melhor deixar do jeito que está", mesmo que apoiado em processos rígidos e na alegação de que mudanças não são bem-vistas.

Esse comportamento míope e comum nas organizações públicas, chamado vulgarmente de síndrome de Gabriela ("sempre foi feito assim"), está na contramão da história e tem contribuído para o péssimo desempenho e resultados dos órgãos e entidades públicas, conforme alerta o TCU no Acórdão nº 588/2028P:

> A maior parte dos órgãos e entidades federais "não possui capacidade minimamente razoável" de entregar o que se espera deles para o cidadão, "gerindo bem o dinheiro público, cumprindo com suas competências e minimizando os riscos associados à sua atuação".

Ademais, cabe frisar que uma organização que mantém práticas e métodos antigos não responde às novas demandas, comprometendo sua evolução e melhoria de ambiente negocial. Oséias Gomes alerta que a estagnação do negócio é fatal para empresas privadas, caso não promovam renovações, cacofonia institucional que deve ser considerada pela Administração Pública.[174]

> Ao olhar para os tempos atuais, tenho sempre a preocupação de que uma empresa geralmente não quebra quando comete erros, e sim quando para de acertar. Vou explicar melhor: quando ela comete erros, gera uma dor em algum lugar (prejuízos); quando para de acertar, por outro lado, é porque realiza manobras que geram a estagnação do negócio, estratégias de mercado que mais agradam os executivos da empresa do que o mercado. Diante disso, imagine que chega um concorrente com uma inovação disruptiva, algo tão perceptivo e desejado pelo mercado, que logo conquista o mercado. Em pouco tempo, essa nova empresa vai olhar a sua pelo retrovisor. Portanto, uma das regras básicas é não criar mais do mesmo com renovações sem grande relevância, confiando apenas em ser uma empresa conhecida.

Nota-se, portanto, que abraçar as novas maneiras de pensar e os novos modais de contratação não é tão somente uma questão de opção das organizações, mas, sim, de um "dever" dos dirigentes para com a melhoria incremental dos processos de licitação.

Nesse sentido, dá-se o ensinamento de Cook, citado por Ries:[175]

> Desenvolver esses sistemas de experimentação é responsabilidade da alta administração; eles precisam ser introduzidos pela liderança. É fazer com que os líderes deixem de ser taxativos, apenas aceitando ou rejeitando cada ideia, e, em vez disso, estabeleçam a cultura e os sistemas de modo que as equipes possam agir e inovar na velocidade do sistema de experimentação.

Enfim, o estímulo ao planejamento como alicerce das contratações de *startups* e empreendedores exige que os órgãos identifiquem a necessidade da contratação e a solução viável a ser contratada e como ela se dará.

Todas essas informações servirão de base para o edital e minuta do CPSI.

Na fase de planejamento da contratação, temos as seguintes medidas a serem adotadas: no documento essencial com qual se inicia o

---

[174] GOMES, Oséias. *Negócio Escalável*: Como transformar sua ideia em uma *startup* bem-sucedida. São Paulo: ed. Gente, 2022. p. 71.
[175] RIES, Eric. *A startup enxuta*. Rio de Janeiro: Sextante, 2019. p. 42.

processo e informa o desafio, denominado Documento de Inicialização da Demanda (DID), deverão constar os dados objetivos e fundamentais para compreender o desafio, como o problema a ser solucionado, a necessidade a ser atendida, o alinhamento com o planejamento estratégico e PCA do órgão público, a informação da disponibilidade orçamentária, o valor do investimento que se pretende realizar e a descrição da equipe de planejamento que realizará o detalhamento do desafio e praticará os próximos atos.

É importante deixar assentado que as informações lançadas no DID deverão ser aperfeiçoadas com mais contribuições das áreas técnicas, administrativas, núcleo sustentável, resultando no DID.

Para tanto, é urgente que a organização adote o padrão de negócios que privilegia a integração das áreas – neste caso, as que têm sincronia direta com o desafio.

Ainda sobre o tema, cabe esclarecer, também de plano, que há um vasto conjunto de normativos, os quais preveem essa adaptação das organizações à contemporaneidade, em cujo trabalho é imperativo o entrosamento das áreas para a cocriação de documentos e a articulação intersetorial.

A análise de risco é outro documento que deve ser elaborado na fase de deflagração do processo. Trata-se de estudo que visa identificar e considerar os possíveis riscos e margens para o imprevisto decorrentes da contratação de solução inovadora.

Sua finalidade é determinar as ações necessárias para evitar e mitigar os riscos encontrados e analisados.

Faz-se mister destacar que a contratação de inovação está umbilicalmente imbricada ao apetite de correr risco.

Além desse documento, é necessário indicar, no mínimo, 3 (três) pessoas para compor a Comissão de Julgamento, a qual deverá ser integrada por 1 (um) servidor público integrante do órgão para o qual o serviço está sendo contratado e 1 (um) professor de IPES na área relacionada ao tema da contratação.

Com essas informações, é possível elaborar o edital e seus anexos.

Outra iniciativa própria da fase inicial é a indicação da equipe de apoio à Comissão de Julgamento (da fase licitatória) e eventual equipe de suporte à Comissão Fiscalizadora (da fase contratual).

A primeira tem a atribuição de apoiar, contribuir e colaborar com a Comissão para o bom andamento do certame, e a segunda tem o dever de verificar o cumprimento das disposições contratuais, técnicas e administrativas em todos os seus aspectos.

Todos esses artefatos servem de substrato para a feitura do edital, minuta de contrato e desenvolvimento correto da etapa de seleção de fornecedores e gestão contratual.

Por fim, é necessário sincronizar a plataforma própria ou contratar a prestação desse serviço para permitir a tramitação do procedimento específico de contratação, que não se coaduna com o trâmite no qual se realizam as licitações comuns.

Ressalta-se, novamente, que a dinâmica da contratação do MLSEI é diferenciada, posto que é mais simples, célere e facilitadora para os órgãos públicos.

4.5.1 A escolha do desafio

Como já dito, o DID[176] deve descrever minuciosamente o desafio da unidade demandante.

O TCU elaborou documento denominado *Modelo de apoio a compras públicas de inovação*,[177] o qual descreve a delimitação do desafio:

Analisar problemas
Avaliando contexto interno e externo para identificar: situações que têm comprometido os resultados almejados em relação à missão institucional e à sociedade; oportunidades de melhoria significativa para a eficiência ou efetividade institucional; problemas cujas soluções trariam maior impacto para as políticas públicas ou mais diretamente para a sociedade. Nessa avaliação, é essencial mapear os estudos técnicos realizados, além da possibilidade de utilizar insumos com base em indicadores ou no planejamento estratégico institucional.

---

[176] O Documento de Inicialização da Demanda (DID) não se confunde com o Documento de Formalização de Demanda (DFD). Este serve de substrato para a feitura do Plano de Contratação Anual (PCA), o qual é elaborado pela área demandante que evidencia e detalha a necessidade da contratação ou prorrogação/renovação do contrato. Lado outro, o DID (expressão utilizada na apresentação de Angelina Leonez) é documento que contém o detalhamento da necessidade da área demandante da solução a ser contratada e deflagra a contratação.

[177] *Modelo de apoio a compras públicas de inovação*. BID. Disponível em: https://portal.tcu.gov.br/data/files/02/12/B7/05/1EDC9710FC66CE87E18818A8/Inovamos_modelo_apoio_compras_publicas_inovacao.pdf. Acesso em: 1º fev. 2024.

Escolher desafio
Com base na análise prévia de problemas, considerando diversos critérios previamente descritos, seguem alguns exemplos: impacto social ou especificamente para o usuário final; urgência; complexidade x facilidade de implementação; apoio da alta administração responsável; possibilidade de mobilizar *stakeholders*; disponibilidade de recursos (orçamentários, pessoal, prazo etc.); possibilidade de ser estruturante para outros desafios prioritários (acresçam-se: conhecimento das soluções do mercado, *expertise* dos servidores, inclusive para fiscalizar a execução da funcionalidade contratada).

Após identificar o problema ou oportunidade de inovação, a organização precisa definir claramente o desafio que deseja abordar.

Essa etapa é crucial para garantir que o desenvolvimento da solução tecnológica seja focado e eficiente.

Aqui estão algumas das principais considerações que devem ser feitas na definição do desafio:

- Objetivos específicos: a unidade demandante deve definir claramente quais são seus objetivos e benefícios diretos esperados com a solução tecnológica. Isso pode incluir resultados pretendidos em termos de negócio, como aumento de receita, redução de custos, melhoria da eficiência operacional, aumento da satisfação do cliente, entre outros. Esses objetivos devem ser mensuráveis e específicos o suficiente para serem acompanhados ao longo do tempo.
- Requisitos técnicos: a unidade demandante e a unidade técnica devem definir claramente os requisitos técnicos para a solução tecnológica. Isso pode incluir especificações de *hardware* e *software*, requisitos de segurança, requisitos de desempenho, entre outros. É importante que esses requisitos sejam realistas e factíveis, levando em consideração as limitações técnicas e financeiras da empresa.
- Requisitos de negócios: a unidade demandante, com apoio de outras unidades competentes, deve evidenciar claramente os requisitos de negócios para a solução tecnológica. Isso pode incluir requisitos de integração com outros sistemas, requisitos de conformidade com normas e regulamentos, requisitos de escalabilidade, entre outros. É importante que esses requisitos

estejam alinhados com a estratégia de negócios da empresa e com suas necessidades de longo prazo.
- Cronograma: a empresa deve definir um cronograma realista para a execução do projeto. Isso pode incluir prazos para cada etapa do projeto, como desenvolvimento, testes, implementação, providências a serem adotadas e treinamento. É importante que o cronograma considere todas as complexidades técnicas e de negócios envolvidas, e que seja comunicado claramente a todas as partes interessadas.

A elaboração do documento e a definição clara do problema se propõem a garantir que a solução tecnológica seja focada e eficiente, e que responda às necessidades específicas da unidade demandante, além de oferecer, ao público interessado, uma compreensão mais acertada da demanda que se pretende resolver.

Isso pode ajudar a garantir que a solução seja acolhida pelos *stakeholders* e adotada com sucesso pelos usuários finais, atendendo os objetivos de negócios definidos na missão da organização.

Para que esse desiderato tenha sucesso, o modal ortodoxo roteirizado de forma segmentada deve ser substituído pela arquitetura organizacional integrada, com a participação de equipe multifuncional e com formações complementares, principalmente na fase preparatória.

Como dizem Sandro Magaldi e José Salibi Neto, a organização deve estimular as interações entre os agentes, possibilitando extrair informações relevantes que retroalimentam as áreas.[178]

Enfim, há que se migrar do modelo milenar de estruturação dos processos em ilhas, consolidado na maioria das organizações públicas, para o modelo interativo.

4.5.2 A natureza multidisciplinar da equipe de planejamento

A elaboração dos documentos da fase interna é de responsabilidade da unidade demandante, da área técnica, da unidade sustentável e da área administrativa, devendo ser formalmente designada pela autoridade competente.

---

[178] MAGALDI, Sandro; SALIBI NETO, José. *Gestão do amanhã*: tudo o que você precisa saber sobre gestão, inovação e liderança para vencer na 4ª Revolução Industrial. São Paulo: Editora Gente, 2018. p. 103.

Essa atribuição não pode ser exclusiva da unidade demandante, a qual, obviamente, não tem como se acercar do esmero necessário à determinação das condições técnicas que devem ser indicadas e à análise de riscos, comprometendo, na totalidade, a elaboração eficiente do documento de desafio.

Por isso, a recomendação mais acertada é que a elaboração desse documento se dê de forma multissetorial, coordenada por equipe de planejamento.

Tal sugestão se conforma a partir da observação de que é habitual nas contratações a tomada de decisões segmentadas, sem qualquer interação ou comunicação, comprometendo a qualidade, assertividade e celeridade na deflagração do processo.

Destaca-se que é boa prática que seja feita consulta prévia aos agentes, antes de serem formalmente designados para compor a equipe de planejamento, para que tenham ciência expressa de suas atribuições e possam manifestar-se acerca de seus conhecimentos, habilidades e tempo hábil para exercerem esse *munus* com excelência.

Ademais, no caso de acumulação de papéis de integrante requisitante e técnico da equipe de planejamento, é necessário apresentar a devida justificativa com base na excepcionalidade do caso.

É importante alertar que essa equipe deve manter registro histórico de fatos relevantes ocorridos, a exemplo de comunicação e/ou reunião para decisões e deliberações, ou quaisquer outras ocorrências que motivem a alteração, complementação e revisão dos artefatos da etapa de planejamento, bem como de documentos gerados e/ou recebidos de *e-mails*, atas de reunião, entre outros.[179]

Por óbvio, em atendimento ao princípio da segregação de funções previsto, não é possível designar o mesmo agente público que integrou a equipe de planejamento para atuar na seleção de fornecedores.

Com efeito, vale esclarecer que nada impede que o agente que participou da fase preparatória da licitação atue na fiscalização do CPSI, pois seu conhecimento e experiência no levantamento das informações iniciais e elaboração dos documentos lhe imputam resiliência e preparação úteis para lidar com inovação e melhor acompanhar e supervisionar o contrato.

De todo o exposto até agora, resta-nos destacar que a efetividade do DID pode ser alcançada com a partilha de responsabilidades e o

---

[179] Resolução nº 468 do CNJ.

engajamento dos diversos setores da organização e, ainda, com sua completa elaboração, como lembramos, composta do objetivo, requisitos técnicos e de negócios e cronograma.

De toda forma, é imprescindível, para sua efetividade, lembrar da função principal do DID, que é permitir a aferição do problema e da real necessidade do Poder Público.

Assim, também é dobrada a responsabilidade dos agentes envolvidos na sua feitura, visto a atenção cuidadosa que deve dirigir à sua construção, de modo a alcançar e garantir uma licitação lícita e com bons resultados.

4.5.3 O respeito ao princípio da segregação de funções e a forma de aproveitamento da matriz humana na esteira da inovação

O princípio da segregação de funções[180] é preceito legal basilar do processo de contratação; inclusive, encontra-se insculpido no art. 5º da Lei nº 14.133/21, e o art. 7º descreve sua aplicação, estabelecendo que a autoridade máxima do órgão ou da entidade, ou a quem as normas de organização administrativa indicarem, deve inibir a designação do mesmo agente público para atuação simultânea em funções mais suscetíveis a riscos, de modo a reduzir a possibilidade de ocultação de erros e de ocorrência de fraudes na respectiva contratação.

Esse axioma tem como propósito a fixação das responsabilidades e individualização de condutas para que o controle entre as etapas do processo seja mais efetivo.

E tem mais: a distribuição por setores distintos de atribuições de um mesmo processo permite que um revisite o ato praticado pelo outro, assegurando maior transparência e mecanismos de controle aprimorado.[181] [182]

---

[180] "A segregação de funções é princípio básico do sistema de controle interno que consiste na separação de funções, nomeadamente de autorização, aprovação, execução, controle e contabilização das operações" (Portaria nº 63/96, de 27/02/96 – Manual de Auditoria do TCU).

[181] Recomenda-se que não atuem como pregoeiros ou comissão de licitação a área requisitante, cotista, financeiro, assessoria jurídica, gestor/fiscal de contratos e controladoria.

[182] "9.8. Com fundamento no art. 250, inciso III, do Regimento Interno do TCU, recomendar à Diretoria Regional de Minas Gerais da Empresa Brasileira de Correios e Telégrafos que avalie a conveniência e a oportunidade de adotar providências e mecanismos de controle para evitar que um mesmo agente execute as funções de autorização, aprovação, execução, controle e contabilização de operações que envolvam recursos financeiros significativos,

Não há dúvidas de que o ambiente de negócios das contratações é muito exposto à prática de atos ilícitos,[183] sendo, por isso, importante adotar e reforçar condutas que assegurem a eticidade na relação público/privado.

Lado outro, a possibilidade de participação de mais de uma área na condução do processo oferece a oportunidade de aumentar a revisão e correção dos atos praticados, pois possibilita o controle das etapas por setores/instâncias distintos.[184]

Nesse ponto, há que se observar que a contribuição das áreas e a participação dos agentes em mais de uma etapa não podem ser tratadas de forma absoluta.

Afinal, segregar não é insular as áreas e ilhar as equipes.

A sintonia entre as áreas é substancial para levantar as informações essenciais para o alcance dos resultados esperados pelas organizações públicas.

Mais uma vez, vale destacar que, no processo de contratação de *startups* e empreendedores, a mesma orientação de que área técnica e área demandante podem participar da fase de concepção da licitação, bem como da fiscalização do contrato, tem razão de ser, visto que essas áreas têm o conhecimento aprofundado do desafio que se avizinha e poderão acompanhar e supervisionar a execução contratual de forma mais assertiva.

Destaca-se que não temos, nesse caso, os representantes dessas áreas participando e decidindo em todo o processo, da deflagração à homologação.

Definitivamente, não é isso.

O que temos são as áreas responsáveis interagindo para se chegar a decisões mais acertadas. Desse modo, nada impede que os técnicos responsáveis pelo julgamento das soluções sejam consultados na

---

com vistas a preservar o princípio da segregação de funções e prevenir ocorrências como as que foram abordadas na presente ação de controle" (BRASIL. Tribunal de Contas da União. Acórdão nº 304/2017. Plenário).

[183] Franklin Brasil e Kleberson Roberto de Souza registram em obra de sua autoria, intitulada *Como combater a corrupção em licitação – detecção e prevenção de fraudes*, na página 22, levantamento da Association of Certified Fraud Examiners (ACFE) apontando que os esquemas de corrupção representam um risco elevado para todos os departamentos, mas, particularmente, um risco elevado na área de compras (74% dos casos).

[184] "Não é possível acolher o argumento de que sua participação na aprovação da contratação foi ato meramente formal, pois as várias instâncias atuantes têm por finalidade, justamente, aumentar o nível de controle no processo licitatório" (BRASIL. Tribunal de Contas da União. Acórdão nº 2.143/2023. Plenário, Relator Ministro Jhonatan de Jesus, j. 18/10/2023).

etapa de execução do contrato, oferecendo suas contribuições para os gestores e fiscais de contratos com o firme propósito de evitar erros e inadequação na execução da testagem.

Como podemos ver, o princípio da segregação de funções fortalece a noção de matriz de responsabilidade, integridade, transparência e controle, visto que veda a "designação do mesmo agente público para atuação simultânea em funções mais suscetíveis a riscos".

Com efeito, essa diretriz deve ser relativizada e ficar restrita, exclusivamente, às funções que envolvem deliberação de natureza decisória, pois vários órgãos públicos não têm pessoal em número suficiente e com a qualificação adequada para atuar nas várias etapas do processo.

Certamente, esse arquétipo de processo de trabalho colaborativo e com integração sistêmica das áreas é um grande desafio na contratação pelo MLSEI, pois os órgãos públicos, em sua maioria, trabalham de forma compartimentalizada e sem interação e adotam o mantra do processo como fim em si mesmo, e não como meio de chegar ao resultado que agregue valor ao negócio.

Sobre o tema, Sandro Magaldi e José Salibi Neto registram:

> O modelo tradicional de gestão sempre esteve baseado na especialização de áreas funcionais. Dessa forma, as companhias clássicas criaram nichos em departamentos, como engenharia, financeiro, vendas e assim por diante. Esse padrão, proveniente do pós-Revolução Industrial, gerou uma legião de especialistas que se dedicaram em profundidade às suas atribuições específicas e tenderam a ignorar uma visão mais holística da organização e de suas derivações.[185]

Na contratação de *startups* e empreendedores, o processo licitatório precisa performar para revelar a solução que vai ao encontro do desafio.

Daí decorre a necessidade, desde a concepção da licitação, de envolver equipe multidisciplinar que vai atuar de forma integrada e colaborativa até a entrega definitiva do teste.

A propósito, vale registrar que, ao longo de todo o processo decorrente do MLSEI, são várias as atuações requisitadas – equipe de planejamento, de apoio técnico e administrativo, Comissão de

---

[185] MAGALDI, Sandro. *Gestão do amanhã*: tudo o que você precisa saber sobre gestão, inovação e liderança para vencer na 4ª Revolução Industrial. São Paulo: Editora Gente, 2018. p. 228-229.

Julgamento (atuação na licitação, com no mínimo três membros e um deles ser professor contratado), Comissão Fiscalizadora (atuação no CPSI), além das equipes que podem vir a atuar com notas técnicas, consultas e pareceres técnico-jurídicos (inclusive o Comitê de Especialistas sugerido neste livro).

Dois pontos importantes devem ser ressaltados.

O primeiro deles, decorrente dos eixos estruturantes que sinalizam o investimento em cultura e a repetição para alcance do *mindset*, é que deve ser repetida a nomeação de membros que bem performarem em um processo para os próximos.

Sobre o assunto, é importante acentuar que não há entre processos distintos violação ao princípio da segregação de funções.

Assim, solidifica-se a equipe de vocacionados/versados no modal e que permitirão que os próximos processos inovativos ganhem em agilidade[186] e fluidez.

O segundo deles é que convém considerar que os atores para esse tipo de modal não sejam vistos como representantes de um departamento ou divisão interna do organograma do órgão ou entidade, e sim atores vistos em sua própria *expertise*.

Portanto, é possível que mais de um ator de um mesmo departamento atue em distintas fases de um mesmo processo.

Isso porque os atores são indicados para as funções em razão de suas especificidades, conhecimento pessoal, vocação ao *mindset*, estudos dirigidos ao conteúdo, perfil de atuação e, assim, são características *personalíssimas* que os habilitam a ocupar uma ou outra função.

---

[186] Como já dito neste livro, a agilidade é um dos eixos estruturantes da temática de inovação. O tempo atual exige que se otimizem os procedimentos para busca de soluções ágeis. Na esteira do que já dito por Eric Ries, errar rápido, aprender rápido, ajustar rápido, especialmente na interação com *startups* e empresas inovadoras. Isso significa atentar-se para o tempo de realização dos procedimentos, o volume de informações nos editais, as facilitações de divulgação das regras editalícias, a redução do tempo de trâmite das licitações, de forma a não operar em uma lógica avessa à dos possíveis fornecedores, produzindo desestímulo à participação e à competitividade, o que impacta na busca da melhor solução do problema. Não significa, por certo, planejar mal ou com pressa. Pode a fase inicial levar o tempo necessário ao amadurecimento do problema, do desafio, do que esperado e até da preparação dos atores. No entanto, deve ser mantido o foco de que esse procedimento pressupõe a agilidade com que o ecossistema de inovação e os modelos de negócio que se tentam angariar operam e interagem, sob pena de se perderem interesse e competitividade. O Estado não pode, a despeito de dizer que inova, se ensimesmar novamente no processo burocrático de que se vê adoecido. Uma das formas de se aprimorarem a agilidade e a eficiência no caso concreto é a criação de esteiras de trabalhos nas áreas vocacionadas, o que não existe até o momento.

Se assim é, não há impeditivo que mais de uma pessoa, em distintas fases do processo, derive de um mesmo centro organizacional, sob pena de entender-se que segregação de funções é ter profissionais originários a cada fase e a cada processo, o que não é compatível com diretrizes legais nem com a eficiência constitucionalmente requerida.

De outra forma considerado, não haveria o espaço hoje ocupado nas leis das comissões permanentes, cuja repetição de atuação em distintas fases/processos é uma das intencionalidades de sua permanência, aproveitando-se a *expertise* adquirida.

Afinal, entre os princípios aplicáveis às licitações e contratos administrativos, ao lado do da segregação de funções, estão os da segurança jurídica, da eficácia, da eficiência, da impessoalidade e da razoabilidade (art. 5º da Lei nº 14.133/21).

Apenas a título de exemplo, o art. 7º, inc. II, da Lei nº 14.133/21, ou seja, a escolha dos membros se dará entre os que "tenham atribuições relacionadas a licitações e contratos ou possuam formação compatível ou qualificação atestada por certificação profissional emitida por escola de governo criada e mantida pelo poder público".

Afinal, o princípio da segregação de funções veda que o mesmo agente tenha "atuação simultânea em funções mais suscetíveis a riscos, de modo a reduzir a possibilidade de ocultação de erros e de ocorrência de fraudes", amenizada diante da colegialidade optada pelas decisões tomadas ao longo dos processos realizados pelo órgão ou entidade, com a presença de atores externos e distintas composições de grupos.

Aliado a isso, considerando as especificidades, *mindset* e vocação necessários para lidar com o modal, pretender que membros não sejam considerados em sua natureza personalíssima impedirá que, com o avanço do uso do modal, existam pessoas apropriadas para o desempenho das funções, consequência fática e prática a ser levada em conta pelo gestor à luz do disposto nos arts. 20 e 21 da LINDB.

Como podemos ver, há necessidade de uma nova cultura voltada aos processos de trabalho sistematizados, em que o insulamento burocrático deve ser evitado e a segregação de função não pode ser tratada de forma absoluta. Essa lógica processual colaborativa é pressuposto básico para esse novo modal de contratação.

4.5.4 A prescindibilidade do estudo técnico preliminar

O ETP é um dos principais documentos da etapa de preparação da licitação e serve de instrumento para pavimentar o caminho para o atendimento correto e assertivo da demanda de contratação, visto que avalia os cenários projetados e comprova a viabilidade técnica e econômica das soluções disponíveis.

A Lei nº 14.133/21 define, no art. 6º, inc. XX, que é o documento constitutivo da primeira etapa do planejamento de uma contratação e que tem como característica avaliar a melhor solução com vistas ao interesse público envolvido e servir de aparato para o anteprojeto o termo de referência ou mesmo para o projeto básico, a serem elaborados caso se conclua pela viabilidade da contratação.

Dessa feita, esse documento se destina a identificar e analisar a necessidade pungente projetada pela unidade administrativa ao realizar o seu planejamento estratégico e o plano anual de contratação, buscando evidenciar o problema a ser resolvido, assim como as soluções possíveis, com fins de avaliar as informações necessárias para subsidiar o respectivo processo de contratação.

A lei se preocupa, ainda, em descrever quais elementos devem compor esse estudo. De acordo com o art. 18, §1º, o ETP contém os seguintes elementos:

ESTUDO TÉCNICO PRELIMINAR
- Demonstração da necessidade da contratação, considerando o problema a ser resolvido sob a perspectiva do interesse público.
- Demonstração da previsão da contratação no plano de contratações anual, sempre que elaborado, de modo a indicar o seu alinhamento com o planejamento estratégico do órgão ou entidade.
- Requisitos da contratação.
- Estimativas das quantidades para a contratação, acompanhadas das memórias de cálculo e dos documentos que lhe dão suporte, que considerem interdependências com outras contratações, de modo a possibilitar economia de escala.
- Levantamento de mercado, que consiste na análise das alternativas possíveis, e justificativa técnica e econômica da escolha do tipo de solução a contratar.
- Justificativas para o parcelamento ou não da solução.
- Estimativa do valor das soluções encontradas.
- Demonstrativo dos resultados pretendidos em termos de economicidade e de melhor aproveitamento dos recursos humanos, materiais ou financeiros disponíveis.

ESTUDO TÉCNICO PRELIMINAR
- Providências a serem adotadas pela Administração previamente à celebração do contrato, inclusive no tocante à capacitação de servidores ou empregados para fiscalização e gestão contratual.
- Contratações correlatas e/ou interdependentes.
- Posicionamento conclusivo sobre a adequação da contratação para o atendimento da necessidade a que se destina.

Considerando as inúmeras informações que devem ser lançadas nesse documento, sua elaboração deve ser realizada em cocriação, envolvendo uma equipe multidisciplinar integrada pela área demandante, técnica e administrativa, com o propósito de aprofundar e refletir acerca da solução mais viável.

Para tanto, esse documento deve esclarecer as demandas, requisitos, resultados e indicadores, e analisar antecedentes de situações distintas. Indicadas as soluções, faz-se necessário o cotejo analítico entre as vantagens e desvantagens, o atendimento aos requisitos exigidos e o menor dispêndio, conjugadas a qualidade e a sustentabilidade.

Com essa análise, é possível refutar ou validar as soluções encontradas e definir a mais apropriada ao caso.

Insta destacar que a falta de dados e a dosagem excessiva de requisitos acabam gerando um efeito colateral, que é a definição de solução restritiva ou em desacordo com a demanda apresentada.

Por essa razão, há que se ter muita atenção com as informações lançadas.

Oportuno asseverar-se ainda que esse exame sistemático e complexo do ETP tem servido como adorno para os processos de contratação, pois estão sendo elaborados pró-forma, o que demonstra a falta de maturidade das organizações de trabalhar com senso de dever de oferecer o substrato essencial para feitura do termo de referência/projeto básico, edital e minuta de contrato.

Nesse sentido, segue o Acórdão TCU nº 114/2020P:[187]

---

[187] Uma das questões analisadas pelas equipes de auditoria foi verificar se o planejamento das contratações foi feito com vistas a buscar a solução mais vantajosa para atender às necessidades da organização. As equipes constataram que, de forma geral, o planejamento das contratações era meramente formal, com o intuito apenas de dar aparência de conformidade ao processo em relação às exigências previstas na legislação, notadamente a IN-SLTI/MP 4/2014. 18. Dessa forma, foi constatado que os processos de planejamento, quando continham os artefatos exigidos na instrução normativa supracitada, como o Documento de Oficialização de Demanda (DOD), o Estudo Técnico Preliminar (ETP) e o Termo de

9.3.1.2. a inexistência, nos autos do planejamento da contratação, de estudos e justificativas para se adotar a referida solução como a única adequada ao atendimento dos requisitos técnicos do serviço de transferência controlada de arquivos no Serpro;

9.3.2. contratação da solução Sterling File Gateway sem buscar assegurar a seleção da proposta mais vantajosa e a observância dos princípios da isonomia, da impessoalidade e da obtenção de competitividade, o que afronta o disposto no caput do art. 31 da Lei 13.303/2016;

9.3.3. elaboração açodada, proforma e a posteriori dos artefatos essenciais ao planejamento da contratação – Estudo Técnico Preliminar e Projeto Básico – apenas com o fito de cumprir o rito processual, em subversão da sequência processual prevista, definindo-se primeiro a forma de contratar para em seguida elaborar os documentos destinados a sustentar tal definição, o que desrespeita o princípio fundamental do planejamento e do controle insculpidos nos incisos I e V, do art. 6º, do Decreto-Lei 200/1967.

É importante destacar que a produção desse documento é um dos principais desafios enfrentados pelas organizações públicas na etapa de planejamento, em função da carência de material humano qualificado e disponível para sua feitura, visto que se trata de construção multifuncional que exige dos profissionais conhecimento aprofundado sobre a temática, bem como disponibilidade de todos os envolvidos para sua elaboração.

Ocorre que a exiguidade de pessoal nos órgãos públicos e a ausência de profissionais especializados nesse tipo de estudo tornam essa tarefa penosa, fazendo com que a opção por outras modulagens de levantamento de produto viável seja medida benfazeja.

Essa realidade se apresenta mais caótica quando se trata de contratação de inovação que precisa detectar o problema e informar a solução viável e questões subjacentes (componentes/elementos).

É consabido que a maioria das organizações públicas não tem servidores com *expertise* para compor áreas vocacionadas à contratação de inovação.

Referência (TR), haviam sido elaborados de maneira proforma, ou seja, o planejamento da contratação não havia ocorrido de fato. 19. Observou-se casos nos quais o TR, último artefato que compõe a fase de planejamento, foi o primeiro documento produzido. Isto é, o órgão já tinha definido qual a solução que pretendia adquirir e, muitas vezes, qual a Ata de Registro de Preços à qual pretendia aderir sem sequer ter feito uma análise de suas necessidades de negócio e das soluções existentes no mercado e no portal de software público que poderiam atendê-lo (BRASIL. Tribunal de Contas da União. Acórdão nº 2.037/2019. Plenário, Relator Ministro Augusto Sherman, j. 28/8/2019).

Por óbvio, é missão dessas fortalecerem tais áreas, mas essa realidade ainda é distante em função da falta de contingenciamento orçamentário e de profissionais disponíveis no mercado com formação complementar e visão de inovação.

Outrossim, é comum os estudos técnicos para contratação de inovação investirem longo tempo para reflexão mais aprofundada sobre a solução viável e, ao final, depararem-se com uma declaração de solução ultrapassada e obsoleta, resultando em um exame sistemático danoso e sem eficácia.

Portanto, é recomendado às organizações observarem os padrões contemporâneos de negócio, dentre os quais a possibilidade de contar com as *startups* e empreendedores para essa finalidade de lançar luz de forma mais simplificada para as várias soluções e modais que vão ao encontro da demanda registrada pela área requisitante.

4.5.5 A descrição da pretensão

O art. 13 do MLSEI dispõe que a Administração Pública pode contratar pessoa física ou jurídica, isoladamente ou em consórcio, para testar soluções inovadoras por ela desenvolvidas ou a serem desenvolvidas, com ou sem risco tecnológico.

O mesmo preceito disciplina, no §1º, que a delimitação do escopo da licitação destacado poderá restringir-se à indicação do problema a ser resolvido e dos resultados esperados pela Administração Pública, incluídos os desafios tecnológicos a serem superados, dispensada a descrição de eventual solução técnica previamente mapeada e suas especificações técnicas, e caberá aos licitantes propor diferentes meios para a resolução da pretensão.

Ao comentar sobre a descrição da solução pela Administração Pública, Afonso Códolo Belice assim manifestou-se:[188]

> O MLS dispensa a descrição de eventual solução técnica previamente mapeada e suas especificações técnica. Isso posto, será de responsabilidade das *startups* e das empresas inovadoras proporem meios para a resolução do problema. Cria-se uma saudável competição de meios

---

[188] MATIAS, Eduardo Felipe P. (coord.) *Marco Legal das Startups*. Compras Públicas e o Marco Legal das *Startups*: a nova modalidade de contratação de soluções inovadoras pelo Estado. São Paulo: Revista dos Tribunais, p. 162.

inovadores, e quem sai ganhando é o cidadão que terá uma prestação mais eficiente do serviço que lhe será direcionado.

Nota-se que o referido dispositivo enuncia que é possível contratar a ideação da solução e sua prototipação ou a solução já desenvolvida, que passará por exame de conformidade e prova de conceito, entre outros testes de interesse da Administração Pública, de modo a comprovar sua aderência às especificações definidas no DID.[189]

De outra banda, é possível que os licitantes sejam convocados para apresentarem a solução pronta, pendente de validação.

Essa opção envolve menos riscos e é volatilidade de menor escala, pois a solução já se encontra prototipada, sujeita somente ao amoldamento à realidade e necessidade da área demandante, lembrando sempre que o fracasso faz parte do processo de acomodação da inovação, que deve pivotar e aprender com os desacertos e reiniciar sua jornada.

Esse modal não configura uma opção de contratação distante do procedimento atualmente utilizado pelas organizações e, por isso, não exigirá a ruptura ou mudanças drásticas do pensamento tradicional adotado pela área de contratações.

Dessa feita, a estratégia de iniciar a contratação para apresentar as soluções já disponíveis no mercado por meio do DID, sem necessidade de desenvolver todos os documentos da fase preparatória da licitação tradicional, é uma forma indicada para efeito de engajamento e aceitação dos servidores.

Essa modulagem de experimentação[190] dependerá de chamamento público e julgamento dos vencedores para efeito de contratação; portanto, não representa uma ruptura drástica e imediata do *modus operandi* das organizações públicas e permite que as novas metodologias não sejam descartadas de pronto, pois tem alguma proximidade com os processos de trabalho arraigados na estrutura dos órgãos e entidades públicas.

---

[189] Esse procedimento é denominado *bootcamp* e tem a finalidade de realizar a imersão dos licitantes para que possam realizar as interações necessárias, visando ao aperfeiçoamento e melhor adequabilidade da solução.

[190] Eric Ries, citando Cook, alerta: "Desenvolver esses sistemas de experimentação é responsabilidade da alta administração; eles precisam ser introduzidos pela liderança. É fazer com que os líderes deixem de ser taxativos, apenas aceitando ou rejeitando cada ideia, e, em vez disso, estabeleçam a cultura e os sistemas de modo que as equipes possam agir e inovar na velocidade do sistema de experimentação" (RIES, Eric. *A startup enxuta*. Rio de Janeiro: Sextante, 2019. p. 42).

Assim, depois da formalização da demanda e da autorização do chamamento público para o desafio por meio do DID, é hora de definir o desafio em si. Para isso, é montada uma equipe de planejamento, a qual preenche o *template* chamado DID.

Esse *template* inclui seções como critérios de ranqueamento para cada uma das fases, matriz de risco e métricas a serem utilizadas para avaliar a precificação da solução, entre outros aspectos relevantes. A equipe de planejamento trabalha em conjunto para definir claramente os objetivos e metas do desafio, considerando as necessidades do setor público e as possibilidades dos possíveis licitantes.

É importante ter clara e objetiva a definição do desafio para que os licitantes interessados possam desenvolver soluções precisas e alinhadas com as expectativas do setor público. Com o DID em mãos, é possível avançar para a próxima etapa do processo de contratação.

A título de arremate, é importante que as organizações tenham um agir sempre sintonizado com a modernidade e a atualidade.

Portanto, é essencial que as organizações adequem seus processos de trabalho e documentos a essa realidade negocial inovadora.

4.5.5.1 A descrição do desafio

O MLSEI tem como propósitos a busca por soluções inovadoras para atenderem seus desafios e o fomento do mercado pelo Estado, inclusive com a possibilidade de pagar pelo fracasso nos casos em que as soluções não são alcançáveis em razão do risco tecnológico ou da incerteza própria do desenvolvimento dessas (inviabilidade técnica ou econômica).

Para além disso, o Estado pode buscar soluções sobre as quais não possua conhecimento, em razão da assimetria de informações com o mercado, a sua descrição ou mesmo se é a ideal, limitando-se à "indicação do problema a ser resolvido e dos resultados esperados pela Administração Pública, incluídos os desafios tecnológicos a serem superados, dispensada a descrição de eventual solução técnica previamente mapeada e suas especificações técnicas", permitindo com que os licitantes possam "propor diferentes meios para a resolução do problema" (art. 13, §1º, do MLSEI).

Isso evidencia a necessidade de as organizações se esmerarem na descrição de seu problema, mergulharem nas suas dificuldades e indicarem resultados pretendidos, sem, contudo, eleger previamente um perfil ou universo que insere a demanda (como ocorre nas licitações tradicionais), permitindo com que o mercado traga as opções desenvolvidas ou em desenvolvimento que poderiam atender às necessidades apontadas.

Esse é um importante diferencial do MLSEI: exatamente propiciar que os órgãos mais se ocupem, inicialmente, em conhecer seus problemas do que as soluções existentes, permitindo que haja a experimentação das soluções antes de escolher aquela que, em razão da sua eficiência, mais se adeque à necessidade.

Assim, em lugar de supor o que poderia lhe atender, ele experimentará e permitirá que o usuário e *stakeholders*, como beneficiários do produto, possam testar conjuntamente as soluções e entender qual das apresentadas melhor soluciona o problema posto.

Por isso, é fundamental que se faça uma completa e detalhada descrição do desafio. Mesmo que isso não signifique direcionar soluções, é importante que o público-alvo e o mercado consigam compreender corretamente o dilema.

A sugestão é que as seguintes medidas sejam adotadas:

a) ter uma página própria do MLSEI no *site* do órgão, constando todos os desafios em andamento ou já encerrados;
b) criar aba própria para publicação do edital;
c) descrever o desafio com recursos de *design thinking* para facilitar a sua compreensão (e de forma ágil) pelo público-alvo;
d) divulgar vídeos explicativos do desafio, dando mais transparência e compreensão a esse, antes da data de abertura das propostas (preferencialmente concomitante à publicação), permitindo o acesso por *link* ou QR Code;
e) realizar visita técnica para a compreensão das implicações físicas e localizadas para a superação do desafio sempre que for o considerado contributivo;
f) criar alternativa para interação direta entre os interessados para evidenciar o problema e apresentar detalhes do desafio por meio de webinar com a presença de servidores, divulgação do convite no portal do órgão com prazo razoável e registro das dúvidas e manifestações para posterior publicação a ser disponibilizada a todos os interessados;
g) realizar melhoria contínua do *brainstorm* na construção do desafio e, se necessário, com recurso de metodologias ágeis e investigativas, além da oitiva de usuários no processo de sua construção.

Como podemos ver, por meio dessas medidas é possível ter o intercâmbio entre público e privado para compreensão exata do problema a ser resolvido e a melhora qualitativa do documento de inicialização da demanda para dar mais segurança e ritmo ao processo.

4.5.5.2 A descrição dos resultados esperados e dos requisitos técnicos necessários ou desejáveis

O MLSEI determina a necessidade de estabelecer na avaliação final da solução fornecida as evidências e resultados pretendidos com a contratação.

Cumpre-se sublinhar que o registro das metas deve ser desenvolvido de forma colaborativa e multidisciplinar pelas áreas demandante, técnica, administrativa e núcleo de sustentabilidade e, para excelência da produção desse documento, faz-se necessária a implementação de duas ações preparatórias e interdependentes: recrutamento de agentes com conhecimento e habilidade e relação direta com o desafio, bem como levantamento aprofundado do problema a ser resolvido e dos resultados esperados.

Nesse sentido, os resultados a serem atingidos devem ser avaliados por meio de critérios objetivos de mensuração, os quais constarão do edital e servirão para sinalizar ao mercado fornecedor como se dará a avaliação.

Essa preocupação tem razão de ser, pois o desafio, os resultados e a metodologia para a sua aferição necessitam ser descritos de forma clara e objetiva no edital captador da melhor solução, de modo a garantir que os licitantes entendam de fato a demanda e, assim, consigam atender o objetivo desejado pela Administração Pública.

A título de sugestão, um dos resultados indispensáveis a serem observados ao final da contratação é a qualidade e adequação da solução entregue, inclusive no que se refere à satisfação dos usuários e à efetividade das políticas e ações implementadas, verificando o alcance dos resultados pretendidos inicialmente pactuados.

Outro ponto que deve estar no radar na análise dos resultados, em termos de negócios, técnicas e aspectos funcionais da solução, é a superação dos desafios tecnológicos.

Nesse caso específico, deve ter o apoio da área de tecnologia da informação na análise da entrega da solução.

A preocupação com exigências indispensáveis de conformidade com o ambiente regulatório também deve ser descrita nos resultados a serem apurados.

Por isso, faz-se necessário identificar os normativos que devem ser observados pela solução contratada para o alcance dos objetivos esperados.

Em alguns casos, os aspectos temporais, que definem datas e prazos de execução, também devem ser avaliados.

Ademais, resultados ligados à segurança e privacidade são importantes à avaliação.

Por fim, cumpre destacar que essas diretrizes de resultados devem estar acompanhadas de adequada fundamentação, com base em dados e informações claras e coerentes que indiquem a sua essencialidade para atender a necessidade do órgão ou da entidade.

Enfim, na contratação com fundamento no MLSEI, é vital que seja verificado o atendimento à necessidade da contratação e proximidade com os resultados pretendidos para que seja possível a validação do êxito da solução.

4.5.5.3 A inaplicabilidade do conceito de "termo de referência" do art. 6º, inc. XXIII, da Lei nº 14.133/21

As contratações regidas pela Lei nº 14.133/21 trazem implícita uma presença de intencionalidade relativa à aquisição ou realização de uma coisa, obra ou serviço e exige, portanto, a representação prévia do real. Por isso, o termo de referência se apresenta, filosoficamente, como essa projeção do saber aquilo que se pretende, antecipadamente, adquirir ou realizar.

O objeto a ser licitado tem, no termo de referência, a representação da realidade que se intenta a partir de um propósito.

Como bem explica Jair Santana,[191] o termo de referência contém o código genético da licitação e do contrato a ser concebido a partir dela.

A metáfora é apropriada no sentido de registrar que é nesse documento que constam todas as informações nevrálgicas e essenciais à garantia da compleição íntegra de toda a licitação.

---

[191] CAMARÃO, Tatiana; SANTANA, Jair Eduardo; CHRISPIM, Anna Carla Duarte. *Termo de Referência*: o impacto da especificação do objeto e do termo de referência na eficácia das licitações e contratos. 3ª ed. Belo Horizonte: Fórum, 2013.

De toda maneira, é importante ressaltar que cabe ao termo de referência permitir a aferição da real pretensão do Poder Público, e não apenas isso, mas, também, definir o objeto da contratação e o valor estimado dessa, recomendando consultar várias fontes, ato denominado "cesta de preços mercadológicos", com o propósito de servir de espelho para a elaboração do edital e do contrato.

Esse documento deve estar em sintonia com a solução viável identificada no ETP, caso existente, sendo que a desconexão entre o idealizado e os objetos a contratar gera inúmeros incidentes e deve ser evitada.

Ora, se o termo de referência adotado nas contratações tradicionais tem como elemento basilar indicar, previamente, nos autos dos procedimentos licitatórios, a especificação do objeto,[192] inclusive utilizando como referência o catálogo eletrônico com produtos padronizados[193] e o valor orçado do produto a adquirir, não é possível adotar esse documento na contratação aberta de inovação, a qual é pautada (na maior parte das vezes) pela incerteza, pelo alto risco tecnológico e pelo desconhecimento das soluções que se apresentarão.

A respeito escreve Luciano Elias Reis:

> O objeto a ser licitado poderá ser uma solução especificamente delineada no edital ou restringir-se à indicação do problema a ser resolvido e dos resultados esperados pela Administração Pública, incluídos os desafios tecnológicos a serem superados. Neste último caso é dispensada a descrição de eventual solução técnica previamente detalhada e suas especificações técnicas no edital, incumbindo aos licitantes a proposição de soluções que entendam pertinentes para a satisfatoriedade do problema.[194]

---

[192] De acordo com a Súmula 177 do TCU, "a definição precisa e suficiente do objeto licitado constitui regra indispensável da competição, até mesmo como pressuposto do postulado de igualdade entre os licitantes, do qual é subsidiário o princípio da publicidade, o qual envolve o conhecimento, pelos concorrentes potenciais, das condições básicas da licitação, constituindo, na hipótese particular da licitação para compra, a quantidade demandada uma das especificações mínimas e essenciais à definição do objeto do pregão".

[193] Esse procedimento está previsto no art. 19, inc. II, da Lei nº 14.133/21. Com o catálogo eletrônico, é possível facilitar a especificação do objeto e tornar mais célere o processo de contratação.

[194] REIS, Luciano Elias. *Compras públicas inovadoras*: o desenvolvimento científico, tecnológico e inovativo como perspectiva do desenvolvimento nacional sustentável – De acordo com a nova lei de licitações e o marco legal regulatório das Startups. Belo Horizonte: Fórum, 2022. p. 299.

Por isso, na contratação com fundamento no MLSEI, não se sabe, em razão da assimetria de informações com o mercado, qual é a descrição da solução ou qual é a ideal, limitando-se à "indicação do problema a ser resolvido e dos resultados esperados pela Administração Pública, incluídos os desafios tecnológicos a serem superados, dispensada a descrição de eventual solução técnica previamente mapeada e suas especificações técnicas", permitindo com que os licitantes possam "propor diferentes meios para a resolução do problema" (art. 13, §1º, do MLSEI).

Nesse sentido é o entendimento de Ana Cristina Moraes Warpechowski e Sabrina Nunes Iocken:[195]

> Conforme dispõe o art. 13, essa modalidade especial de licitação tem por objetivo contratar o teste de soluções inovadoras, reconhecendo a relevância da experimentação para o desenvolvimento de novas possibilidades de compras públicas inéditas. Observa-se que o próprio detalhamento do objeto contratual tem como foco o desafio/problema administrativo, e não, como costumava ser, a sua solução/resultado.

Se não há eleição prévia do único perfil (como ocorre nas licitações clássicas), fica a cargo do mercado apresentar as opções desenvolvidas ou em desenvolvimento que poderiam atender às necessidades apontadas.

Assim, em lugar de descrever a solução que poderia lhe atender, a organização experimentará e permitirá que o usuário, como beneficiário do produto, possa testar conjuntamente a solução e entender qual das opções apresentadas melhor resolve o problema posto.

Esse é um importante diferencial do MLSEI e que afugenta a utilização do termo de referência, exatamente por propiciar ao órgão ou entidade pública ocupar-se, inicialmente, em conhecer seus problemas, permitindo que haja a experimentação das soluções antes de escolher aquela, em razão da sua eficiência, mais aderente à necessidade.

4.5.6 O dilema da construção do preço de referência

Um dos pontos sensíveis da contratação aberta do MLSEI é estabelecer o valor de referência de mercado como parâmetro de reserva

---

[195] HARGER, Marcelo (coord.) *Aspectos polêmicos sobre a Nova Lei de Licitações e Contratos Administrativos*: Lei nº 14.133/21. "O processo de contratação direta e a inexigibilidade de licitação: como fazer a coisa certa com os atalhos legais?". Belo Horizonte, 2022. p. 230.

da dotação orçamentária e o pagamento do preço de teste da solução inovadora e sua usabilidade, especialmente nos casos que comportam, desde o início, a percepção de risco tecnológico e o desconhecimento do amplo espectro de soluções que poderiam atender à demanda.

Uma das peculiaridades desse procedimento de contratação, como já dito, é a impossibilidade de fixar, de antemão, quais soluções existem no mercado e o valor de todas elas para formar um preço como referência no custo do teste do produto ou serviço.

Em muitos casos, o grau de desenvolvimento da solução proposta e a maturidade do negócio da proponente não vão permitir que se tenha a completa projeção do custo do que será testado.

Nos casos que demandam mais esforços de pesquisa e desenvolvimento (P&D) e mais risco/incerteza, menores são as possibilidades de determinar o investimento necessário para testar determinado produto ou serviço, prescindindo de uma fase de imersão no desafio e na solução, de interação entre mercado e o órgão contratante.

Isso decorre, inclusive, da assimetria de informações que está nos eixos estruturantes dessa relação.

Na mesma linha, Gabriela Pércio afirma:

> No caso das soluções inovadoras, a administração não dispõe de todas as informações acerca do objeto e necessita da participação do mercado na definição da solução que melhor atenderá a sua demanda. Ela conhece suas necessidades, mas não sabe como prové-las. Uma solução inovadora não está disponível no mercado, não é um produto de prateleira, uma fórmula pronta ou uma atividade passível de ser, desde logo, descrita e/ou mensurada objetivamente. A solução inovadora será identificada pelo particular a partir de suas condições técnicas, com base *no problema existente* e nos resultados pretendidos. Não há, portanto, como pensar o processo de contratação de uma solução inovadora a partir da premissa do prévio desenho e especificação da solução.[196]

Portanto, por mais que se possa cogitar que o órgão tenha prévio conhecimento de algumas soluções possíveis a serem testadas, não se pode afirmar, a partir de uma cotação prévia, que sua construção de preço é fruto de avaliação correta, analítica e precisa dos valores de mercado.

---

[196] PÉRCIO, Gabriela Verona; FORTINI, Cristiana (coord.). *Inteligência e inovação em contratação pública*. 2ª ed. Belo Horizonte: Fórum, 2023. p. 27.

Corroborando esse entendimento, transcrevemos passagem do artigo *Modelagens jurídicas para inovação aberta na Administração Pública: reflexões e perspectivas de futuro*, de Carolina Mota Mourão, que assim se posiciona:[197]

> É preciso ter em mente que a inovação aberta não se destina a obter soluções já prontas e disponíveis "na prateleira" (a menos que seja para dar a elas um novo uso ou difusão). Ao contrário, ela estimula o desenvolvimento de soluções não usuais, a partir da mobilização de agentes que espontaneamente não teriam incentivos para se organizarem em torno de um dado problema. Ademais, trata-se de mecanismo que, por excelência, permite atuar onde há assimetrias de informação e em situações nas quais as forças de mercado, sem alguma coordenação ou orientação, não atendem a uma dada demanda de forma justa ou eficiente.

Prossegue a autora:

> Assim, a inovação aberta contém, em certa medida, um paradoxo intrínseco: ela implica uma ação concreta para resolver um problema que é vivenciado ou pensado no presente, mas que tem por objetivo uma solução futura – porque ainda não foi pensada ou desenvolvida e tampouco testada. Trata-se, de certa forma, de trazer o futuro para o presente: ainda que possa haver ambientes, processos e instrumentos "seguros" para colocar em prática a inovação aberta, ela irá necessariamente navegar no campo das incertezas e, muitas vezes, na fronteira do conhecimento. Em síntese, a inovação aberta trabalha com variáveis que nem sempre são conhecidas de antemão, razão pela qual exigirão a incorporação de diferentes graus de risco tecnológico, sob pena de não alcançarem seus objetivos.

Assim, a lógica de construção de preços e o uso de tabelas referenciais que estão na Lei nº 14.133/21[198] [199] e se direcionam para a

---

[197] SANTOS, Bruna (org.). *Caminhos da inovação no setor público*. Brasília: Enap, 2022. p. 275-276. Disponível em: https://repositorio.enap.gov.br/bitstream/1/7420/1/caminhos_da_inovacao_no_setor_publico.pdf. Acesso em: 1º fev. 2024.

[198] A orientação prevista no art. 23 da Lei nº 14.133/21 vai ao encontro da recomendação já sacramentada do TCU de se ampliar e diversificar as fontes das informações coletadas, procedimento denominado vulgarmente de "cesta de preços" mercadológicos.

[199] De acordo com a Lei nº 14.133/21, para que a pesquisa seja bem elaborada, é necessário que a área requisitante encaminhe o pedido com uma descrição precisa e suficiente do objeto demandado. A especificação incorreta impacta a pesquisa de preços, pois pode ser excessivamente detalhada, configurando o direcionamento da contratação, ou omissa nas informações, resultando em contratações contrárias à demanda apresentada. Portanto, a

contratação de solução conhecida e previsível[200] não se amoldam prévia e teoricamente ao MLSEI, o qual se sustenta apenas nos atos relacionados ao domínio do problema e resultados pretendidos, restando ao processo de contratação encontrar a solução viável.

Quanto menos conhecidas são as soluções, menos é possível projetar seus custos.

Oséias Gomes, a propósito, discorre sobre esse perfil diferenciado de mercado:

> Se, por um lado, temos um modelo mais organizado e fechado, por outro, as *startups* contam com estrutura mais flexível e são mais propensas e adaptáveis a mudanças radicais e, consequentemente, também um pouco mais arriscadas. Por isso, seguir a diretriz da Nova Lei de Licitações é adequado para o modelo conservador de licitação, metodologia que não se adapta a situações de incertezas e riscos próprias da inovação.[201]

Em alguns casos, é possível que, na fase preparatória, o órgão ou entidade pública sequer saibam se o mercado possui soluções capazes de resolver seus dilemas, total ou parcialmente, por não ter uma série histórica e, menos ainda, a condição de orçar à luz dos critérios tradicionais.

Não é possível, sem antes conhecer as soluções, ao menos fazer uma abordagem comparativa para compreender quais são funcionalmente equivalentes para que se sopese custo-benefício e, eventualmente, descartar orçamentos destoantes e formar preços médios e medianos.

Além de tudo, o objetivo do MLSEI de fomento ao mercado possibilita o investimento na construção de soluções empreendedoras/inovadoras sem uma concreta e precisa correlação com o custo do produto ou serviço.

---

especificação prévia do objeto antes de convocar o mercado é marca indelével das contratações comuns regidas pela Lei nº 14.133/21.

[200] Sobre esse mercado de soluções conhecidas, que faz parte do dia a dia da gestão, temos a seguinte manifestação de Oséias Gomes: "Se o mercado já está consolidado, isso quer dizer que o seu investimento sofrerá menos riscos, terá soluções já conhecidas, oferecerá produtos ou serviços para um público-alvo já existente, produzindo para uma demanda que já é atendida – o que chamo de commodities, isto é, um mercado que oferece algo de valor comum, habitual, não mais um diferencial" (GOMES, Oseias. *Negócio escalável*: como transformar sua ideia em uma *startup* bem-sucedida. São Paulo, ed. Gente, 2022. p. 70).

[201] GOMES, Oseias. *Negócio escalável*: como transformar sua ideia em uma *startup* bem-sucedida. São Paulo: ed. Gente, 2022. p. 71.

Dessa forma, é possível a utilização do conceito de *apetite de investimento*; em outros termos, o que o órgão está disposto a investir em soluções, a partir da compreensão da complexidade (ou não) do desafio proposto, sem que sua proposta corresponda exatamente ao custo do teste.

Não quer dizer, no entanto, que essa eleição deva ser arbitrária, senão que há uma zona cinzenta que impede uma completa previsão dos custos dos testes.

Nada impede que o órgão averigue a ocorrência de produtos ou serviços aproximados para servir de inspiração ao seu apetite, em um processo especulativo do que seria atrativo ao mercado.

Deve, inclusive, se for o caso, realizar consulta ao mercado para levantamento das possíveis soluções e valores, procedimento que aumenta o custo transacional, mas pode abrandar o enfrentamento desse desafio.

Além de tudo, vale lembrar que há uma fase de negociação e é possível que o órgão ou entidade alcance testes com mais resolutividade e vantajosidade "limitado ao valor máximo que se propõe a pagar" (art. 13, §10, do MLSEI).

Dessa forma, é no curso do procedimento que o órgão poderá, de fato, averiguar a reação do mercado ao apetite proposto e pensar de que maneira poderá encaixar aos seus limites orçamentários o que o mercado lhe propiciar, inclusive se ajustando quando encontrar proposta "que seja superior em termos de inovações, de redução do prazo de execução ou de facilidade de manutenção ou operação".

Como dito em doutrina:

> O objetivo das leis é oferecer determinações e possibilidades claras e objetivas. A despeito disso, muitos dos avanços quanto à sua compreensão e interpretação decorrem da aplicação em casos concretos. Isso é especialmente complexo no processo inovador, no qual, diferentemente do que acontece com as contratações públicas usuais, há uma demanda por mais flexibilidade.[202]

---

[202] CHIOATO, Tânia Lopes Pimenta; LINS, Maria Paula Beatriz Estellita. *Compras públicas para inovação na perspectiva do controle apud* RAUEN, André Tortato (org.). *Compras públicas para inovação no Brasil*: novas possibilidades legais. Brasília: IPEA, 2022. p. 88.

Também a doutrina:

> Contudo, as compras públicas para inovação exigem uma mudança do paradigma institucional vigente, que foi construído muito em função das posições do controle sobre contratações de bens e serviços comuns, com base na legislação ordinária aplicável às contratações públicas. Essa mudança não é trivial de ser realizada, depende de uma adequada reorientação dos próprios órgãos de controle em direção ao reconhecimento da relevância do tema e, sobretudo, de seu caráter especial, que demanda tratamento diferenciado no universo das compras públicas. De maneira nenhuma isso implica afastar ou limitar a atuação do controle nas compras de soluções inovadoras. O que se coloca é a necessidade de que essa atuação se baseie em princípios e valores adequados à presença de alto risco e de incerteza, típicos das contratações de inovação. Ainda há muitos desafios pela frente até que os órgãos de controle estejam preparados para adotar uma visão diferenciada. Estamos só começando.[203]

O que não poderia, evidentemente, é esse apetite ser superior ao limite legal, ou seja, R$1,6 milhão para o teste e R$8 milhões para o contrato de fornecimento (arts. 14, §2º, e 15, §3º).[204]

Lembre-se, inclusive, que o legislador, ao criar esses limites, também não se referiu ao custo real dos testes, mas ao espaço adequado aos fomentos que o MLSEI procurou propiciar.

4.5.6.1 O significado do art. 13, §10, do novo marco legal

Diz o art. 13, §10, do MLSEI que, encerrada a fase de julgamento e de negociação de que trata o §9º desse artigo, na hipótese de o preço ser superior à estimativa, a Administração Pública poderá, mediante justificativa expressa, com base na demonstração comparativa entre o

---

[203] CHIOATO, Tânia Lopes Pimenta; LINS, Maria Paula Beatriz Estellita, op. cit., p. 116.

[204] Importante considerar que, em razão da pouca referência no próprio MLSEI e da tímida construção doutrinária, até este momento, a respeito de algumas concretudes a se dar ao marco, não há uma definição precisa de como considerar o preço do contrato de fornecimento: se sua referência deve integrar a proposta comercial inicial (na fase anterior ao CPSI) ou não. Embora não seja possível à Administração Pública avaliar o custo/preço sem nem antes conhecer as soluções que serão propostas, o que impede a orçamentação prévia com base em custo real, há algum debate doutrinário no sentido de que, na leitura do art. 13, §4º, inc. V, do MLSEI ("demonstração comparativa de custo e benefício da proposta em relação às opções funcionalmente equivalentes"), deva ser feita a avaliação não somente do custo do teste como também do fornecimento, avaliando-se aspectos de preço do conjunto das atuações do proponente. Não há, no entanto, até o momento, elementos suficientes para a escolha de um dos perfis interpretativos.

custo e o benefício da proposta, aceitar o preço ofertado, desde que seja superior em termos de inovações, de redução do prazo de execução ou de facilidade de manutenção ou operação, limitado ao valor máximo que se propõe a pagar.

Vale lembrar que o MLSEI fixa, no art. 14, §2º, o valor máximo a ser de R$1,6 milhão por CPSI.

A dificuldade de fixar preço prévio de solução, que não se sabe qual será a proposta ou que demandará a realização de teste para adequação à demanda, é ingênita da contratação de inovação.

Por isso, quando se fixa o valor, parametrizado no apetite do órgão com relação ao investimento que ele pretende realizar, não se sabe se esse será o correto.

É possível que se trate de problema complexo, que é impactado pelo alto grau de incerteza e risco tecnológico e que terá valor elevado, podendo ultrapassar o primeiro limite fixado no edital.

Nesse caso, o MLSEI prevê que é possível aceitar o preço acima do primeiro estimado, desde que haja motivação expressa com fundamento na comparação do custo-benefício gerado pela solução em termos de inovação, redução de prazo de execução ou facilidade de manutenção e operação, limitado ao valor máximo que se propõe a pagar.

4.5.6.2 O que pode ser negociado em fase própria

Outro ponto de suma importância é destacar que esse modal prestigia a negociação como resultado da interação com o mercado e de uma nova forma de se alcançarem soluções inovadoras, compreendendo o MLSEI o quanto as interações são essenciais para o sucesso da iniciativa.

O MLSEI explica a que se referiria a negociação, mesmo que trate em termos genéricos, ou seja: no §9º do art. 13, fez menção a "negociar com os selecionados as condições econômicas mais vantajosas para a administração e os critérios de remuneração que serão adotados".

Isso será feito após a fase de julgamento das propostas.

Para a efetividade dessa medida, é imperioso que a Comissão de Julgamento seja composta de agentes que, além dos conhecimentos e habilidades inerentes à atribuição, tenham perfil negocial e se mostrem aptos a reinserir o diálogo e a interação sempre que necessário.

Em capítulo mais adiante, trataremos das sugestões de como compreender esses termos genéricos e a possibilidade do seu alcance.

Por fim, vale destacar que a Comissão Fiscalizadora, no CPSI, deve procurar chegar a entendimentos em negociação com os contratados, resguardando as formalidades indispensáveis por força de lei, contrato ou normativos de cumprimento interno, todavia sem imposição de métodos.

4.5.7 A utilização de processos eletrônicos e sistêmicos

A adoção de procedimento eletrônico no formato digital vai ao encontro do princípio da transparência e tem sido impulsionada pelos novos normativos.

Sobre o tema, a Lei nº 14.133/21 estabelece, no art. 12, inc. VI, a utilização, pelos órgãos públicos, dos meios eletrônicos para condução do certame e participação dos licitantes, inclusive para prática dos atos que lhes cabem.

Ainda cabe lembrar que o TCU tem, reiteradamente, se posicionado sobre o tema, recomendando a adoção dessa medida nos órgãos e entidades públicas:

> 9.1.1. Implementem meio eletrônico para a realização de processo administrativo, de modo que os novos autos sejam autuados em formato digital, nos termos do Decreto nº 8.539/2015 e da Portaria-MEC 1.042/2015.[205]

Aliás, esse acórdão traz orientações importantes acerca do procedimento que deverá ser observado pelos órgãos e entidades públicas para produção, comunicação, armazenamento e validação por meio eletrônico.

> 9.1.1. Implementem meio eletrônico para a realização de processo administrativo, de modo que os novos autos sejam autuados em formato digital, nos termos do Decreto nº 8.539/2015 e da Portaria-MEC nº 1.042/2015;
> 9.1.2. Independentemente da plataforma utilizada, adotem as providências para que seja possível a consulta pública do inteiro teor dos documentos e processos eletrônicos administrativos, mediante versão ou módulo que no Sistema Eletrônico de Informações (SEI) corresponde à Pesquisa Pública (transparência ativa do "módulo CADE"), independentemente

---

[205] BRASIL. Tribunal de Contas da União. Acórdão nº 484/2021. Plenário, Relator Ministro Walton Alencar Rodrigues, j. 10/3/2021.

de cadastro, autorização ou utilização de login e senha pelo usuário, observada a classificação de informações sob restrição de acesso nos termos da Lei nº 12.527/2011 e do Decreto nº 7.724/2012;

9.1.3. Como regra, classifiquem os documentos e processos administrativos como públicos, excepcionando-se a classificação em outros graus de sigilo nos termos da Lei nº 12.527/2011 e do Decreto nº 7.724/2012;

9.1.4. No prazo de 120 dias, elaborem plano de ação que, preferencialmente, seja disponibilizado em processo eletrônico para o qual se concederá acesso ao TCU, indicando de forma sintética as ações, seus responsáveis e os prazos previstos para a efetiva adoção das medidas contidas nos itens acima;

9.2. Recomendar (...):

9.2.1. Priorizem na implementação dos processos eletrônicos os seguintes macroprocessos: dispensas e inexigibilidades; projetos com fundações de apoio, em suas diferentes fases; licitações em geral; adesões a atas de registro de preços; contratos e fiscalizações da execução contratual; estudos, concessões e controles de jornada flexibilizada; concessões, pagamentos e controles de bolsas, auxílios e outras retribuições pecuniárias; gestão do patrimônio imobiliário; atendimento de demandas de órgãos de controle;

9.2.2. Disponibilizem em destaque nos seus portais da internet, na página inicial ou na própria da transparência, botão específico da funcionalidade de Pesquisa Pública das ferramentas de processo eletrônico (...);

9.2.3. Configurem e parametrizem os sistemas de processo eletrônico em uso para que o default de classificação dos documentos e processos administrativos e a consequente disponibilização nas plataformas permita a transparência ativa, consoante à Lei nº 12.527/2011 e ao Decreto nº 7.724/2012;

9.2.4. Estabeleçam nos normativos internos que dispõem sobre o uso do meio eletrônico para a gestão de documentos e processos os requisitos arquivísticos, de segurança, de protocolo e de transparência verificados nesta auditoria.

Em síntese, mister faz-se depreender que a orientação de adoção de processo eletrônico deve ser observada na Administração Pública, inclusive nas contratações decorrentes do MLSEI, medida que vai ao encontro do princípio da transparência.[206]

---

[206] Os documentos e processos administrativos devem ser publicizados, exceto os classificados como sigilosos nos termos da Lei nº 12.527/11 e do Decreto nº 7.724/12.

4.5.8 O plano de comunicação da licitação e dos contratos subsequentes

Um plano de comunicação que busque engajamento e conscientização dos agentes públicos e licitantes, disseminando a cultura de inovação e fixando as regras do novo modal de contratação de *startups* e empreendedores, é outra medida essencial para a efetividade da contratação por meio do MLSEI.

A falta de comunicação das diretrizes de contratação de *startups* e empreendedores pelos órgãos e entidades públicas pode comprometer a transparência e a disseminação das informações e aumentar a fragilidade da iniciativa.

Por via de consequência, deve constar do Plano Estratégico de Comunicação do órgão essa iniciativa e, como seu desdobramento, o programa de comunicação interna para atingimento dos agentes públicos, disseminando a inovação e suas vantagens.

Ainda nesse plano, as ações devem ser acessíveis ao mercado interno e externo.

Algumas iniciativas que o plano de comunicação deve contemplar:

a) Identificar ações necessárias e efetivas para o atingimento dos resultados pretendidos, por meio de processos empáticos de diagnóstico com os destinatários da informação;
b) Elaborar, com a utilização de requisitos de *design thinking*, o edital interativo de chamamento do mercado e divulgar no portal do órgão e nos canais próprios e de fácil acesso ao público externo;
c) Elaborar cartilha informativa, contendo esclarecimentos desse novo modal e suas peculiaridades) para melhor compreensão do público interno e facilitar a participação do público externo;
d) Utilizar, sempre que possível, recursos que tornem a linguagem de todos os documentos mais claros, usuais e acessíveis;
e) Criar identidade visual para difundir o conceito da ação dessa contratação aos públicos interno e externo;
f) Promover a comunicação aberta, voluntária e transparente das atividades e dos resultados das contratações, de maneira a fortalecer o acesso público à informação;
g) Propiciar canal de comunicação para denúncias e esclarecimentos;
h) Promover eventos e palestras para impulsionar o tráfego institucional e com o ecossistema de inovação;
i) Promover a realização de eventos, diálogos, compartilhamentos, publicações e interações que propiciem a divulgação do edital, mas

também do próprio MLSEI e do plano de ampliação do uso do modal pelo órgão;

j) Apresentar indicadores de ações de comunicação e mensurar os resultados.

Enfim, criar uma estratégia para alcançar e otimizar a cultura de inovação, na maioria das vezes, mostra-se uma iniciativa infrutífera se não tiver um programa de comunicação e capacitação sistêmica.

Como diz Peter Drucker, o guru da administração moderna: "A cultura devora a estratégia no café da manhã".[207]

4.5.9 O papel residual e subsidiário da utilização da Lei nº 14.133/21

A Lei nº 14.133/21 não poderia prever a sua aplicação subsidiária ao MLSEI, posto que lhe é anterior.

Inobstante o MLSEI seja a norma primária de regência, é fato que o modal não se mostra integralmente descritivo quanto aos requisitos de desenvolvimento procedimental e, por isso, é necessária a referência a uma norma secundária e residual de regência, assim aplicando-se a Lei nº 14.133/21.

Ressalta-se que isso não significa que todos os dispositivos da Lei nº 14.133/21 são aplicáveis ou não haveria, em decorrência do MLSEI, um novo modal.

Essa será aplicável "no que couber", respeitando o modal do MLSEI e o *mindset* de inovação sobre o qual esse procedimento de contratação está ancorado.

4.5.10 Compreendendo os diversos modais

4.5.10.1 Encomenda tecnológica (ETEC)

De acordo com o art. 27 do Decreto nº 9.283/18, os órgãos e as entidades da Administração Pública poderão contratar diretamente ICT pública ou privada, entidades de direito privado sem fins lucrativos ou empresas, isoladamente ou em consórcio, voltadas para atividades de pesquisa e de reconhecida capacitação tecnológica no setor, com vistas à realização de atividades de pesquisa, desenvolvimento e inovação

---

[207] DAL POZZO, Augusto Neves; MARTINS, Ricardo Marcondes (coord.). *Compliance no direito administrativo*. São Paulo: Thomson Reuters, 2020. Coleção Compliance. vol. 1, p. 97.

que envolvam risco tecnológico para solução de problema técnico específico ou obtenção de produto, serviço ou processo inovador, nos termos do art. 20 da Lei nº 10.973/04 e do inc. XXXI do art. 24 da Lei nº 8.666/93 (hoje correspondente ao art. 75, inc. V, da Lei nº 14.133/21, por força de seu art. 189).

Dito isso, a encomenda tecnológica consiste na compra direta de serviços de pesquisa e desenvolvimento para a obtenção de uma solução determinada, existindo risco tecnológico.

Risco tecnológico é a incerteza de que o objeto demandado, que requer a aplicação inédita e especulativa de uma tecnologia ainda imatura, possa ser alcançado.[208]

Sobre o tema, assinala Afonso Códolo Belice:

> Assim, diferentemente do que ocorre nas demais compras públicas, as encomendas tecnológicas possibilitam a contratação a partir de um problema técnico específico, ao invés da delimitação exata do que seria contratado. Ainda, está incluso o risco tecnológico, que significa dizer que há a possibilidade de a solução não ser cumprida em sua totalidade. Abra-se espaço para a experimentação por meio de tentativa e erros.[209]

Prossegue o autor diferenciando a encomenda tecnológica da Lei nº 10.973/04 e a contratação por meio do MLSEI:

> Desde já explicamos que uma das diferenças essenciais entre o MLS e a encomenda tecnológica da Lei de Inovação é que na nova norma não há a exigência de o entre público comprovar o risco tecnológico. Assim, o Poder Público poderá contratar soluções inovadoras por meio de um processo simplificado, descrevendo o problema a ser resolvido e quais são os resultados esperados. Inclusive, abre-se a possibilidade para que as empresas e as *startups* proponham maneiras transformadoras para resolução das demandas.

---

[208] Disponível em: https://portal.tcu.gov.br/licitacoes-e-contratos-do-tcu/licitacoes/etec/. Acesso em: 2 mar. 2024.
[209] MATIAS, Eduardo Felipe P. (coord.). *Marco Legal das Startups*. Compras Públicas e o Marco Legal das *Startups*: a nova modalidade de contratação de soluções inovadoras pelo Estado. São Paulo: Revista dos Tribunais, p. 149.

4.5.10.2 Diálogo competitivo

O diálogo competitivo foi definido no art. 6º, inc. XLII, da Lei nº 14.133/21 como modalidade[210] de licitação para contratação de obras, serviços e compras em que a Administração Pública realiza diálogos com licitantes previamente selecionados mediante critérios objetivos, com o intuito de desenvolver uma ou mais alternativas capazes de atender às suas necessidades, devendo os licitantes apresentarem proposta final após o encerramento dos diálogos.

De acordo com o art. 32 da mesma lei, essa modalidade é restrita a contratações em que a Administração vise contratar objeto que envolva as seguintes condições:

a) inovação tecnológica ou técnica;
b) impossibilidade de o órgão ou entidade ter sua necessidade satisfeita sem a adaptação de soluções disponíveis no mercado; e
c) impossibilidade de as especificações técnicas serem definidas com precisão suficiente pela Administração.

Ademais, esse procedimento se propõe a verificar a necessidade de definir e identificar os meios e as alternativas que possam satisfazer suas necessidades, com destaque para os seguintes aspectos:

a) a solução técnica mais adequada;
b) os requisitos técnicos aptos a concretizar a solução já definida;
c) a estrutura jurídica ou financeira do contrato.

A Lei nº 14.133/21 também roteiriza como deve ser realizado o procedimento e fixa as seguintes disposições a serem observadas:

1) a Administração apresentará, por ocasião da divulgação do edital em sítio eletrônico oficial, suas necessidades e as exigências já definidas, e estabelecerá prazo mínimo de 25 (vinte e cinco) dias úteis para manifestação de interesse na participação da licitação;
2) os critérios empregados para pré-seleção dos licitantes deverão ser previstos em edital, e serão admitidos todos os interessados que preencherem os requisitos objetivos estabelecidos;
3) a divulgação de informações de modo discriminatório que possa implicar vantagem para algum licitante será vedada;

---

[210] Art. 28 da Lei nº 14.133/21: São modalidades de licitação: V - diálogo competitivo.

4) a Administração não poderá revelar a outros licitantes as soluções propostas ou as informações sigilosas comunicadas por um licitante sem o seu consentimento;
5) a fase de diálogo poderá ser mantida até que a Administração, em decisão fundamentada, identifique a solução ou as soluções que atendem às suas necessidades;
6) as reuniões com os licitantes pré-selecionados serão registradas em ata e gravadas mediante utilização de recursos tecnológicos de áudio e vídeo;
7) o edital poderá prever a realização de fases sucessivas, caso em que cada fase poderá restringir as soluções ou as propostas a serem discutidas;
8) a Administração deverá, ao declarar que o diálogo foi concluído, juntar aos autos do processo licitatório os registros e as gravações da fase de diálogo, iniciar a fase competitiva com a divulgação de edital contendo a especificação da solução que atenda às suas necessidades e aos critérios objetivos a serem utilizados para seleção da proposta mais vantajosa e abrir prazo, não inferior a 60 (sessenta) dias úteis, para todos os licitantes pré-selecionados na forma do inciso II deste parágrafo apresentarem suas propostas contendo os elementos necessários para a realização do projeto;
9) a Administração poderá solicitar esclarecimentos ou ajustes às propostas apresentadas, desde que não impliquem discriminação nem distorçam a concorrência entre as propostas;
10) a Administração definirá a proposta vencedora de acordo com critérios divulgados no início da fase competitiva, assegurada a contratação mais vantajosa como resultado;
11) o diálogo competitivo será conduzido por comissão de contratação composta de, no mínimo, 3 (três) servidores efetivos ou empregados públicos pertencentes aos quadros permanentes da Administração, admitida a contratação de profissionais para assessoramento técnico da comissão, os quais deverão assinar termo de confidencialidade e absterem-se -se de atividades que possam configurar conflito de interesses.

Esse procedimento é mais um arranjo a somar à contratação pelo MLSEI, ao PMI[211] e ao concurso,[212] permitindo a interação com o mercado para que se encontrem soluções aptas a gerar o resultado mais vantajoso para a Administração Pública.

Gabriela Pércio, tratando sobre o tema, deixou clara a importância de modais diferenciados com interação com o mercado para contratação

---

[211] Art. 81 da Lei nº 14.133/21.
[212] Art. 28 da Lei nº 14.133/21: são modalidades de licitação: III - concurso.

de soluções inovadoras e a liberalidade de escolha do melhor arranjo para conduzir a contratação.

São palavras dela:[213]

> A depender da complexidade do problema e do grau de indefinição relacionado à solução, tal diálogo pode a) ser menos ou mais intenso, b) exigir, ou não, a condução por agentes públicos altamente qualificados e c) destinar-se a obter informações de diversos particulares para a construção de uma solução ou a encontrar, desde logo, uma solução integrada, oferecida por um dado particular. Portanto, à diversidade de situações concretas possíveis não cabe oferecer uma única solução, padronizada, de procedimento de contratação, sendo absolutamente necessária uma flexibilidade que permita ao gestor utilizar o procedimento adequado para cada situação concreta.

Como podemos ver, o modal do diálogo competitivo oferece uma nova roupagem procedimental e metodologias inovadoras de contratação, mais dinâmicas e que rompem com as formalidades enfeixadas nos modelos tradicionais, mitigando a assimetria de informações e seleção adversa.

Segundo Afonso Códolo Belice:[214]

> Em legislações passadas, o gestor público, ao realizar seus procedimentos de compras, ficava impossibilitado de dialogar com o mercado, pois isso era visto como um risco para acerto de preços e corrupção. Contudo, com a atualização legal nessa área, e tomando as devidas diligências, a Administração Pública e o mercado de inovação vão poder alinhar expectativas e soluções.
> A nova Lei de Licitação e Contratos Públicos inovou ao criar a figura dos diálogos competitivos. Esse modelo oportuniza que a iniciativa privada discuta com entes públicos a resolução de problemas complicados. Assim, fica aberto um fórum para que o Poder Público dialogue com o mercado para pensarem em conjunto uma solução.

---

[213] PÉRCIO, Gabriela Verona; FORTINI, Cristiana (coord.). *Inteligência e inovação em contratação pública*. 2ª ed. Belo Horizonte: Fórum, 2023. p. 19.
[214] MATIAS, Eduardo Felipe P. (coord.). *Marco Legal das Startups*. Compras Públicas e o Marco Legal das *Startups*: a nova modalidade de contratação de soluções inovadoras pelo Estado. São Paulo: Revista dos Tribunais, p. 162.

4.5.10.3 Contrato Público de Solução Inovadora (CPSI)

O art. 13 do MLSEI prevê rito especial de contratação de pessoas físicas ou jurídicas, isoladamente ou em consórcio, para o teste de soluções inovadoras por elas desenvolvidas ou a serem desenvolvidas, com ou sem risco tecnológico.

O CPSI, aliado às demais modulagens citadas, propõe a melhoria incremental das contratações, em especial daquelas voltadas a desafios tecnológicos, com o propósito de abrandar a assimetria de informações, a seleção adversa, a cronificação da falta de profissionais com conhecimento aprofundado e atualizado na organização e a ausência de estruturas institucionais vocacionadas a esse propósito.

Essas iniciativas estão cada vez mais presentes no ambiente negocial público de outros continentes e foram acolhidas nos novos normativos.

Endossando esse nosso raciocínio, Ione Lewick Cunha Mello e Raquel Melo Urbano de Carvalho esclarecem:[215]

> Já de início, o escopo da licitação poderá se restringir à indicação do problema a ser resolvido pelos interessados e dos resultados esperados pela Administração Pública, incluídos os desafios tecnológicos a serem superados. Essa abertura para a participação social na criação da solução do problema por meio do diálogo é uma tendência que deriva da Democracia Participativa e é muito bem-vinda, por aumentar a legitimidade da escolha e dar maiores chances de o Estado decidir pela solução mais adequada. Essa tendência já havia sido concretizada na MROSC (Lei nº 13.019), nos procedimentos de manifestação de interesse social e nos termos de fomento, além de previsão na Nova Lei de Licitações (Lei nº 14.133/21) com o procedimento de diálogo competitivo e com o procedimento auxiliar de manifestação de interesses.

4.5.10.4 Procedimento de Manifestação de Interesse (PMI)

A Lei nº 14.133/21 prevê, no art. 78, o PMI como instrumento auxiliar das licitações e das contratações e, no art. 81, enuncia como deve ser realizado:

---

[215] PÉRCIO, Gabriela Verona; FORTINI, Cristiana (coord.) *Inteligência e inovação em contratação pública*. 2ª ed. Belo Horizonte: Fórum, 2023. p. 267.

Art. 81. A Administração poderá solicitar à iniciativa privada, mediante procedimento aberto de manifestação de interesse a ser iniciado com a publicação de edital de chamamento público, a propositura e a realização de estudos, investigações, levantamentos e projetos de soluções inovadoras que contribuam com questões de relevância pública, na forma de regulamento.

§1º. Os estudos, as investigações, os levantamentos e os projetos vinculados à contratação e de utilidade para a licitação, realizados pela Administração ou com a sua autorização, estarão à disposição dos interessados, e o vencedor da licitação deverá ressarcir os dispêndios correspondentes, conforme especificado no edital.

§2º. A realização, pela iniciativa privada, de estudos, investigações, levantamentos e projetos em decorrência do procedimento de manifestação de interesse previsto no caput deste artigo:
I - não atribuirá ao realizador direito de preferência no processo licitatório;
II - não obrigará o poder público a realizar licitação;
III - não implicará, por si só, direito a ressarcimento de valores envolvidos em sua elaboração;
IV - será remunerada somente pelo vencedor da licitação, vedada, em qualquer hipótese, a cobrança de valores do poder público.

§3º. Para aceitação dos produtos e serviços de que trata o caput deste artigo, a Administração deverá elaborar parecer fundamentado com a demonstração de que o produto ou serviço entregue é adequado e suficiente à compreensão do objeto, de que as premissas adotadas são compatíveis com as reais necessidades do órgão e de que a metodologia proposta é a que propicia maior economia e vantagem entre as demais possíveis.

§4º. O procedimento previsto no caput deste artigo poderá ser restrito a *startups*, assim considerados os microempreendedores individuais, as microempresas e as empresas de pequeno porte, de natureza emergente e com grande potencial, que se dediquem à pesquisa, ao desenvolvimento e à implementação de novos produtos ou serviços baseados em soluções tecnológicas inovadoras que possam causar alto impacto, exigida, na seleção definitiva da inovação, validação prévia fundamentada em métricas objetivas, de modo a demonstrar o atendimento das necessidades da Administração.

Trata-se de medida voltada a buscar o apoio do mercado para contribuir com a etapa preparatória da licitação, uma das mais sensíveis, visto que os órgãos e entidades públicos, muitas vezes, não têm domínio e conhecimento acerca da solução que deve ser adotada e acabam sendo afetados pela assimetria de informações entre a Administração

Pública e mercado, levando a escolhas desalinhadas com a demanda apresentada.

Nessa linha, menciona-se posicionamento de Carolina Mota Mourão:[216]

> Ao buscar soluções inovadoras, a Administração Pública nem sempre conhece todos os elementos envolvidos. Em outras palavras, ela não conhece, na integralidade, os possíveis comportamentos do mercado, os atores com interesse ou condições de desenvolver as soluções almejadas e tampouco as suas estratégias, seja do ponto de vista tecnológico ou da perspectiva de plano de negócio. Com isso, mudanças e adaptações no curso do processo decisório podem ser necessárias, por exemplo, em razão de paradigmas tecnológicos setoriais ou de características do público-alvo.

Aqui, novamente, temos a Lei nº 14.133/21 recomendando a interação com o mercado para construir informações mais assertivas e reduzir riscos na fase de especificação da solução, momento importante e desafiador para os órgãos e entidades públicas:

> O PMI tem o potencial de conferir mais eficiência às contratações públicas, na medida em que a Administração se vale do conhecimento técnico e da experiência da iniciativa privada para auxiliar na definição da solução mais adequada à necessidade estatal dentre as possibilidades disponíveis no mercado.[217]

Nota-se, no §4º, o firme propósito de incentivar a participação das *startups* no mercado de contratações públicas, visto que permite que a Administração Pública, ao lançar o PMI, restrinja a participação no certame somente a essas, aqui considerados os microempreendedores individuais, as microempresas e as empresas de pequeno porte, de natureza emergente e com grande potencial, dedicados à pesquisa, ao desenvolvimento e à implementação de novos produtos ou serviços

---

[216] SANTOS, Bruna (org.). *Caminhos da inovação no setor público*. Brasília: Enap, 2022. p. 277. Disponível em: https://repositorio.enap.gov.br/bitstream/1/7420/1/caminhos_da_inovacao_no_setor_publico.pdf. SANTOS, Bruna (org.). *Caminhos da inovação no setor público*. Brasília: Enap, 2022. Acesso em: 1º fev. 2024.

[217] RESENDE, Mariana Bueno. *O Procedimento de Manifestação de Interesse (PMI) na nova Lei de Licitações apud* SLC – Solução em Licitações e Contratos nº 74. Seção Entrevista com a Mestre. São Paulo: SGP, maio 2024, p. 21-26.

baseados em soluções tecnológicas inovadoras que possam causar alto impacto.

Para além de servir como alternativa para incrementar os atos praticados na fase interna das contratações, o tratamento particularizado oferecido às *startups* tem o objetivo de promover mudanças na dinâmica das contratações, incentivar o empreendedorismo dessa categoria de empresas[218] e fortalecer o ecossistema de inovação brasileiro.[219]

É importante acentuar que um estudo com o panorama legal das *startups*[220] apontou que essas empresas demandam adoção de regimes mais favoráveis para as contratações governamentais.

Essa diferenciação de participação na licitação, concedida pela Lei nº 14.133/21, está alinhada com as prerrogativas previstas no MLSEI, as quais reconhecem o papel do Estado no fomento desse modelo de negócio e o alcance de benefício e solução de problemas públicos mais econômicos e inovadores.[221]

4.5.10.5 Contratações na Lei nº 14.133/21

A Lei nº 14.133/21 traz de maneira latente uma nova maneira de pensar as contratações, ressaltando a importância do incentivo à inovação prevista no art. 11, inc. IV:

> Adaptar uma gestão a diversas situações requer não somente a resiliência e capacidade de adaptação, mas uma visão inovadora para a instituição pensar e executar de forma diferente de tudo que já foi feito. Isso não é

---

[218] As *startups* geralmente são pequenas sociedades empresárias, com pouca experiência anterior e sem capital inicial para impulsionar suas atividades. Assim, um dos principais instrumentos nesse sentido, por meio de *startups*, é o desempenho de adequada atividade fomentadora por parte da Administração Pública (SOUSA, Horácio Augusto Mendes de; SADDY, André; MEDEIROS, Fernanda; RODOR, Ribeiro. *Direito público das startups*: uma nova governança público-privada nas parcerias entre o Estado e as entidades privadas de tecnologia e inovação. Rio de Janeiro: CEEJ, 2020. p. 6).

[219] "As *startups* são hoje uma das mais importantes fontes de inovação. É delas que, muitas vezes, virão as soluções tecnológicas que permitirão vencer os desafios relacionados ao desenvolvimento e, principalmente, a sustentabilidade de nossa economia e de nossa sociedade neste século. Dessa maneira, a atividade dessas empresas deve ser estimulada por governos e investidores privados" (NOGUEIRA, ELIAS, LASKOWSKI E MATIAS ADVOGADOS. *Empreendendo Direito*: Aspectos Legais das *Startups*. São Paulo, SP: NELM, 2017. p. 27).

[220] Disponível em: http://www.nelmadvogados.com/pdf/relatorio.pdf.

[221] Art. 3º, inc. VIII, do MLSEI.

simples na administração pública e requer maturidade. Em compensação, os resultados podem ser enormes.[222]

Para atender essa premissa mandatória, as organizações devem considerar estratégicos os diversos modais de contratações de inovação disponíveis para resolver a demanda e alcançar o interesse público. A propósito, cite-se a previsão de contratação direta que tenha como objeto a transferência tecnológica ou licenciamento de direito de uso ou de exploração de criação protegida nas contratações realizadas por instituição científica, tecnológica e de inovação (ICT)[223] pública ou por agência de fomento, desde que demonstrada vantagem para a Administração (art. 75, inc. IV, alínea "d").

Essa hipótese vai ao encontro do previsto nos arts. 6º e 7º da Lei de Inovação (Lei nº 10.973/04),[224] alterada pela Lei nº 13.243/16, que trata, em capítulo específico, do estímulo à participação das ICTs no processo de inovação:

> Art. 75. É dispensável a licitação:
> IV - para contratação que tenha por objeto:
> d) transferência de tecnologia ou licenciamento de direito de uso ou de exploração de criação protegida, nas contratações realizadas por instituição científica, tecnológica e de inovação (ICT) pública ou por agência de fomento, desde que demonstrada vantagem para a Administração;

O artigo transcrito evidencia que a ICT pode contratar diretamente particular para transferência tecnológica ou licenciamento de direito de uso ou exploração de criação protegida. Todavia, não é possível utilizar-se dessa faculdade para outros propósitos.

---

[222] LINDENBERG JUNIOR, Ivan. *Judiciário 4.0 = Justiça 4.0 + Administração Judiciária 4.0*: a transformação digital e a governança no Poder Judiciário como caminho até a sociedade. São Paulo: Vidaria Livros, 2022. p. 132.

[223] De acordo com o art. 2º da Lei nº 10.973/04, instituição científica, tecnológica e de inovação (ICT) é órgão ou entidade da Administração Pública direta ou indireta ou pessoa jurídica de direito privado sem fins lucrativos legalmente constituído sob as leis brasileiras, com sede e foro no país, que inclua em sua missão institucional ou em seu objetivo social ou estatutário a pesquisa básica ou aplicada de caráter científico ou tecnológico ou o desenvolvimento de novos produtos, serviços ou processos.

[224] Art. 6º. É facultado à ICT pública celebrar contrato de transferência de tecnologia e de licenciamento para outorga de direito de uso ou de exploração de criação por ela desenvolvida isoladamente ou por meio de parceria. Art. 7º. A ICT poderá obter o direito de uso ou de exploração de criação protegida.

A outorga da transferência e licença deve ser precedida de publicação de extrato de oferta tecnológica, a qual equivale a um chamamento público de interessados para apresentarem suas ofertas pelo direito de exploração.

Art. 6º. É facultado à ICT pública celebrar contrato de transferência de tecnologia e de licenciamento para outorga de direito de uso ou de exploração de criação por ela desenvolvida isoladamente ou por meio de parceria.
§1º. A contratação com cláusula de exclusividade, para os fins de que trata o *caput*, deve ser precedida da publicação de extrato da oferta tecnológica em sítio eletrônico oficial da ICT, na forma estabelecida em sua política de inovação.

Com efeito, cumpre destacar que, se a criação decorrer de parceria entre a ICT e a empresa privada, a Lei nº 10.973/04 prevê a possibilidade de licença exclusiva para seu uso e exploração, por meio de dispensa de licitação.

Art. 6º.
§1º-A. Nos casos de desenvolvimento conjunto com empresa, essa poderá ser contratada com cláusula de exclusividade, dispensada a oferta pública, devendo ser estabelecida em convênio ou contrato a forma de remuneração.

Além desse dispositivo, temos, ainda, a possibilidade de contratação direta, com fundamento no art. 75, inc. V, da Lei nº 14.133/21, com vistas ao cumprimento do disposto nos arts. 3º, 3º-A, 4º, 5º e 20 da Lei nº 10.973/04, observados os princípios constantes do art. 1º, parágrafo único, da referida lei.[225]

---

[225] Art. 3º. A União, os Estados, o Distrito Federal, os Municípios e as respectivas agências de fomento poderão estimular e apoiar a constituição de alianças estratégicas e o desenvolvimento de projetos de cooperação envolvendo empresas, ICTs e entidades privadas sem fins lucrativos voltados para atividades de pesquisa e desenvolvimento, que objetivem a geração de produtos, processos e serviços inovadores e a transferência e a difusão de tecnologia.
Parágrafo único. O apoio previsto no *caput* poderá contemplar as redes e os projetos internacionais de pesquisa tecnológica, as ações de empreendedorismo tecnológico e de criação de ambientes de inovação, inclusive incubadoras e parques tecnológicos, e a formação e a capacitação de recursos humanos qualificados.
Art. 3º-A. A Financiadora de Estudos e Projetos - FINEP, como secretaria executiva do Fundo Nacional de Desenvolvimento Científico e Tecnológico - FNDCT, o Conselho Nacional de Desenvolvimento Científico e Tecnológico - CNPq e as Agências Financeiras Oficiais de Fomento poderão celebrar convênios e contratos, nos termos do inciso XIII do art. 24 da

Trata-se de hipótese que tem como base as situações arroladas na Lei nº 10.973/04 e que busca proporcionar incentivo à inovação e desenvolvimento científico e tecnológico no ambiente de negócio das organizações.

Outro tipo de contratação de inovação da Lei nº 14.133/21 tem assento no art. 26, §2º, e refere-se ao processo de licitação com a possibilidade de estabelecer margem de preferência de até 20% (vinte por cento) para os bens manufaturados nacionais e serviços nacionais resultantes de desenvolvimento e inovação tecnológica no país, definidos conforme regulamento do Poder Executivo federal.

Em relação à aplicação da margem de preferência, foi editado o Decreto nº 11.890/24 para a Administração Pública federal direta, autárquica e fundacional, o qual previu as regras que deverão ser observadas por essas organizações.

> Art. 3º. Nos processos de licitação realizados no âmbito da administração pública federal direta, autárquica e fundacional, os produtos

---

Lei nº 8.666, de 21 de junho de 1993, por prazo determinado, com as fundações de apoio, com a finalidade de dar apoio às IFES e demais ICTs, inclusive na gestão administrativa e financeira dos projetos mencionados no caput do art. 1º da Lei nº 8.958, de 20 de dezembro de 1994, com a anuência expressa das instituições apoiadas.
Art. 4º A ICT pública poderá, mediante contrapartida financeira ou não financeira e por prazo determinado, nos termos de contrato ou convênio:
I - compartilhar seus laboratórios, equipamentos, instrumentos, materiais e demais instalações com ICT ou empresas em ações voltadas à inovação tecnológica para consecução das atividades de incubação, sem prejuízo de sua atividade finalística;
II - permitir a utilização de seus laboratórios, equipamentos, instrumentos, materiais e demais instalações existentes em suas próprias dependências por ICT, empresas ou pessoas físicas voltadas a atividades de pesquisa, desenvolvimento e inovação, desde que tal permissão não interfira diretamente em sua atividade-fim nem com ela conflite;
III - permitir o uso de seu capital intelectual em projetos de pesquisa, desenvolvimento e inovação.
Parágrafo único. O compartilhamento e a permissão de que tratam os incisos I e II do *caput* obedecerão às prioridades, aos critérios e aos requisitos aprovados e divulgados pela ICT pública, observadas as respectivas disponibilidades e assegurada a igualdade de oportunidades a empresas e demais organizações interessadas.
Art. 5º. São a União e os demais entes federativos e suas entidades autorizados, nos termos de regulamento, a participar minoritariamente do capital social de empresas, com o propósito de desenvolver produtos ou processos inovadores que estejam de acordo com as diretrizes e prioridades definidas nas políticas de ciência, tecnologia, inovação e de desenvolvimento industrial de cada esfera de governo.
Art. 20. Os órgãos e entidades da administração pública, em matéria de interesse público, poderão contratar diretamente ICT, entidades de direito privado sem fins lucrativos ou empresas, isoladamente ou em consórcios, voltadas para atividades de pesquisa e de reconhecida capacitação tecnológica no setor, visando à realização de atividades de pesquisa, desenvolvimento e inovação que envolvam risco tecnológico, para solução de problema técnico específico ou obtenção de produto, serviço ou processo inovador.

manufaturados nacionais e os serviços nacionais que atendam aos regulamentos técnicos pertinentes e às normas técnicas brasileiras poderão ser objeto de margem de preferência normal, na forma prevista em resolução da CICS, de até dez por cento sobre o preço dos produtos manufaturados estrangeiros ou dos serviços estrangeiros.

§1º. Os produtos manufaturados nacionais e os serviços nacionais resultantes de desenvolvimento e inovação tecnológica realizados no País poderão ter margem de preferência adicional de até dez por cento, que, acumulada à margem de preferência normal, não poderá ultrapassar vinte por cento.

§2º. A CICS encaminhará ao Ministério da Gestão e da Inovação em Serviços Públicos proposta de definição dos produtos manufaturados nacionais e dos serviços nacionais resultantes de desenvolvimento e inovação tecnológica realizados no País, aos quais será aplicável a margem de preferência adicional de que trata o § 1º.

§3º. O Ministério da Gestão e da Inovação em Serviços Públicos submeterá ao Presidente da República, em coautoria com o Ministério do Desenvolvimento, Indústria, Comércio e Serviços e o Ministério da Ciência, Tecnologia e Inovação, a proposta de definição dos produtos manufaturados nacionais e dos serviços nacionais aos quais será aplicável a margem de preferência adicional de que tratam o § 1º e o § 2º.

§4º. Os Estados, o Distrito Federal, os Municípios e os demais Poderes da União poderão adotar as margens de preferência estabelecidas pelo Poder Executivo federal, previstas no art. 26 da Lei nº 14.133, de 2021.

§5º. A aplicação de margem de preferência não excluirá o acréscimo dos gravames previstos no §4º do art. 52 da Lei nº 14.133, de 2021.

Cumpre alertar que a adoção da margem de preferência depende de regulamento e não se confunde com a metodologia do privilégio do empate ficto previsto para as microempresas e empresas de pequeno porte, que podem "equiparar o seu preço ao menor ofertado, desde que o valor da sua oferta esteja dentro da margem de empate prevista na lei".

Na margem de preferência, "a Administração é obrigada a 'preferir' a proposta com o produto ou serviço nacional, pagando o preço ofertado pelo seu autor. Ou seja, paga-se um preço mais alto do que o menor oferecido no certame".[226]

Essa medida tem o propósito de servir de instrumento para o incentivo da inovação e do desenvolvimento nacional sustentável.

---

[226] OLIVEIRA, Rafael Sérgio Lima de. *Comentários à Lei de Licitações e Contratos Administrativos*. Belo Horizonte: Fórum, 2022. p. 391.

Faz mister ainda destacar que temos as modalidades concurso (art. 28, inc. III) e diálogo competitivo (art. 28, inc. V), que podem ser adotadas para contratação de inovação.

Concurso é a modalidade de licitação para escolha de trabalho técnico, científico ou artístico, cujo critério de julgamento será o de melhor técnica ou conteúdo artístico, e para concessão de prêmio ou remuneração ao vencedor.

É possível a utilização desse procedimento para contratação de bens e serviços inovadores, o qual seguirá o roteiro previsto no art. 30, que estabelece as regras e condições do edital e direitos patrimoniais.

> Quando for um concurso para a elaboração de um projeto, inclusive tecnológico, o vencedor deverá ceder à Administração Pública, nos termos do art. 93 da Lei nº 14.133/21, todos os direitos patrimoniais relativos ao projeto e autorizar sua execução conforme juízo de conveniência e oportunidade das autoridades competentes. Contudo, caso o objeto tecnológico ou científico se encontre dentro dos patamares da Lei nº 10.973, logo a cessão dos direitos não é obrigatória e deverá ser prevista com cláusula especial, sob pena de incorrer em cláusula patológica.[227]

O diálogo competitivo é modalidade licitatória que visa contratar:

> a) objeto que envolva inovação tecnológica ou técnica;
> b) impossibilidade de o órgão ou entidade ter sua necessidade satisfeita sem a adaptação de soluções disponíveis no mercado; e
> c) impossibilidade de as especificações técnicas serem definidas com precisão suficiente pela Administração.

Esse procedimento, que será tratado em tópico específico, se propõe a reduzir as assimetrias informacionais, entender as soluções disponíveis no mercado e promover o diálogo com as empresas a fim de compreender as peculiaridades que regem o negócio.

Por fim, outro modal de contratação inovadora descrito na Lei nº 14.133/21 é a realização de Procedimento de Manifestação de Interesse (PMI), que, inclusive, prestigia as *startups*, conforme previsto no art. 81, §4º, no qual estabelece a possibilidade de contratação restrita desse tipo

---

[227] REIS, Luciano Elias. *Compras públicas inovadoras*: o desenvolvimento científico, tecnológico e inovativo como perspectiva do desenvolvimento nacional sustentável – De acordo com a nova lei de licitações e o marco legal regulatório das Startups. Belo Horizonte: Fórum, 2022. p. 286.

de empresa para a realização de estudos, investigações, levantamentos e projetos. Esse modelo de contratação será tratado em tópico específico.

Extrai-se dos registros acima que a Lei nº 14.133/21 prestigiou a promoção da melhoria da gestão pública com modelos de contratação de inovação, amoldando-se ao propósito das licitações e contratos, previsto no art. 11, inc. IV, da mesma lei.

Em síntese, essas são algumas das hipóteses de contratações de inovações da Lei nº 14.133/21, mas não tem como exaurir todas as iniciativas neste tópico, sendo certo, como visto, que a mantença na gestão pública dos métodos ortodoxos e modelos já esgotados compromete os avanços e alcance do propósito das contratações, que é celebrar ajustes vantajosos, inovadores e sustentáveis para as organizações públicas e para os prestadores de serviços.

Portanto, essa migração da Lei nº 14.133/21 para um modelo atual e moderno, fazendo uso dos modais que contemplam a realidade do campo dos negócios, é vital para todas as organizações.[228]

4.5.10.6 Contratações de TED e outros modelos

De acordo com o Decreto nº 10.426/20, o Termo de Execução Descentralizada (TED) é o instrumento por meio do qual a descentralização de créditos entre órgãos e entidades integrantes dos Orçamentos Fiscal e da Seguridade Social da União é ajustada com vistas à execução de programas, projetos e atividades nos termos estabelecidos no plano de trabalho e observada a classificação funcional programática.

Esse é um dos modelos disponíveis para execução de atividades voltadas à inovação.

Com efeito, outros procedimentos existem no ordenamento jurídico, mas não serão objeto deste livro, que tem temática própria. No entanto, é bom que esteja bem claro que a inovação pode ser contratada de distintas formas.

---

[228] "É requerida a adoção de uma nova mentalidade para organizações, e seus líderes terão de encontrar formas de operar seus negócios e gerenciar seus talentos" (MAGALDI, Sandro. *Gestão do amanhã*: tudo o que você precisa saber sobre gestão, inovação e liderança para vencer na 4ª Revolução Industrial. São Paulo: Editora Gente, 2018. p. 44).

4.5.11 O que pode ser utilizado da Lei nº 14.133/21

A Lei nº 14.133/21, como já dito, pode ser aplicada subsidiariamente ao MLSEI.

A pauta da governança que trata da participação nas contratações de agentes públicos dos quadros efetivos, da profissionalização, da capacitação, do conflito de interesse e da segregação de funções e diretrizes previstas no art. 7º também deve servir de norte para as contratações de inovação.

As planificações, em especial o plano estratégico, o plano de logística sustentável, o plano de TIC e o plano de contratação anual, devem servir de bússola na contratação por meio do arranjo do MLSEI.

Os princípios previstos no art. 5º da Lei nº 14.133/21 são raios solares que irradiam diretrizes e alcançam todas as contratações, inclusive aquelas que envolvem o MLSEI.

> Art. 5º. Na aplicação desta Lei, serão observados os princípios da legalidade, da impessoalidade, da moralidade, da publicidade, da eficiência, do interesse público, da probidade administrativa, da igualdade, do planejamento, da transparência, da eficácia, da segregação de funções, da motivação, da vinculação ao edital, do julgamento objetivo, da segurança jurídica, da razoabilidade, da competitividade, da proporcionalidade, da celeridade, da economicidade e do desenvolvimento nacional sustentável, assim como as disposições do Decreto-Lei nº 4.657, de 4 de setembro de 1942 (Lei de Introdução às Normas do Direito Brasileiro).

De forma clara, é fundamental que esses axiomas sejam compreendidos para orientarem as práticas do processo de contratação.

Como diz Elon Musk, "é importante ver o conhecimento como um tipo de árvore semântica. Faça questão de entender os princípios fundamentais, isto é, o tronco e os galhos grandes, antes de chegar às folhas/detalhes, ou elas não terão onde se pendurar".[229]

Considerando que o MLSEI é uma norma pouco prescritiva com relação à procedimentalização da licitação e da contratação, é possível adotar subsidiariamente as orientações previstas na Lei nº 14.133/21.

Dentro dessa perspectiva, é possível utilizar o procedimento e os prazos de impugnação, esclarecimentos e manejos de recursos previstos nos arts. 164 a 168.

---

[229] Citação encontrada no livro: MCKEOWN, Greg. *Sem esforço*. Rio de Janeiro: Sextante, 2021. p. 184.

Demais disso, com relação aos incidentes na licitação e inexecução contratual, é recomendado aplicar as infrações e sanções administrativas previstas nos arts. 155 a 163.

Aliás, as partes de execução (art. 115), alteração (art. 124), extinção (art. 137) e recebimento de contrato (art. 140) da Lei nº 14.133/21 são basilares em alguns aspectos como referência da contratação do MLSEI.

A transparência deve ser um pilar das contratações do MLSEI; com isso, a divulgação do edital e do extrato de contrato deve ser feita no Portal Nacional de Contratações Públicas (PNCP), em consonância com o previsto no art. 54 da Lei nº 14.133/21, que visa garantir abrangência na divulgação e permitir o controle social.

O art. 17 da Lei nº 14.133/21 prevê a necessidade de o processo de licitação ser realizado preferencialmente sob a forma eletrônica e, nos casos de utilização da forma presencial, a sessão pública deve ser registrada em ata e gravada em áudio e vídeo com juntada aos autos do processo licitatório depois de seu encerramento da fase de julgamento de propostas. Essa orientação deve ser observada para as contratações do MLSEI.

Destaca-se, também, a possibilidade de realização de audiência ou consulta pública como procedimento prévio à definição pela contratação com base no MLSEI. A roteirização dos atos a serem praticados para esse propósito se encontra no art. 21 da Lei nº 14.133/21 e pode servir de norte para sua adoção.

Na Lei nº 14.133/21, a gestão de riscos ganha um peso estratégico e é recomendada para utilização pela alta direção na busca, primeiramente, de diagnosticar e avaliar as atividades e processos que estão expostos aos riscos para, posteriormente, adoção de medidas de contingenciamento e controle. Essa ferramenta deve ser observada nas contratações do MLSEI.

Segundo James Batista Vieira e Rodrigo Tavares de Souza Barreto:

> A gestão de riscos legitima uma forma de processo decisório, baseada em evidências sobre os riscos que podem ser realizados por qualquer ator competente para produzir uma avaliação de riscos de qualidade. Nesse contexto, a gestão de riscos e os problemas que a governança pública busca resolver estão inter-relacionados, pois a avaliação do risco orienta o entendimento sobre onde a intervenção pública é legítima. Essa relação estabelece uma orientação normativa sobre como as decisões

coletivas devem ser tomadas, assim como ocorre no processo decisório das agências públicas.[230]

Depreende-se de tal leitura que as contratações do MLSEI devem observar a gestão de riscos do macroprocesso de contratação em suas três linhas de defesa previstas no art. 169 da Lei nº 14.133/21.

> Art. 169. As contratações públicas deverão submeter-se a práticas contínuas e permanentes de gestão de riscos e de controle preventivo, inclusive mediante adoção de recursos de tecnologia da informação, e, além de estar subordinadas ao controle social, sujeitar-se-ão às seguintes linhas de defesa:
> I - primeira linha de defesa, integrada por servidores e empregados públicos, agentes de licitação e autoridades que atuam na estrutura de governança do órgão ou entidade;
> II - segunda linha de defesa, integrada pelas unidades de assessoramento jurídico e de controle interno do próprio órgão ou entidade;
> III - terceira linha de defesa, integrada pelo órgão central de controle interno da Administração e pelo tribunal de contas.

Outro ponto a ser observado é a adoção da matriz de risco que é mandatória nos contratos do MLSEI, o qual não prescreve orientações para sua feitura.

A Lei nº 14.133/21 apresenta algumas informações que podem servir de roteiro, conforme previsto no art. 103.

A avaliação de resultado também foi prestigiada na Lei nº 14.133/21, visto que o art. 87, §3º, prevê que:

> A atuação do contratado no cumprimento de obrigações assumidas será avaliada pelo contratante, que emitirá documento comprobatório da avaliação realizada, registrado seu desempenho qualitativo na execução contratual, sempre baseado em indicadores objetivamente definidos e aferidos. Também é parte desse documento, se for o caso, as eventuais penalidades aplicadas, o que constará do registro cadastral em que a inscrição for realizada.

O mesmo artigo trata ainda de exigir que a anotação do cumprimento de obrigações pelo contratado está condicionada à implementação e à regulamentação do cadastro de atesto de cumprimento

---

[230] VIEIRA, James Batista; BARRETO, Rodrigo Tavares de Souza. *Governança, gestão de riscos e integridade*. Brasília: Enap, 2019. p. 109.

de obrigações, o qual demonstra ser o contratado apto à realização do registro de forma objetiva.

Ainda, é quesito dessa avaliação o atendimento aos princípios da impessoalidade, da igualdade, da isonomia, da publicidade e da transparência, de modo a possibilitar a implementação de medidas de incentivo aos licitantes que possuírem ótimo desempenho anotado em seu registro cadastral.

Esse procedimento deverá ser considerado nas contratações realizadas com fundamento no MLSEI.

O art. 123 da Lei nº 14.133/21, por sua vez, traz essa orientação de verificar os questionamentos e satisfação do serviço:

> Art. 123. A Administração terá o dever de, explicitamente, emitir decisão sobre todas as solicitações e reclamações relacionadas à execução dos contratos regidos por esta Lei, ressalvados os requerimentos manifestamente impertinentes, meramente protelatórios ou de nenhum interesse para a boa execução do contrato.
> Parágrafo único. Salvo disposição legal ou cláusula contratual que estabeleça prazo específico, concluída a instrução do requerimento, a Administração terá o prazo de 1 (um) mês para decidir, admitida a prorrogação motivada por igual período.

Feitas essas considerações, os órgãos e entidades públicas devem promover a avaliação interna para diagnosticar quais são as estruturas, processos e controles existentes, visto que, a partir dessa visão geral, é possível planejar as ações de adequação à Lei nº 14.133/21.

É certo que a matriz de responsabilidade e os fluxos processuais devem fazer parte de regulamento orgânico.

Essa resposta às solicitações e reclamações relacionadas à execução do contrato dentro de um prazo máximo deverá ser considerada nas contratações do MLSEI.

Com esses registros, objetivou-se demonstrar o que pode ser aplicado da Lei nº 14.133/21 às contratações do MLSEI, mas sem a pretensão de exaurir todas as hipóteses permitidas de adoção subsidiária.

4.6 Os principais itens editalícios do novo modal

4.6.1 Delimitação do escopo da licitação

Antes de adentrar na delimitação do escopo a ser inserido no edital, é preciso compreender as fronteiras impostas pelo MLSEI à adoção de sua modalidade especial de licitação para contratações de soluções inovadoras.

Em seu art. 12, o regramento define as finalidades cumulativas e propositadamente colocadas em ordem para adoção do procedimento:

> Art. 12. As licitações e os contratos a que se refere este Capítulo têm por finalidade:
> I - resolver demandas públicas que exijam solução inovadora com emprego de tecnologia; e
> II - promover a inovação no setor produtivo por meio do uso do poder de compra do Estado.

Superado o requisito legal ligado à finalidade da contratação pública, torna-se imperioso delimitar o escopo da licitação.

O §1º do art. 13 do MLSEI dispõe:

> Art. 13.
> §1º. A delimitação do escopo da licitação poderá restringir-se à indicação do problema a ser resolvido e dos resultados esperados pela Administração Pública, incluídos os desafios tecnológicos a serem superados, dispensada a descrição de eventual solução técnica previamente mapeada e suas especificações técnicas, e caberá aos licitantes propor diferentes meios para a resolução do problema.

O campo da inovação, por estar umbilicalmente ligado ao subjetivo campo das ideias, permite que, a partir de um problema a ser resolvido e/ou de uma necessidade a ser atendida, a proposição por parte dos interessados de soluções possa se dar das mais variadas formas possíveis.

Sabedor desse universo, o legislador, acertadamente, insere a permissão para a Administração Pública elaborar e especificar o escopo da licitação sem a descrição da solução técnica a ser contratada.

Num célere resgate do regime geral das licitações e contratações públicas, encontra-se a figura do ETP, assim definida:

> Art. 6º.
> XX - estudo técnico preliminar: documento constitutivo da primeira etapa do planejamento de uma contratação que caracteriza o interesse público envolvido e a sua melhor solução e dá base ao anteprojeto, ao termo de referência ou ao projeto básico a serem elaborados caso se conclua pela viabilidade da contratação.

Enquanto o regime das contratações públicas imputa ao agente público, como regra geral, a análise de todo o cenário da demanda com estudo conclusivo da melhor solução a ser adotada, que constará nos respectivos termo de referência e edital, o MLSEI permite o deslocamento dessa incumbência para o mercado, que ficará responsável pela proposição dos meios para a resolução do problema.

Na modalidade especial de licitação regida pelo MLSEI, torna-se ponto fundamental para a eficiência e eficácia da contratação a melhor apresentação do problema a ser solucionado.

Em relação ao descritivo do escopo, é importante a indicação do problema, dos benefícios esperados e dos requisitos funcionais ou tecnológicos.

Ao se buscarem recursos externos para auxiliar o contratante na idealização de soluções inovadoras, têm-se as chamadas "inovações abertas",[231] que se contrapõem à situação quando a própria Administração Pública, inovando ensimesmada, recorre a esforços e recursos internos para atendimento à sua necessidade, a denominada "inovação fechada".

É possível produzir-se um edital com problematizações mais abertas, a permitir e buscar todo e qualquer tipo de proposta, ou um edital com um grau maior de requisitação, delineando o contorno dos resultados que se pretende obter.

Dependendo do grau descritivo e complexo das requisitações no edital, pode-se dizer haver dois universos:

a) Para os desafios e problemas genéricos, aos quais se buscam soluções que permitam diversas alternativas e múltiplas possibilidades, denominar-se-ão *inovações amplas ou abrangentes*. São situações nas quais a Administração Pública não delineia detalhadamente seu problema. Nesse sentido, estariam editais, por exemplo, com pedidos de soluções para os desafios do transporte público em determinado município.

b) Por outro lado, o edital pode trazer um desafio/problema a ser superado/resolvido bem mais definido, com especificação de requisitos funcionais e tecnológicos mínimos a serem atendidos (dentre obrigatórios e recomendáveis) pela solução inovadora proposta, denominando-se *inovação específica*.

---

[231] Henry Chesbrough é o criador do termo *"open innovation"*, proposto no livro *Open innovation: the new imperative for creating and profiting from technology*.

Não há hierarquia nem se deve comparar os dois modelos em busca de desvendar qual o melhor. Não se trata de uma classificação valorativa. Entre os dois tipos de caracterização do desafio, a Administração Pública deve analisar sua situação e o cenário existente para escolher a opção mais adequada e vantajosa para o caso concreto.

Da mesma forma, é perfeitamente possível um mesmo contratante alternar seus editais entre escopos para inovações amplas e específicas, conforme se descortina cada demanda.

4.6.2 Divulgação do edital

O requisito previsto pelo §2º do art. 13 do MLSEI determina divulgação em sítio eletrônico oficial centralizado de divulgação de licitações ou mantido pelo ente público licitante e no diário oficial do ente federativo:

> Art. 13.
> §2º. O edital da licitação será divulgado, com antecedência de, no mínimo, 30 (trinta) dias corridos até a data de recebimento das propostas:
> I - em sítio eletrônico oficial centralizado de divulgação de licitações ou mantido pelo ente público licitante; e
> II - no diário oficial do ente federativo.

Independentemente de divulgação do edital em sítio eletrônico mantido pelo ente público contratante, com o advento do PNCP por meio da Lei nº 14.133/21, necessário aplicar o disposto em seu art. 54 e, assim, proceder à divulgação e manutenção do inteiro teor do ato convocatório e de seus anexos também no PNCP.

Além dessas, como medida recomendada, proceder à transparência ativa do edital e levá-lo ao conhecimento do público potencial, ampliando-se técnicas de divulgação – este livro traz recomendações dessa transparência ativa em capítulo mais adiante.[232]

Outro ponto de atenção é a antecedência mínima a ser observada entre a divulgação do edital e a data final de recebimento das propostas: 30 dias corridos.

---

[232] Um dos destaques aqui é a propagação junto aos *hubs* de inovação.

4.6.3 Esclarecimentos e impugnações ao edital

O edital licitatório, ao ser lançado à praça, está sujeito a impugnações e pedidos de esclarecimentos por parte de qualquer pessoa, ainda que o MLSEI não discipline o tema, motivo da importância de inclusão dessa previsão no edital.

O direito de impugnar ou solicitar esclarecimentos de um edital é legítimo a toda pessoa e encontra-se resguardado em todo regime de licitações e contratações públicas, como faz o art. 164 da Lei nº 14.133/21:

> CAPÍTULO II - DAS IMPUGNAÇÕES, DOS PEDIDOS DE ESCLARECIMENTO E DOS RECURSOS
> Art. 164. Qualquer pessoa é parte legítima para impugnar edital de licitação por irregularidade na aplicação desta Lei ou para solicitar esclarecimento sobre os seus termos.

4.6.4 Potenciais licitantes e condições de participação

Ao ser promulgado, um dos debates sobre o MLSEI repousou sobre quais pessoas seriam os potenciais e legais proponentes de sua modalidade especial de licitação.

Talvez a dúvida tenha sido suscitada em decorrência do art. 3º, inc. VIII, do MLSEI, que incluiu entre os princípios a contratação de *startups*.

> Art. 3º. Esta Lei Complementar é pautada pelos seguintes princípios e diretrizes:
> VIII – incentivo à contratação, pela administração pública, de soluções inovadoras *elaboradas ou desenvolvidas por startups*, reconhecidos o papel do Estado no fomento à inovação e as potenciais oportunidades de economicidade, de benefício e de solução de problemas públicos com soluções inovadoras.

Entretanto, a leitura da ementa do MLSEI já demonstra se tratar da instituição do *marco legal das startups e do empreendedorismo inovador*, e não apenas referente às *startups*.

Seguindo no texto legal, o *caput* do art. 13 elimina qualquer dúvida sobre o tema:

> Art. 13. A Administração Pública poderá contratar pessoas físicas ou jurídicas, isoladamente ou em consórcio, para o teste de soluções inovadoras por elas desenvolvidas ou a ser desenvolvidas, com ou sem

risco tecnológico, por meio de licitação na modalidade especial regida por esta Lei Complementar.

Denota-se que o MLSEI admite as seguintes pessoas jurídicas para enquadramento como *startup* e/ou elegível à modalidade de tratamento especial ao fomento de *startup*, desde que a atuação se caracterize pela inovação aplicada a modelo de negócios ou a produtos ou serviços ofertados:

> a) organizações empresariais, nascentes ou em operação recente;
> b) organizações societárias, nascentes ou em operação recente;
> c) empresários individuais;
> d) empresas individuais de responsabilidade limitada;
> e) sociedades empresárias;
> f) sociedades cooperativas; e
> g) sociedades simples.

Em momento algum, o art. 4º refere-se a pessoas físicas no enquadramento de *startups*, diferentemente do acima transcrito *caput* do art. 13, que positiva a possibilidade de a Administração Pública contratar pessoas físicas ou jurídicas por meio da aqui regida modalidade especial de licitação.

4.6.4.1 Participação de microempresas e empresas de pequeno porte

A orientação começa exatamente no MLSEI, que, na alínea "b" do inc. III do §1º de seu art. 4º, dispõe:

> Art. 4º.
> §1º. Para fins de aplicação desta Lei Complementar, são elegíveis para o enquadramento na modalidade de tratamento especial destinada ao fomento de *startup* o empresário individual, a empresa individual de responsabilidade limitada, as sociedades empresárias, as sociedades cooperativas e as sociedades simples:
> III - que atendam a um dos seguintes requisitos, no mínimo:
> b) enquadramento no regime especial Inova Simples, nos termos do art. 65-A da Lei Complementar nº 123, de 14 de dezembro de 2006.

E a atual redação do art. 65-A do Estatuto Nacional da Microempresa e da Empresa de Pequeno Porte (Lei Complementar nº 123/06) foi dada exatamente pelo MLSEI:

Art. 65-A. Fica criado o Inova Simples, regime especial simplificado que concede às iniciativas empresariais de caráter incremental ou disruptivo que se autodeclarem como empresas de inovação tratamento diferenciado com vistas a estimular sua criação, formalização, desenvolvimento e consolidação como agentes indutores de avanços tecnológicos e da geração de emprego e renda.

Considerando que, para o MLSEI, mais importa a solução que melhor resolve o problema proposto do que o preço dado a esta (como este livro defende em outras partes), descarta-se o uso do empate ficto que decorre do estatuto referido. Isso, porém, não prejudica a utilização de outros itens nele contidos, a exemplo da possibilidade de equalização dos documentos habilitatórios do art. 42.

4.6.5 Comissão de julgamento

4.6.5.1 Composição obrigatória e escolhas possíveis

O §3º do art. 13 do MLSEI prevê e parcialmente define a composição da Comissão de Julgadora de sua modalidade licitatória:

> Art. 13.
> §3º. As propostas serão avaliadas e julgadas por comissão especial integrada por, no mínimo, 3 (três) pessoas de reputação ilibada e reconhecido conhecimento no assunto, das quais:
> I – 1 (uma) deverá ser servidor público integrante do órgão para o qual o serviço está sendo contratado; e
> II – 1 (uma) deverá ser professor de instituição pública de educação superior na área relacionada ao tema da contratação.

Trata-se de uma previsão legal parcial em decorrência da norma determinar a composição mínima de 3 (três) pessoas, mas especificar somente 2 (dois) perfis que obrigatoriamente devem estar presentes na Comissão de Julgamento para o modal do MLSEI.

Com muita felicidade, o legislador trouxe para dentro dessa modalidade o meio acadêmico, por entender que esse viés contribui sobremaneira com o enriquecimento e a atualização das avaliações e julgamentos das soluções inovadoras por meio dos olhares técnicos e sempre antenados do corpo docente das instituições públicas de educação superior.

Provocações aqui merecem espaço:

a) É possível a presença de professor estrangeiro ou de professor advindo de instituição estrangeira.

O importante é identificar a adequada opção para cada caso concreto, que perfeitamente poderá recair com esse viés, seja pela ausência nas instituições brasileiras de professores com "reconhecido conhecimento" no tema do desafio, seja pela grande contribuição que determinado profissional possa agregar à licitação, seja por outro motivo que fundamente essa escolha.

b) É possível a nomeação de servidores efetivos ou não para o desempenho das funções.

A afirmativa decorre do art. 7º, inc. I, da Lei nº 14.133/21, que utilizou a expressão "sejam, *preferencialmente*, servidor efetivo ou empregado público dos quadros permanentes da Administração Pública", diferentemente do MLSEI.

c) É possível a repetição de perfis na nomeação, podendo ser mais de um servidor ou mais de um professor.

A resposta se dá em face de o MLSEI conter apenas o componente mínimo, devendo a Administração Pública eleger o perfil que queira a essa Comissão de Julgamento, bastando que faça decisões congruentes e fundamentadas.

d) É recomendável a adoção de número ímpar.

O ideal é que, começando pela composição mínima de três, a Administração Pública opte por número ímpar às comissões especiais ou, se lhe for viável a utilização de números pares, já preveja os mecanismos de solução em caso de empate.

4.6.5.2 Formas de contratação do professor de IPES

Embora a regra geral das contratações públicas seja licitação, os contratos com professores de IPES legalmente se enquadram na hipótese de inexigibilidade de licitação.

Nesse sentido, a jurisprudência do TCU, embora sedimentada sobre a contratação de professores para cursos de treinamento e aperfeiçoamento de pessoal, possui lógica igualmente aplicável ao caso em tela, em que a inviabilidade de competição é tal qual caracterizadora da inexigibilidade de licitação, como discorre a Decisão nº 439/1998P, relatada pelo ministro Adhemar Paladini Ghisi:[233]

> O Tribunal Pleno, diante das razões expostas pelo Relator, DECIDE:
> 1. considerar que as contratações de professores, conferencistas ou instrutores para ministrar cursos de treinamento ou aperfeiçoamento de pessoal, bem como a inscrição de servidores para participação de cursos abertos a terceiros, enquadram-se na hipótese de inexigibilidade de licitação prevista no inciso II do art. 25, combinado como inciso VI do art. 13 da Lei nº 8.666/93.[234]

Decorre dessa decisão, clássica e reiteradas vezes utilizada na jurisprudência subsequente e na doutrina de escol:

> 3. É notoriamente sabido que na maioria das vezes, no caso concreto, é difícil estabelecer padrões adequados de competição para escolher isentamente entre diferentes professores ou cursos, tornando-se complicado comparar o talento e a capacidade didática dos diversos mestres.
> 4. Aliás, essa realidade já foi reconhecida pela doutrina do direito administrativo. O mestre Ivan Barbosa Rigolin, ao discorrer sobre o enquadramento legal de natureza singular empregado pela legislação ao treinamento e aperfeiçoamento de pessoal, ainda quanto à aplicação do art. 23, inciso II, do Dec.-Lei nº 2.300/86, defendia que:
> "A metodologia empregada, o sistema pedagógico, o material e os recursos didáticos, os diferentes instrutores, o enfoque das matérias, a preocupação ideológica, assim como todas as demais questões fundamentais, relacionadas com a prestação final do serviço e com os resultados - que são o que afinal importa obter -, nada disso pode ser predeterminado ou adrede escolhido pela Administração contratante. Aí reside a marca inconfundível do autor dos serviços de natureza singular, que não executa projeto prévio e conhecido de todos mas desenvolve técnica apenas sua, que pode inclusive variar a cada novo trabalho, aperfeiçoando-se continuamente. (...)
> E, desse modo, sendo desiguais os produtos que os variados profissionais oferecem, torna-se inexigível a licitação por imperativo lógico".[235]

---

[233] Apesar de a decisão ter sido exarada sob o antigo regime de contratações públicas, é perfeitamente aplicável na vigência do novo estatuto (Lei nº 14.133/21), que recepcionou o respectivo procedimento.

[234] BRASIL. Tribunal de Contas da União. Decisão nº 439/1998. Plenário, Relator Ministro Adhemar Paladini Ghisi, j. 15/7/1998.

[235] BRASIL. Tribunal de Contas da União. Decisão nº 439/1998. Plenário, Relator Ministro Adhemar Paladini Ghisi, j. 15/7/1998.

Ao abordar o instituto da inexigibilidade de licitação, Edgar Guimarães e Ricardo Sampaio[236] diferenciam as situações fáticas de inviabilidade de competição entre relativa e absoluta:

> A inviabilidade de competição pode ser absoluta (art. 74, inciso I e IV) ou relativa (art. 74, incisos II, III e V). Configura a inviabilidade absoluta a inexistência de competidores, ou seja, quando apenas uma pessoa pode executar o objeto pretendido pela Administração (art. 74, inciso I) ou quando a Administração precisa contratar todos os interessados que preencham as condições definidas para a contratação (art. 74, inciso IV). Será relativa quando, apesar de existir mais de uma pessoa capaz de executar o objeto pretendido, a Administração não dispuser de meios e critérios objetivos para selecionar a proposta mais vantajosa.

Nessa linha hermenêutica, a contratação do professor de IPES consiste em inexigibilidade de licitação relativa, mais especificamente prevista na alínea "b" do inc. III do art. 74 da Lei nº 14.133/21:

> Art. 74. É inexigível a licitação quando inviável a competição, em especial nos casos de:
> III - contratação dos seguintes serviços técnicos especializados de natureza predominantemente intelectual com profissionais ou empresas de notória especialização, vedada a inexigibilidade para serviços de publicidade e divulgação:
> b) pareceres, perícias e avaliações em geral;
> §3º. Para fins do disposto no inciso III do caput deste artigo, considera-se de notória especialização o profissional ou a empresa cujo conceito no campo de sua especialidade, decorrente de desempenho anterior, estudos, experiência, publicações, organização, aparelhamento, equipe técnica ou outros requisitos relacionados com suas atividades, permita inferir que o seu trabalho é essencial e reconhecidamente adequado à plena satisfação do objeto do contrato.

Como as atribuições principais da Comissão são a avaliação e julgamento das propostas de soluções inovadoras ofertadas pelos licitantes, parece ser a alínea acima transcrita o melhor embasamento legal para a contratação dos professores de IPES.

Na instrução da contratação, é necessária a comprovação de três requisitos obrigatórios para o enquadramento suprarrelatado:

---

[236] GUIMARÃES, Edgar; SAMPAIO, Ricardo. *Dispensa e inexigibilidade de licitação*: aspectos jurídicos à luz da Lei nº 14.133/2021. Rio de Janeiro: Forense, 2022. p. 63.

1) Características de o serviço a ser contratado:
a) técnico,
b) especializado e
c) de natureza predominantemente intelectual;
2) Contratado (pessoa física ou jurídica) com notória especialização; e
3) Demonstração de que a contratação de pessoa com notória especialização é imprescindível à plena satisfação do escopo.

Importante reproduzir o inc. XIX do art. 6º da Lei nº 14.133/21, que traz a definição de notória especialização:

> Art. 6º. Para os fins desta Lei, consideram-se:
> XIX - notória especialização: qualidade de profissional ou de empresa cujo conceito, no campo de sua especialidade, decorrente de desempenho anterior, estudos, experiência, publicações, organização, aparelhamento, equipe técnica ou outros requisitos relacionados com suas atividades, permite inferir que o seu trabalho é essencial e reconhecidamente adequado à plena satisfação do objeto do contrato.

Caso o volume de contratações de soluções inovadoras com base no MLSEI que a Administração Pública pretende ou vislumbra formalizar seja significativo, é importante manter no radar a boa estratégica da realização de credenciamento para a contratação dos professores de IPES.

A Lei nº 14.133/21 define e classifica o processo de credenciamento:

> a) *Definição*: Processo administrativo de chamamento público em que a Administração Pública convoca interessados em prestar serviços ou fornecer bens para que, preenchidos os requisitos necessários, se credenciem no órgão ou na entidade para executar o objeto quando convocados (inc. XLIII do Art. 6º);
> b) *Classificação*: Procedimento auxiliar das licitações e das contratações (inc. I do Art. 78).

Também no credenciamento, a forma de contratação dos professores de IPES é enquadrada na hipótese de inexigibilidade de licitação, como disposto no inc. IV do art. 74 do novo estatuto de contratações públicas: "Art. 74. É inexigível a licitação quando inviável a competição, em especial nos casos de: (...) IV - objetos que devam ou possam ser contratados por meio de credenciamento".

A publicação de um único edital de credenciamento, independentemente da área de atuação dos interessados, reveste-se de logística mais eficiente e eficaz, uma vez que o direcionamento dos credenciados aos seus temas de estudos e qualificações pode, perfeitamente, ser configurado como etapa posterior ao atendimento dos requisitos editalícios.

Em decorrência da obrigatoriedade de a especialização do docente ter relação direta com o tema da contratação, sugere-se à área da administração responsável pela gestão do credenciamento que compartimente os professores por área de atuação, a fim de possibilitar o correto rodízio entre os credenciados de cada ramo de estudos.

Outro cuidado a ser observado é a verificação das normas vigentes no arcabouço legislativo de seu ente federativo aplicáveis à contratação de professores de IPES para composição da Comissão de Julgamento, dentre elas as normas sobre dedicação exclusiva e o controle de sua carga horária disponível.

4.6.5.3 Formas de remuneração do professor de IPES

Ao analisar a remuneração dos professores de IPES, têm-se, basicamente, duas formas procedimentais, sendo possível remunerá-los com base em um valor global fixo ou por hora trabalhada e dispensada aos trabalhos da Comissão de Julgamento.

Considerando as variáveis existentes no certame, tais como a quantidade de propostas apresentadas e/ou a complexidade das soluções inovadoras ofertadas, que dificultam ou, até mesmo, inviabilizam uma previsão inicial do dimensionamento da disponibilidade dos membros da Comissão de Julgamento para execução de suas atribuições, parece a forma de remuneração por hora trabalhada ou por sessão realizada a alternativa mais adequada e justa a ambas as partes contratantes.

4.6.6 Critérios para julgamento das propostas

Os §§4º e 5º do art. 13 do MLSEI abordam especificamente os critérios para julgamento das propostas inovadoras.

> Art. 13.
> §4º. Os critérios para julgamento das propostas deverão considerar, sem prejuízo de outros definidos no edital:
> I - o potencial de resolução do problema pela solução proposta e, se for o caso, da provável economia para a Administração Pública;
> II - o grau de desenvolvimento da solução proposta;

III - a viabilidade e a maturidade do modelo de negócio da solução;
IV - a viabilidade econômica da proposta, considerados os recursos financeiros disponíveis para a celebração dos contratos; e
V - a demonstração comparativa de custo e benefício da proposta em relação às opções funcionalmente equivalentes.

§5º. O preço indicado pelos proponentes para execução do objeto será critério de julgamento somente na forma disposta nos incisos IV e V do §4º deste artigo.

A norma apresenta uma lista *numerus apertus*[237] para esses critérios de julgamento, conforme se verifica na expressão "sem prejuízo de outros definidos no edital", contida no §4º.

Em que pesem os cinco critérios de julgamento devam ocorrer em 100% dos casos, é possível *adicionar* critérios a esses.

Aqui, a motivação do legislador repousa na possibilidade de haver critérios específicos e particulares a determinadas demandas, visto a enorme amplitude de desafios que poderão ser selecionados para o desenvolvimento de soluções inovadoras pelo mercado.

Importante o entendimento de cada um desses critérios.

4.6.6.1 O potencial de resolução do problema pela solução proposta e, se for o caso, da provável economia para a Administração Pública

O potencial de resolução do desafio proposto pela solução inovadora idealizada, cuja análise pode incluir prováveis economias para a Administração Pública,[238] pode ser entendido como a forma que a proposta aborda e trata cada uma das dores[239] presentes no desafio.

A colocação sistêmica do critério, o primeiro da lista obrigatória, já dá os sinais da sua importância e ligação com a redação do art. 12, inc. I, do MLSEI, ou seja, "as licitações e os contratos a que se refere este Capítulo têm por finalidade", em primeiro lugar, "resolver demandas públicas".

---

[237] *Numerus apertus*: expressão latina utilizada no direito para se referir a uma relação de alternativas ou hipóteses não limitada. Também traduzida por relação exemplificativa.
[238] Este capítulo, por vezes, substitui a expressão Administração Pública por contratante ou organização, visto que o procedimento aqui apresentado pode perfeitamente ser adotado por instituições privadas, além do fato que a Administração Pública, no presente contexto, é uma Administração Pública, mas o inverso não é verdadeiro.
[239] Dores: termo utilizado no ecossistema das *startups* para denominar as demandas, necessidades e desafios das organizações contratantes.

Por isso, o primeiro olhar da Administração Pública deve ser a eficiência da solução aos propósitos lançados e a capacidade de, de fato, resolver a dor apresentada. Pode ser levada em conta, se for o caso, a provável economia advinda dessa solução.

Para tanto, será necessário que a Administração Pública consiga calcular, em números ou em projeções, o que significa o seu custo de ação sem uma solução tecnológica. Sugere-se manter a mente aberta e, portanto, não reduzir a interpretação do termo "economia" a cifras, pois também é possível obtê-la em relação a tempo, espaço, logística e a outros recursos envolvidos na demanda.

Esse grau de importância deve compor a base de dados a ser estudada e analisada na ponderação e definição dos pesos a serem atribuídos a cada critério de julgamento durante as etapas do configurado "funil" do certame, conforme abordado em item específico deste capítulo.

4.6.6.2 O grau de desenvolvimento da solução proposta

Também denominado nível de maturidade da solução proposta, esse critério busca avaliar, e por que não dizer medir, o nível de desenvolvimento e maturação da solução inovadora idealizada pelos licitantes.

Uma das escalas mais utilizadas para avaliação e julgamento do nível de maturidade é o *Technology Readiness Level* (TRL) ou *Manufacturing Readiness Levels* (MRL).

O Núcleo de Inovação Tecnológica da Universidade Federal do Vale do São Francisco apresenta em sua *homepage*[240] as seguintes explicações e enquadramentos para cada um dos 10 níveis de maturidade (escala de 0 a 9), embasados na obra de John C. Mankins:[241]

> • TRL 1: Ideia da pesquisa que está sendo iniciada e esses primeiros indícios de viabilidade estão sendo traduzidos em pesquisa e desenvolvimento futuros;
> • TRL 2: Os princípios básicos foram definidos e há resultados com aplicações práticas que apontam para a confirmação da ideia inicial;

---

[240] Os conceitos determinados no TRL 1 a 9 foram obtidos com base em publicação da UNIVASF. Disponível em: https://portais.univasf.edu.br/nit/portfolio-tecnologico/nivel-de-maturidade-tecnologica. Acesso em: maio 2024.

[241] MANKINS, J. C. Technology Readiness Levels. A White Paper. April 6, 1995. Advanced Concepts Office. Office of Space Access and Technology. NASA. Disponível em: http://www.artemisinnovation.com/images/TRL_White_Paper_2004-Edited.pdf.

- TRL 3: Em geral, estudos analíticos e/ou laboratoriais são necessários nesse nível para ver se uma tecnologia é viável e pronta para prosseguir para o processo de desenvolvimento. Nesse caso, muitas vezes, é construído um modelo de prova de conceito;
- TRL 4: Coloca-se em prática a prova de conceito, que consiste em sua aplicação em ambiente similar ao real, podendo constituir testes em escala de laboratório;
- TRL 5: A tecnologia deve passar por testes mais rigorosos do que a tecnologia que está apenas na TRL 4, ou seja, validação em ambiente relevante de componentes ou arranjos experimentais, com configurações físicas finais. Capacidade de produzir protótipo do componente do produto;
- TRL 6: A tecnologia constitui um protótipo totalmente funcional ou modelo representacional, sendo demonstrado em ambiente operacional (ambiente relevante no caso das principais tecnologias facilitadoras);
- TRL 7: O protótipo está demonstrado e validado em ambiente operacional (ambiente relevante no caso das principais tecnologias facilitadoras);
- TRL 8: A tecnologia foi testada e qualificada para ambiente real, estando pronta para ser implementada em um sistema ou tecnologia já existente;
- TRL 9: A tecnologia está comprovada em ambiente operacional (fabricação competitiva no caso das principais tecnologias facilitadoras), uma vez que já foi testada, validada e comprovada em todas as condições, com seu uso em todo seu alcance e quantidade. Produção estabelecida.

Os conceitos acima estão muito bem representados pelo infográfico de autoria de Alexandre Affonso, disponível na *Revista Pesquisa FAPESP* (Fundação de Amparo à Pesquisa do Estado de São Paulo):[242]

---

[242] DE PIERRO, Bruno. Inovações Induzidas. *Revista de Pesquisa da FAPESP*, Edição 279, maio 2019. Disponível em: https://revistapesquisa.fapesp.br/inovacoes-induzidas/. Acesso em: abr. 2023.

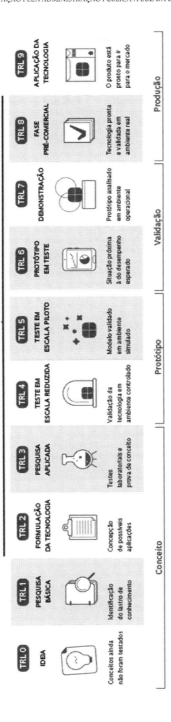

Por fim, vale destacar que a indicação do TRL da solução não é tarefa fácil e as organizações sofrem com a falta de profissionais qualificados.

É recomendado, nesse caso, que medidas de interação com o mercado, contratação de especialista ou auxílio do Comitê de Especialistas sejam adotadas.

Nesse sentido, Gustavo Schiefler sustenta que:[243]

> Existem entidades que possuem um corpo técnico composto por engenheiros e analistas de Tecnologia da Informação (TI). Tais profissionais potencialmente estarão aptos a auxiliar o gestor na identificação do risco tecnológico, assim como no delineamento das funcionalidades básicas a serem desenvolvidas. De todo modo, uma alternativa sempre relevante e complementar é promover uma comunicação com o próprio mercado. Esses diálogos público-privados são inerentes e essenciais à atividade administrativa. Lembrando, nesse caso, que o gestor sempre deve contar, em última análise, com o auxílio de algum técnico que não carregue conflito de interesses, ainda que tenha de contratar uma terceira opinião para isso – ou seja, exceto se o próprio gestor for um técnico especializado, deverá haver uma assessoria técnica imparcial para auxiliá-lo nas decisões relacionadas à contratação de uma Encomenda Tecnológica, e essa terceira pessoa não pode ser um representante das próprias empresas interessadas na contratação.

4.6.6.3 A viabilidade e a maturidade do modelo de negócio da solução

É possível que uma solução inovadora esteja aderente ao desafio com alta maturidade, entretanto poderá não ser viável ou madura enquanto modelo de negócio.

Para que possa se concretizar, portanto, necessitaria a Administração Pública proceder a um conjunto de outras maturações, aquisições e adaptações que dificultam a vivência da solução à sua estrutura.

Portanto, com diferentes graus de aderência.

Essa aderência pode ser devida à própria complexidade da solução e sua implantação no mercado em geral ou sob a ótica do próprio ente contratante.

---

[243] PICCOLI, Ademir et al. *Contratação da inovação*: com os avanços do Marco Legal de ciência, tecnologia e inovação. 1ª ed. São Paulo: Vidaria Livros, 2020. p. 104.

O caso concreto é que poderá assinalar se e quando isso ocorra.

Apenas se leva a advertência de que a Administração Pública não pontue mal um licitante porque ela mesma está muito distante (mal aparatada, desatualizada ou inerte) da adoção de modelos de negócio mais avançados como uma forma de punir o terceiro por sua própria inércia, desídia ou ineficiência.

4.6.6.4 A viabilidade econômica da proposta, considerados os recursos financeiros disponíveis para a celebração dos contratos

Chega-se ao critério que insere o preço indicado pelos proponentes para execução do objeto.

O MLSEI determina e limita que o preço só será critério de julgamento na forma deste item e/ou do que será abordado no tópico seguinte, conforme disposto no §5º do art. 13.

A proposta apresentada deve ser economicamente viável, competindo aqui pensar em dois aspectos: ajustar-se à disponibilidade orçamentária dada ao próprio edital, bem como que o conjunto de requisitos exigidos pela solução não requeira que a Administração Pública absorva tantos insumos e custos que tornem o conjunto que circunda a solução inviável economicamente.

Nesse sentido, se para operar a solução a Administração Pública tiver de incorrer em outras contratações a custos despropositados e disfuncionais, é necessário pensar se a solução realmente convém, inclusive à luz dos arts. 20 e 21 da LINDB.

Não significa, com isso, não poderem as soluções envolver a aquisição de outros componentes que lhe viabilizem (ou até a celebração de outros contratos pela Administração Pública, a exemplo de armazenagem em nuvem, mais colaboradores ou servidores dedicados à operação, espaço físico para instalação e outros), sendo também necessária a avaliação do ciclo de vida aí existente.

4.6.6.5 A demonstração comparativa de custo e benefício da proposta em relação às opções funcionalmente equivalentes

Como dito, novamente o valor da proposta é item de avaliação e julgamento pela Comissão de Julgamento. Aqui, o foco se desloca para o ganho que o desenvolvimento da solução proposta terá em relação a eventuais alternativas equivalentes existentes no mercado ou entre as demais soluções ofertadas no certame.

Encontra-se nesse contexto outra análise: a verificação da vantajosidade (relação custo-benefício) em relação a opções existentes que resolvam o desafio, independentemente de haver equivalência funcional.

A título ilustrativo, caso a Administração Pública eleja um desafio por ter vislumbrado grande possibilidade de uma solução inovadora melhorar determinada área de sua organização e, ao analisar as propostas apresentadas na licitação, a Comissão de Julgamento perceber que a relação custo-benefício com a implantação da inovação não é vantajosa, o presente critério de julgamento tornar-se-á importante no papel de evitar o dispêndio de recursos para um resultado que não melhorará ou agregará valor à sua situação atual.

Sempre importante relembrar que os critérios de julgamento trazidos pelo MLSEI e aqui analisados não encerram as possibilidades de inserção de outros vieses e métodos avaliativos aderentes a cada desafio.

4.6.6.6 O peso dos critérios de julgamento

É recomendável que a Administração Pública, ao elaborar o instrumento convocatório do certame, pondere e atribua pesos a cada um dos critérios de julgamento.

Além de ser um procedimento recorrente na avaliação e seleção de soluções inovadoras, a mensuração e a precedência entre os critérios por meio de pesos permitem adequar e personalizar cada avaliação de forma a otimizar aplicabilidade e correspondência de cada um deles ao desafio proposto.

4.6.7 Possibilidade de contratação múltipla

O §6º do art. 13 do MLSEI permite que a licitação selecione mais de uma proposta para a celebração do CPSI (art. 14):

> Art. 13.
> §6º. A licitação poderá selecionar mais de uma proposta para a celebração do contrato de que trata o art. 14 desta Lei Complementar, hipótese em que caberá ao edital limitar a quantidade de propostas selecionáveis.

A limitação da quantidade de eventuais contratados na licitação deverá constar expressamente no instrumento convocatório e, vale lembrar, o texto legal acima diz respeito às contratações de testes. Essa possibilidade de contratação múltipla para o mesmo escopo se contrapõe à regra de seleção adotada pelas modalidades licitatórias tradicionais que se vinculam à contratação de um único fornecedor. Trata-se de mais uma grande opção trazida pelo legislador.

Por se encontrar no campo das ideias, das inovações e das criações subjetivas dos potenciais licitantes, permitir que mais pessoas busquem soluções inovadoras para resolução dos problemas apresentados no edital e desenvolvam seus testes torna-se uma estratégia com alto potencial em prol da eficácia da contratação.

É possível, inclusive, que a contratação múltipla se dê de propostas de soluções completas ou parciais e, nessas últimas, de propostas superpostas ou complementares. De fato, nessa fase, o interesse é ampliar a possibilidade de obtenção de soluções que se mostrem eficientes e satisfatórias.

Competirá à Administração Pública, no que tange às propostas de soluções parciais, avaliar se há funcionalidade na testagem dessas.

A delimitação editalícia da quantidade de propostas selecionáveis para a celebração do CPSI não consiste somente na escolha de um número qualquer, sendo necessária a observância de alguns fatores.

A disponibilidade orçamentária e/ou o apetite de investimento da Administração Pública, a complexidade do problema a ser resolvido, a ausência de situações similares e a possibilidade de selecionar soluções parciais para o desafio são alguns fatores que podem delimitar a quantidade de propostas que poderão ser selecionáveis para o CPSI.

A possibilidade de contratações múltiplas para o mesmo edital também caminha na diretriz de uma das finalidades do MLSEI, que é a promoção da inovação no setor produtivo por meio do uso do poder de compra do Estado.

4.6.8 Fase habilitatória e seus documentos

A localização da fase habilitatória posterior à etapa de julgamento das propostas, trazida pela Lei nº 10.520/02, que institui a modalidade de licitação denominada pregão na legislação brasileira no "longínquo" ano de 2002, consagrada pelo êxito e eficácia obtidos nas contratações públicas por meio dessa modalidade e ratificada pela Lei nº 14.133/21, também é usada no MLSEI.

Art. 13.

§7º. A análise da documentação relativa aos requisitos de habilitação será posterior à fase de julgamento das propostas e contemplará somente os proponentes selecionados.

Em prol de sua constitucionalidade, o MLSEI ressalta a impossibilidade de a Administração Pública dispensar a regularidade dos eventuais licitantes junto à seguridade social, por se tratar de uma determinação contida no §3º do art. 195 da Constituição Federal.

Ultrapassada essa obrigatoriedade de verificação na fase de habilitação, o MLSEI admite à Administração Pública dispensar, no todo ou em parte, a documentação de habilitação relativa à:

a) habilitação jurídica (inc. I do Art. 62 da Lei nº 14.133/21);
b) qualificação técnica (inc. II do Art. 62 da Lei nº 14.133/21);
c) regularidade fiscal (*parte* do inc. III do Art. 62 da Lei nº 14.133/21);
d) qualificação econômico-financeira (inc. IV do Art. 62 da Lei nº 14.133/21).

O MLSEI faz remissão às situações habilitatórias suscetíveis à dispensa nos certames por ele regidos ao revogado regime geral de licitações e contratos (Lei nº 8.666/93), motivo da regularidade fiscal, no vigente estatuto, referir-se parcialmente ao inc. III do art. 62 da Lei nº 14.133/21.

A regra geral acerca da habilitação a ser solicitada aos proponentes da modalidade especial de licitação regida pelo MLSEI coaduna-se com a das demais modalidades, no sentido de a exigência de regularidade recair sobre as condições e situações jurídicas, técnicas, fiscais, sociais, trabalhistas e econômico-financeiras dos licitantes.

A possibilidade de dispensa das documentações de habilitação supracitadas, por se revestir de caráter específico a ser analisado contextualmente na fase preparatória do certame, deverá estar devida e expressamente justificada na instrução do processo.

4.6.9 Negociação

4.6.9.1 Fase de negociação

A modalidade especial de licitação regida pelo MLSEI reserva uma etapa de negociação durante o certame, conforme disposto em seu §9º do art. 13:

> Art. 13.
> §9º. Após a fase de julgamento das propostas, a Administração Pública poderá negociar com os selecionados as condições econômicas mais vantajosas para a administração e os critérios de remuneração que serão adotados, observado o disposto no § 3º do art. 14 desta Lei Complementar.

Independentemente das condições contidas nas propostas selecionadas e da transcrita previsão do MLSEI de que *poderá* haver negociações, consiste em boa prática a ocorrência, sempre, de negociação na busca por obtenção de condições mais vantajosas para a Administração Pública. Em capítulo próprio, inclusive, aponta-se a importância de ser uma fase propriamente dita e alocada.

4.6.9.2 Conteúdo da negociação

Pelo MLSEI, o conteúdo da negociação poderá recair sobre: "a) condições econômicas mais vantajosas para a administração; e b) critérios de remuneração da contratada".

A possibilidade de alteração dos critérios de remuneração por negociação será abordada mais adiante.

Quanto às condições econômicas envolvidas nas propostas de soluções inovadoras apresentadas no certame, há diversos pontos factíveis de serem objeto de negociação.

Além dos critérios de remuneração do CPSI, alguns dos principais pontos de negociação relacionados às condições econômicas das propostas são:

a) Cronograma físico-financeiro

A Norma Técnica ABNT nº 13.531/1995 (hoje substituída pela Norma ABNT nº 16.636/2017) já apresentava o conceito de cronograma físico-financeiro: "3.3.6 – As atividades técnicas de projeto devem ser apresentadas em cronograma físico-financeiro que informe os prazos necessários, as datas dos eventos e os seus custos".

Em outras palavras, o cronograma físico-financeiro consiste em ferramenta de planejamento, acompanhamento e gestão de projetos/ serviços que concatena as atividades a serem realizadas, incluindo relações de interdependência, como antecedência e sucedimento, suas localizações ao longo do tempo (prazo de execução do objeto), marcos de início e fim e percentuais por período, e os custos envolvidos em cada etapa.

Ao trazer o cronograma físico-financeiro para a "mesa de negociação", objetiva-se buscar alterações, adequações e/ou equalização das atividades ao longo do tempo que configurem uma vantajosidade para a Administração Pública.

b) Prazos do CPSI

Consequências quase imediatas de uma negociação do cronograma físico-financeiro refletem diretamente nos prazos inicialmente propostos.

Nem sempre a redução do prazo inicial em uma negociação pode ser a condição mais vantajosa para o contratante. Há ocasiões em que providências e ajustes internos possibilitam o recebimento e a integração da solução inovadora.

Assim, a negociação do prazo do CPSI, dentro dos limites estabelecidos no MLSEI, pode ocorrer tanto para reduzir quanto para elastecer o tempo total de execução do contrato inicialmente proposto, desde que respeitado o limite legal.

Conjugada a negociação do cronograma físico-financeiro, é possível, também, ajustes nos prazos intermediários da execução contratual, sem alteração do tempo total do CPSI, com alterações na duração de algumas atividades/etapas e incremento em outras.

c) Plano de trabalho

Por também estar relacionado ao planejamento e configuração da execução contratual, o plano de trabalho geralmente será afetado quando a negociação alterar cronogramas e custos da proposta e vice-versa.

Um plano de trabalho contém, minimamente, os seguintes tópicos:

- Objetivos: focos principais do projeto;
- Metas: resultados a serem atingidos, incluindo parâmetros para aferição do cumprimento das metas;
- Descrição das atividades a serem executadas;
- Prazos: datas de início e término;

- Recursos a serem utilizados;
- Análise de riscos (no campo da inovação, reveste-se de um maior grau de relevância aqueles de natureza tecnológica);
- Resultados e/ou entregas.

d) Antecipação de pagamentos

A regra geral das contratações públicas é a realização do pagamento após a execução dos trabalhos.

Entretanto, o MLSEI traz, textualmente, a possibilidade de previsão editalícia de pagamento antecipado como forma de garantir os meios financeiros para que o contratado implemente a etapa inicial do projeto.

A regra está no art. 14, §7º, ou seja:

> Os pagamentos serão feitos após a execução dos trabalhos e, a fim de garantir os meios financeiros para que a contratada implemente a etapa inicial do projeto, a administração pública deverá prever em edital o pagamento antecipado de uma parcela do preço anteriormente ao início da execução do objeto, mediante justificativa expressa.

Todo valor antecipado, quando o contratante verifica a inexecução contratual referente àquela parcela do pagamento, deverá ser devolvido diretamente pelo contratado ou por meio de glosas em eventuais recebimentos que o mesmo possua (após o devido processo administrativo).

Essa possibilidade está diretamente ligada à característica de fomento, realizado pelo MLSEI, tratado em capítulos anteriores. De fato, *startups* e empreendedores necessitam de investimentos para que consigam colocar em rotação suas soluções, muitas vezes. Por isso, a previsão legal.

No entanto, a utilização desse recurso não deve ser desmedida nem automática, devendo haver fundamentação suficiente para a sua opção no caso concreto e, por certo, quando o edital o permitir.

Para além disso, se for utilizada a estratégia, é necessário que na fase de planejamento seja sopesado o risco e adotadas cautelas de prevenção à sua ocorrência.

e) Metas de desempenho e forma de aferição dos resultados esperados do CPSI

A remodelagem das metas de desempenho inicialmente estipuladas e/ou a forma de aferição dos resultados também são factíveis de negociação em busca da viabilização da contratação, sob o aspecto mais vantajoso para a Administração Pública, com cautelas.

f) Subcontratação parcial

Poderá ser avaliada a possibilidade de subcontratação parcial de atividades necessárias à completude da solução inovadora, até porque muitas *startups* e empreendedores trabalham com parcelas de solução e podem necessitar de suporte, se não optarem pela participação em consórcio.

Necessário, no entanto, que se tenha especial atenção a respeito da titularidade da propriedade intelectual sobre a parcela subcontratada, as previsões sobre a sua exploração e também o que ocorrerá no caso de criações resultantes do CPSI. Por isso, a aceitação da subcontratação deve ser criteriosa.

g) Titularidade dos direitos de propriedade intelectual das criações resultantes do CPSI e cessão de direitos de sua comercialização

Uma ótima prática para abordar esses pontos de negociação é resgatar a resposta do TCU, em sua seção de *perguntas frequentes*, para dar publicidade aos interessados quanto às respostas aos pedidos de esclarecimentos recebidos para o Edital nº 001/2024:[244]

1) Quem terá a propriedade intelectual da Solução Inovadora? A Contratada terá que disponibilizar seu código-fonte com o TCU?
Componentes (algoritmos, APIs, SDKs, modelos computacionais) previamente existentes na data da assinatura do CPSI, trazidos pela Contratada para integrar a Solução Inovadora NÃO são de propriedade intelectual do TCU. E não será exigido que seu código-fonte seja compartilhado com o TCU. Contudo, tais componentes, enquanto parte da Solução, deverão ser cedidos para uso perpétuo e não oneroso do TCU, inclusive suas eventuais atualizações lançadas no mercado pela Contratada.
Já os componentes, códigos-fonte, programas de computador, algoritmos, informações técnicas etc. que tenham sido desenvolvidos no âmbito do CPSI terão a titularidade da propriedade intelectual e a cessão de direitos de exploração comercial negociados na Fase de Negociação. Não é interesse do TCU a exploração comercial da Solução Inovadora, motivo pelo qual o TCU poderá ceder os direitos de exploração ou mesmo a titularidade da propriedade intelectual, conforme previsto na LCP 182 art 14 §1º incisos IV e V. Mediante uma contrapartida

---

[244] Disponível em: https://portal.tcu.gov.br/licitacoes-e-contratos-do-tcu/cpsi/. Acesso em: 2 maio 2024.

negociada. O que pode incluir, por exemplo, a certeza de que os custos do CPSI não estão inflados com lucros para a Contratada; e/ou a assunção de riscos da matriz de riscos pela Contratada.

Os conteúdos (dados) coletados, processados ou gerados no CPSI são de uso exclusivo do TCU, e não poderão ser utilizados pela Contratada para outros fins ou por ela divulgados.[245]

h) Custos do CPSI

Essa lista exemplificativa de pontos a serem abordados na fase de negociação traz, propositadamente, os custos do CPSI ao seu final.

O ser humano, ao projetar ou idealizar "condições econômicas mais vantajosas para a administração" como um dos objetivos previstos no MLSEI, tende a restringir as atenções aos aspectos monetários envolvidos na negociação.

4.6.9.3 Limites objetivos da negociação

O primeiro limite objetivo da negociação a ser aqui abordado é relacionado ao valor da(s) proposta(s) selecionada(s) após a fase de seu julgamento.

A melhor jurisprudência do TCU, relacionada às tradicionais modalidades licitatórias, repousa, geralmente, na inviabilidade de aceitabilidade de propostas com valores superiores ao referencial fixado pela Administração Pública, conforme excerto do Acordão TCU nº 1.888/2010P:

> 17. Não é demais relembrar que a função primordial do pregoeiro é obter o melhor negócio para a administração. Assim, quando esta fixa o preço referencial está orientando o pregoeiro no sentido de que, tendo em vista a sua política administrativa ou as suas limitações financeiras, não considera aceitável um valor superior ao estipulado como parâmetro para negociação. Portanto, decisão diversa do pregoeiro seria de sua exclusiva responsabilidade, ainda que por uma pequena diferença, porque não vincularia a entidade promotora da licitação.[246]

---

[245] Disponível em: https://portal.tcu.gov.br/licitacoes-e-contratos-do-tcu/cpsi/. Acesso em: 2 maio 2024.

[246] BRASIL. Tribunal de Contas da União. Acórdão nº 1.888/2010. Plenário, Relator Ministro Valmir Campelo, j. 4/8/2010.

No modal do MLSEI, além da configuração e do contexto que circundam as contratações de inovação, o disposto no §10 de seu art. 13, abaixo transcrito, é cristalino para afastar esse entendimento nas contratações de soluções inovadoras.

> §10. Encerrada a fase de julgamento e de negociação de que trata o § 9º deste artigo, na hipótese de o preço ser superior à estimativa, a Administração Pública poderá, mediante justificativa expressa, com base na demonstração comparativa entre o custo e o benefício da proposta, aceitar o preço ofertado, desde que seja superior em termos de inovações, de redução do prazo de execução ou de facilidade de manutenção ou operação, limitado ao valor máximo que se propõe a pagar.

O limite objetivo aqui recai sobre o valor máximo que a Administração Pública se propõe a pagar, de acordo com seu apetite de investimento, já abordado neste livro.

Ao trazer para a negociação os critérios de remuneração do CPSI, os limites objetivos encontram-se na própria lista exaustiva contida no §3º do art. 14 do MLSEI:

a) Preço fixo;
b) Preço fixo mais remuneração variável de incentivo;
c) Reembolso de custos sem remuneração adicional;
d) Reembolso de custos mais remuneração variável de incentivo; e
e) Reembolso de custos mais remuneração fixa de incentivo.

Assim, durante a análise do caso concreto, é possível negociar a substituição integral ou parcial das formas de remuneração do CPSI, sendo admissível alterar o critério remuneratório de uma ou mais etapas da execução contratual.

Observada a limitação legal de vigência do CPSI, prazos intermediários, datas das entregas e o restante do cronograma aceitarão alterações durante a fase de negociação com os proponentes das soluções selecionadas.

4.6.10 Critérios para remuneração do teste

O MLSEI apresenta uma lista *numerus clausus* para os critérios de remuneração do CPSI no §3º de seu art. 14:

Art. 14.

§3º. A remuneração da contratada deverá ser feita de acordo com um dos seguintes critérios:
I - preço fixo;
II - preço fixo mais remuneração variável de incentivo;
III - reembolso de custos sem remuneração adicional;
IV - reembolso de custos mais remuneração variável de incentivo; ou
V - reembolso de custos mais remuneração fixa de incentivo.

Assim, os critérios de remuneração poderão vir definidos no edital ou decorrerem da fase de negociação, valendo observar o que o próprio instrumento convocatório propuser. De qualquer forma, se o edital não vedar a abordagem desses na fase de negociação, será possível colocá-los em análise, em atenção ao disposto no art. 13, §9º, do MLSEI.

Na hipótese de a execução do CPSI ser dividida em etapas, o pagamento relativo a cada uma dessas poderá adotar critérios distintos de remuneração (tanto por previsão editalícia quanto em consequência da etapa de negociação), conforme o art. 14, §6º, do MLSEI.

A figura[247] abaixo transporta para a linguagem de gestão à vista os cinco critérios de remuneração para os CPSIs:

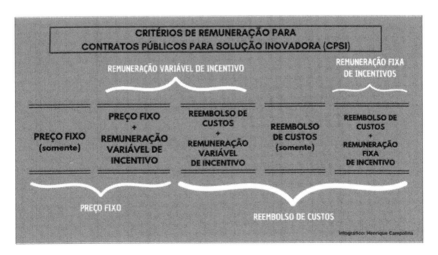

Uma leitura rápida desse infográfico revela que os critérios de remuneração podem ser a preço fixo ou com reembolso de custos, sendo

---

[247] Figura elaborada pelo autor do capítulo: Henrique Esteves Campolina Silva.

possível a conjugação de cada um desses com a remuneração variável de incentivo e associação a uma remuneração fixa de incentivo somente para o critério de reembolso.

Para a determinação dos critérios de remuneração do CPSI, além do contexto da Administração Pública, o gestor se depara com a necessidade de preenchimento da vacuidade deixada pelo legislador (conforme já tratado neste livro).

Dentre as opções do preenchimento da vacuidade, por esforço hermenêutico, jurisprudencial, regulamentar e/ou administrativo, apresenta-se esse último, no ecossistema das contratações públicas de inovações, como a boa prática a ser estimulada e bem vivida por cada órgão.

Ao se optar pelo esforço administrativo, é necessário cautelas a serem observadas pelos gestores na configuração de seus regramentos internos, que deverão ser frutos de análises técnicas, científicas, doutrinárias e, até mesmo, legislativas e jurisprudenciais, devidamente ponderadas à realidade de seu órgão.

Diversos fatores deverão ser selecionados e analisados pelos gestores para a definição dos critérios de remuneração do teste. Dentre esses, destacam-se:

- a realidade tecnológica do órgão;
- o grau de maturação do órgão ao recebimento de uma solução tecnológica;
- a capacidade operacional de implementação e efetivação das soluções inovadoras a serem apresentadas para o desafio selecionado;
- a configuração do escopo editalício a ser elaborado quanto às possibilidades de inovações amplas ou específicas;
- o nível, a complexidade e a profundidade do produto que se pretende obter do mercado inovador;
- o ciclo da vida da solução inovadora;
- a capacidade orçamentária do órgão na captação de equipamentos, materiais, serviços e demais insumos necessários à efetiva implantação da solução em sua realidade;
- os riscos tecnológicos[248] envolvidos no desafio.

---

[248] Risco tecnológico: possibilidade de insucesso no desenvolvimento de solução, decorrente de processo em que o resultado é incerto em função do conhecimento técnico-científico insuficiente à época em que se decide pela realização da ação.

A transversalidade presente nos desafios e em suas respectivas proposições, já existentes ou a serem idealizadas, no ecossistema da inovação, aliada ao grande potencial de obtenção de soluções cada vez mais criativas e ao contexto existente em cada órgão da Administração Pública, corrobora com o entendimento de transferência da regulação procedimental (no preenchimento da mencionada vacuidade) a cada gestor, em vistas à melhor configuração e adequação das previsões e hipóteses normativas a suas realidades.

4.6.10.1 Preço fixo x reembolso de custos

Durante a análise da fase preparatória da licitação para a definição dos critérios de remuneração a serem aplicados no CPSI, a Administração Pública deverá, inicialmente, determinar se será por preço fixo ou por reembolso de custos.

A remuneração a preço fixo se dá a partir da indicação dos preços unitários e globais sem a perquirição do valor de custo ou a possibilidade de variáveis de incentivo. Sua cobrança ocorrerá em razão da ocorrência do fato gerador e da constatação de sua efetiva prestação pelo contratado.

Situações com boas previsibilidades de mensuração dos custos para desenvolvimento do teste, com baixo risco tecnológico e/ou com razoável grau de maturação do mercado para situações parecidas, podem, mas não de forma absoluta, direcionar a decisão dos gestores para a definição da remuneração por preço fixo e merecem ser observadas na elaboração de seus normativos internos.

Na opção do reembolso de custos, insere-se uma natureza aleatória ao CPSI, vez que a remuneração será devida com a comprovação das despesas suportadas pelas contratadas na consecução do desenvolvimento do respectivo teste.

Na formatação desse critério de remuneração, é necessário prévias especificação e correlação entre as eventuais atividades contratuais e suas despesas, com a definição de seus custos unitários, em decorrência, entre outras fundamentações, da necessidade da determinação do valor estimado do CPSI, que deve estar devidamente suportado pela respectiva reserva e disponibilidade orçamentária do órgão contratante.

Esse requisito contratual exigirá que as propostas apresentem suas futuras e eventuais despesas, a serem analisadas e aprovadas nas etapas de análise e negociação, já que não há possibilidade do surgimento de "custo surpresa" na fase contratual do desenvolvimento do teste.

Assim como nas tradicionais contratações por empreitada por preço unitário, no reembolso de custos, os gestores devem dispensar especial atenção à fiscalização contratual, vez que esse critério exige a exata apropriação dos custos incorridos pelo contratado.

No âmbito do MLSEI, também surgem dúvidas sobre quais custos podem ser reembolsáveis:

- Somente custos diretos ao desenvolvimento do objeto (teste) do CPSI são reembolsáveis?
- O reembolso poderá recair sobre despesas indiretas?
- Na composição de um BDI,[249] há custos indiretos e lucro. É possível incluir o lucro no rol das despesas reembolsáveis?

Nesse contexto, verifica-se que o MLSEI não apresenta diferenciação entre os custos diretos e indiretos.

Novamente, a melhor saída e boa prática a ser adotada recaem sobre a configuração a ser definida por cada gestor em seus órgãos. O importante, além de propiciar o estímulo e a participação do mercado inovador no certame, é viabilizar a apresentação de soluções inovadoras com grande potencial de resolução do desafio proposto em cada edital.

4.6.10.2 Remunerações de incentivo: variável ou fixa

Ultrapassada a definição do critério de remuneração entre preço fixo e reembolso de custos, chega-se à análise sobre a pertinência, possibilidade e cabimento de uma remuneração adicional para o CPSI.

A remuneração de incentivo também precisa estar respaldada e delimitada pela disponibilidade orçamentária da Administração Pública para a contratação.

Uma remuneração variável de incentivo é aplicável em ambos os critérios abordados no subitem anterior, enquanto um adicional fixo de incentivo só é cabível se conjugado com o reembolso de custos.

Uma remuneração adicional não pode estar vinculada à obtenção de resultados e metas que possam ser ordinariamente atingidos. É necessário um diferencial que embase e permita o pagamento desse *plus*

---

[249] BDI: benefícios e despesas indiretas.

ao contratado, que sobressaiu ao comportamento contratual esperado ou à superação excepcional dos riscos tecnológicos.

A remuneração de incentivo, fixa ou variável, reveste-se de estratégia da Administração Pública de fortalecimento das parcerias contratuais em busca de engajamento dos contratados (CPSI) na obtenção de um diferencial em seus desempenhos técnicos com vistas a incrementos na solução inovadora inicialmente idealizada que resulte em maiores e melhores benefícios e vantagens para o órgão contratante.

Ao optar por remunerações variáveis de incentivo, é importante a Administração Pública elaborar uma base objetiva com metas a serem atingidas para além do desempenho esperado na formalização do CPSI.

Essa forma de remuneração, que se reveste da natureza de recompensa, pode estar associada, entre outros, a:

- melhorias no desempenho técnico da solução e padrões de qualidade;
- desenvolvimento de funcionalidades extras à idealização original;
- satisfação de critérios de sustentabilidade ambiental não inicialmente rastreados;
- redução significativa de custos indiretos;
- otimização do prazo de implementação e integração da solução na estrutura do órgão contratante;
- antecipação relevante e não ordinária da entrega do objeto;
- redução significativa de prazos procedimentais do órgão contratante em relação ao objetivo inicialmente desejado.

Nessas situações, é essencial que o CPSI defina os parâmetros, critérios, patamares e respectivos valores a serem merecidos e percebidos pelas contratadas no atingimento das previamente estipuladas metas.

Importante o CPSI também mensurar e escalonar os graus de resultados superiores a serem obtidos pelos contratados, vez que variações do montante da fatia do incentivo poderão ser calculadas com base na quantidade de metas atingidas ou, também, em relação ao percentual obtido em cada uma delas.

Interessante ressaltar que não há obrigatoriedade de o instrumento convocatório da licitação trazer tais parametrizações relacionadas às "bonificações" variáveis de incentivo, visto que esse critério de remuneração poderá surgir no certame durante a etapa de negociação.

Obviamente, caso a definição inicial da Administração Pública seja pelo critério de remuneração variável de incentivo, conjugada com preço fixo ou reembolso de custos, a configuração dos resultados extraordinários deverá constar do edital.

Em determinadas situações, não serão fáceis a configuração e a parametrização de metas mensuráveis de desempenho superior ao ordinário que ensejarão as remunerações de incentivo. Essa situação poderá ensejar a adoção de parcela fixa de incentivo à remuneração por reembolso de custos, visto não ser cabível sua conjugação com o preço fixo.

Ainda que se esteja diante de situação com metas não mensuráveis, o CPSI precisa determinar objetivamente quando os contratados farão jus à parcela fixa de incentivo.

4.6.10.3 A possibilidade de remuneração diferenciada por etapas

A determinação dos critérios de remuneração exige análise do cenário envolto na contratação, inclusive quanto ao risco tecnológico envolvido, para a melhor adequação dos mesmos a cada etapa do desenvolvimento da solução.

Assim, na fase preparatória da licitação, é importante que a justificada definição dos critérios de remuneração analise cada fase da contratação, visto não ser obrigatória a adoção de um único tipo remuneratório para todo o CPSI.

A possibilidade de previsão de critérios de remuneração diferenciados por etapas no CPSI está prevista no MLSEI, no art. 14, §6º, ou seja, "na hipótese de a execução do objeto ser dividida em etapas, o pagamento relativo a cada etapa poderá adotar critérios distintos de remuneração".

O MLSEI, nesse sentido, não contrariou a tendência advinda da ETEC, que já havia previsto a possibilidade dessa diferenciação. De fato, as fases de P&D e teste são estruturalmente distintas e, portanto, podem se submeter a cobranças diferenciadas.

Vale registrar, porque o raciocínio é o mesmo nesse ponto, o posicionamento do TCU na publicação *ETEC – Projeto de Contratação de Inovação para a Administração Pública*:[250]

---

[250] BRASIL. Tribunal de Contas da União. *Encomenda tecnológica*. Projeto de contratação de inovação para a Administração Pública. Disponível em: https://portal.tcu.gov.br/data/files/21/04/56/AE/5200371055EB6E27E18818A8/ETEC_projeto_contratacao_inovacao_administracao_publica.pdf. Acesso em: 2 maio 2024.

No caso de se definirem diferentes fases ao longo do processo da ETEC (afunilamento), referentes a entregas parciais para o desenvolvimento da solução, o contrato deve especificar o tipo de remuneração e incentivos, as entregas e os critérios para avaliar o esforço, bem como os casos de rescisão do contrato de acordo com a avaliação das entregas em cada fase.

O TCU utilizou, em seu primeiro desafio à luz do MLSEI, essa diferenciação entre as fases de P&D e testagem, como se vê na previsão do futuro contrato:

> CLÁUSULA DÉCIMA SÉTIMA – DO FATURAMENTO, DA LIQUIDAÇÃO E DO PAGAMENTO
> 45. O contrato consiste de duas ETAPAS que podem se sobrepor durante a execução contratual, cada qual com seu modelo de remuneração, a saber:
> 45.1. *ETAPA DE DESENVOLVIMENTO: custo fixo mensal* (conforme Art.14, §3º, inc. do MLSEI) de [valor previamente estabelecido na negociação que antecede a celebração do CPSI].
> 45.2. *ETAPA DE TESTES REAIS: reembolso de custos* (conforme Art. 14, §3º, inc. III do MLSEI), com os seguintes valores mínimos e máximos por tecnologia empregada: [previamente estabelecidos na negociação que antecede a celebração do CPSI].

Ao analisarem as contratações de ETEC, os professores André Rauen e Caio Márcio Barbosa ensinam:

> A motivação dos potenciais fornecedores é essencial para o sucesso da ETEC, porque, diferentemente das aquisições comuns, nas ETECs adquire-se esforço, não resultado. (...)
> A ETEC é uma relação comercial especial, muito próxima da parceria. Isso não significa dizer que se espera algum nível de altruísmo por parte do fornecedor, porém ele também precisa compreender a relevância da solução desejada, mesmo que para fins próprios.[251]

4.6.10.4 A possibilidade de alteração da remuneração por negociação

Como já apresentado neste capítulo, o MLSEI prevê possibilidade de negociação após a fase de julgamento das propostas.

---

[251] RAUEN, André Tortato; BARBOSA, Caio Márcio Melo. *Encomendas tecnológicas no Brasil*: guia geral de boas práticas. Brasília: Instituto de Pesquisa Econômica Aplicada (IPEA), 2019. p. 53.

Verifica-se que os critérios de remuneração aparecem explicitamente no texto legal, no §9º do art. 13, como condições factíveis de serem negociadas, desde que se mantenham nas exaustivas hipóteses trazidas no §3º do art. 14 do MLSEI.

Em seu Edital nº 001/2024,[252] o TCU elencou, de maneira exemplificativa, os principais pontos da negociação:

a) Plano de Trabalho;
b) Cronograma Físico-Financeiro;
c) Custos e prazos do CPSI;
d) Antecipação de pagamentos;
e) Metas de desempenho e forma de aferição dos resultados esperados do CPSI;
f) Matriz de riscos entre as partes;
g) Subcontratação parcial;
h) Titularidade dos direitos de propriedade intelectual das criações resultantes do CPSI;
i) Cessão de direitos de comercialização da propriedade intelectual; e
j) Transferência de tecnologia para a equipe da Contratante, onde aplicável;

Independentemente de o MLSEI trazer os critérios de remuneração como condição negociável, também é possível afastá-los dessa fase, como fez o TCU, no mencionado edital, ao optar por não incluir os critérios de remuneração nas hipóteses de negociação, embasado nas justificativas de preservação dos interesses e mitigação da assunção de riscos desnecessários para a Administração.

O referido afastamento dos critérios de remuneração da pauta de negociações se restringe aos mesmos, não afetando eventuais negociações sobre os valores das parcelas relativas ao preço fixo, ou ao reembolso de custos, ou a remunerações de incentivo.

4.6.11 Os limites de valor para as contratações

4.6.11.1 Os limites gerais de valor

Como já abordado, o MLSEI traz duas modalidades de contratos:

---

[252] Disponível em: https://contas.tcu.gov.br/ords/f?p=1507:19:5340804789778::NO:RP,19:P19_COD_LICITACAO:441. Acesso em: maio 2024.

a) Contrato Público para Solução Inovadora (CPSI): contrato voltado ao teste de soluções inovadoras, vencendo etapas de P&D;
b) Contrato de Fornecimento (CF): contrato para o fornecimento do produto, do processo ou da solução resultante do CPSI ou, se for o caso, para integração da solução à infraestrutura tecnológica ou ao processo de trabalho da administração contratante.

No âmbito do CPSI, o valor máximo a ser pago a cada contratado, visto o instrumento convocatório permitir a celebração de mais de um, será de R$1,6 milhão, conforme o §2º do art. 14 do MLSEI.

Por se tratar de limite máximo, o edital poderá estabelecer valores inferiores em decorrência da complexidade, porte e demais características do desafio a ser superado.

Já o valor máximo para o contrato de fornecimento é de R$8 milhões, que correspondem a 5 (cinco) vezes o valor máximo definido para o CPSI, conforme o §3º do art. 15 do MLSEI.

O MLSEI permite a ultrapassagem do limite dos contratos de fornecimento nos casos de reajuste de preços e dos acréscimos de até 25% (vinte e cinco por cento) do valor inicial atualizado do contrato referentes às alterações unilaterais por parte da Administração Pública, nas mesmas condições contratuais, nos termos do art. 125 da Lei nº 14.133/2021, calculado sobre o prazo máximo de 48 meses.

Importante ressaltar que o MLSEI não vincula o limite máximo do valor dos contratos de fornecimento ao formalizado no respectivo CPSI. Em outras palavras, ainda que o edital determine um valor máximo a ser pago ao contratado inferior àquele do §2º do art. 14 do MLSEI, é possível à Administração Pública celebrar o respectivo contrato de fornecimento em valores até o limite de R$8 milhões.

Assim como fez a Lei nº 14.133/21, os valores acima poderão ser anualmente atualizados pelo Poder Executivo federal, de acordo com o Índice Nacional de Preços ao Consumidor Amplo (IPCA) ou outro que venha a substituí-lo (art. 12, §3º, do MLSEI). Até a edição deste livro, não houve atualização oficial dos valores dados em 2021.

4.6.12 Os limites de tempo para as contratações

4.6.12.1 Os limites de tempo nos diferentes tipos de contrato

O MLSEI define limites de tempo específicos para o CPSI e para o contrato de fornecimento.

Diante desse cenário, temos a seguinte configuração para os limites de tempo dos contratos regidos pelo MLSEI:

> *a) Contrato Público para Solução Inovadora (CPSI)*: vigência limitada a 12 (doze) meses, prorrogável por mais um período de até 12 (doze) meses; e
> *b) Contrato de Fornecimento (CF)*: vigência limitada a 24 (vinte e quatro) meses, prorrogável por mais um período de até 24 (vinte e quatro) meses.

4.6.12.2 A vivência de contratos simultâneos e de temporalidades distintas

A existência de contratos firmados ao mesmo tempo não os vincula às mesmas temporalidades de execução.

A determinação dessas últimas deve analisar os contextos de cada caso concreto, visto a diversidade de maturação das soluções e dos modelos de negócio, assim como as possíveis diferenças de cobertura, metodologia, pesquisa e desenvolvimento podem significar cumprimentos simultâneos, mas não idênticos em cronograma.

Para além disso, pode ocorrer de serem firmados separados contratos de fornecimento, a partir do grau de maturação, para iniciar e implementar o fornecimento na Administração Pública – ou, até mesmo, momentos distintos de disponibilidade orçamentária.

Portanto, não faltarão situações concretas em que os contratos possuam temporalidades distintas, e a Administração Pública terá de lidar com isso; no caso dos CPSIs, inclusive com as comparações entre produtos não contemporâneos, já que a experimentação simultânea pode proporcionar outra percepção aos usuários.

Por isso é que se recomenda, em sendo possível, equalizar temporalmente os CPSIs, fazendo com que as experiências sejam mais objetivamente comparáveis pelo usuário.

4.7 Contrato Público de Solução Inovadora (CPSI)

Com relação ao CPSI, o art. 14 do MLSEI fixa o prazo de duração do ajuste contratual limitado a 12 (doze) meses, podendo ser prorrogado pelo mesmo período, e prescreve quais cláusulas o instrumento contratual deverá conter.

São elas:

> a) as metas a serem atingidas para que seja possível a validação do êxito da solução inovadora e da metodologia para a sua aferição;
> b) a forma e a periodicidade da entrega à Administração Pública de relatórios de andamento da execução contratual, que servirão de instrumento de monitoramento, e do relatório final a ser entregue pela contratada após a conclusão da última etapa ou meta do projeto;
> c) a elaboração da matriz de riscos entre as partes, incluídos os riscos referentes a caso fortuito, força maior, risco tecnológico, fato do Príncipe e álea econômica extraordinária;
> d) a definição da titularidade dos direitos de propriedade intelectual das criações resultantes do CPSI;[253] e
> e) a participação nos resultados de sua exploração, assegurados às partes os direitos de exploração comercial, de licenciamento e de transferência da tecnologia que são titulares.

É oportuno asseverar que, na hipótese de haver risco tecnológico, os pagamentos serão efetuados proporcionalmente aos trabalhos executados, de acordo com o cronograma físico-financeiro aprovado, observado o critério de remuneração previsto contratualmente.

Na hipótese de a execução do objeto ser dividida em etapas, o pagamento relativo a cada etapa poderá adotar critérios distintos de remuneração. Vale alertar que os pagamentos devem ser feitos após a execução dos trabalhos devidamente comprovada pelo contratado.

Importante lembrar que, em razão do risco tecnológico e da incerteza (inviabilidade técnica ou econômica), pode ocorrer de a Administração Pública não obter os resultados pretendidos.

---

[253] O registro de ativos intangíveis de uma empresa (propriedade intelectual), os quais representam patrimônio valioso, deve ser feito nos órgãos competentes e permite garantir a propriedade e a exclusividade de exploração comercial de suas marcas, patentes, *softwares*, domínios e desenhos industriais (NOGUEIRA, ELIAS, LASKOWSKI E MATIAS ADVOGADOS. *Empreendendo Direito*: Aspectos Legais das *Startups*. São Paulo, SP: NELM, 2017. p. 24). Por isso, a importância de uma cláusula clara e bem detalhada sobre a definição da titularidade dos direitos de propriedade intelectual decorrentes do contrato de solução inovadora.

Quando se tratar de contratação por inovação, o risco faz parte do negócio e da própria pactuação; portanto, a decisão de interromper a execução do contrato de soluções não configura situação atípica e tampouco rara, razão pela qual é deliberadamente aceita.

Por isso, é importante empreender esforços para detalhar, ainda na fase inicial da licitação, as informações e peculiaridades que circundam a contratação, a fim de minimizar o risco de uma contratação frustrada.

Com exceção das remunerações variáveis de incentivo vinculadas ao cumprimento das metas contratuais, a Administração Pública deverá efetuar o pagamento do contratado conforme o critério adotado, ainda que os resultados almejados não sejam atingidos em decorrência do risco tecnológico, sem prejuízo da extinção antecipada do contrato, caso seja comprovada a inviabilidade técnica ou econômica da solução.

Para além da hipótese de encerramento prematuro, a inviabilidade também pode significar outras soluções (quem pode o mais, pode o menos), ou seja, reprogramação do tempo (se o que falta para viabilizar é mais tempo de P&D) ou reprogramação da rota (mudança de critérios técnicos, extensão da solução ou tecnologia aplicada).

4.7.1 Objeto do CPSI

O objeto do CPSI está dividido em duas partes: de um lado, a realização de P&D (até o atingimento de uma solução apta à testagem); de outro lado, o teste (no recorte ditado capaz de externar a potencial resolução do problema proposta através dessa solução).

Para além disso, o CPSI deve descrever, de forma objetiva e satisfaciente, como se dará a execução de suas partes, embora deva garantir a flexibilidade imprescindível a que os espaços dialógico-negociais sejam mantidos.

4.7.2 Prazo do CPSI

De acordo com o art. 14 do MLSEI, o contrato poderá ter duração estipulada de até 12 (doze) meses, podendo ser prorrogado por mais um período de até 12 (doze) meses.

> Art. 14. Após homologação do resultado da licitação, a Administração Pública celebrará Contrato Público para Solução Inovadora (CPSI) com as proponentes selecionadas, com vigência limitada a 12 (doze) meses, prorrogável por mais um período de até 12 (doze) meses.

As prorrogações de prazo poderão ocorrer tanto em razão da necessidade de mais P&D quanto por mais testagem, experiência do usuário ou em decorrência de atrasos decorrentes de ações da própria Administração Pública ou a seu cargo. Podem, inclusive, decorrer para equalizar os prazos de testagens de distintos CPSIs, para facilitar o processo comparativo para o usuário.

Para adoção desse expediente, faz-se necessário inserir no ato convocatório o prazo de duração do ajuste com a possibilidade de prorrogação e, na minuta do contrato, além da possibilidade de extensão da duração, um cronograma de execução com os prazos de início, conclusão e entrega.

Nesse contexto, o fiscal de contrato deverá ter cuidado com a data de início e do encerramento do ajuste, comunicando ao gestor a necessidade de realizar a prorrogação de contrato com antecedência e prazo razoável, conforme orientações fixadas pela Administração Pública.

Em apoio a essa posição, o fiscal deve assegurar-se da possibilidade de prorrogação em contrato; ter justificativa para a prorrogação; levantar as documentações de habilitação exigidas no edital para comprovar mantença de qualificação da empresa contratada e comprovantes do Cadastro Nacional de Empresas Inidôneas e Suspensas (CEIS) e do Cadastro Nacional de Empresas Punidas (CNEP).[254]

Além disso, verificar a existência da autorização por autoridade competente para prorrogação, da formalização do termo aditivo com chancela da assessoria jurídica e da publicação do extrato do termo aditivo de prorrogação do contrato no Portal Nacional de Compras Públicas (PNCP), o qual deverá ser juntado ao processo.

4.7.2.1 Prazo de publicação do extrato de contrato e assinatura do CPSI

O MLSEI não faz referência à publicação de extrato de contrato e do termo aditivo, devendo ser adotada, subsidiariamente, a orientação da Lei nº 14.133/21, a qual estabelece que a Administração Pública

---

[254] Sistema de Certidões da Controladoria-Geral da União (https://certidoes.cgu.gov.br/): serviço automatizado para emitir ou validar certidões negativas referentes a punições vigentes contidas no sistema CGU-PAD (no caso de servidores e empregados públicos federais do Poder Executivo Federal) e nos sistemas CGU-PJ, CEIS, CNEP e CEPIM (no caso de pessoas jurídicas).

deverá remeter o extrato ao PNCP para publicação em até 20 (vinte) dias úteis, no caso de licitação, contados a partir da data de assinatura do contrato.

Art. 94. A divulgação no Portal Nacional de Contratações Públicas (PNCP) é condição indispensável para a eficácia do contrato e de seus aditamentos e deverá ocorrer nos seguintes prazos, contados da data de sua assinatura:
I - 20 (vinte) dias úteis, no caso de licitação.

No que diz respeito à assinatura do contrato, a Administração Pública convocará regularmente o(s) licitante(s) vencedor(es) dentro do prazo e nas condições estabelecidas no edital de licitação.

No caso de o licitante recusar-se a assinar o contrato ou não o firmar no prazo fixado, perderá o direito à contratação, sem prejuízo das sanções previstas no art. 90 da Lei nº 14.133/21, a qual se aplica subsidiariamente nessas situações.

Por fim, convém destacar que deve ser fixado no edital o prazo de validade da proposta para liberação dos licitantes quanto aos compromissos assumidos.

O MLSEI não fixa esse prazo, sendo essa tarefa do gestor. Importante lembrar que, para casos com maior complexidade, procedimental ou tecnológica, devem ser pensados prazos mais alargados.

4.7.3 Cláusulas negociáveis do CPSI

Todo o modal proposto no MLSEI é permeado por diálogo e flexibilidade, permitindo ajustes no processo em decorrência do conhecimento gerado a partir da apresentação das soluções e da sua experimentação, sempre dando atenção às manifestações dos usuários.

Esses espaços de negociação na etapa de gestão do contrato, com a possibilidade de ajustes ao longo da sua execução, aceitam maior proximidade entre fiscais dos contratos e executores, com o objetivo de garantir testes bem-sucedidos. Da mesma forma, entre outras questões, possibilitam a negociação de cronogramas viáveis à luz dos métodos operacionais ágeis próprios das *startups* e empreendedores, dinâmica essa muito mais acelerada que a burocracia dos órgãos e entidades públicas.

Vale registrar que, limitando-se ao universo já conhecido, os órgãos e entidades públicas terão soluções menos customizadas e adequadas à sua demanda.

A abertura ao diálogo, o interesse pelos produtos e serviços que estão sendo oferecidos e a oferta de boas condições operacionais aos licitantes possibilitarão a customização da sua demanda.

Por isso, é fundamental, com consciência, exercitar a mudança comportamental e aceitar a flexibilização das negociações na execução contratual.

Cabe ainda lembrar que essa possibilidade de interação entre Administração Pública e contratado não transforma formalismo em aleatoriedade, compromisso legal em subjetivismo, ou discricionariedade em arbitrariedade.

Ao contrário, quanto mais negocial, dialógico e fluido o procedimento for, mais ele é fruto do ajuste entre partes e mais se aproxima da solução proporcional, equânime, eficiente e compatível com os interesses gerais que a LINDB pregou como fundamento de ajustes (art. 26, §1º, inc. I).

Outro ponto que vale destacar por sua importância é que esse modal prestigiou a negociação como resultado da interação com o mercado e de uma nova forma de se obterem soluções inovadoras, compreendendo o MLSEI o quanto as interações são essenciais para o sucesso da iniciativa.

Dessa forma, são recomendáveis como boas práticas na adoção da negociação:

a) previsão na minuta de edital que a negociação se constitua em fase propriamente dita e que esta seja mais do que simplesmente a solicitação de desconto no preço para que a Comissão de Julgamento compreenda o papel que se dá a essa fase e o que pode, de fato, ser negociado com os licitantes;

b) criação do Comitê de Especialistas composto por agentes públicos com perfil negocial e aptos a reinserir o diálogo e a interação sempre que necessário;

c) durante a fase do CPSI, o fiscal de contrato e/ou a Comissão Fiscalizadora devem ser preparados para atuar com espaço negocial com vistas a decidir, em conjunto com os contratados, sobre o que se mostrar necessário de ajustamento, como em cronograma, formatos de relatórios, modo como se dará a experiência dos usuários, tempo de testagem por estes e pela Comissão, entregas futuras, dentre outras questões. Vale destacar que essas medidas de alteração contratual não demandam a formalização de aditamentos contínuos do contrato, embora devam todos os ajustes serem atermados ou estarem discutidos nas reuniões

virtuais (com registro em áudio e vídeo), buscando sempre tratar os ajustamentos de forma equitativa entre os diversos contratados; e
d) a Comissão Fiscalizadora, durante o CPSI, deve procurar chegar a entendimentos em negociação com os contratados sem imposição de métodos, apenas resguardando as formalidades indispensáveis por força do ajuste.

Ademais, como boa prática de transparência e prestação de contas na negociação, o fiscal de contrato e/ou a Comissão Fiscalizadora deve manter registro histórico de:[255]

> I – fatos relevantes ocorridos, a exemplo de comunicação e/ou reunião com o contratado, decisão de autoridade competente, ou quaisquer outros fatos que motivem a revisão do ajuste contratual;
> II – documentos gerados e/ou recebidos, a exemplo dos e-mails, atas de reunião, dentre outros.

Enfim, como menciona Clélio Feres Monte Alto, a negociação pautada em parâmetros de integridade é importante para alcançar os melhores resultados e assegurar a eticidade negocial:[256]

> A fase de negociação é um processo de comunicação e troca de informações entre comprador e vendedor e se constitui no principal relacionamento entre eles, trazendo sempre vantagens para ambas as partes, quando tratada dentro dos limites da ética e com espírito de colaboração e boa vontade.

4.7.4 Cláusulas obrigatórias do CPSI

O conteúdo de um CPSI encontra-se descrito no art. 14, §1º, do MLSEI, o qual estabelece as cláusulas necessárias do instrumento que devem ser seguidas sob pena de sua invalidação.

a) as metas a serem atingidas para que seja possível a validação do êxito da solução inovadora e da metodologia para a sua aferição;

---

[255] Algumas boas práticas se encontram na Instrução Normativa SGD/ME nº 94, de 23 de dezembro de 2022, que dispõe sobre o processo de contratação de soluções de Tecnologia da Informação e Comunicação (TIC) pelos órgãos e entidades integrantes do Sistema de Administração dos Recursos de Tecnologia da Informação (SISP) do Poder Executivo federal.
[256] MONTE ALTO, Clélio Feres. *Técnica de compras*. 2ª ed. Rio de Janeiro: Ed. FGV, 2016. p. 55.

b) a forma e a periodicidade da entrega à Administração Pública de relatórios de andamento da execução contratual, que servirão de instrumento de monitoramento, e do relatório final a ser entregue pela contratada após a conclusão da última etapa ou meta do projeto;
c) a elaboração da matriz de riscos entre as partes, incluídos os riscos referentes a caso fortuito, força maior, risco tecnológico, Fato do Príncipe e álea econômica extraordinária;
d) a definição da titularidade dos direitos de propriedade intelectual das criações resultantes do CPSI; e
e) a participação nos resultados de sua exploração, assegurados às partes os direitos de exploração comercial, de licenciamento e de transferência da tecnologia da qual são titulares.

Registra-se que o elenco do art. 14, §1º, não é exaustivo.

Em sendo necessário, poderá haver a inserção de outras cláusulas que melhor acomodem a relação negocial e de obrigações das partes.

4.7.4.1 Metas a serem atingidas e metodologia de aferição

O art. 14, §1º, do MLSEI prevê como cláusula essencial do contrato de CPSI as metas a serem atingidas para que sejam possíveis a validação do êxito da solução inovadora e a metodologia para a sua avaliação.

É importante registrar que o conjunto de bens e/ou serviços que apoiam processos de negócio[257] do órgão ou entidade deve ter a verificação dos resultados revelada por meio de documento comprobatório com o detalhamento da avaliação realizada.

Essa avaliação é feita confrontando os resultados obtidos com as metas estabelecidas e as expectativas das partes.

Para atender esse propósito, é possível que seja formalizado com a contratada o Acordo de Nível de Serviço (ANS) ou mesmo outras formas de acompanhamento dos resultados, sempre considerando que o teste da solução fica a cargo do contratado.

Ocorre que o monitoramento e a avaliação de resultados na gestão contratual não são uma realidade em parte da Administração Pública, comprometendo o atendimento desse comando legal e exigindo iniciativas para cobrir essa falta gravosa.

---

[257] De acordo com a Resolução CNJ nº 468/22, processo de negócio é o conjunto de atividades e de comportamentos executados por pessoas ou máquinas que entrega valor para o cidadão ou apoia outros processos de suporte ou de gerenciamento do órgão ou entidade.

Sobre o tema, cita-se relatório do TCU,[258] o qual demonstra o grau incipiente de maturidade acerca dessa temática:

> 83. A prática "Monitorar os resultados organizacionais" foi inserida no questionário de 2021 para estimular que as organizações respondentes estabeleçam formas de acompanhar os seus resultados, com vistas à melhoria do desempenho e à tomada de decisão fundamentada em evidências.
> Nesse sentido, cabe citar o Decreto 9.203/2017: Art. 15-A. São competências dos comitês internos de governança, instituídos pelos órgãos e entidades da Administração Pública Federal direta, autárquica e fundacional: (...) II - incentivar e promover iniciativas que busquem implementar o acompanhamento de resultados no órgão ou na entidade, que promovam soluções para melhoria do desempenho institucional ou que adotem instrumentos para o aprimoramento do processo decisório.
> 84. Os resultados obtidos (figura 26) mostram claramente a necessidade de aprimoramento dessa prática pela Administração Pública Federal, haja vista que 40% ainda estão no estágio inicial de capacidade.

Resta evidente que as organizações públicas sofrem com a falta de monitoramento dos resultados das contratações e, para efetividade do contrato de CPSI, é indispensável a avaliação das metas previamente estipuladas, merecendo destaque e atenção dos gestores para essa realidade e mudança de cultura.

4.7.4.2 Relatórios de andamento da execução contratual

A Comissão Fiscalizadora tem a atribuição própria e exclusiva de acompanhar e supervisionar a execução do avençado e de relatar para o gestor de contratos todos os fatos relevantes, incidentes, entregas, atestação.

Além disso, o responsável pela fiscalização deve recorrer ao gestor sempre que tiver dúvidas jurídicas ou técnicas e, também, levar as reivindicações e manifestações do contratado. Esse processo deve estar descrito em documento próprio.

Nesse contexto, é importante que o fiscal faça registro de todas as ocorrências relacionadas à execução do contrato. Os relatórios devem ser feitos tempestivamente e de forma detalhada.

---

[258] TC nº 011.574/2021-6.

De acordo com a Resolução nº 468 do CNJ, é recomendado que o fiscal de contrato ou a comissão de fiscalização utilize a lista de verificação, a qual consiste em documentos ou ferramentas estruturadas contendo um conjunto de elementos que devem ser acompanhados pelos atores envolvidos no ciclo de vida da contratação, permitindo à Administração o registro e a obtenção de informações padronizadas e de maneira objetiva.

Cumpre alertar que é possível que sejam adotadas medidas preventivas e corretivas para regularização das ocorrências observadas na execução do contrato, desde que com estabelecimento de prazos.

Assim, é importante que o relatório contemple todas as questões relacionadas à execução do contrato, inclusive quanto ao cumprimento por parte do contratado[259] das determinações porventura feitas com vistas à regularização da execução do que foi pactuado.

Por óbvio, esse conjunto de informações e *feedbacks* serve como acervo para prestação de contas aos órgãos de controle e demandará, principalmente da área responsável, diretrizes de trabalho, estruturas e capacitação da equipe designada para reportar o desempenho da execução contratual.

4.7.4.3 Matriz de riscos

Matriz de risco é a cláusula contratual definidora dos riscos relacionados a eventos supervenientes à contratação e das responsabilidades entre contratante e contratado, indicando quais serão assumidos pelo setor público ou pelo setor privado e os que serão compartilhados,[260] bem como as medidas de tratamento para reduzir a probabilidade de

---

[259] Essa interação com a empresa deve ocorrer por meio do seu representante legal ou preposto, que é o funcionário representante da empresa contratada, responsável por acompanhar a execução do contrato e atuar como interlocutor principal junto ao órgão contratante, incumbido de receber, diligenciar, encaminhar e responder as questões técnicas, legais e administrativas referentes ao andamento contratual.

[260] Disponível em: https://portal.tcu.gov.br/data/files/93/31/DD/59/E436C8103A4A64C8F18818A8/Licitacoes%20e%20Contratos%20-%20Orientacoes%20e%20Jurisprudencia%20do%20TCU%20-%205a%20Edicao.pdf.

ocorrência dos sinistros e seus efeitos, contendo, no mínimo, as seguintes informações:[261] [262]

    a) listagem de possíveis eventos supervenientes à assinatura do contrato que possam causar impacto em seu equilíbrio econômico-financeiro e que deverão ser considerados na solução de eventuais pleitos das partes. Não pode constar na matriz os riscos referentes às alterações unilaterais determinadas pela Administração e ao aumento ou à redução, por legislação superveniente, dos tributos diretamente pagos pelo contratado em decorrência do contrato. Nestas duas hipóteses, o equilíbrio econômico-financeiro é assegurado por meio da revisão do contrato.
    b) indicação dos riscos da inovação em soluções tecnológicas, no caso de obrigações de resultado.
    c) relação de riscos referentes a caso fortuito e força maior.

A adoção dessa diretriz parte da premissa de que há contratos que são incompletos, pois não é possível especificar previamente todas as informações necessárias da transação.[263]

Nesse sentido é o entendimento de Marcos Barbosa Pinto:[264]

---

[261] A adoção de matriz de riscos nas contratações não é medida novidadeira. A Lei nº 11.079/04 (Lei de Parcerias Público-Privadas) prevê, no art. 4º, inciso VI, e art. 5º, inciso III, a obrigatoriedade da matriz. A Lei nº 12.462/2011 (RDC) e a Lei nº 14.133/21 (Estatais) também têm essa previsão. A Lei nº 14.133/21 prevê, no art. 22, §4º, a obrigatoriedade de elaborar matriz de riscos nos regimes de contratação integrada e semi-integrada.

[262] Mencionada definição pode ser feita por meio de um instrumento denominado "matriz de riscos", o qual apresenta a repartição de riscos relacionados a determinadas atividades abrangidas pela contratação, definindo os titulares responsáveis, o que garante informação necessária à caracterização do objeto e à definição de responsabilidades, facilitando o devido dimensionamento das propostas pelos licitantes (DOTTI, Marinês Restelatto; LOPES, Ronny Charles; VILAC, Teresa. *Manual de licitações e contratações administrativas*. Brasília: AGU, 2014. Disponível em: https://www.gov.br/agu/pt-br/composicao/cgu/arquivos/ManualdeLicitacoeseContratacoesAdministrativaspdf.pdf. Acesso em: 1º fev. 2024).

[263] Em contraposição aos contratos completos (isto é, aqueles capazes de especificar todas as características de uma transação – incluindo preço, data, objeto, obrigações e direitos), criou-se a teoria dos contratos incompletos. Segundo ela, todos os contratos de longo prazo são – por natureza – incompletos, afinal é humanamente impossível antever todas as possíveis futuras contingências decorrentes de um acordo. Tentar listar todos esses eventos torna o documento excessivamente complexo e extenso (PINTO, Marcos Barbosa. *Repartição de riscos nas parcerias público-privadas apud Revista do BNDES*, Rio de Janeiro, v. 13, nº 25, jun. 2006, p. 161. Disponível em: https://www.conjur.com.br/2022-fev-26/duarte-assis-matriz-risco-contratos-administrativos/. Acesso em: 1º fev. 2024).

[264] PINTO, Marcos Barbosa. *Repartição de riscos nas parcerias público-privadas apud Revista do BNDES*, Rio de Janeiro, v. 13, nº 25, jun. 2006, p. 161.

Decerto, o detalhamento dos riscos contratuais por meio da matriz de risco é limitado pela absoluta impossibilidade de previsão de todos os riscos e contingências futuras às quais os contratos poderão estar sujeitos. Aliás, entendemos que qualquer tentativa de previsão taxativa nesse sentido tornaria os contratos sobremaneira complexos.

Diga-se mais, é possível que mesmo riscos previstos de forma abstrata e alocados às partes na matriz de riscos podem, na prática, produzir efeitos que extrapolem o que poderia ser visto como uma consequência ordinária daquele risco. Nesses casos, desde que objetivamente demonstrado pela parte que o fato verificado lhe afetou, além do quanto poderia ter sido previsto, entendemos que os prejuízos excedentes ao montante tido como variação ordinária do risco podem ser objeto de pedidos de reequilíbrio contratual.

A propósito de contratos incompletos, Bradson Camelo, Marcos Nóbrega e Ronny Charles L. de Torres esclarecem:[265]

> Muitos contratos são incompletos porque existem problemas de informações e muitos custos de transações. Quando há muitas contingências possíveis com relação a eventos futuros, a criação de um contrato completo que preveja todas as situações é tarefa muito custosa. A tentativa de especificar completamente o desempenho desejado para um número muito grande de possibilidades improváveis envolve uma dispendiosa busca por uma vantagem informativa e de negociação sobre sua contraparte negocial.

Além disso, essa medida de alocação de riscos oferece maior segurança jurídica às partes, maior previsibilidade ao contrato e mitiga os impactos gerados por contratações pautadas na incerteza.

O TCU alerta que a repartição de riscos não pode ser arbitrária, mas fundamentada em razões técnicas e econômicas, assegurando a alocação eficiente dos riscos entre contratante e contratado.

> Cada contrato tem as suas peculiaridades e a Administração goza de competência discricionária para promover em matriz de riscos arranjos não usuais. Todavia, esses arranjos devem ser escorados em

---

[265] CARMELO, Bradson; NÓBREGA, Marcos; TORRES, Ronny Charles Lopes. *Análise econômica das licitações e contratos*: de acordo com a Lei nº 14.133/2021. Belo Horizonte: Fórum, 2022. p. 219.

razões de interesse público e não podem ser desvirtuados para, pura e simplesmente, livrar a Administração de qualquer suposto risco.[266]

É também essa a orientação da Lei nº 14.133/21:

> Art. 22.
> §1º. A matriz de que trata o *caput* deste artigo deverá promover a alocação eficiente dos riscos de cada contrato e estabelecer a responsabilidade que caiba a cada parte contratante, bem como os mecanismos que afastem a ocorrência do sinistro e mitiguem os seus efeitos, caso este ocorra durante a execução contratual.

Assim, durante a alocação de cada risco, é necessário que a Administração Pública avalie qual signatário está em melhores condições de gerenciá-lo e considere os custos de remuneração do contratado pelos riscos assumidos por ele.

> Para se montar a matriz de riscos é necessário que o responsável pela sua elaboração tenha conhecimento sobre possíveis fatores de risco que envolvem a execução do objeto a ser licitado, e as consequências de cada fator quanto à qualidade, custo e prazo de execução. Depois deve fazer uma análise de onde alocar cada fator de risco: ao contratante, à seguradora ou ao contratado. Dessa forma o trabalho da fiscalização do contrato fica facilitado no caso de possíveis pleitos.[267]

Ou seja, quanto maior o nível de risco atribuído ao futuro contratado, maiores são as chances de alijar do processo licitatório potenciais interessados e aumentar os valores a serem desembolsados pela Administração Pública.[268]

Em apoio a essa posição, cabe transcrever a seguinte passagem de autoria de Joel de Menezes Niebuhr:[269]

---

[266] NIEBUHR, Joel de Menezes. *Licitação pública e contrato administrativo*. 5ª ed. Belo Horizonte: Fórum, 2022. p. 1.122.

[267] KUHN, André. *Contratos de obras públicas*: uma visão gerencial. Belo Horizonte: Fórum, 2022. p. 134.

[268] BRASIL.. Tribunal de Contas da União. *Licitações e contratos*: orientações e jurisprudência do TCU. 5. ed. Brasília: TCU, Secretaria-Geral da Presidência, 2023. Disponível em: https://portal.tcu.gov.br/data/files/93/31/DD/59/E436C8103A4A64C8F18818A8/Licitacoes%20e%20 Contratos%20-%20Orientacoes%20e%20Jurisprudencia%20do%20TCU%20-%205a%20 Edicao.pdf. Acesso em: 1º fev. 2024.

[269] NIEBUHR, Joel de Menezes. *Licitação pública e contrato administrativo*. 5ª ed. Belo Horizonte: Fórum, 2022. p. 1.122.

A alocação de riscos deve respeitar o princípio da proporcionalidade, sobretudo no seu aspecto de adequação, sob pena de se formarem contratos leoninos, que comprometem a competitividade, porque afastam o interese de boas empresas, e que acabam onerando em demasia a própria Administração.

A doutrina é pacífica nas cautelas a serem adotadas na identificação dos riscos. Cristiana Fortini e Marcos Nóbrega[270] alertam que:[271]

> Alocar risco é tarefa que reclama ponderação, porque a sobrecarregar o privado pode afastá-lo do certame ou majorar o valor da proposta. Sobrecarregar o público de forma impensada, lado outro, não salvaguarda o interesse público. Deve-se evitar que o contrato contenha cláusulas pouco elaboradas, resumindo-se na prática a transferir para o privado (situação comum em contratos de PPP mais antigos) ou para o público (hipótese bem menos provável, já que as entidades públicas redigem a minuta do contrato) os riscos residuais que não tenham sido hipnotizados e repartidos.

Tecendo considerações acerca da partilha dos riscos, Bradson Camelo, Marcos Nóbrega e Ronny Charles L. de Torres esclarecem que:[272]

> A partilha ótima dos riscos será dada pelo grau de aversão ao risco dos contratantes. Caso haja aversão mútua ao risco, este será partilhado igualmente. Caso o agente seja risco neutro e o principal risco avesso, a melhor opção seria, por exemplo, um contrato que pagasse por resultado obtido, por produtividade. Em termos de um programa do governo, seria como entregar os recursos mediante comprovação de produção de um determinado bem ou resultado. Por outro lado, caso o agente

---

[270] CAMARÃO, Tatiana; FORTINI, Cristiana; OLIVEIRA, Rafael Sérgio Lima de. *Comentários à lei de licitações e contratos administrativos*: Lei nº 14.133/21, de 1º de abril de 2021. 2ª ed. Belo Horizonte, 2023, p. 340.

[271] Mesmo considerando a matriz de risco parte do contrato, ela não é capaz de vislumbrar todas as possibilidades; na prática, as partes tendem a aceitar matrizes incompletas para evitar aumento dos custos de transação (CARMELO, Bradson; NÓBREGA, Marcos; TORRES, Ronny Charles Lopes. *Análise econômica das licitações e contratos*: de acordo com a Lei nº 14.133/2021. Belo Horizonte: Fórum, 2022. p. 219).

[272] CARMELO, Bradson; NÓBREGA, Marcos; TORRES, Ronny Charles Lopes. *Análise econômica das licitações e contratos*: de acordo com a Lei nº 14.133/2021. Belo Horizonte: Fórum, 2022. p. 213.

seja risco avesso e o principal risco neutro, a teoria do contrato ótimo apontaria para um contrato de valor fixo, invariável com o resultado.

É possível que proposta e minuta do contrato prevejam certa flexibilidade na definição da metodologia, estrutura e tecnologia da solução inovadora, de acordo com a estratégia traçada para a contratação e, por isso, a importância da elaboração da matriz de riscos disciplinando a contratação.

Sob essa perspectiva, a matriz de riscos deve constar do edital, o qual tem como base as informações e documentos colacionados na etapa preparatória, permitindo que quaisquer interessados solicitem esclarecimentos ou ofereçam impugnação referente aos riscos alocados. Essa medida torna o certame mais transparente e isonômico, bem como confere maior segurança jurídica à contratação.

Nesse sentido é a recomendação do TCU:[273] [274]

> Daí a recomendação [...] para que o [...] passe a preparar uma matriz de riscos, a ser integrada ao edital e ao contrato, definindo o mais claro possível a responsabilidade pelos riscos inerentes à execução do projeto. Evidentemente, há problemas imprevisíveis, mas a ideia é que possam ser relacionados os eventos que a experiência permite antecipar como de acontecimento razoavelmente provável.

Para a alocação a cada signatário dos riscos inerentes à execução da solução, faz-se necessário adotar metodologia predefinida pelo órgão ou entidade pública, considerando que a taxa de risco deve ser compatível com o objeto licitado e os riscos atribuídos ao contratado.

Além disso, é uma boa prática realizar a reunião inaugural com os contratados para apresentar a matriz de risco inicial, que deverá ser atualizada durante a execução do contrato.

4.7.4.4 Titularidade dos direitos de propriedade intelectual das criações resultantes do CPSI

O art. 14, §1º, inc. IV do MLSEI trata da propriedade intelectual das criações resultantes do CPSI:

---

[273] BRASIL. Tribunal de Contas da União. Acórdão nº 1.465/2013. Plenário, Relator Ministro José Múcio Monteiro, j. 12/6/2013.
[274] BRASIL. Tribunal de Contas da União. Acórdão nº 1.465/2013. Plenário, Relator Ministro José Múcio Monteiro, j. 12/6/2013.

Art. 14. Após homologação do resultado da licitação, a administração pública celebrará Contrato Público para Solução Inovadora (CPSI) com as proponentes selecionadas, com vigência limitada a 12 (doze) meses, prorrogável por mais um período de até 12 (doze) meses.
§1º. O CPSI deverá conter, entre outras cláusulas:
IV - a definição da titularidade dos direitos de propriedade intelectual das criações resultantes do CPSI.

A definição da propriedade intelectual acomoda diversas possibilidades quando é resultado da fase de negociação, e não somente do descrito no edital de contratação, podendo ser exclusiva do contratado, integralmente repassada ao contratante ou compartilhada entre eles.

Nessa perspectiva, amolda-se ao conceito de "condições econômicas mais vantajosas para a Administração", as quais estão referidas no art. 13, §9º, do MLSEI, sendo possível que a contratação de melhores soluções resulte de alguma concessão sobre esse fator.

Sobre o tema, os ensinamentos de Carolina Mota Mourão[275] mostram:

> Vislumbradas essas condições gerais, convém pontuar algumas exigências específicas à inovação aberta. Como se ponderou anteriormente, a inovação aberta é um processo por meio do qual determinada instituição procura satisfazer as suas necessidades mediante a articulação de atores internos e externos à organização para desenvolver soluções inovadoras. (...)
> Por essa razão, a inovação aberta pressupõe um modelo de compartilhamento da propriedade e dos resultados mais flexível e aberto à negociação entre os envolvidos, o que também exige que a administração pública possa abrir mão da sua titularidade naqueles processos em que atua em parceria com os particulares – com o advento da Lei de Inovação e da Nova Lei de Licitações e Contratações (Lei nº 14.133, de 2021), houve grandes avanços nesse sentido.

Por seu turno, o MLSEI, na esteira da deslegalização que orientou a sua criação, não oferece qualquer orientação quanto à decisão da propriedade intelectual, reservando à realidade e ao caso concreto um maior espaço dialógico-negocial.

---

[275] SANTOS, Bruna (org.). *Caminhos da inovação no setor público*. Brasília: Enap, 2022. p. 257-258. Disponível em: https://repositorio.enap.gov.br/bitstream/1/7420/1/caminhos_da_inovacao_no_setor_publico.pdf. Acesso em: 2 abr. 2024.

Segundo Afonso Códolo Belice:[276]

> O CPSI "traz a discricionariedade de definição, em cada caso, de quem será o titular dos direitos patrimoniais sobre as produções resultantes dos contratos firmados, o que permite alinhar que público e privado obtenham os resultados da exploração comercial do que foi contratado.

Para além disso, é possível que a regulamentação própria do órgão ou entidade pública contenha orientações sobre o que seja imprescindível às soluções que lhe servirão.

O fato é que essa decisão causa sensível repercussão, seja na possibilidade de inibir a atratividade do modal ao público-alvo, seja na possibilidade de causar dependência tecnológica que não interesse ao órgão ou à sua regulamentação.

A escolha dependerá, sobremaneira, da avaliação do caso concreto, do tipo de repercussão tecnológica que a solução tem sobre o órgão ou entidade pública, das normativas a serem cumpridas e até do grau de escalabilidade da solução.

Nos casos de cotitularidade, será necessário também definir, entre outras, as repercussões práticas econômicas de comercialização ou disponibilização da solução a terceiros e a defesa dos interesses comerciais sobre o resultado.

4.7.4.5 Participação nos resultados da exploração

O art. 14, incs. IV e V, do MLSEI trata da propriedade intelectual e participação nos resultados:

> Art. 14. Após homologação do resultado da licitação, a administração pública celebrará Contrato Público para Solução Inovadora (CPSI) com as proponentes selecionadas, com vigência limitada a 12 (doze) meses, prorrogável por mais um período de até 12 (doze) meses.
> § 1º O CPSI deverá conter, entre outras cláusulas:
> IV - a definição da titularidade dos direitos de propriedade intelectual das criações resultantes do CPSI; e

---

[276] MATIAS, Eduardo Felipe P. (coord.) *Marco Legal das Startups*. Compras Públicas e o Marco Legal das *Startups*: a nova modalidade de contratação de soluções inovadoras pelo Estado. São Paulo: Revista dos Tribunais, p. 164.

V - a participação nos resultados de sua exploração, assegurados às partes os direitos de exploração comercial, de licenciamento e de transferência da tecnologia de que são titulares.

Nessa perspectiva, "obtido o resultado da atividade de inovação, a instituição pública poderá capturar valor de diversas formas, que envolvem desde a divulgação dela sem restrição de seu uso por quaisquer interessados, até a exploração da criação/tecnologia, diretamente ou por terceiros (através da transferência e/ou licenciamento de seu direito de uso)".[277]

A definição da propriedade intelectual[278] e a participação nos resultados de exploração das criações resultantes das testagens devem constar do edital e do contrato.

É possível estabelecer a cotitularidade, bem como eventual cessão ou licenciamento por uma das partes de direitos sobre a propriedade intelectual.

Outrossim, é permitido prever no contrato que a titularidade da propriedade intelectual pertencerá ao órgão ou entidade e que essa escolha não será objeto de negociação.

As condições de uso/exploração deverão ser especificadas no instrumento jurídico (normalmente estabelecido após a obtenção da criação/tecnologia), que definirá, por exemplo, detalhes do objeto, alcance do contrato (quais pessoas poderão usar/explorar a criação), prazo, abrangência (âmbito nacional/internacional), condições de pagamento, dentre outras.[279]

---

[277] GUIMARÃES, Raissa de Luca Guimarães. *Inovação no setor público e condições da proteção intelectual, uso e exploração dos resultados apud* SANTOS, Bruna (org.). *Caminhos da inovação no setor público*. Brasília: Enap, 2022. p. 339. Disponível em: https://repositorio.enap.gov.br/bitstream/1/7420/1/caminhos_da_inovacao_no_setor_publico.pdf. Acesso em: 1º fev. 2024.

[278] O registro de ativos intangíveis de uma empresa (propriedade intelectual), os quais representam patrimônio valioso, deve ser feito nos órgãos competentes e permite garantir a propriedade e a exclusividade de exploração comercial de suas marcas, patentes, softwares, domínios e desenhos industriais (NOGUEIRA, ELIAS, LASKOWSKI E MATIAS ADVOGADOS, *op. cit.*, p. 24). Por isso, há que se ter cuidado com a cláusula da definição da titularidade dos direitos de propriedade intelectual decorrentes do contrato de solução inovadora.

[279] GUIMARÃES, Raissa de Luca Guimarães. *Inovação no setor público e condições da proteção intelectual, uso e exploração dos resultados apud* SANTOS, Bruna (org.). *Caminhos da inovação no setor público*. Brasília: Enap, 2022. p. 340. Disponível em: https://repositorio.enap.gov.br/bitstream/1/7420/1/caminhos_da_inovacao_no_setor_publico.pdf. Acesso em: 1º fev. 2024.

Com relação a esse tópico, cumpre registrar que a partilha da propriedade intelectual ou sua cessão total ao signatário do ajuste é a mais indicada.

A propósito, o documento de modelo padronizado de contrato de encomenda tecnológica elaborado pela Câmara Nacional de Pesquisa, Desenvolvimento e Inovação (CNPDI), constituída no âmbito da Consultoria-Geral da União (CGU), da Advocacia-Geral da União (AGU), alerta para o fato da pesquisa ter sido financiada, total ou parcialmente, com recursos públicos, o que não é razão absoluta para impedir, em situações devidamente justificadas, a livre negociação dos direitos de propriedade intelectual.[280]

Outros fatores podem justificar a partilha da propriedade intelectual ou mesmo que ela seja deixada integralmente com o fornecedor:

> Há evidências de que deixar os direitos de propriedade intelectual para os agentes econômicos que participam de compras públicas de inovação, em vez de transferi-los aos compradores públicos, reduz o custo de aquisição para o setor público, estimula a comercialização industrial de soluções inovadoras e fortalece a inovação nas empresas. Por tais razões, em várias partes do mundo – Estados Unidos (*Bayh-Dole Act*), China, Japão, Israel, etc. –, a conduta padrão tem sido permitir que a titularidade da propriedade intelectual permaneça com os fornecedores (agentes econômicos), exceto se houver interesses públicos prioritários em jogo, assegurados, em todo caso, os direitos de acesso do comprador público (licença para exploração de patente, por exemplo).
> Diante desse contexto, o art. 30 do Decreto nº 9.283/2018 permite que as partes negociem os direitos de propriedade intelectual. A titularidade da propriedade intelectual poderá eventualmente ser compartilhada entre as partes ou pertencer integralmente ao fornecedor contratado, por exemplo, nas seguintes hipóteses:
> (a) para atrair ou despertar o interesse da iniciativa privada com vistas à celebração do contrato de encomenda tecnológica e/ou ao atingimento das metas contratuais, sobretudo em casos de elevado risco tecnológico. Se a propriedade intelectual não puder ser objeto de negociação, é possível que os fornecedores sintam-se desestimulados a firmar contratos com a administração ou a receber recursos públicos;
> (b) para estimular que o resultado da pesquisa seja apropriado pelo fornecedor na forma de produtos e serviços comercializáveis no mercado;

---

[280] Disponível em: https://www.gov.br/agu/pt-br/composicao/cgu/cgu/modelos/cti/modelogeral/modelo-de-contrato-de-encomenda-tecnologica-com-notas-explicativas-versao-oficial.docx. Acesso em: 1º fev. 2024.

(c) quando a pesquisa é financiada por diferentes fontes, públicas ou privadas, nacionais ou estrangeiras, tornando o resultado da pesquisa insuscetível de privilégio em favor de um único financiador; ou
(d) na celebração de contrato de encomenda em que o fornecedor não tem perspectiva de lucro, a exemplo do contrato por reembolso de custos sem remuneração adicional. Nesta hipótese, como o fornecedor será apenas reembolsado pelos custos incorridos na execução do objeto, ele poderá depositar todas as suas esperanças de lucro na futura e eventual exploração comercial dos direitos de propriedade intelectual. Isto é: ao invés de obter lucro com a prestação do serviço objeto da encomenda tecnológica, o fornecedor espera obter ganhos econômicos com a comercialização de eventual propriedade intelectual (patentes, desenhos industriais, etc.) desenvolvida na vigência do contrato de encomenda. Em suma, deixar a propriedade intelectual com o fornecedor talvez atenda melhor ao interesse público do que o Estado reservá-la para si. Portanto, ainda que o Estado contratante tenha remunerado o fornecedor pelos serviços prestados (e, portanto, tenha financiado o desenvolvimento da criação sujeita à proteção pelos direitos de propriedade intelectual), é possível, motivadamente, que as partes negociem que a propriedade intelectual será compartilhada ou ficará integralmente na titularidade do fornecedor.

Esse mesmo estudo destaca a possibilidade de participação nos resultados no caso de a titularidade da propriedade intelectual permanecer com a empresa fornecedora:

> Na hipótese de a totalidade da titularidade da propriedade intelectual permanecer com o fornecedor, o contrato deverá assegurar alguma compensação financeira ou não financeira, economicamente mensurável, em favor da administração pública (art. 30, § 1º, do Decreto nº 9.283/2018). A título de exemplo, tal compensação pode se referir a uma redução do custo de aquisição do produto final ou à garantia de que o Estado terá direito de uso ou de exploração da criação independentemente do pagamento de royalties ou de outro tipo de remuneração.

Enfim, há um cardápio de arranjos possíveis para definir a propriedade intelectual e exploração dos diversos artefatos e produtos produzidos em decorrência da relação contratual, caso bem sucedidos, e o MLSEI confere às partes liberdade para escolher[281] (exploração pelo proponente da solução, pelo órgão contratante ou compartilhada).

Com efeito, é fundamental estabelecer regras claras no edital, na negociação e no contrato sobre a titularidade da solução e a participação nos resultados do produto gerado ao longo do contrato:

> Como serão divididos os lucros obtidos com a exploração comercial da solução?
> A comercialização da solução poderá ser feita pelos signatários?
> Caberá royalties ou remuneração proporcional a cada coproprietário?
> Quais medidas devem ser adotadas no caso de exploração indevida do produto pelas partes?
> Há a necessidade de autorização das partes na hipótese de exibição, negociação ou comercialização das criações geradas?
> O órgão contratante pode licenciar o uso do resultado a pessoas físicas ou jurídicas que lhes prestem serviço, desde que tal uso seja aproveitado tão somente nesses serviços e reverta em seu benefício exclusivo?
> No caso de extinção do contrato, as obrigações já assumidas, antes de sua ocorrência, bem como os deveres assumidos para além de seu prazo de vigência, permanecem?

Essas orientações devem ser registradas pela equipe de planejamento na fase preparatória da licitação, considerando as nuances da demanda e leis aplicáveis, e devem servir de base para feitura de instrumento jurídico específico.

Finalmente, é imperativo lembrar que a partilha dos resultados da exploração do produto pode não se apresentar medida mais atrativa para o mercado e elevar o valor da contratação ou alijar potenciais interessados.

Além disso, a inovação no setor público não é pautada pelo lucro, mas está relacionada ao atendimento do interesse público.

Dessa feita, é recomendado que as partes possam usar os resultados obtidos no contrato, sem qualquer ônus ou reembolsos pelo contratante e contratado, desde que no desempenho ou proveito de suas próprias atividades.

---

[281] Sugerimos a leitura do artigo *Ajustes colaborativos em CT&I: o Acordo de Parceria e o Convênio para Pesquisa, Desenvolvimento e Inovação* (FASSIO, Rafael Carvalho de; RADAELLI, Vanderleia; AZEVEDO, Eduardo; DIAZ, Karina. *Guia de alternativas jurídicas e de boas práticas para contratações de inovação no Brasil*. BID, 2022. Disponível em: https://publications.iadb.org/pt/contratacoes-de-inovacao-guia-de-alternativas-juridicas-e-de-boas-praticas-para-contratacoes-de. Acesso em: 1º fev. 2024.

4.7.5 Pagamento pelos serviços prestados

De acordo com o art. 14 do MLSEI, após homologação do resultado da licitação, o órgão ou entidade pública celebrará CPSI que deverá especificar os valores a serem pagos e a forma de pagamento.

No que diz respeito aos valores, o MLSEI fixa, no art. 14, §2º, o máximo a ser pago à contratada de R$1,6 milhão por CPSI, sem prejuízo da possibilidade de o edital estabelecer limites inferiores.[282]

Luciano Reis[283] esclarece que:

> Caso sejam selecionadas várias propostas como vencedoras e aptas a serem contratadas, logo o teto é para cada ajuste, e não para a soma de todos decorrentes de um único certame.
> Sabiamente, o legislador já deixou consignado que esse valor poderá ser anualmente atualizado pelo Poder Executivo federal, de acordo com o Índice Nacional de Preços ao Consumidor Amplo (IPCA) ou outro que venha a substituí-lo. Basta um ato normativo infralegal, como é o caso de um decreto, para a sua atualização.

Após a fase de julgamento das propostas, a Administração Pública poderá negociar com os selecionados as condições econômicas mais vantajosas para a Administração e os critérios de remuneração que serão adotados, considerando as condições da remuneração pretendida de acordo com:

a) preço fixo;
b) preço fixo mais remuneração variável de incentivo;
c) reembolso de custos sem remuneração adicional;
d) reembolso de custos mais remuneração variável de incentivo; ou
e) reembolso de custos mais remuneração fixa de incentivo.

---

[282] Os valores previstos no MLSEI devem ser anualmente atualizados, conforme Índice Nacional de Preços ao Consumidor Amplo Especial (IPCA-E) ou outro índice oficial que venha a substituí-lo. Essa orientação consta do art. 182 da Lei nº 14.133/21, que prescreve: "O Poder Executivo federal atualizará, a cada dia 1º de janeiro, pelo Índice Nacional de Preços ao Consumidor Amplo Especial (IPCA-E) ou por índice que venha a substituí-lo, os valores fixados por esta Lei, os quais serão divulgados no PNCP".

[283] REIS, Luciano Elias. *Compras públicas inovadoras*: o desenvolvimento científico, tecnológico e inovativo como perspectiva do desenvolvimento nacional sustentável – De acordo com a nova lei de licitações e o marco legal regulatório das *startups*. Belo Horizonte: Fórum, 2022. p. 302.

Finalizada a negociação, na hipótese de os preços ofertados pelos licitantes permanecerem superiores ao valor estimado pelo órgão público, é possível, mediante justificativa expressa e fundamentada na demonstração comparativa entre o custo e o benefício da proposta, aceitar o melhor preço ofertado, desde que limitado ao valor máximo que o órgão público se propõe a pagar.

Relevante destacar que o aceite do investimento requerido está diretamente vinculado à superioridade do resultado proposto pela inovação, seja pela redução do prazo de execução ou facilidade de manutenção ou operação.

Para efeito de julgamento da melhor proposta, a fixação entre valor estimado e valor máximo apresenta-se como um desafio aos órgãos públicos que estão buscando solução inovadora, justamente porque uma demanda adequada à necessidade e realidade do órgão pode estar fora dos parâmetros mercadológicos.

Dessa forma, denota-se que essa fixação de preço máximo deve merecer atenção dos gestores.

Realizado o julgamento das propostas, a Administração Pública poderá negociar com os selecionados as condições econômicas mais vantajosas para a entidade, assim como os critérios de remuneração a serem adotados. Se na negociação não for possível alcançar proposta com valor igual ou menor que o máximo fixado, a licitação será declarada fracassada.[284]

De outro lado, se feita a negociação e o valor estiver dentro do patamar máximo, passa-se para a fase de análise da documentação dos proponentes selecionados, conforme os requisitos de habilitação previstos no edital, os quais devem ser pautados pelos documentos previstos no arts. 68, 69 e 70 da Lei nº 14.133/21.

É oportuno asseverar que, na hipótese de haver risco tecnológico, os pagamentos serão efetuados proporcionalmente aos trabalhos executados, de acordo com o cronograma físico-financeiro aprovado, observado o critério de remuneração previsto contratualmente.

---

[284] "Caso o preço seja superior à estimativa, a Administração Pública poderá, por meio de justificativa expressa, levando em consideração a demonstração comparativa entre o custo e o benefício da proposta, aceitar o preço ofertado, desde que seja superior em termos de inovações, redução do prazo de execução ou facilidade de manutenção e operação" (NOGUEIRA, ELIAS, LASKOWSKI E MATIAS ADVOGADOS. *Marco Legal das Startups*. p. 18. Disponível em: https://portais.univasf.edu.br/nit/nucleo-de-inovacao-tecnologica/documentos/guia-pratico-marco-legal-das-startups.pdf. Acesso em: 1º fev. 2024).

Na hipótese de a execução do objeto ser dividida em etapas, o pagamento relativo a cada etapa poderá adotar critérios distintos de remuneração. Vale alertar que os pagamentos devem ser feitos após a execução dos trabalhos devidamente comprovados pela contratada.

Importante lembrar que é lícito que a solução de inovação eleita na licitação não atenda aos anseios e necessidades da área demandante.

Nesse caso, é possível encerrar a contratação antes do termo final pactuado, mediante justificativa prévia da autoridade competente, anotada nos autos, e buscar alternativas.

Na área de inovação, a decisão de interromper a execução do contrato de soluções não configura situação atípica, tampouco rara, razão pela qual é deliberadamente aceita, pois o risco da inovação faz parte do negócio e da própria pactuação.

Por isso, é importante empreender esforços para detalhar, ainda na fase inicial da licitação, as informações e peculiaridades que circundam a contratação, a fim de minimizar o risco de uma contratação frustrada.

Com exceção das remunerações variáveis de incentivo vinculadas ao cumprimento das metas contratuais, a Administração Pública deverá efetuar o pagamento conforme o critério adotado, ainda que os resultados almejados não sejam atingidos em decorrência do risco tecnológico, sem prejuízo da extinção antecipada do contrato caso seja comprovada a inviabilidade técnica ou econômica da solução.

Para garantir os meios financeiros necessários para a implementação da etapa inicial do projeto pelo contratado, a Administração Pública deverá prever em edital e, mediante justificativa expressa, realizar a antecipação do pagamento de uma parcela do preço antes mesmo do início da execução do objeto de contrato.

Essa iniciativa tem enorme relevância para a viabilização da contratação de *startups* e empreendedores, visto que é um segmento que, na maioria das vezes, necessita de crédito para empreender.

Caso o pagamento seja antecipado, deve a Administração Pública certificar-se da execução da etapa inicial e, nos casos de inexecução injustificada, exigir a devolução do valor antecipado ou efetuar as glosas necessárias nos pagamentos subsequentes, conforme contrato.

Considerando que o risco é inerente a qualquer inovação, não poderia ser outra a orientação do MLSEI, que prevê a possibilidade, no art. 15, §§4º e 5º, de que os pagamentos ocorram proporcionalmente ao trabalho executado, de acordo com o cronograma físico-financeiro aprovado e observado o critério de remuneração previsto contratualmente, ainda que os resultados almejados não sejam atingidos em decorrência de risco tecnológico.

Por óbvio, quando se tratar de remunerações variáveis de incentivo vinculadas ao cumprimento das metas contratuais, essa lógica não se aplica, sem prejuízo da rescisão antecipada do contrato, caso seja comprovada a inviabilidade técnica ou econômica da solução.

4.7.5.1 A apuração dos valores a pagar

Os normativos de contratações públicas exigem, para instruir a fase preparatória da licitação, que seja realizada pesquisa de preços, a qual servirá de referência para saber a estimativa da despesa a ser suportada; verificar se há orçamento para tal; fixar o valor máximo para a licitação; servir de referência no julgamento de proposta; avaliar a vantagem de adesão à ata de registro de preço; saber a estimativa para pedido de reequilíbrio econômico-financeiro do contrato; analisar se há indícios de sobrepreço/preço inexequível/superfaturamento, entre outras funcionalidades.

Essa informação constará do termo de referência, que é o documento que descreve todas as informações nevrálgicas e essenciais à garantia da compleição íntegra de toda a licitação.

O *modus faciendi* das pesquisas se encontra no art. 23 da Lei nº 14.133/21 e na legislação específica e exige que a coleta de preços tenha como base várias fontes disponíveis no mercado, as quais, depois de coletadas, passarão por uma análise estatística para eliminação dos valores destoantes.

Para a realização da pesquisa, é fundamental que o objeto seja descrito de forma precisa, suficiente e clara.

Ocorre que, na contratação de solução inovadora, não é fácil os órgãos e entidades públicas contratantes informarem previamente qual é a solução que se pretende licitar, bem como especificar esse objeto de forma detalhada.

Se a Administração Pública não consegue passar para o mercado o que pretende contratar, é certo, também, a incapacidade de o mercado informar o preço.

Não há como, no caso de contratação de solução inovadora, que se pauta pela incerteza e variedade de respostas à demanda e tem aspectos subjetivos intrínsecos, termos o procedimento tradicional de pesquisa de mercado aplicado a esse propósito.

Vale lembrar que a pesquisa de mercado é um dos pontos mais sensíveis da etapa preparatória da licitação e as organizações sofrem com a falta de pessoal qualificado, conhecimento de metodologias estatísticas, informações destoantes de preços consultados.

Aliás, a coleta de preços quase sempre é feita na correria ou no impulso.

É a cultura do último minuto, que resulta em levantamentos distorcidos, sem a abrangência necessária ou, até mesmo, baseada na avaliação de solução distante da ideal para a demanda apresentada.

Em regra, os servidores que atuam na área de pesquisa de preços vivem no estilo corta, estica e puxa, fazendo malabarismo para tentar resolver o problema posto. Tudo é feito no improviso.

Ora, se nas contratações tradicionais as áreas têm dificuldade de inserirem todas as informações essenciais para uma boa pesquisa mercadológica, como se dará o levantamento feito com base em ideação ou sugestão de solução, já que não tem a certeza de qual será a resposta do mercado para o desafio apresentado?

Considerando esse cenário, é possível que a Administração Pública se abstenha de realizar a pesquisa prévia de mercado e apresente o valor que pretende pagar por solução limitado ao máximo fixado no art. 14, §2º, do MLSEI, que é de R$1,6 milhão por CPSI.

Nesse sentido, o que temos é a adoção do conceito de *apetite de investimento*, ou seja, a fixação do valor que o órgão ou entidade pública está disposto a remunerar por solução, considerando a complexidade/criticidade (ou não) do desafio proposto.

4.7.5.2 O risco tecnológico e suas consequências

A Lei nº 10.973/04, a qual dispõe sobre incentivos à inovação e à pesquisa científica e tecnológica no ambiente produtivo, estabelece em seu art. 20 que:

> Art. 20. Os órgãos e entidades da Administração Pública, em matéria de interesse público, poderão contratar diretamente ICT, entidades de direito privado sem fins lucrativos ou empresas, isoladamente ou em consórcios, voltadas para atividades de pesquisa e de reconhecida capacitação tecnológica no setor, visando à realização de atividades de pesquisa, desenvolvimento e inovação que envolvam risco tecnológico para solução de problema técnico específico ou obtenção de produto, serviço ou processo inovador.

Lado outro, o art. 2º, inc. III, do Decreto nº 9.283/18, o qual regulamenta a lei supracitada, define o risco tecnológico como a possibilidade de insucesso no desenvolvimento de solução, decorrente de processo em que o resultado é incerto em função do conhecimento técnico-científico insuficiente à época em que se decide pela realização da ação.

Resta evidente que, quando se trata de criar, inovar ou romper, há risco de as respostas, ou novas respostas, não serem alcançadas. Nem por isso perde-se a razão de ser do intento.

Portanto, já temos precedentes normativos que compreendem que, no momento do lançamento do desafio, o desconhecido e imprevisível são predominantes e a solução desejada pode não ser encontrada. Há um quadro natural de incertezas nesse tipo de contratação e, por consequência, o risco do insucesso na jornada.

A propósito, João Kepler[285] averba que "a palavra que pode definir a nova economia é disrupção, que tem como base um rompimento com o velho mercado e a abertura para o novo, mais tecnológico, flexível e prático".

Outra ponderação desse tópico diz respeito ao não alcance do resultado esperado ou à insuficiência da solução às pretensões iniciais, os quais não são motivos para que a Administração Pública deixe de proceder ao pagamento dos contratados por CPSI.

As horas (ou fases, ou subprodutos, ou esforços) efetivamente empenhadas deverão ser remuneradas até o momento em que se decida pelo encerramento do contrato (antecipado, em razão da impossibilidade de alcance, ou ao seu final, sem que a solução decorra do esforço).

Somente deverão ser objeto de devida apuração pelo órgão ou entidade pública, com suporte do fiscal de contratos e/ou Comissão Fiscalizadora e de documentos técnicos para acompanhamento e supervisão, os contratos nos quais, efetivamente, foram empenhados os melhores esforços para encontrar a solução, mas esta não ocorreu por razões alheias, fruto da própria incerteza e risco que a hipótese contém.

Por fim, recomenda-se que sejam adotadas medidas de monitoramento para que a tomada de decisão de interrupção e extinção das atividades ocorra a tempo e modo, evitando que se estenda por tempo desnecessário a execução que se apresentou infrutífera.

---

[285] KEPLER, João. *O poder do equity*: como investir em negócios inovadores, escaláveis e exponenciais e se tornar um investidor-anjo. 1ª ed. São Paulo: 2021. p. 34.

Citamos como melhores práticas a apoiar as atividades inerentes à função de fiscalização a criação de painel de gestão estratégica para o acompanhamento das etapas e resultados e a criação do *website* para divulgar as contratações de soluções inovadoras, ferramentas essenciais para maior transparência e conhecimento dos órgãos de controle.

4.7.5.2.1 Quando será considerado risco tecnológico

O art. 2º, inc. III, do Decreto nº 9.283/18 enuncia que risco tecnológico é a possibilidade de insucesso no desenvolvimento de solução, decorrente de processo em que o resultado é incerto em função do conhecimento técnico-científico insuficiente à época em que se decide pela realização da ação.

De acordo com Gustavo Schiefler:[286]

> É considerado risco tecnológico quando há um problema no mundo dos fatos cujo conhecimento técnico-científico para oferecer a solução tecnológica é inexistente, insuficiente ou indisponível, significa dizer que, para obter a inovação almejada, será preciso investir em pesquisa e desenvolvimento (P&I). Há um risco tecnológico nisso porque, nesses casos, ninguém tem a certeza, antes de iniciar o desenvolvimento, de que conseguirá alcançar o resultado pretendido (...). Portanto, o risco tecnológico prevê que o processo de criação de determinada tecnologia carregue como variável o fato de que o conhecimento técnico-científico, na ocasião da decisão pelo seu desenvolvimento, possa ser insuficiente para assegurar a conclusão do projeto com êxito.

Como podemos ver, o risco tecnológico envolve negócios de extrema incerteza em decorrência do desconhecimento de todas as informações técnicas e científicas necessárias à definição da solução, aumentando o risco do insucesso e eficácia da contratação.

4.7.5.2.2 O pagamento pelo esforço

O MLSEI prevê no art. 14, §5º, que:

> A administração pública deverá efetuar o pagamento conforme o critério adotado, ainda que os resultados almejados não sejam atingidos em

---

[286] PICCOLI, Ademir *et al*. *Contratação da inovação*: com os avanços do Marco Legal de ciência, tecnologia e inovação. 1ª ed. São Paulo: Vidaria Livros, 2020. p. 100.

decorrência do risco tecnológico, sem prejuízo da rescisão antecipada do contrato caso seja comprovada a inviabilidade técnica ou econômica da solução.

Como já registrado, a incerteza e a possibilidade do insucesso fazem parte da contratação de soluções inovadoras e, por isso, se o resultado não é alcançável, não há que se punir o contratado pelo fracasso.

O risco do não êxito atinge as duas partes (Administração Pública e contratados), visto que, como já dito, não há conhecimento técnico-científico suficiente para assegurar a conclusão conforme desejado. Daí a importância de se prever o pagamento pelo esforço e investimento realizados, ainda que não se tenha chegado a bom termo.

Se outra for a orientação, o mercado não terá interesse de estabelecer relação negocial com o Poder Público e participar dos chamamentos e testagens.

4.7.5.2.3 A extinção prematura do contrato e de suas responsabilidades

O art. 14, §5º, do MLSEI prevê que:

> Com exceção das remunerações variáveis de incentivo vinculadas ao cumprimento das metas contratuais, a administração pública deverá efetuar o pagamento conforme o critério adotado, ainda que os resultados almejados não sejam atingidos em decorrência do risco tecnológico, sem prejuízo da rescisão antecipada do contrato caso seja comprovada a inviabilidade técnica ou econômica da solução.

Se o desenvolvimento da testagem se apresentar insatisfatório, é importante que seja avaliada a possibilidade de desfazimento antecipado da relação negocial. Não faz sentido manter a execução de ajuste que se mostra inviável e com real perspectiva de fracassar.

Nesse contexto, é vital o acompanhamento e supervisão do fiscal ou Comissão Fiscalizadora para cientificar os dados, evidências e resultados de execução ao gestor do contrato. A decisão pela extinção deve ter avaliação detalhada, e o contratado deve ser cientificado para manifestação.

Como o insucesso e o fracasso fazem parte de contratações com riscos tecnológicos, não há que se falar em responsabilidade civil, administrativa ou penal.

A propósito, Gustavo Schiefler ensina:[287]

> Errar é algo que não necessariamente deve ter como consequência uma busca por responsabilidade, seja civil, administrativa ou penal. Em inovação, errar é algo comum, e até esperado. Isso porque inovar pressupõe errar – às vezes, de forma definitiva – e perceber, muitas vezes, que aquilo que se tentou não é atingível no momento, pelo menos não com o desenvolvimento tecnológico e científico existente na ocasião. Há, ainda, a possibilidade de errar e conseguir corrigir, voltar atrás, alguns passos para refazer o processo e buscar outras rotas tecnológicas. É natural, no caminho da novação, contratar algo que eventualmente não dê certo no final. É possível inclusive que o aprendizado de não ter dado certo, por si só, já valha a pena para a Administração Pública. Se, cada dez projetos, um der certo, esse pode fazer valer a pena todos os outros que falharam.

4.7.5.2.4 A possibilidade de pagamento antecipado

O art. 14, §7º, do MLSEI enuncia que os pagamentos serão feitos após a execução dos trabalhos e, a fim de garantir os meios financeiros para que o contratado implemente a etapa inicial do projeto, a Administração Pública deverá prever em edital o pagamento antecipado de uma parcela do preço sem mesmo o início da execução do objeto, mediante justificativa expressa:

> §7º. Os pagamentos serão feitos após a execução dos trabalhos, e, a fim de garantir os meios financeiros para que a contratada implemente a etapa inicial do projeto, a Administração Pública deverá prever em edital o pagamento antecipado de uma parcela do preço anteriormente ao início da execução do objeto, mediante justificativa expressa.

Cumpre esclarecer que o pagamento antecipado, parcial ou total, relativo a parcelas contratuais de fornecimento de bens e prestação de serviços, foi previsto com as devidas cautelas pelos normativos que tratam do orçamento público e licitação em face dos riscos de inadimplemento do contratado e dos prejuízos dele decorrentes pelos valores entregues antecipadamente.[288]

---

[287] PICCOLI, Ademir et al. Contratação da inovação: com os avanços do Marco Legal de ciência, tecnologia e inovação. 1ª ed. São Paulo: Vidaria Livros, 2020. p. 93.
[288] Nesse sentido, o TCU decidiu: 9.3. dar ciência (...) das seguintes impropriedades identificadas (...) para que sejam adotadas medidas internas com vistas à prevenção de outras ocorrências

Essa é, inclusive, a orientação do art. 40, inc. XIV, alínea "d", da Lei nº 8.666/93, do art. 62 da Lei nº 4.320/64 e do art. 38 do Decreto nº 93.872/86.

A Lei nº 14.133/21 apresenta entendimento acerca dessa questão. O art. 145 prevê que é permitida a antecipação de pagamento quando for possível propiciar sensível economia de recursos ou quando representar condição indispensável para a obtenção do bem ou para a prestação do serviço.

Para tanto, deverá constar nos autos do processo de contratação a justificativa da necessidade da medida, a sua expressa previsão no edital e autorização da autoridade competente:

> Art. 145. Não será permitido pagamento antecipado, parcial ou total, relativo a parcelas contratuais vinculadas ao fornecimento de bens, à execução de obras ou à prestação de serviços.
> §1º. A antecipação de pagamento somente será permitida se propiciar sensível economia de recursos ou se representar condição indispensável para a obtenção do bem ou para a prestação do serviço, hipótese que deverá ser previamente justificada no processo licitatório e expressamente prevista no edital de licitação ou instrumento formal de contratação direta.

A definição de antecipação de garantia deve ser avaliada previamente na elaboração dos documentos iniciais, que servem de base para a elaboração do edital e minuta de contrato. Para tanto, algumas medidas devem ser adotadas:

> a) indicações do mercado de que, para a solução pretendida, há custos iniciais consideráveis que deverão ser empenhados pelo contratado e que, sem a antecipação dos pagamentos, o mercado convencionou não operar;
> b) indicações do mercado de que os custos iniciais indispensáveis (que podem envolver a compra de equipamentos específicos ou mobilizações de bens e pessoas) são expressivos e não encontram no cronograma de desembolso uma correspondência proporcional que permite ao contratado arcar com as despesas, o que pode afetar a atratividade em participar do chamamento;

---

semelhantes: (…) 9.3.3. realização, sem a justificativa prévia e sem as devidas garantias, de pagamento antecipado, em desacordo com o Art. 62 da Lei 4.320/1964 (BRASIL. Tribunal de Contas da União. Acórdão n. 2.518/2022. Plenário, Relator Ministro Jorge Oliveira, j. 16/11/2022).

c) indicações do mercado no sentido de que o grau de ineditismo da solução pretendida é de tal ordem que não existam licitantes com produtos desenvolvidos ou em desenvolvimento, que surgiu a necessidade de um investimento inicial maior, não correspondente aos prazos do cronograma de desembolso, a exigir que os contratados possuam uma musculatura financeira tão expressiva que o fato se consubstancie em uma reserva de mercado (ao avesso da política pública inclusiva e de fomento que o MLSEI pretende).

Diante de situações, portanto, que se imiscuam na atratividade do chamamento, na ampliação razoável da competitividade e em reservas de mercado preexistentes, para citar alguns, é possível que o gestor opte pela possibilidade de antecipação de pagamento.

Para fazer esse juízo de valor, o gestor deve fazer a avaliação do contrato em harmonia com três aspectos principais:

a) o cronograma de desembolso (que esteja muito distante da efetiva capitalização do licitante);
b) o volume de empenhos financeiros indispensáveis para iniciar os trabalhos;
c) o prazo de desenvolvimento dos trabalhos (distanciando o pagamento da realização dos custos executivos).

O gestor deverá fundamentar essa previsão como indispensável, à luz do caso concreto e dos arts. 20 e 21 da LINDB.

Para além disso, se o gestor decidir pela antecipação, deverá disciplinar questões como:

a) qual o percentual ou valor aplicável;
b) quando se dará a medição da execução respectiva, para avaliação de sua suficiência e não devolução dos valores;
c) a devolução dos valores e suas condições/prazos, em caso de descumprimento, bem como as demais consequências aplicáveis;
d) o fornecimento de garantia ou seguro, de alguma natureza, bem como seu percentual, pago pelo contratado que pretender acionar a antecipação;
e) o recrudescimento ou não de exigências de qualificação econômico-financeira para o licitante participar do chamamento;
f) a devolução dos valores no caso de conclusão pela inviabilidade da solução antes de entregues os itens que serão medidos como resultado dessa parte dos trabalhos, em face dos custos já realizados pelo contratado (e seu óbvio direito ressarcitório), sua forma de apuração e processamento; e

g) a obrigação de o licitante fundamentar seu pedido de antecipação no caso concreto e quais os critérios objetivos que integrarão a avaliação da Comissão de Julgamento.

A Lei nº 14.133/21, considerando tratar-se de situação excepcional, ainda revela, no art. 92, inc. XII, que é possível precaver-se quanto aos riscos dessa iniciativa com a adoção da exigência de garantia adicional como condição para o pagamento antecipado.[289] [290]

> Art. 92. São necessárias em todo contrato cláusulas que estabeleçam:
> XII - as garantias oferecidas para assegurar sua plena execução, quando exigidas, inclusive as que forem oferecidas pelo contratado no caso de antecipação de valores a título de pagamento.

Registra-se que, na hipótese de não execução do objeto descrito no contrato, o valor antecipado pela Administração Pública deverá ser devolvido.

Esta é a redação do art. 14, §8º, do MLSEI:

> §8º. Na hipótese prevista no §7º deste artigo, a Administração Pública certificar-se-á da execução da etapa inicial e, se houver inexecução injustificada, exigirá a devolução do valor antecipado ou efetuará as glosas necessárias nos pagamentos subsequentes, se houver.

Dessa feita, é essencial que a equipe de fiscalização tenha atenção ciosa sobre a forma de pagamento, a entrega e o acompanhamento das garantias exigidas e a forma do recebimento do bem ou serviço contratado.

No caso do MLSEI, é importante deixar assentado que é possível que a Administração Pública defina que o pagamento só ocorrerá mediante a entrega definitiva da solução, e não previamente à execução.

Essa orientação editalícia pode prever, ainda, a possibilidade de negociação com os licitantes, alterando essa estratégia e prevendo pagamento antecipado, caso fique demonstrado que é essencial para

---

[289] Com relação a essa temática, a Lei nº 14.133/21 prevê, no art. 124, inciso II, letra "c", que é vedada a antecipação de pagamento quando se tratar de alteração do contrato para modificação na forma de pagamento.

[290] A propósito, o Tribunal de Contas da União tem recomendado que, no caso de pagamento antecipado previsto no contrato, deve ser exigido seguro ou garantia (BRASIL. Tribunal de Contas da União. Acórdão nº 1.302/2023. Plenário, Relator Ministro Augusto Nardes, j. 28/6/2023).

atender ao escopo da contratação garantir "os meios financeiros para que a contratada implemente a etapa inicial do projeto".

4.7.5.2.5 A necessidade (ou não) de risco tecnológico na contratação pelo novo marco legal

O art. 13 do MLSEI prevê que a Administração pode contratar *startups* e empreendedores para testar soluções inovadoras por eles desenvolvidas ou a serem desenvolvidas, com ou sem risco tecnológico.

É oportuno asseverar que, na hipótese de haver risco tecnológico, os pagamentos serão efetuados proporcionalmente aos trabalhos executados, de acordo com o cronograma físico-financeiro aprovado, observado o critério de remuneração previsto contratualmente.

4.7.5.3 Os recebimentos provisório e definitivo do objeto

O recebimento do contrato de teste se dará em duas etapas, quais sejam, recebimento provisório e definitivo. Seguindo a orientação da Resolução nº 468/21 do CNJ,[291] o objeto do contrato será recebido:

> a) provisoriamente pelo responsável por seu acompanhamento e fiscalização, mediante declaração formal de que os serviços foram prestados ou os bens foram entregues para posterior análise das conformidades e qualidades baseadas nos requisitos[292] e nos critérios de aceitação;
> b) definitivamente por servidor ou comissão designada pela autoridade competente, mediante declaração formal de que os serviços prestados ou bens fornecidos atendem aos requisitos estabelecidos e aos critérios de aceitação.

Dessa feita, o recebimento se dará com a fusão dessas etapas, que perpassam por servidores distintos, o fiscal e o gestor, cada um em momento distinto, ou seja, um no recebimento provisório e outro no definitivo.

---

[291] BRASIL. Conselho Nacional de Justiça. *Guia de contratações de TIC do Poder Judiciário*. Brasília, CNJ, jun. 2022. Disponível em: https://www.cnj.jus.br/wp-content/uploads/2024/01/guia-de-contratacoes-de-tic-do-judiciario.pdf. Acesso em: 1º fev. 2024.

[292] A Resolução CNJ nº 468/22 estabelece que requisito é o conjunto de especificações funcionais de negócio e técnicas necessárias para se definir a solução de TIC a ser contratada.

Os prazos e os métodos para a realização do recebimento provisório e definitivo serão definidos no contrato (art. 140, §3º, da Lei nº 14.133/21).

Vale destacar que a forma e a periodicidade da execução contratual devem ser ajustadas com a Administração Pública por meio de reuniões semanais, quinzenais ou mensais, nas quais serão apresentados: relatório de *Status Report* da programação de execução; problemas jurídicos, técnicos e administrativos, se for o caso; e dúvidas.

Os indicados para atuarem como gestor ou fiscal ou Comissão Fiscalizadora devem ser preferencialmente servidores, ter conhecimento dos temas de gestão contratual, possuir formação e qualificação relacionadas à solução que será testada,[293] não estabelecer conflito de interesse, bem como não atuar no processo simultaneamente em funções suscetíveis de risco.

Além disso, o titular do cargo de gestor também requer outras habilidades e características, como: ter iniciativa própria, possuir conhecimento específico da solução a ser testada, não estar respondendo a processo administrativo disciplinar ou de sindicância, não possuir punições por atos lesivos ao patrimônio público e, ainda, não ter sido condenado em processo criminal em crimes contra a Administração Pública.

O gestor precisa estar preparado para desempenhar a tarefa para a qual foi designado, pois será exigido dele um nível de responsabilidade específico. A omissão ou o cumprimento incorreto do trabalho pode gerar dano ao erário e, nesse caso, o gestor está suscetível a consequências civis e penais.

Para além de ser necessário que o gestor tenha conhecimento das suas responsabilidades e de como deve efetivamente desempenhar sua função, ele deverá agir de forma proativa e preventiva, observando o cumprimento das cláusulas previstas no contrato, buscando economia para o erário público sempre que possível.

Essa gestão é feita de forma integrada entre o setor responsável pela gestão e os fiscais/Comissão Fiscalizadora.

Do profissional ou setor responsável pelo contrato *per si*, esperam-se a coordenação das atividades dos fiscais ou Comissão Fiscalizadora e o esclarecimento de dúvidas sobre ocorrências que

---

[293] Daí decorre a necessidade de identificar na fase preparatória da contratação de *startup* os servidores responsáveis pela avaliação da solução e pela atestação dos serviços realizados.

possam acontecer durante a execução do contrato. Em caso de dúvidas jurídicas ou técnicas, o fiscal e/ou Comissão Fiscalizadora devem recorrer ao gestor ou ao Comitê de Especialistas.

Nos casos de irregularidades ou incidentes na execução do contrato, cumpre alertar que o responsável pelo recebimento, seja um servidor ou a Comissão Fiscalizadora, deve dar ciência ao gestor responsável para as devidas medidas e providências cabíveis.

4.7.5.4 O ateste do teste e serviços prestados

A atestação técnica de recebimento é o registro do reconhecimento da execução da obrigação contratual em conformidade com o avençado.

Essa atestação pode ser feita após o recebimento provisório, com a devida constatação pela Comissão Fiscalizadora de que a solução testada percorreu a rota pactuada e está em completo acordo com as condições contratuais.

Trata-se de elemento imprescindível para o ato de liquidação de despesa.

O ateste é feito por meio de declaração expressa do fiscal ou Comissão Fiscalizadora, localizada no verso da primeira via da nota fiscal, acusando a execução do contrato, constando data, nome legível, identificação da função do fiscal do contrato e sua assinatura.

Na fatura dos serviços, devem ser verificados dados de emissão, como nome correto do órgão ou entidade contratante, data, objeto em conformidade como disposto no contrato, condições de entrega compatíveis com o avençado e data de emissão dentro do prazo.

A fatura ainda deve ser emitida em duas vias iguais e, em caso de existência de rasuras ou erros nos dados, deverá ser exigida sua troca imediata.[294]

Na sequência, esse documento deverá ser encaminhado para o gestor do contrato, que, por sua vez, fará a análise de conformidade e, após validar as informações, encaminhará para a área responsável pela gestão financeira do ajuste.

Existem documentações que poderão ser exigidas do contratado por etapas executadas, como forma de pagamento parcelado do contrato.

---

[294] O TCU recomendou que deve ser exigida a atestação nos comprovantes de pagamentos efetuados, do recebimento dos materiais ou serviços (BRASIL. Tribunal de Contas da União. Decisão nº 653/1996. Plenário, Relator Ministro Iram Saraiva, j. 16/10/1996).

Um exemplo é a atestação da nota fiscal quando do recebimento de parcelas do objeto, declarando o fiel cumprimento da avença e constando nesse atesto a data de execução do objeto, as entregas fixadas no cronograma e a observância de todas as cautelas ressalvadas acima.

Após o recebimento definitivo do objeto de contrato, deverá ser realizada a liquidação da despesa.

Aliás, o TCU já se posicionou no sentido de que a Administração Pública deve se abster de fazer pagamento sem a prévia liquidação da despesa, por ferir o disposto no art. 63 da Lei nº 4.320/64.[295]

Caso os documentos fiscais sejam encaminhados à unidade de execução orçamentária e financeira sem que a documentação estipulada em contrato esteja completa, será solicitada ao gestor a complementação da documentação, possibilitando, assim, o pagamento.[296]

Para que essa etapa de gestão financeira do contrato ocorra sem incidentes e de forma célere, recomendamos a adoção da boa prática da reunião inaugural com o(s) contratado(s) para que compreenda(m) todos os trâmites de prestação de informações e entregas dos documentos.

Outrossim, vale alertar que a atestação da execução do serviço, desacompanhada dos documentos exigidos no contrato, constitui irregularidade apta à responsabilização do fiscal do contrato, independentemente da caracterização de dano ao erário, e a autorização de pagamento sem os referidos boletins atrai também a responsabilidade do ordenador de despesas.[297]

4.8 Contrato de fornecimento

O MLSEI tem poucas previsões a respeito do contrato de fornecimento, exatamente no sentido da deslegalização já informada no primeiro tópico e consolidada no art. 15:

> Art. 15. Encerrado o contrato de que trata o Art. 14 desta Lei Complementar, a Administração Pública poderá celebrar com a mesma contratada,

---

[295] BRASIL. Tribunal de Contas da União. Decisão nº 472/1999. Plenário, Relator Ministro Valmir Campelo, j. 28/7/1999.

[296] De acordo com Silva Teixeira, as notas fiscais por serviços prestados sem o seu devido pagamento geram passivos para a contratante e descontrola o orçamento anual. Então, não basta somente devolver, é necessário monitorar para que seja entregue novamente, com as devidas correções, o mais breve possível.

[297] BRASIL. Tribunal de Contas da União. Acórdão nº 4.447/2020. 2ª Câmara, Relator Ministro Aroldo Cedraz, j. 30/4/2020.

sem nova licitação, contrato para o fornecimento do produto, do processo ou da solução resultante do CPSI ou, se for o caso, para integração da solução à infraestrutura tecnológica ou ao processo de trabalho da Administração Pública.

Desse *caput* se extrai a previsão expressa de dispensa de licitação e, portanto, de contratação direta permitida pelo legislador.

Não significa que a licitação não seja possível (sentido técnico da dispensa). O legislador optou por permitir que fosse dispensado o procedimento, considerando a vantagem de aproveitar o colhido da fase de teste das soluções inovadoras, conseguido a partir do CPSI do art. 14 da mesma lei.

Isso permite o adequado aproveitamento do que foi testado durante o CPSI e a cotitularidade sobre as "criações resultantes do CPSI", que integra as previsões do respectivo edital.

> §1º. Na hipótese prevista no §6º, do Art. 13 desta Lei Complementar, quando mais de uma contratada cumprir satisfatoriamente as metas estabelecidas no CPSI, o contrato de fornecimento será firmado, mediante justificativa, com aquela cujo produto, processo ou solução atenda melhor às demandas públicas em termos de relação entre custo e benefício e com dimensões de qualidade e preço.

Considerando que o MLSEI permite a celebração de CPSI com mais de um concorrente para que a Administração Pública teste mais de uma solução tecnológica e inovadora, ao tempo da definição do fornecimento é necessário eleger qual delas melhor atenderia à demanda quanto à relação entre custo e benefício, com dimensões de qualidade e preço.

Compete, nesse procedimento, perquirir as propostas de preço dos licitantes, à luz das propostas de trabalho que apresentarão relativas ao fornecimento, a fim de que seja avaliado qual se mostra mais vantajosa para contratação (respeitado o limite máximo para essa dispensa).

"§2º. A vigência do contrato de fornecimento será limitada a 24 (vinte e quatro) meses, prorrogável por mais um período de até 24 (vinte e quatro) meses."

O contrato por dispensa poderá ser realizado se respeitados os limites propostos no parágrafo destacado. Esse prazo se justifica considerando que as tecnologias carregam em si mesmas o gene da obsolescência, tornando razoável supor-se que, após 48 meses, já existam outras soluções sobre as quais poderá a Administração Pública perquirir a contratação.

§3º. Os contratos de fornecimento serão limitados a 5 (cinco) vezes o valor máximo definido no §2º do Art. 14 desta Lei Complementar para o CPSI, incluídas as eventuais prorrogações, hipótese em que o limite poderá ser ultrapassado nos casos de reajuste de preços e dos acréscimos de que trata o §1º do Art. 65 da Lei nº 8.666, de 21 de junho de 1993.

O resultado da conjugação dos normativos referidos nesse parágrafo é o limite máximo de R$8 milhões para o período de 48 (quarenta e oito) meses de contratação, salvo as exceções projetadas de reajuste e aumento quantitativo (nos dispositivos correspondentes da Lei nº 14.133/21, por força de seu art. 189).

Não se trata necessariamente de que esse será o valor do contrato, mas, sim, o valor máximo a que ele pode chegar, razão por que é necessário que, nesse caso concreto, se faça a coleta de propostas a partir de cenários distintos, como mais adiante será exposto.

Após a conclusão do CPSI, a Administração Pública poderá celebrar, com a mesma prestadora do serviço e sem nova licitação, contrato para a implementação e execução do produto, do processo ou da solução resultante ou, se for o caso, para integração da solução à infraestrutura tecnológica ou ao processo de trabalho da Administração Pública.

São dois momentos distintos, o de desenvolvimento e o de execução, e que demandam períodos de trabalho também diferentes.

Assim, a vigência desse novo contrato de fornecimento é limitada a 24 (vinte e quatro) meses, prorrogável por mais o mesmo período, resultando em um prazo máximo de execução da solução de 48 meses.

No que cerne ao valor, os contratos de implementação da solução serão limitados a 5 (cinco) vezes o valor máximo definido no §2º do art. 14 do MLSEI, incluídas as eventuais prorrogações, hipótese em que o limite poderá ser ultrapassado nos casos de reajuste de preços e dos acréscimos de que trata o §1º do art. 65 da Lei nº 8.666/93.

4.8.1 Objeto do contrato de fornecimento

Deverá constar na minuta de contrato a cláusula de definição precisa, clara e suficiente do objeto que se pretende contratar. Para perfeita compreensão do objeto, é importante que sejam descritas as seguintes informações:

a) natureza do objeto, com a indicação dos elementos necessários para caracterizar o desenvolvimento da solução a ser contratada;
b) especificação técnica detalhada do objeto para gerar os resultados pretendidos com a contratação;
c) requisitos (funcionalidades) relevantes vinculados aos objetivos de negócio e ligados diretamente às reais necessidades dos usuários finais; e
d) requisitos tecnológicos para garantir o pleno atendimento das funcionalidades.

4.8.2 Prazo do contrato de fornecimento

Com relação ao contrato de fornecimento do produto, do processo ou da solução resultante do CPSI, o MLSEI fixa, no art. 15, §2º, o prazo de duração do ajuste, limitando-o a 24 (vinte e quatro) meses, podendo ser prorrogado pelo mesmo período: "§2º. A vigência do contrato de fornecimento será limitada a 24 (vinte e quatro) meses, prorrogável por mais um período de até 24 (vinte e quatro) meses".

4.8.3 Escolha do contrato no caso de contratação múltipla por meio de CPSI

O art. 15 do MLSEI estabelece que:

> Encerrado o contrato de que trata o Art. 14 do MLSEI, a Administração Pública poderá celebrar com a mesma contratada, sem nova licitação, contrato para o fornecimento do produto, do processo ou da solução resultante do CPSI ou, se for o caso, para integração da solução à infraestrutura tecnológica ou ao processo de trabalho da administração pública.

Em seguida, o §1º do mesmo artigo prescreve que, quando mais de um contratado cumprir satisfatoriamente as metas estabelecidas no CPSI,[298] o contrato de fornecimento será firmado, mediante justificativa, com aquele cujo produto, processo ou solução atenda melhor às demandas públicas em termos de relação de custo e benefício com dimensões de qualidade e preço.

---

[298] Essa dinâmica de poder celebrar mais de um contrato decorre da previsão descrita no art. 14, §6º, do MLSEI, o qual permite selecionar mais de uma proposta para a celebração do contrato público de solução inovadora.

Nesse sentido, Ana Cristina Moraes Warpechowski e Sabrina Nunes Iocken[299] esclarecem:

> A legislação prevê, no primeiro momento, uma modalidade de competição para que a Administração Pública contrate o "teste" da solução inovadora e, na etapa seguinte, em sendo aprovado, seja realizada a contratação direta. O Art. 15 contempla o que se denomina de contrato de fornecimento, em que, após licitada e contratada a testagem da solução, a Administração Pública poderá celebrar com a mesma contratada, sem nova licitação, o contrato para o fornecimento do produto, do processo ou da solução resultante do CPSI ou, se for o caso, para a integração da solução à infraestrutura tecnológica ou ao processo de trabalho do órgão ou da entidade. Assim, quanto maior for o cumprimento das metas estabelecidas no CPSI, maior a possibilidade de o contrato de fornecimento ser firmado, mediante justificativa, com aquele cujo produto, processou ou solução atenda melhor às demandas públicas em termos de relação de custo e benefício com as dimensões de qualidade e preço.

Dessa forma, ao contrário do CPSI, que permite várias contratações, o órgão ou entidade contratante deve identificar e verificar qual produto, processo ou solução entregue e testado se adequa à demanda pública, por meio da adoção de métodos de aferição do melhor retorno custo e benefício para proceder à contratação direta ou licitação (ressalvadas as contratações plúrimas já apresentadas neste livro).

A propósito, assere Afonso Códolo Belice:[300]

> Ao final do CPSI, o ente público terá a faculdade de celebrar com a mesma empresa inovadora contrato para o fornecimento do produto, do processo ou da solução sem necessidade de nova licitação. Dessa forma, pode haver a integração da solução à infraestrutura tecnológica ou ao processo de trabalho público. Como visto, tais inovações possuem a capacidade de alavancar a qualidade do serviço público prestado, trazendo mais eficiência para a gestão pública brasileira.
> Se o CPSI tiver sido realizado com mais de uma empresa inovadora, e elas cumprirem satisfatoriamente as metas estabelecidas, o novo contrato

---

[299] WARPECHOWSKI, Ana Cristina Moraes; IOCKEN, Sabrina Nunes. *O processo de contratação direta e a inexigibilidade de licitação*: como fazer a coisa certa com os atalhos legais? *apud* HARGER, Marcelo (coord.) *Aspectos Polêmicos sobre a Nova Lei de Licitações e Contratos Administrativos*: Lei nº 14.133/21. Belo Horizonte: Fórum, 2022. p. 230.

[300] MATIAS, Eduardo Felipe P (Coord.) Marco Legal das Startups. Compras Públicas e o Marco Legal das Startups: a nova modalidade de contratação de soluções inovadoras pelo Estado. São Paulo: Revista dos Tribunais, p. 158.

de fornecimento será firmado com aquela cujo produto, processo ou solução atenda melhor às demandas públicas. Para tanto, o ente público deverá apresentar justificativa levando em consideração a relação entre custo e benefício, com dimensões de qualidade e preço. Estimula-se a competição positiva, nas quais as empresas vão dar o seu melhor para solucionar as questões públicas, de modo a se consolidarem como as merecedoras de manter determinado projeto.

Com efeito, é possível que se contratem os produtos, processos e soluções no caso de serem ferramentas complementares. Não é incomum ocorrer entregas de testes e protótipos que possam ser integrados para o efetivo atendimento da demanda.

A METODOLOGIA SUGERIDA PARA O NOVO MODAL

JULIANA PICININ

5.1 A repercussão do desafio no plano de contratações anual

As expectativas de lançamento de desafios ou as demandas que lhe correspondam e antecedam, por consumirem orçamento público, preferencialmente devem integrar o plano de contratações anual.

Mesmo que em um momento inicial não seja possível precisar ou estimar adequadamente o orçamento que será consumido (a partir do custo ou do preço do teste ou do fornecimento), é fato que o plano de contratações anual se presta a estimar, em consonância com o planejamento estratégico, o que a Administração Pública pode e está disposta a investir em matéria de aquisições.

Conforme previsão da Lei nº 14.133/21, art. 12, inc. VII:

> Art. 12. No processo licitatório, observar-se-á o seguinte:
> VII - a partir de documentos de formalização de demandas, os órgãos responsáveis pelo planejamento de cada ente federativo poderão, na forma de regulamento, elaborar plano de contratações anual, com o objetivo de racionalizar as contratações dos órgãos e entidades sob sua competência, garantir o alinhamento com o seu planejamento estratégico e subsidiar a elaboração as leis orçamentárias.

Conforme o Decreto nº 10.974/22, que regulamenta esse dispositivo para a esfera federal, o que aqui propomos está condizente à sua previsão, ou seja:

> Art. 5º. A elaboração do plano de contratações anual pelos órgãos e pelas entidades tem como objetivos:
> II – garantir o alinhamento com o planejamento estratégico, o plano diretor de logística sustentável e outros instrumentos de governança existentes;
> III – subsidiar a elaboração das leis orçamentárias;
> V – sinalizar intenções ao mercado fornecedor, de forma a aumentar o diálogo potencial com o mercado e incrementar a competitividade.

Portanto, é recomendável que os planos levem em consideração não somente os casos de contratação para efetivo fornecimento, mas também as demandas que se pretendem estudar ou os desafios que se pretendam lançar, a partir do que é tido como relevante no planejamento estratégico.

O conjunto do orçamento disponível para essas demandas (ou o espaço governamental para a prática da inovação e do fomento) indicará qual é o apetite de investimento desse órgão e como se pretende dividir entre as demandas e os desafios a serem lançados e priorizados no exercício seguinte.

Inclusive, servirá de referência para que se possa estudar quantas soluções poderiam ser testadas em cada iniciativa e/ou em cada exercício financeiro para que a Administração Pública, principalmente nos casos de contenção ou limitação orçamentária, saiba dividir seu apetite à luz das demandas que considerar mais relevante acolher.

Vale lembrar, por último, que não teria sido possível à Lei nº 14.133/21 prever nomeadamente a inclusão dessas demandas ou desafios[301] no PCA, já que o MLSEI lhe é norma posterior.

---

[301] Virão no PCA como demandas (nos casos em que ainda ausentes estudos ou diagnósticos para se chegar à consideração de serem lançados a partir do modal do MLSEI) ou desafios (quando encerrados os estudos ou diagnósticos, com a viabilidade de lançamento de licitação à luz do referido modal, previsto para o exercício seguinte). Portanto, o caso não é de definição ordinária de fornecimento propriamente dito, pois ainda não se tem ciência de que haverá solução viável e que desemboque, após a vivência do CPSI, em fornecimento. Quando da compreensão do modelo de negócio para o fornecimento, aí será tempo de nova inclusão no PCA, seja para o exercício seguinte ou a partir de revisão do que vigente (nesse sentido, a exemplo do contido no Capítulo VI do Decreto Federal nº 10.947/22).

No entanto, não impede que cada órgão, ao deliberar sobre a construção dos seus planos, leve em consideração as demandas e os desafios licitáveis ou, ao menos, separe uma fatia orçamentária que sirva ao propósito da inovação e do fomento, mesmo que esses sejam ao longo do ano adequadamente desenhados, com a fluidez e a atualidade próprios da inovação em si.

5.2 A visão estratégica do apetite de investimento no conjunto dos desafios

Quando os desafios são lançados, não é possível afirmar, de antemão, que tipos de solução serão propostos pelo mercado.

Como vimos em tópico anterior, aqui impera a *assimetria de informações* que impede à Administração Pública afirmar, categoricamente, o que esteja por vir.

Nesse sentido, a expressão do art. 13 do MLSEI, ou seja, "a Administração Pública poderá contratar pessoas físicas ou jurídicas, isoladamente ou em consórcio, para o teste de soluções inovadoras *por elas desenvolvidas ou a ser desenvolvidas*, com ou sem risco tecnológica, por meio de licitação na modalidade especial".

Por isso, o §1º do mesmo dispositivo previu que a Administração Pública não precisa delimitar o escopo da licitação com todos os seus descritivos, como faria em uma licitação tradicional, ou seja, "dispensada a descrição de eventual solução técnica previamente mapeada e suas especificações técnicas, e caberá aos licitantes propor diferentes meios para a resolução do problema".

Assim, não é possível que a Administração Pública elabore, na fase interna da licitação, um fiel mapeamento de preços, baseado em propostas de possíveis licitantes, e sobre esse possa afirmar estejam rastreados todos os reais custos que componham o valor de mercado para o que será entregue na fase de testes.

Para além disso, a contratação que se seguirá à licitação, o CPSI (art. 14 do MLSEI), não é para o fornecimento do produto ou serviço em si, mas tão somente do *teste* da solução inovadora, o que, *de per se*, compõe custo distinto. Para além disso, o espaço a ser ainda preenchido, antes do teste, de P&D.

Além de não conhecer as soluções possíveis como um todo, podem aportar à Administração Pública também soluções parciais, capazes de, em parte apenas, solucionar o problema proposto e, nem por isso, lhe competirá desconsiderar de plano o procedimento e abortar a oportunidade de testar essas.

Não bastasse, para além dos custos do próprio teste, o MLSEI tem forte apelo ao *fomento*, o que desatrela as expressões preço, custo e valor, mesmo que a pretexto de fomentar não esteja autorizado à Administração Pública camuflar sobrepreços.

Alie-se a isso que o próprio MLSEI previu a possibilidade de que a Administração Pública ultrapasse uma estimativa inicial para cada solução, desde que, no conjunto das soluções, não estoure o valor máximo que se propõe a pagar, na dicção do art. 13, §10, ou seja:

> Encerrada a fase de julgamento e de negociação de que trata o §9º deste artigo, *na hipótese de o preço ser superior à estimativa*, a Administração Pública poderá, mediante justificativa expressa, com base na demonstração comparativa entre o custo e o benefício da proposta, *aceitar o preço ofertado*, desde que seja superior em termo de inovações, de redução do prazo de execução ou de facilidade de manutenção ou operação, *limitado ao valor máximo que se propõe a pagar*.

Assim, o próprio MLSEI pressupôs que a Administração Pública não tem como afirmar o que lhe será trazido e, via de consequência, como pesquisar o mercado e seus preços de forma abrangente e satisfatória.

Ainda de se considerar que o MLSEI previu, dentre os critérios de remuneração, a possibilidade de variáveis de incentivo.

Daí se perguntar: como, então, constituir o preço e o orçamento para a realização da licitação?

São vários pontos que formarão essa resposta. Entendamos o raciocínio.

Vamos considerar que a expressão "valor máximo que se propõe a pagar", constante do MLSEI, não seja sinônimo de preço, custo ou valor do bem ou serviço a ser futuramente fornecido nem mesmo do teste em si da solução (e seu antecedente P&D).

Por isso, temos conjuntos de cifras a considerar:

$$VMt = [vi \times n] \times v, \text{ sendo que:}$$

- VMt é o valor máximo *e* total que a Administração Pública se propõe a pagar pelo conjunto de CPSIs que virão a ser celebrados para testes de soluções para determinado desafio, inclusive levando em consideração eventuais propostas diferenciadas, como previsto no art. 13, §10, do MLSEI;

> - *vi* será o valor individual de CPSI que a Administração Pública está disposta a contratar, considerando que o art. 13, §6º, do MLSEI permitiu a contratação de mais de uma proposta;
> - *n* será o número de propostas contratáveis, considerando a permissão do art. 13, §6º, do MLSEI;
> - *v* será o percentual possível de variação do preço máximo de cada um desses contratos, como previsto no art. 13, §10, do MLSEI.

A título de exemplo, no edital do TCU já comentado neste livro, teríamos a seguinte equação: VMt = [R$1.370.000,00 x 3] x 1,16788 (dizimal) = R$4.800.000,00.

Vale lembrar, ainda, que *vi* pode ser resultado do somatório de componentes distintos, nos termos do art. 14, §6º, do MLSEI, especialmente:

> *vi* = x (P&D) + y (t), sendo:
> - x (P&D) a remuneração com pesquisa e desenvolvimento da solução inovadora; e
> - y (t) a remuneração com o teste da solução inovadora.

De todo esse contexto, importa destacar que o valor de VMt não é resultado, muitas vezes, de pesquisa de preço realizada que possa levar em conta o real custo das fases e componentes do total.

Para melhor compreensão, vejam-se os pontos abaixo.

A própria sistemática legal foi estabelecer um teto que justifica a adoção da política pública de incentivo a *startups* e empreendedores, ou seja, R$1.600.000,00 (um milhão e seiscentos mil reais) por CPSI, sem prejuízo de o edital estabelecer limites inferiores (art. 14, §2º, do MLSEI).[302]

Isso significa que há um *teto ao fomento*, sem vinculação estrita ao custo do teste ou correlação com o custo, preço ou valor da solução.

---

[302] Não vamos aqui abrir os flancos da discussão se esse aspecto é norma federal ou nacional, mas não afastamos a possibilidade de que estados, Distrito Federal e municípios (assim como a Administração Pública indireta em seus regulamentos próprios) considerem plausível propor outros limites.

Portanto, a escolha legal se deu sobre os limites que a entidade *se dispõe a investir na busca de soluções*, mesmo que despendendo para mais de um contrato como estímulo à busca da(s) melhor(es) solução(ões), desde que não ultrapasse o teto legal.

A delimitação, no entanto, no caso concreto estará sujeita a ponderações próprias de cada órgão.

Em princípio, poderiam ser cogitados:

> a) o limite orçamentário possível à experimentação de soluções para os desafios existentes, no quadro geral desses, alinhado ao planejamento estratégico e às decisões da Administração Pública de buscar alternativas a seus conflitos, como decorrência das suas estratégias de governança;
> b) a avaliação, mesmo que perfunctória, de qual a complexidade de solução se cogita (no desenvolvimento, na interoperabilidade, no alcance, na exigência tecnológica, nas experiências preexistentes), a fim de que o teste da solução se mostre coberto, competitivo e atrativo ao mercado;
> c) o número de exigências de desempenho e verificação que a própria Administração Pública antecipa ao mercado;
> d) a quantidade de desafios que serão lançados para um determinado período ou exercício financeiro, distribuindo-se a potência orçamentária entre esses;
> e) o que a série histórica seja capaz de indicar, de quanto custaram soluções anteriores, de desafios similares;
> f) o que uma solução tecnológica pode significar de economia ao erário, ao substituir metodologias ou tecnologias atualmente utilizadas, entendendo os custos que se pretende otimizar.

Por isso, também se pode antever que a própria Administração Pública vai ganhar maturação na avaliação desses limites à medida que aumentar a experimentação do modal e articular a busca de soluções com suas outras estratégias de governança.

Aceitar essa situação e, assim, oscilar dentro nos limites legais é compreender a *assimetria de informações* própria do setor de inovação tecnológica e empreendedorismo, assim como a mudança de *mindset* exigida para a implantação de políticas públicas como essa.

Como dito em doutrina:

> O objetivo das leis é oferecer determinações e possibilidades claras e objetivas. A despeito disso, muitos dos avanços quanto à sua compreensão e interpretação decorrem da aplicação em casos concretos. Isso é especialmente complexo no processo inovador, no qual, diferentemente

do que acontece com as contratações públicas usuais, *há uma demanda por mais flexibilidade*.[303]

Também a doutrina:

> Contudo, as compras públicas para inovação exigem uma *mudança do paradigma institucional vigente*, que foi construído muito em função das posições do controle sobre contratações de bens e serviços comuns, com base na legislação ordinária aplicável às contratações públicas. Essa mudança não é trivial de ser realizada, *depende de uma adequada reorientação* dos próprios órgãos de controle em direção ao reconhecimento da relevância do tema e, sobretudo, de seu caráter especial, que *demanda tratamento diferenciado no universo das compras públicas*.
> De maneira nenhuma isso implica afastar ou limitar a atuação do controle nas compras de soluções inovadoras. O que se coloca é a *necessidade de que essa atuação se baseie em princípios e valores adequados à presença de alto risco e de incerteza, típicos das contratações de inovação*. Ainda há muitos desafios pela frente até que os órgãos de controle estejam preparados para adotar uma *visão diferenciada*. Estamos só começando.[304]

Portanto, o que compete à autoridade é avaliar qual seu *apetite de risco e possibilidade de investimento* na busca de soluções inovadoras e, ouvindo as áreas técnicas quanto ao grau estimado de complexidade na implantação da solução, estipular o limite orçamentário que considera razoável disponibilizar à experiência.

A confirmação do ajuste desse valor se dará somente a partir da avaliação que se faça no processo licitatório, pois a grande mudança de *mindset* é estar disposta a Administração Pública a ouvir, amadurecidamente, o que o mercado sinalizará.

Claro que isso não impede de se construir, a partir das séries históricas ou da observação sobre partes do objeto, uma estimativa de custos.

Outra possibilidade (que foi utilizada pelo TCU previamente ao lançamento de seu 1º edital do MLSEI) é realizar consulta pública para colher impressões sobre valores e interesse do mercado à apresentação de soluções aos seus desafios.

---

[303] CHIOATO, Tânia Lopes Pimenta; LINS, Maria Paula Beatriz Estellita. *Compras públicas para inovação na perspectiva do controle apud* RAUEN, André Tortato (org.). *Compras públicas para inovação no Brasil*: novas possibilidades legais. Brasília: IPEA, 2022. p. 88.

[304] CHIOATO, Tânia Lopes Pimenta; LINS, Maria Paula Beatriz Estellita, *op. cit.*, p. 116.

De um lado, permite perquirir se a tentativa de utilização do modal do MLSEI se amolda à realidade, pois, de antemão, a Administração Pública não tem sequer condições de afirmar que o mercado se interessaria pelos valores-limite propostos pelo MLSEI (principalmente quando se trata de soluções de alcance nacional ou de grande volumetria).

Assim, além de confirmar a possibilidade de uso do modal a partir do interesse do mercado, a consulta prévia permite verificar se existiriam propostas e adesão capazes de justificar continuar a trilhar esse caminho.

De outro lado, porque consultas prévias tomam tempo e friccionam a relação com o mercado, e podem significar desestímulo (interno ou externo) na busca de soluções.

Estamos todos cientes de que nem sempre o mercado se interessa em participar da fase de orçamentação dos órgãos públicos, o que pode se repetir em sede de consulta. Também estamos cientes de que nem sempre (ou o mais das vezes) os valores das contratações se distanciam da fase de orçamentação (nível de deságio no preço), o que também pode se repetir em sede de consulta.

Portanto, não há como ter uma resposta estanque nem mesmo criar uma obrigação de pré-consultar para se chegar a um orçamento estimado viável.

Cada entidade da Administração Pública terá de proceder, de forma refletida e fundamentada, o que é viável e indispensável à sua estrutura.

A partir disso, então, reforçamos o ponto de vista de que o preço estimado nesses editais tem profunda relação com o *apetite de investimento* para a Administração Pública para se lançar não só ao teste de soluções, como também à quantidade de testes a serem feitos (já que o MLSEI permitiu que fosse testada mais de uma solução por vez, nos termos do art. 13, §6º) ou, na terminologia do próprio marco, "valor máximo que se propõe a pagar" (nos termos do art. 13, §10).

Vale lembrar, inclusive, que não se trata do preço correspondente ao bem ou serviço que, em última medida, solucionará o desafio, pois não estamos nos referindo ao valor do contrato de fornecimento, senão que o preço correspondente ao teste que se pretende seja realizado, em uma situação de aplicação futura, viria a resolver a demanda.

Para além disso, lembremos que estamos aqui chamando de *preço do teste* o conjunto de duas possíveis etapas, ou seja, a de P&D (já que pode ser contratado o teste de uma solução ainda em desenvolvimento e/ou que necessita de customização e adequação à necessidade estatal) e a de teste *stricto sensu* (quando será avaliada a aplicação em ambiente real).

Nesse sentido, o quanto a Administração Pública está disposta a investir na construção desses testes e o quanto está disposta a fomentar o mercado a os produzir e permitir a visibilidade de um desafio solucionado. Esse valor não tem como ser nem mesmo o preço efetivo do custo do teste.

Considerando esses aspectos, por não se tratar, necessariamente, do preço ou valor do bem ou serviço, não compete à Comissão de Julgamento, inicialmente designada para avaliar as propostas de solução no curso do processo licitatório, eliminar de plano quaisquer propostas de preço apresentadas, mesmo quando se mostrem maiores do que o "valor máximo que se propõe a pagar".

Isso porque o modal permitiu que, em um momento procedimental próprio, após o julgamento das propostas (o que ocorre no *bootcamp*), a Comissão negocie com os licitantes e se chegue a bom termo.

Para além disso, a possibilidade de usar o orçamento nas margens-limite, já comentadas neste livro, à luz do que está no art. 13, §10, a fim de, "mediante justificativa expressa, com base na demonstração comparativa entre o custo e o benefício da proposta, aceitar o preço ofertado, desde que seja superior em termos de inovações, de redução do prazo de execução ou de facilidade de manutenção ou operação, limitado ao valor máximo que se propõe a pagar".

Assim, é possível que, respeitado o valor máximo referido, a Administração Pública negocie com os licitantes de propostas mais aderentes e interessantes outras formas de adequação econômica (não meramente financeira) da proposta.

Nesse sentido, por exemplo, diminuição de porcentagem em copropriedade intelectual das criações resultantes do CPSI, realização de apenas parte da solução, alteração de cronograma de execução ou pagamento, entre outras.

O que não é razoável é que, sem se chegar às negociações, sejam sumariamente eliminadas propostas que, inicialmente, se apresentam com valor superior ao estimado.

Portanto, a Comissão de Julgamento não deve excluir propostas comerciais que extrapolem o teto proposto no edital e de plano, levando à negociação as soluções que, por sua vantajosidade, comportem diálogo razoável para se adequar economicamente à possibilidade de a Administração Pública contratar.

Esse foi, em verdade, o objetivo da lei.

Afinal, a *assimetria de informações* própria de interações como essa nos leva a compreender que, até esse momento do procedimento, a Administração Pública deve estar mais ávida em conhecer do que em ditar.

5.3 A abertura do procedimento de contratação

O primeiro ponto a ser destacado neste item é que o procedimento licitatório não nasce do completo nada, como se o mapeamento do desafio se desse como um passe de mágica.

Ao contrário, para que se inicie um procedimento de contratação à luz do MLSEI é necessário que já tenha a Administração Pública trilhado um percurso que desembocará na escolha do modal.

Nesse sentido, o próprio MLSEI já dá algumas dicas da motivação por esse percurso, ou seja:

> a) no Art. 3º, inc. VIII orienta a escolha do modal para os casos em que se justifica esse um caminho de "potenciais oportunidades de economicidade, de benefício e de solução de problemas públicos com soluções inovadoras";
> b) no Art. 12, inc. I orienta a escolha do modal se e quando se pretender a resolução de demandas públicas "que exijam solução inovadora com emprego de tecnologia";
> c) no Art. 13, *caput* orienta que a contratação se dará de soluções inovadoras "desenvolvidas ou a ser desenvolvidas, com ou sem risco tecnológico";
> d) no Art. 13, §1º orienta que a delimitação do escopo poderá se restringir à "indicação do problema a ser resolvido e dos resultados esperados pela Administração Pública", o que significa ter esses rastreados, "inclusive os desafios tecnológicos a serem superados", mesmo que não seja possível e/ou aconselhável a descrição de "eventual solução técnica previamente mapeada e suas especificações técnicas".

Portanto, por mais que a Administração Pública não tenha a solução em si (e a licitação a ajudará a encontrá-la), ela possui o *desafio em si*, devidamente rastreado, mapeado e compreendido.

A escolha e a delimitação do desafio, portanto, são atos anteriores à iniciativa de, através desse modal, se buscar a contratação do teste e, futuramente, do fornecimento da solução respectiva.

Não é matéria deste livro, por certo, destrinchar todo o universo de estratégias, mecanismos, ferramentas, *toolkits* e metodologias para se fazer o adequado rastreamento do desafio e a compreensão de como esse é resolvível com emprego de tecnologia.

Todo esse universo, próprio do ambiente de gestão de desafios, públicos ou privados, poderá (e deverá) ser explorado para bem rastrear os seus pontos, que são resolvíveis com emprego de tecnologia e a partir de soluções ainda não pré-fabricadas ou tradicionalizadas ou que dependam meramente de ajustamentos de conduta pública.

Esse mapeamento deve ser bem-feito e estruturado, de forma a que a Administração Pública não lance desafios frívolos, mal desenhados, com objetivos inalcançáveis ou alcançáveis por alternativas mais econômicas e vantajosas, friccionando desnecessariamente o mercado e que, assim, tenham menos potência de atingir os resultados através da solução em si.

Por isso que o art. 13, §1º, explicita que o desafio será descrito nos termos em que já mapeado e acompanhado dos resultados esperados/desejáveis e alcançáveis a partir de uma solução tecnológica.

Esse percurso de busca, de mapeamento, de correto delineamento, mesmo que não tenha como descrever com que solução será o problema resolvido, em nada prejudica que se saiba exatamente o que se pretende resolver e que possa advir do uso de uma solução tecnológica.

Por isso, antes da abertura do procedimento de contratação por esse modal, deverá a Administração Pública percorrer os caminhos necessários ao completo e satisfatório delineamento do problema a ser resolvido (a compreensão analítica da demanda), de forma que o desafio tenha como ser bem posto ao mercado e por esse futuramente suprido.

5.4 A seleção da equipe de planejamento

Outro ponto importante a ser destacado é que a utilização do modal do MLSEI inspira a que, durante o planejamento, o processo licitatório e os contratos dele gerados (CPSI e fornecimento), a Administração Pública desloque uma equipe de planejamento *multidisciplinar* e apta a lidar com todas as questões imbricadas na construção e solução do desafio proposto.

Para facilitar a compreensão de cada grupo de membros componentes, dividimos em tipos:

a) *Membros de demanda*: de um lado, é necessário que a equipe de planejamento contenha integrantes sabedores do *desafio em si* e conheçam, suficientemente, a demanda e o problema que precisa ser resolvido, bem como os resultados que podem ser esperados/desejados das soluções que vierem a ser propostas.

b) *Membros de tecnologia*: de outro lado, é necessário que a equipe de planejamento contenha integrantes sabedores da *técnica e da tecnologia* que serão possíveis à solução do desafio, de forma que contribuam na requisitação que será exigida, mesmo com as simplificações do art. 13, §1º, do MLSEI, bem como que saibam avaliar os itens técnicos que forem apresentados pelos licitantes. Assim, saberão o que perguntar, o que responder, como interagir sobre as questões de natureza técnico-tecnológica, avaliar os pontos preventivos a eventual risco tecnológico e as estratégias que podem ser utilizadas para, no caso de ocorrer esse, serem tomadas as medidas necessárias (de extinção prematura, reprogramação do cronograma ou alteração do foco/alcance do objeto).

c) *Membros de inovação*: para além disso, a integração de uma equipe de planejamento multidisciplinar capaz de contribuir com pontos para as tomadas de decisão pela área demandante ou autoridade competente, sendo equipe consultiva e contributiva das decisões que serão tomadas por outra fonte, também se harmonizará com a necessidade de segregação de funções. Nesse suporte, também deverão ser levados em conta os servidores que ajudem na mantença do *mindset*, dos eixos estruturantes, da solução dos impasses de natureza técnico-jurídica sobre o MLSEI e da própria inovação e que acompanhem diuturnamente as evoluções de conceitos, doutrinas, tendências, metodologias, experiências aproveitáveis e outros pontos similares.

d) *Membros de operação*: para além desses, é necessário possuir membros que auxiliem na tramitação dos procedimentos e contribuam na construção de um bom processo licitatório.

e) Outros *membros temáticos*: é possível que, a partir da complexidade e das temáticas envolvidas no desafio, se mostre razoável a indicação de outros membros à equipe de planejamento, o que se deixa ressalvado que a Administração Pública tenha o cuidado de averiguar todas as *expertises* recomendadas à formação do complexo multidisciplinar dessa equipe. É possível, inclusive, que essa formação conte com componentes externos ao órgão, assim como neste livro propomos para o Comitê de Especialistas.

Dito isso, convém lembrar que o *princípio da segregação de funções*, que foi reforçado como basilar na Lei nº 14.133/21 (arts. 5º e 7º, §1º), não está a prescrever que todas as fases procedimentais sejam lideradas e praticadas por distintos servidores, até pela eventual impossibilidade fática e técnica de que existam tantos aptos a integrar todas as fases de uma esteira tão extensa (especialmente quando os olhares se voltam ao universo de pequenos municípios e órgãos em cada Administração Pública de que se possa cogitar).

O que o princípio preconiza é a separação das funções de "autorização, aprovação, execução, controle e contabilização das operações, evitando o acúmulo de funções por parte de um mesmo servidor" (Acórdão nº 5.615/2008-TCU-2C), "de modo a reduzir a possibilidade de ocultação de erros e de ocorrência de fraudes", especialmente na "atuação simultânea em funções mais suscetíveis a riscos" (art. 7º, §1º, da Lei nº 14.133/21).

O que aqui foi proposto é uma equipe de planejamento, que se torne uma *esteira de trabalho da inovação* dentro no órgão, capaz de auxiliar os trabalhos e as decisões que serão tomadas por quem de direito.

Assim, continua sendo fundamental que o procedimento possa ser revisto e avaliado por distintos servidores, ao longo das fases, deixando expostas e transparentes as razões de decidir, mesmo que ao longo da cadeia de atos a serem praticados haja a necessidade de contar com a atuação técnica e as contribuições de alguns especialistas, que, em que pese opinem na construção dos instrumentos e na decisão dos objetos, não são os responsáveis diretos por essa.

A isso se acresça a lembrança de que a Administração Pública terá de formar uma *massa crítica* sobre o *mindset* da inovação e dos seus eixos estruturantes, o que requisitará a utilização de alguns profissionais ao longo da cadeia procedimental que facilitem a condução energética dessa cultura, se tornem *early adopters* e propaguem essa cultura.

Por essa razão, defendemos a ideia da criação de uma *esteira de trabalho da inovação*.

Tanto é assim que, no reforço dessa cultura de construção de especialistas e preservadores do *mindset* adequado, neste livro sugerimos a adoção dos Comitês de Especialistas como órgão consultivo de apoio ao modal.

Se é tão relevante que os profissionais que formam o eixo técnico condutor dos procedimentos sejam voltados a um perfil específico, é relevante que a Administração Pública pense, adequadamente, sobre a equipe de planejamento que acompanhará os trabalhos, do início ao fim, e contribua para que, no curso do procedimento, não se percam os eixos estruturantes e as motivações adequadas de utilização do modal.

Mais um ponto é relevante nessa abordagem: quando os procedimentos se "encerram", com o advento das contratações, nem por isso se encerra o trabalho dessa equipe – agora é o momento de proceder à avaliação integral da *curva de aprendizado* gerada pelo procedimento e, assim, avaliar os contributos para os novos desafios.

A Administração Pública não tem por hábito completar o processo de avaliação das experiências para melhor aproveitamento dos aprendizados gerados, e uma das razões de criação da esteira de trabalho da inovação com profissionais capacitados e que pertençam a distintas fases do processo é viabilizar o somatório das experiências para engrandecimento das vivências futuras.

5.5 A contratação do professor de IPES

Uma das mais significativas contribuições realizadas pelo MLSEI para a construção da equipe que atuará no processo e que garantirá o direcionamento adequado da técnica e da *expertise* para avaliação das soluções a serem avaliadas está na configuração da Comissão de Julgamento que avaliará essas.

Conforme o MLSEI, especialmente seu art. 13, §3º, a Comissão de Julgamento que julgará as propostas será constituída por, no mínimo, três pessoas de reputação ilibada e reconhecido conhecimento no assunto, das quais uma será servidora pública integrante do órgão e uma será "professor[a] de instituição pública de educação superior na área relacionada ao tema da contratação".

O MLSEI, no seu papel de deslegalização, não deu mais detalhes sobre essa última figura, mas a recomendação neste livro é que a Administração Pública priorize utilizar um membro da academia que seja estranho aos seus quadros internos e, assim, oxigene a formação de quem decidirá a respeito da pertinência da solução ao problema proposto.

De um lado para colher da academia todas as contribuições que essa pode trazer ao objeto, à pesquisa e ao desenvolvimento, à construção de uma solução inovadora e tecnológica apta a resolver os problemas públicos, sem que essa contribuição venha sobreposta do cotidiano dos servidores e possa, de fato, representar oxigênio a essa abordagem.

De outro lado, para colher da cooperação com a academia as escolhas de soluções que atendam aos problemas públicos, aproximando as discussões acadêmicas das necessidades práticas dos órgãos.

É possível compreender que, em alguns casos, especialmente por razões orçamentárias, a Administração Pública opte por eleger servidores próprios que cumulem funções acadêmicas, mas a nós parece que o objetivo do MLSEI era adicionar à concepção interna uma leitura externa e acadêmica, unindo mundos em suas multiplicidades. Assim, em sendo possível ao órgão, nossa sugestão é que se dê a contratação de terceiros.

A sugestão vai um pouco além, inclusive.

A partir da medição do próprio órgão, da utilização do modal para distintos desafios, poderá promover o *credenciamento de professores* para esse fim, visando a um *rodízio* na utilização de profissionais, que permita melhor oxigenação dessa experiência.

Esse credenciamento se daria à luz do art. 79, inc. I, da Lei nº 14.133/21, ou seja, paralela e não excludente, permitindo que todos os professores que atendam a um grupo mínimo de condições objetivas e demonstração de conhecimento com pertinência temática possam integrar futuros desafios a serem lançados pelo órgão.

Para além disso, sugerimos a regulamentação pela Administração Pública das formas de contratação, remuneração e avaliação da atuação desses professores, inclusive a compatibilização com suas atuações em dedicação exclusiva e controle de carga horária disponível, evitando-se que a situação seja resolvida a cada caso concreto, sem padronização e sem tetos remuneratórios.

Ao longo da utilização desses contratos em distintos modais, terá, inclusive, condição de mapear o tempo e o custo de remuneração despendidos para a vivência dessas funções e poderá, adequadamente, programar a disponibilidade orçamentária mínima necessária para não interromper os trabalhos.

Sugerimos conhecer a proposta realizada para o Tribunal de Justiça mineiro, constante da Portaria Conjunta nº 1.435/PR/2023 (e suas alterações posteriores),[305] oportunidade em que optamos por igualar as remunerações dadas aos professores com atuação nas bancas examinadoras de concursos públicos e provas realizadas na Escola Judicial.

5.6 A simplificação e a alteração dos requisitos editalícios frente a licitações tradicionais

O modal do MLSEI não deve ser tratado com as mesmas regras e, sobretudo, lentes das licitações tradicionais. Tivessem de ser as mesmas, não haveria razão de ser de se construir um procedimento especial.

E garantindo-se a configuração especial que gerou a necessidade da criação de um modal tão próprio, não compete preencher os espaços de vacuidade procedimental com as regras das licitações tradicionais, como já tratamos neste livro.

Assim, mesmo que se utilize a Lei nº 14.133/21 como norma subsidiária para utilização das regras de uso comum plausíveis, isso não leva à forçosa conclusão de que toda norma dessa permite subsunção imediata.

---

[305] Disponível em: https://www8.tjmg.jus.br/institucional/at/pdf/pc14352023.pdf. Acesso em: 30 abr. 2024.

Para além dos sentidos limitadores dessa subsunção que decorrem da própria natureza da inovação, que requer mais fluidez e espaço negocial, apresentamos como contribuições neste livro as seguintes considerações:

a) A descrição do desafio e seus requisitos poderá se dar nos termos do art. 13, §1º, do MLSEI, o que torna incompatível com sua natureza pretender que esse modal contenha estudo técnico preliminar (ETP) e termo de referência (TR) nos exatos sentidos dos incs. XX e XXIII do art. 6º da Lei nº 14.133/21.

Para evitar a confusão das naturezas e, assim, preservar a pureza dos sentidos, sugerimos que os estudos desenvolvidos na fase interna recebam outras nomenclaturas, a exemplo do Documento de Inicialização da Demanda (DID) e do Estudo Técnico do Modelo de Negócio (ETM) que são propostos em nossa metodologia.

b) As exigências habilitatórias poderão ser reduzidas, à luz do que posto no art. 13, §8º, do MLSEI, valendo refletir de que modo se pode simplificar a avaliação da qualificação técnica e econômica no caso concreto.

Considerando que uma das razões do MLSEI é fomentar *startups* e empreendedores que, sem esse auxílio, têm dificuldade de sobrevida nos primeiros anos do negócio, não fazem sentido excessos na qualificação econômico-financeira, a exigência de garantias, patrimônio líquido, índices de saúde financeira e outros requisitos que podem restringir o universo de interessados, principalmente nos casos em que não houver adiantamento de pagamentos.

Em que pese deva haver um adequado sopesamento dos riscos e das estratégias de eventual recuperação de valores no caso de risco tecnológico não coberto pela remuneração do esforço, não fazem sentido grandes restrições prévias que acabam por se consubstanciar em desconsiderações da realidade dessas entidades, à luz dos arts. 20 e 21 da LINDB (pensar as consequências práticas do decidir).

Com efeito, substituir a flexibilidade do próprio modal e da realidade por uma artificiosa camada extra de "segurança" relacional não se mostra adequado à temperança e fomento propostos pelo art. 3º do MLSEI.

c) Além disso, considerando que há uma fase própria para a negociação entre as partes, a respeito do que será adequado sobre uma série de itens (tais como preço, cronograma, critérios remuneratórios, propriedade intelectual, período de P&D, características completas dos testes), também não faz sentido pretender afunilar os requisitos fáticos e técnicos de forma prévia, especialmente para um período em que sequer se conhecem as soluções propostas pelo mercado, abrindo-se mão da *prévia ditadura da solução*.

Assim, há uma clara diminuição da requisição técnica, sugerindo-se que a Administração Pública se circunscreva ao que é essencial à avaliação das soluções propostas.

Recomendamos, inclusive, que a Administração Pública pondere a divisão de critérios em *necessários e desejáveis* para evitar o afunilamento desnecessário de acesso a soluções criativas, inovadoras e até disruptivas.

d) Ainda, é necessário considerar que houve uma *relativização do princípio da vinculação ao instrumento convocatório*, já que há um espaço considerável à negociação com os licitantes, a partir do conhecimento das soluções propostas.

A Administração Pública deve abdicar dessa corda esticada entre o que está posto no edital e o que poderá ser vivido nos contratos, em uma *histeria hermetista*, obrigando a que tudo apenas integre o edital e, se houver alteração, necessariamente deva conformar termos aditivos aos contratos.

É próprio da fluidez procedimental e da dialógica desses procedimentos que se ocorra, ao longo do desenvolvimento dos contratos, especialmente dos CPSIs (e das licitações até que se cheguem a esses), um volume de pontos para *vivência fluida*.

Não estamos com isso afirmando que a Administração Pública está autorizada a realizar contratos em desconformidade com a lei, a partir de negociações meramente verbais e sem registro, fugindo à integridade e à governança como retores dessa contratação. De forma alguma.

O que estamos aqui a afirmar é que há uma vivência dos contratos, especialmente dos CPSIs, que exigem articulação, flexibilidade, adaptações necessárias e decorrentes da própria P&D e do espaço de experiência que a testagem veio propiciar e, se preciso é, que se aprenda a ler com olhos mais flexíveis o princípio da vinculação ao instrumento convocatório com *formalismo moderado*.

5.7 Trade secrets

5.7.1 O que são *trade secrets*

Considerando que o MLSEI procura preservar e incentivar o modelo de negócios dos empreendedores inovadores, é necessário preservar os sigilos comerciais e informações privilegiadas que esses negócios contêm, sob pena de espantar os competidores e não se atingirem os objetivos iniciais (tanto de fomento quanto de aquisição ou de resolução dos problemas).

De um lado, há suporte normativo, doutrinário e técnico para que exista mais flexibilidade nessa abordagem.[306]

Embora se fale de prestígio ao segredo, isso não significa sacrifício à apresentação de informações relevantes e fiscalização do procedimento, pois tanto as equipes atuantes no processo quanto os órgãos de controle terão acesso às informações. Elas só não serão publicizadas ao mercado e aos demais licitantes, afetando o segredo do negócio do competidor e permitindo uma devassa comercial.

De plano se diga que só se aplicará a hipótese de *trade secrets* a partir da solicitação do próprio licitante.

Para além disso, vale lembrar que o segredo não se aplica à proposta comercial, pois o assunto se refere ao que da proposta contenha *soluções comerciais e ideações inovadoras* sobre os *segredos de negócio*.

---

[306] A propósito, sugerimos consultar: a) CHIOATO, Tânia Lopes Pimenta; LINS, Maria Paula Beatriz Estellita. *Compras públicas para inovação na perspectiva do controle apud* RAUEN, André Tortato (org.), *op. cit.*, p. 88-116; b) RAUEN, André Tortato. *Compras públicas para inovação no Brasil*: o poder da demanda pública *apud* RAUEN, André Tortato (org.), *op. cit.*, p. 24; c) FOSS, Maria Carolina; MONTEIRO, Vítor. *Diálogos competitivos motivados pela inovação apud* RAUEN, André Tortato (org.), *op. cit.*, p. 240-263. Nessa direção, inclusive, consultem-se o art. 32, §1º, inc. IV, da Lei nº 14.133/21 e o seguinte texto: OLIVEIRA, Rafael Sérgio Lima de. *Comentários à Lei de Licitações e Contratos Administrativos*. Belo Horizonte: Fórum, 2022. p. 400. Ainda, o art. 86, §5º, da Lei nº 13.303/16. Outras leis já trataram de sigilos dessa natureza, a exemplo das Leis Federais nº 10.603/02, 9.279/96, 9.610/98, 9.609/98, 12.527/11, 13.709/18, Código Civil, entre outras. Igualmente, o Decreto-Lei nº 7.903/45, redigido com base na Convenção de Paris de 1883 sobre a proteção da propriedade industrial, que já punia a concorrência desleal. Também como referência o Decreto Federal nº 9.283/2018, que regulamenta diversas leis para "estabelecer medidas de incentivo à inovação e à pesquisa científica e tecnológica no ambiente produtivo, com vistas à capacitação tecnológica, ao alcance da autonomia tecnológica e ao desenvolvimento do sistema produtivo nacional e regional". Nesse se vê que as contratações diretas firmadas com as ICTs (Instituição Científica, Tecnológica e de Inovação), voltadas às atividades de pesquisa, desenvolvimento e inovação que envolvam risco tecnológico, para solução de problema técnico específico ou obtenção de produto, serviço ou processo inovador, serão celebradas levando em conta que, na fase prévia à celebração, a consulta a potenciais contratados "para obter informações necessárias à definição da encomenda" se dará observando que "as consultas e as respostas dos potenciais contratados, quando feitas formalmente, deverão ser anexadas aos autos do processo de contratação, ressalvadas eventuais informações de natureza industrial, tecnológica ou comercial que devam ser mantidas sob sigilo" (art. 27, §4º, inc. III). A propósito, inclusive, o Tratado Internacional de que o Brasil é signatário, conhecido como Acordo TRIPs (*Agreement on Trade-Related Aspects of Intellectual Property Rights*: https://www.gov.br/inpi/pt-br/backup/legislacao-1/27-trips-portugues1.pdf), adotado pelo Decreto nº 1.355/94, que encerrou a Rodada Uruguai e criou a OMC.

Como dito em doutrina:

> O objetivo das leis é oferecer determinações e possibilidades claras e objetivas. A despeito disso, muitos dos avanços quanto à sua compreensão e interpretação decorrem da aplicação em casos concretos. Isso é especialmente complexo no processo inovador, no qual, diferentemente do que acontece com as contratações públicas usuais, há uma demanda por mais flexibilidade.[307]

Também a doutrina:

> Contudo, as compras públicas para inovação exigem uma mudança do paradigma institucional vigente, que foi construído muito em função das posições do controle sobre contratações de bens e serviços comuns, com base na legislação ordinária aplicável às contratações públicas. Essa mudança não é trivial de ser realizada, depende de uma adequada reorientação dos próprios órgãos de controle em direção ao reconhecimento da relevância do tema e, sobretudo, de seu caráter especial, que demanda tratamento diferenciado no universo das compras públicas. De maneira nenhuma isso implica afastar ou limitar a atuação do controle nas compras de soluções inovadoras. O que se coloca é a necessidade de que essa atuação se baseie em princípios e valores adequados à presença de alto risco e de incerteza, típicos das contratações de inovação. Ainda há muitos desafios pela frente até que os órgãos de controle estejam preparados para adotar uma visão diferenciada. Estamos só começando.[308]

Não é, por certo, esse o objetivo do legislador, muito menos quando se debruçou sobre a hipótese e criou um marco legal específico. Ao contrário, esse é o próprio reconhecimento do legislador de que nuances existem.

Como posto em doutrina:

> Justamente por isso, em compras públicas para inovação, a eficiência tradicional baseada em perfeita informação e mercados automáticos *dá lugar a outra*, baseada na maior chance de sucesso no atendimento da demanda original e nas externalidades positivas.
> Em outras palavras, questões como sobrepreço, conluio, carteis etc. se *somam a outros mais complexos*, porém adequados ao risco e à incerteza,

---

[307] CHIOATO, Tânia Lopes Pimenta; LINS, Maria Paula Beatriz Estellita *apud* RAUEN, André Tortato (org.), *op. cit.*, p. 88.

[308] CHIOATO, Tânia Lopes Pimenta; LINS, Maria Paula Beatriz Estellita *apud* RAUEN, André Tortato (org.), *op. cit.*, p. 116.

como assimetria de informação, efeitos de adicionalidade, externalidades positivas, interação com potenciais fornecedores, estudos preliminares e comissão de especialistas.[309]

Deve ser observado que um espaço maior de discricionariedade à Administração Pública decorre da necessária flexibilidade que objetos dessa natureza impõem (e fruto da onda de deslegalização que inspirou o MLSEI), exigindo que o gestor pondere (à luz do caso concreto) quais soluções ótimas devem ser adotadas.

5.7.2 A previsão de *trade secrets* no direito brasileiro

No entanto, em que pese o vicioso comportamento do intérprete de depender de textos positivados, não significa que as soluções não sejam desenvolvíveis no plano da concretude, considerando as normas gerais já existentes.

É possível, a partir da construção dos princípios e da interpretação sistêmica das normas, compreender como viabilizar essas nuances próprias e exigidas pelo mercado da inovação.

Não há de ser, enfim, um trabalho solitário e hercúleo do intérprete, haja vista que o legislador já deu indicativos de ser esse o sentido desejado daqui em diante.

Nesse sentido, por exemplo, o que disposto na Lei Federal nº 14.133/21 quando estabeleceu as regras sobre o diálogo competitivo. Conforme seu texto:

> Art. 32. A modalidade diálogo competitivo é restrita a contratações em que a Administração:
> I - vise a contratar objeto que envolva as seguintes condições:
> a) inovação tecnológica ou técnica;
> b) impossibilidade de o órgão ou entidade ter sua necessidade satisfeita sem a adaptação de soluções disponíveis no mercado; e
> c) impossibilidade de as especificações técnicas serem definidas com precisão suficiente pela Administração.
> §1º. Na modalidade diálogo competitivo, serão observadas as seguintes disposições:

---

[309] RAUEN, André Tortato. *Compras públicas para inovação no Brasil*: o poder da demanda pública *apud* RAUEN, André Tortato (org.), *op. cit.*, p. 24.

IV - a Administração não poderá revelar a outros licitantes as soluções propostas ou as informações sigilosas comunicadas por um licitante sem o seu consentimento.
§2º. Os profissionais contratados (...) assinarão termo de confidencialidade e abster-se-ão de atividades que possam configurar conflito de interesses.

A propósito, Rafael Sérgio Lima de Oliveira destaca a necessidade de manter sigilo da solução apresentada pelos candidatos na etapa de diálogo com o Estado:

> A Diretiva de 2014 garante aos concorrentes o sigilo das soluções apresentadas o que faz concluir que o procedimento é essencialmente dialógico. Assim, é para que os candidatos não se sintam inibidos em apresentarem soluções interessantes para a Administração, pois se o sigilo não fosse garantido, os candidatos se retrairiam ao apresentarem as melhores soluções, com receio de perderem a exclusividade do quanto construíram. Ou seja, o sigilo é uma proteção ao interesse do concorrente, com vistas a garantir a efetividade do procedimento de formação do contrato. Em outras palavras, trata-se de um incentivo aos licitantes para que eles se sintam seguros e se dediquem à construção de soluções qualificadas para a Administração Pública. Por se tratar de proteção de um interesse do candidato, a Diretiva nº 2014/24/UE admite que o operador econômico que sugeriu uma dada solução autorize a entidade adjudicante a revelar certos pontos de sua solução para os demais participantes. Tal autorização não pode ser concedida de modo genérica, mas apenas de forma específica, relacionada a um certo aspecto da proposta.[310]

O mesmo autor menciona, reportando autores estrangeiros consagrados, que essa obrigação de sigilo é fundamental para evitar o *cherry-picking*, que seria o fato de um candidato se valer de boas ideias apresentadas por um concorrente.

A Lei nº 14.133/21 disciplinou para os casos futuros a possibilidade de se realizarem licitações voltadas ao aprendizado com a iniciativa privada, acerca de inovação e desenvolvimento tecnológico, em que um dos pontos desse modal é exatamente respeitar os segredos de negócio. Afinal, a matriz sobre a qual agem as *startups* e empreendedores é exatamente o poder da ideação.

---

[310] OLIVEIRA, Rafael Sérgio Lima de. *Comentários à Lei de Licitações e Contratos Administrativos*. Belo Horizonte: Fórum, 2022. p. 400.

O legislador, então, deu os nortes de como vê a ocorrência de licitações futuras, deixando claro como podem ser lidas situações de natureza similar.

Com efeito, se, para participarem de certames, essas entidades tiverem de revelar seus segredos de negócios (*trade secrets*), por certo que não lhes interessará aderir, sepultando o objetivo do MLSEI de significar fomento ao setor.

A possibilidade de *sigilo conteudístico* não é novidadeira, no entanto. Isso já estava previsto, por exemplo, na Lei das Estatais.

Ao se referir aos processos licitatórios, dispôs essa que "os critérios para a definição do que deve ser considerado sigilo estratégico, comercial ou industrial serão estabelecidos em regulamento", permitindo que licitações e contratos públicos possuíssem uma base sigilosa (art. 86, §5º, da Lei nº 13.303/16).

Outras leis já trataram de sigilos dessa natureza, a exemplo das Leis nº 10.603/02, 9.279/96, 9.610/98, 9.609/98, 12.527/11, 13.709/18, Código Civil, entre outras. Igualmente, o Decreto-Lei nº 7.903/45, redigido com base na Convenção de Paris de 1883 sobre a proteção da propriedade industrial, que já punia a concorrência desleal.

Também como referência o Decreto Federal nº 9.283/18, que regulamenta diversas leis para "estabelecer medidas de incentivo à inovação e à pesquisa científica e tecnológica no ambiente produtivo, com vistas à capacitação tecnológica, ao alcance da autonomia tecnológica e ao desenvolvimento do sistema produtivo nacional e regional".

Nesse se vê que as contratações diretas firmadas com as instituições científicas, tecnológicas e de inovação (ICTs), voltadas às atividades de pesquisa, desenvolvimento e inovação que envolvam risco tecnológico, para solução de problema técnico específico ou obtenção de produto, serviço ou processo inovador, serão celebradas levando em conta que, na fase prévia à celebração, a consulta a potenciais contratados "para obter informações necessárias à definição da encomenda" se dará observando que "as consultas e as respostas dos potenciais contratados, quando feitas formalmente, deverão ser anexadas aos autos do processo de contratação, *ressalvadas* eventuais informações de natureza industrial, tecnológica ou comercial que devam ser *mantidas sob sigilo*" (art. 27, §4º, inc. III).

A propósito, inclusive, o tratado internacional de que o Brasil é signatário, conhecido como *Acordo TRIPs* (*Agreement on Trade-Related*

Aspects of Intellectual Property Rights)[311] adotado pelo Decreto nº 1.355/94, que encerrou a Rodada Uruguai e criou a OMC. Segundo esse, entre outros de seus dispositivos, "ao assegurar proteção efetiva contra competição desleal (...), os Membros protegerão informação confidencial (...)" (art. 39, item 1).

Com efeito:

> Pessoas físicas e jurídicas terão a possibilidade de evitar que informação legalmente sob seu controle seja divulgada, adquirida ou usada por terceiros, sem seu consentimento, de maneira contrária a práticas comerciais honestas, desde que tal informação:
> a) seja secreta, no sentido de que não seja conhecida em geral nem facilmente acessível a pessoas de círculos que normalmente lidam com o tipo de informação em questão, seja como um todo, seja na configuração e montagem específicas de seus componentes;
> b) tenha valor comercial por ser secreta;
> c) tenha sido objeto de precauções razoáveis, nas circunstâncias, pela pessoa legalmente em controle da informação, para mantê-la secreta (Art. 39, item 2).

Ainda que:

> Os membros assegurarão que suas legislações nacionais disponham de procedimentos para a aplicação de normas de proteção como especificadas nesta Parte, de forma a permitir uma ação eficaz contra qualquer infração dos direitos de propriedade intelectual previstos neste Acordo, inclusive remédios expeditos destinados a prevenir infrações e remédios que constituam um meio de dissuasão contra infrações ulteriores. Estes procedimentos serão aplicados de maneira a evitar a criação de obstáculos ao comércio legítimo e a prover salvaguardas contra seu uso abusivo (Art. 41, item 1).

A prevenção à concorrência desleal e aos direitos de propriedade também decorre do texto constitucional e, nesse, vai se apresentar como cláusula pétrea.

Sob essa perspectiva, por exemplo, o art. 170, incs. IV e V ("a ordem econômica, fundada na valorização do trabalho humano e na livre iniciativa, tem por fim assegurar a todos existência digna, conforme

---

[311] Disponível em: https://www.gov.br/inpi/pt-br/backup/legislacao-1/27-trips-portugues1.pdf.

os ditames da justiça social, observados os seguintes princípios: livre concorrência; defesa do consumidor"), e o art. 173, §4º ("a lei reprimirá o abuso do poder econômico que vise à dominação dos mercados, à eliminação da concorrência e ao aumento arbitrário dos lucros").

Do arcabouço normativo e principiológico, portanto, resta claro que situações especiais podem recomendar a preservação de propostas técnicas em processos licitatórios, garantindo um espaço de confidencialidade que assegure a livre concorrência e a inexistência de concorrência predatória.

Há apoio doutrinário nesse sentido, inclusive em decorrência de experiências internacionais orientativas:

> Com esse número limitado de licitantes, a administração passa a dialogar em busca de soluções para as suas necessidades, sob cuidadosos procedimentos quanto ao fluxo de informações entre os participantes desta etapa licitatória. Aqui, além de assegurar a não divulgação de informações com potencial de conferir vantagens discriminatórias a qualquer dos participantes, a administração deve garantir ao processo de seleção, salvo consentimento entre as partes, o sigilo das comunicações realizadas, algo que, de certo modo, significa bem-vinda salvaguarda às contratações que envolvem o tema da inovação.[312]

Ainda a doutrina:

> É preciso ter clareza que a publicidade do processo de diálogo não pode constranger os interessados - que não desejam abrir seus segredos industriais e tecnológicos aos seus concorrentes - a ofertar e detalhar as suas sugestões inovadoras à satisfação das necessidades do Estado. Isso pressupõe que os registros das gravações e seus arquivamentos no processo licitatório, exigidos pela legislação (...), sejam realizados com respeito ao sigilo e à confidencialidade das informações tecnológicas partilhadas pelos interessados com a Administração Pública.[313]

---

[312] FOSS, Maria Carolina; MONTEIRO, Vítor. *Diálogos competitivos motivados pela inovação apud* RAUEN, André Tortato (org.), *op. cit.*, p. 240.
[313] FOSS, Maria Carolina; MONTEIRO, Vítor. *Diálogos competitivos motivados pela inovação apud* RAUEN, André Tortato (org.), *op. cit.*, p. 263.

5.7.3 O que é possível (ou não) sob sigilo e para quem

Isso não significa, em contrapartida, que as propostas não estarão sujeitas a mecanismos de controle, já que princípios, por mais relevantes que se apresentem, não são absolutos.

É necessário assegurar que qualquer relacionamento com os órgãos públicos esteja sujeito a controle, tanto interno quanto externo, preservando outros princípios e regras. Tampouco, é possível permitir que, no diálogo exclusivo com os participantes, a Comissão de Julgamento ofereça informações a um dos licitantes que não seja tornada pública aos demais.

Portanto, o sistema registrará as propostas dos concorrentes, e a exibição, discussão, conhecimento e votação a respeito dessas se darão em sessão devidamente gravada, em áudio e vídeo, a que os órgãos de controle poderão ter acesso a qualquer tempo, a fim de que os atos de controle sejam realizáveis.

A confidencialidade será, então, estendida a esses membros do controle, preservando-se o sigilo inicial indispensável.

Da mesma forma, não há de significar que as decisões emitidas pelas Comissões Especiais possam padecer de motivação (e também de controle). Afinal, não perdem a natureza de atos administrativos e, assim, estão sujeitas à motivação indispensável (a teor do art. 2º da Lei nº 9.784/99 e dos arts. 20 e 21 da LINDB).

5.7.4 Tratamento dos *trade secrets* no processo e sua temporalidade

A existência de sigilo conteudístico pode ser arguida desde que sua ciência seja conhecida pelo licitante. Assim, nos sigilos preexistentes à participação no modal, sua arguição se dá quando da apresentação da proposta.

Para os casos, no entanto, em que os segredos são decorrentes do período de P&D no curso do CPSI, consideramos possível que o contratado peça a arguição desse desde logo ou na apresentação dos relatórios a serem apresentados no curso da execução.

Mas, para esse caso, a possibilidade de sua arguição tem cuidados maiores (e, de fato, existência mais restrita), já que, em virtude do art. 14, §1º, inc. IV, do MLSEI, não pode ser arguido segredo sobre ponto a que recaia titularidade do próprio contratante.

Excetuada essa situação, que deverá ser avaliada adequadamente pela Administração Pública, deverão ser seguidas as regras editalícias a respeito do momento e da forma de arguição e tratamento dos *trade secrets* para a efetiva documentação procedimental.

Para além disso, é preciso lembrar que o respeito aos *trade secrets* não se circunscreve a como se apresenta a informação e como se a registra nos autos e não se a restringe ao conhecimento da própria Administração Pública: é necessário garantir os instrumentos outros de vivência desse direito.

Nesse sentido, caso o licitante necessite, nas fases de *pitch day* ou *bootcamp*, realizar perguntas ou apresentar respostas que tergiversem sobre o sigilo conteudístico, poderá solicitar à Comissão de Julgamento que o trato dessas informações seja circunscrito a sessões com a mesma garantia de sigilo, competindo a essa Comissão o filtro das informações e dos instrumentos.

Da mesma forma, se no julgamento das propostas for necessário avaliar item que esteja interligado a esse sigilo, os cuidados deverão incidir sobre a fundamentação da decisão da Comissão de Julgamento, sem prejuízo a que os licitantes possam, no que pertinente, proceder a recurso das motivações outras.

Assim, preserva-se o direito ao sigilo sem que ele seja utilizado como instrumento de eliminação da competitividade ou da transparência.

5.8 A figura do consórcio e suas cautelas

O primeiro ponto a ser considerado aqui é que o art. 13 do MLSEI previu que o modal proposto serve à contratação de "pessoas físicas ou jurídicas, isoladamente ou em consórcio, para o teste de soluções inovadoras por elas desenvolvidas ou a ser desenvolvidas".

Portanto, o consórcio está franqueado enquanto regra para o uso desse modal, o que acalenta uma construção doutrinária, jurisprudencial e normativa que se aprimorou no Brasil nos últimos anos. Entendamos.

Se ao tempo da Lei nº 8.666/93 era a vedação dos consórcios a regra, permitidos esses a partir da fundamentação desenvolvida no caso concreto (o art. 33 se valia da expressão "quando permitida na licitação a participação de empresas em consórcio", entendendo-se que as empresas deveriam estar aptas a *de per se* concorrer nas licitações), a evolução nos levou ao sentido avesso, ou seja, a regra ser a previsão dos consórcios, como posto na Lei nº 12.462/11 (art. 14, parágrafo único, inc. I, ou seja, "nas licitações disciplinadas pelo RDC será admitida a participação de licitantes sob a forma de consórcio, conforme estabelecido em regulamento", embora na esfera federal tenha sido mantido, pelo art. 51 do Decreto nº 7.581/11, o caráter excepcional do consórcio, na expressão "quando permitida a participação na licitação de pessoas jurídicas organizadas em consórcio") e na Lei nº 14.133/21 (art. 15, com a expressão "salvo vedação devidamente justificada no processo licitatório, pessoa jurídica poderá participar de licitação em consórcio").

O MLSEI, na forma como está redigido, especialmente por ser redação posterior à Lei nº 14.133/21, mesmo que o processo legislativo lhe seja contemporâneo, parece intencionar um passo além e permitir sempre a participação em consórcio, sem a possibilidade de exceção no caso concreto.

Em que pese a excepcionalidade possa derivar da medição das consequências práticas, à luz da LINDB, regra de incidência possível em todo e qualquer normativo brasileiro, o fato é que o contexto de criação do MLSEI, de fomento a todo o setor da inovação e do empreendedorismo nacional, inclusive com as articulações propostas pelo art. 3º, dá a entender que a previsão hermética do legislador não foi irrefletida.

Suas referências à "constituição de ambientes favoráveis ao empreendedorismo inovador", "liberdade contratual como premissas para a promoção do investimento e do aumento da oferta da capital direcionado", "contexto de livre mercado", "modernização do ambiente de negócios brasileiro, à luz dos modelos de negócios emergentes", "promoção da produtividade e da competitividade da economia brasileira", "promoção da cooperação e da interação (...) entre empresas, como relações fundamentais para a conformação do ecossistema de empreendedorismo inovador efetivo" e "promoção da competitividade das empresas brasileiras" dão o tom dessa conclusão.

Por isso, consideramos que os editais devem assumir, para todos os casos, o consórcio como possível.

Passo seguinte, ao entender como lhe atribuir cautelas, para além dos requisitos do art. 15 da Lei nº 14.133/21 que aqui são aplicáveis, a sugestão deste livro é nos cuidados quanto à titularidade da propriedade intelectual da solução trazida pelo licitante.

De um lado, é necessário que ela pertença a um dos integrantes do consórcio e que esse autorize o uso compartilhado e compreenda as "criações resultantes" do CPSI sobre o seu produto, com as consequências que advirão daí à propriedade intelectual.

De outro lado, é necessário que os percentuais de titularidade da solução, especialmente os resultantes das criações do CPSI, estejam suficientemente bem definidos, evitando-se que disputas sobre essa propriedade (e eventual dissonância entre os próprios consorciados) afetem a propriedade intelectual e os consectários dessa que sejam atribuídos, no edital ou no contrato, à Administração Pública.

Mais uma ressalva é necessária, embora pareça substancialmente óbvia: não é possível que, entre as consorciadas, haja alegação de *trade secrets*, pois isso seria estruturalmente incompatível com a *affectio* necessária ao ambiente do consorciamento.

5.9 A forma de produzir esclarecimentos aos interessados

Ponto de grande importância está na forma como a Administração Pública lidará com os pedidos de esclarecimentos formulados na fase externa da licitação (assim como os porventura formulados em consulta pública prévia ao lançamento desse edital e também em resposta a impugnações).

Isso porque, a pretexto de responder as indagações do público interessado, não pode a Administração Pública formular respostas que dirijam o entendimento a um tipo de solução para o desafio ou signifiquem direcionamento ou restrição a fórmulas e itens preconcebidos e incompatíveis com soluções inovadoras (no conjunto e/ou em seus componentes).

Se esse cuidado já era devido ao tempo da construção do próprio desafio, aumenta a partir das respostas que poderão ser dadas antes mesmo de se conhecerem as soluções que serão propostas pelo mercado.

Consideramos que esses mesmos cuidados são devidos ao tempo de esclarecimentos no curso da licitação, inclusive *pitch day* e *bootcamp*, até nos questionamentos que a própria Administração Pública deve lançar aos licitantes nessas fases.

A mesma ressalva quando os licitantes propuserem soluções que exijam da Administração Pública a aquisição de componentes técnicos que tornem factível a operação ou a interoperação com suas soluções, pois a Administração Pública não deve barrar, de plano, hipóteses que se o exijam, sob pena de, às avessas, restringir a inovação em sua estrutura.

Para além disso, é importante considerarmos outro nível de sugestão: que a Administração Pública *corte o próprio comportamento de reatividade* quando o assunto é esclarecer temas em torno dessas licitações. Especialmente considerando o caráter novidadeiro do MLSEI, o fato de exigir outro *mindset* e eixos estruturantes, não seguir a íntegra de critérios e interpretações tradicionalistas, quanto mais informação a Administração Pública puder fornecer (a respeito do modal ou da vivência dos procedimentos), mais convém ao espírito de governança, integridade e transparência.

Por isso, iniciativas de órgãos públicos divulgando, *sponte propria*, informações ao público interessado se mostram aplaudíveis, tais como páginas próprias ou abas especiais nos *sites* do órgão, permanente divulgação de perguntas e respostas sobre os procedimentos, manutenção das informações sobre os desafios de forma *online*, utilização de recursos visuais de *design thinking* e *visual law*, vídeos explicativos do desafio ou do MLSEI, páginas de esclarecimento e facilitação da informação, entre outros.[314]

5.9.1 Consulta pública pré-edital

Considerando que a Administração Pública tenha, antes do lançamento de seus desafios sob o modal do MLSEI, a indagação a respeito de se existem (ou não) soluções tecnológicas capazes de resolver seus problemas (desenvolvidas ou em desenvolvimento) e comportem a testagem pública, bem como se o mercado tem interesse em P&D para soluções voltadas a esse objeto ou se o mercado sinalizaria o interesse nos limites de tempo e preço fixados pelo MLSEI ou, até mesmo, se há mercado para esse tipo de situação, apresenta-se como possível o lançamento de consulta pública prévia para essa checagem.

Como já dito neste livro, essa checagem pode se prestar, inclusive, para orçamentação do apetite de investimento e ajustamento da requisitação que será proposta ao mercado, a partir do retorno que esse fornecer.

Também é possível que se preste a alguma imersão no desafio público, alinhando expectativas e indagações de parte a parte, até para

---

[314] Sugerimos conhecer a proposta realizada para o Tribunal de Justiça mineiro, que criou na aba de Transparência página especial para esses esclarecimentos. Visite: https://www.tjmg.jus.br/portal-tjmg/transparencia/startup/.

tornar mais claro o futuro edital, com as descrições nos termos do art. 13, §1º, do MLSEI.

Está aqui, portanto, uma possibilidade.

Importante destacar que o MLSEI não previu especificamente essa utilização e, por certo, não se pode entender como imposta, como etapa metodologicamente indispensável ou única solução possível.

A utilização da consulta pública prévia está interligada diretamente, no entanto, com os eixos estruturantes da inovação, especialmente assimetria de informações, interação com o mercado, escuta empática e não ditadura da solução.

Além disso, poderá estar alicerçada no art. 21, parágrafo único, da Lei nº 14.133/21, que autoriza a Administração Pública "submeter a licitação a prévia consulta pública, mediante a disponibilização de seus elementos a todos os interessados, que poderão formular sugestões no prazo fixado".

No caso específico do MLSEI e ao tempo da edição deste livro, a experiência de maior destaque havia sido a utilização pelo TCU antes do lançamento de seu 1º desafio sob o MLSEI, que publicou em 2023 o *Edital de chamamento público sobre desafio de inovação para fiscalização remota de obras de pavimentação urbana*,[315] visando à checagem com o mercado de alguns pontos.

De um lado, se seria possível o lançamento do desafio à luz do MLSEI, haja vista sua restrição de preço (poderia não ser razoável a uma testagem dessa fiscalização, em nível nacional e em volume necessário à avaliação de escalabilidade, o teto do art. 14, §2º, do MLSEI).

De outro lado, se haveria público interessado na apresentação de propostas de soluções para esse tipo de desafio e se, em suas propostas, alguma advertência de requisitação, expectativas ou resultados esperados seriam apreensíveis (inclusive, quanto ao volume de P&D que seria necessário ponderar como parte do CPSI).

A consulta prévia acaba por funcionar, portanto, como um *termômetro* para o lançamento de um desafio.

O retorno obtido pelo TCU foi representativo do interesse do mercado, haja vista que 20 (vinte) empresas acudiram ao chamado apresentando propostas e participando ativamente da imersão no

---

[315] Disponível em: https://portal.tcu.gov.br/lumis/portal/file/fileDownload.jsp?fileId=8A81881E8BFEE6F3018C1D3A051361DE&inline=1. Acesso em: 2 maio 2024.

desafio, realizada na sessão pública de esclarecimentos (disponível em www.tcu.gov.br/cpsi).

Posteriormente a isso, então, o TCU lançou seu 1º desafio,[316] através do Edital nº 1/2024, cujo objeto era a "fiscalização periódica, tempestiva e em larga escala de obras de calçamento e pavimentação urbanas ou em estradas vicinais ligando áreas urbanas próximas". O objetivo primordial era encontrar formas de fiscalização a distância, sem a necessidade de deslocamento de servidores ao local, assim otimizando o processo de fiscalização/amostragem e reduzindo o custo operacional desse.

Isso significa que, dentre os préstimos da consulta prévia, estava a confirmação de que seria possível a realização dos testes nos limites orçamentários impostos pelo MLSEI (e, de fato, o orçamento do TCU correspondeu a 92,5% do teto legal) e que haveria interesse do mercado em propor soluções para esse tipo de desafio.

5.9.1.1 A prescindibilidade e a escolha administrativa na consulta

Há, assim, visível vantajosidade do processo de consulta prévia, especialmente nos primórdios de utilização do modal (para o mercado nacional, para o próprio órgão e para a fase de maturação do instituto), auxiliando a legitimação buscada pela Administração Pública a vários requisitos.

No entanto, é preciso ponderar que a utilização da consulta prévia também terá seus desafios próprios e desvantagens, a exemplo do tempo despendido à sua realização.

Com efeito, será despendido tempo significativo: para criação da consulta e seus requisitos; tempo entre a publicação e a imersão, bem como tempo entre a publicação e a apresentação das propostas; tempo para avaliação das propostas recebidas; eventual aproveitamento de informações trazidas pelo público interessado; eventual prorrogação do prazo de apresentação de propostas; eventual refazimento da consulta (com as adequações necessárias à fiel chamada do público apto à solução do desafio), entre outros incidentes.

---

[316] Disponível em: https://portal.tcu.gov.br/lumis/portal/file/fileDownload.jsp?fileId=8A81881F8C46A4A3018E9A11A5384962&inline=1. Acesso em: 2 maio 2024.

Esse tempo despendido significa, em última medida, um *retardamento na fruição* da solução que resolverá o problema proposto, o que pode significar levar a Administração Pública a arcar com as consequências dessa espera (que envolvem, inclusive, repercussões sobre o erário).

Por isso, convém que a Administração Pública, interessada na realização de eventual consulta prévia, o faça mediante fundamentação expressa, com avaliação das consequências práticas desse decidir (à luz dos arts. 20 e 21 da LINDB), apondo ao procedimento sua motivação, como elemento de governança, integridade e transparência.

Pedimos especial atenção a essa abordagem também sob outro aspecto: a consulta prévia é uma *fricção* sobre a relação com o mercado, que também deve ser sopesada.

De um lado, pelo tempo despendido em um procedimento que não gera contratação (fricção que pesa sobre o mercado, especialmente de *startups* e empreendedores, que estão justamente a requerer fomento e investimento em lugar da mera ideação), como observação que a doutrina já reservava aos PMIs e PMISs (Procedimento de Manifestação de Interesse por diversas leis, a exemplo do art. 81 da Lei nº 14.133/21, e Procedimento de Manifestação de Interesse Social, conforme o art. 18 da Lei nº 13.019/14).

De outro lado, pelo tempo despendido entre consultar e fornecer, alongando o período relacional entre a Administração Pública e o mercado da inovação (fricção que pesa sobre esse mercado, interessado em soluções ágeis e de rápida escalabilidade).

O que se percebe, claramente, é que não há uma fórmula de que se possa partir (e nem que se possa impor). Há uma volatilidade e uma flexibilidade que são intrínsecas ao próprio processo da inovação, que, neste ponto, também mostrará sua incidência.

O importante é que a Administração Pública saiba possuir essa consulta prévia como opção de interação com o mercado e que deverá avaliar, no caso concreto, a pertinência (ou não) de a adotar.

5.9.2 Transparência ativa

De início, convém destacarmos o que estamos chamando aqui de *transparência ativa*, ou seja, o uso de estratégias de disseminação das informações ao público externo a respeito dos procedimentos adotados pela Administração Pública que ultrapassam duas fronteiras:

a) a transparência mínima tradicionalista exigida pela lei (como é o caso da publicação de editais e contratos, a exemplo das exigências das Leis nº 12.527/11 e 14.133/21); e

b) a transparência a partir de solicitações apresentadas pelo cidadão (como é o caso da divulgação decorrente do Art. 5º, inc. XXXIV da Constituição Federal como direito de petição ou as respostas a esclarecimentos formulados pelos cidadãos nos procedimentos já publicizados).

Nesse sentido, estamos falando da iniciativa pública de *ultrapassar esse mínimo* de transparência e franquear, *ex officio*, outros mecanismos de alcance do público-alvo a respeito das informações e do conhecimento das situações disponíveis.

Podemos, assim, listar e sugerir algumas tomadas de medida ao ser utilizado o modal do MLSEI:

a) Criação de páginas próprias de divulgação e concentração de desafios pela Administração Pública.

A primeira sugestão é que a Administração Pública crie, na estrutura de seu *site*, um espaço próprio para a divulgação de suas experiências sobre o MLSEI e propicie, em local único e organizado, todas as informações necessárias ao aprimoramento do conhecimento do tema pelo público interessado e também a atualização a respeito das ações tomadas sobre o assunto na experiência pública.

Nesse espaço, portanto, poderiam estar informações sobre: desafios já lançados (abertos ou encerrados); textos, vídeos e áudios instrutivos sobre o que é inovação ou o modal do MLSEI; conjunto de perguntas/respostas selecionado das experiências e que sirva de orientação a todo e qualquer desafio lançado pelo órgão; reunião dos normativos aplicáveis (nacionais ou setorizados); experiências exitosas, entre outras informações.

É importante que a alimentação dessas páginas seja constante, proativa e cuidadosa, de forma a transmitir informação atualizada e segura sobre os diversos tópicos relevantes ao público-interessado.

É possível, inclusive, reunir acesso a outros materiais informativos, tais como vídeos instrucionais, seminários ou *webinários*, cartilhas informativas, *quiz* e outros documentos.

b) Divulgação da metodologia aplicável ao modal do MLSEI.

Considerando a *vacuidade procedimental* intencionada pelo legislador e o espaço de preenchimento por *esforço administrativo*, é relevante que a Administração Pública reforce a divulgação de como escolheu realizar esse preenchimento e de que metodologia adotou para seus desafios (tanto em regras e fluxos quanto em cronogramas).

Considerando, inclusive, a necessidade de compreensão do grau de maturação de cada entidade, é relevante que essa externe ao público em que ponto dessa maturação se encontra e, se houver adequações ao longo da jornada, quais as transições interpretativas que atendam ao princípio da não surpresa (art. 24 da LINDB).

A Administração Pública pode, então, dar conhecimento dessa metodologia a partir de uma normatização formal (e publicização dessa norma, inclusive na página acima sugerida) ou através de esquemas metodológicos instrutivos, como se vê neste livro.

c) Divulgação de materiais instrutivos.

É recomendável que a Administração Pública formule materiais instrutivos para divulgação ao público em geral e ao público-alvo do modal do MLSEI, fazendo com que a informação seja disseminada, ativa e recorrente para que mais pessoas e entidades estejam instruídas e aptas à utilização desse.

É bom lembrar que o cidadão é um dos aptos aos pedidos de esclarecimento nas normas gerais de licitação (a exemplo do art. 41, §1º, da Lei nº 8.666/93 ou do art. 164 da Lei nº 14.133/21, embora essa última tenha, adequadamente, optado pela expressão "qualquer pessoa"), a contribuir na fiscalização e controle dos atos públicos e, se necessário for, a proceder a questionamentos administrativos e judiciais sobre processos desconformes. Assim, a transparência ativa é relevante para além do mero universo de possíveis licitantes.

É possível, então, a realização de: vídeos institucionais e instrucionais, cartilhas de orientação, seminários/*webinários*, materiais publicitários, editais interativos, grupos de perguntas e respostas, dentre outros.

O importante é tornar a informação mais próxima, palatável e fruível.

Lembramos, inclusive, no que tange ao Poder Judiciário, do Pacto Nacional pela Linguagem Simples, conforme a Recomendação nº 144/23 do CNJ.[317]

---

[317] Disponível em: https://atos.cnj.jus.br/atos/detalhar/5233. Acesso em: 2 maio 2024. Aconselhamos o conhecimento da cartilha integral, disponível em: https://www.cnj.jus.br/wp-content/uploads/2023/11/pacto-nacional-do-judiciario-pela-linguagem-simples.pdf. Acesso em 2 maio 2024. Destaque aos seguintes compromissos: a) eliminar termos excessivamente formais e dispensáveis à compreensão do conteúdo a ser transmitido; b) adotar linguagem direta e concisa nos documentos, comunicados públicos, despachos, decisões, sentenças, votos e acórdãos; c) explicar, sempre que possível, o impacto da decisão

d) Realização de sessões públicas para divulgação de informações e esclarecimentos, com registro de áudio e vídeo para conhecimento posterior e retenção nas páginas próprias.

5.9.3 Sessão pública de esclarecimentos

Dentre as estratégias de transparência, sugerimos a adoção da sessão pública de esclarecimentos como adicional à resposta tradicional prevista no art. 164, parágrafo único, da Lei nº 14.133/21.

Em lugar de apenas responder às indagações por escrito, é possível designar uma sessão pública de esclarecimentos, no prazo do art. 13, §2º, do MLSEI, oportunidade em que a Administração Pública oferecerá a quem se fizer presente resposta a qualquer indagação produzida, por possíveis licitantes ou meros cidadãos ou interessados, com a agilidade e a prontidão próprias de uma manifestação verbal.

As respostas ali apresentadas terão o mesmo peso interpretativo das que são reduzidas a termo e apresentadas por escrito no método tradicional e deverão ser levadas em conta por possíveis participantes.

Da mesma forma, se a partir das respostas dadas houver afetação da construção das propostas, deverá repercutir na prorrogação de prazo de que trata o art. 55, §1º, da Lei nº 14.133/21.

O objetivo é, para além de aumentar a transparência sobre os procedimentos, facilitar a compreensão do público a respeito de regras a serem cumpridas, de uma forma mais dinâmica e apreensível, que é o recurso de voz e imagem às ponderações realizadas e a troca simultânea da experiência.

Alguns cuidados são sugeridos para a realização dessa sessão:

a) previsão de data, horário, *link* e condições diretamente no edital publicado do desafio ou, se necessário posteriormente retificar ou informar, através dos veículos informados no próprio edital para transmissão de atualizações;
b) utilização de *link* para o qual não é necessário que o público seja obrigado a baixar aplicativos, extensões ou realizar cadastramentos prévios;

---

ou julgamento na vida do cidadão; d) utilizar versão resumida dos votos nas sessões de julgamento, sem prejuízo da juntada de versão ampliada nos processos judiciais; e) fomentar pronunciamentos objetivos e breves nos eventos organizados pelo Poder Judiciário; f) reformular protocolos de eventos, dispensando, sempre que possível, formalidades excessivas; g) utilizar linguagem acessível à pessoa com deficiência (libras, audiodescrição e outras) e respeitosa à dignidade de toda a sociedade.

c) gravação em áudio e vídeo, mantendo-se o *link* de sua gravação disponível para consulta posterior, por qualquer interessado, de forma imediata e sequencial à sua realização, com divulgação em página adequada e de fácil acesso e localização pelo público interessado;
d) em sendo possível, o uso de tecnologia assistiva que garanta o maior alcance das informações fornecidas ou, se necessário for, a degravação do material com divulgação nos mesmos moldes da alínea anterior ou redução a termo dos principais pontos;
e) convocação, para assessoramento na sessão, de profissionais aptos às respostas ao público interessado (sobre o desafio, a tecnologia, o procedimento ou qualquer operação destinada à participação no modal);
f) condução dos trabalhos por profissionais capazes de manter a qualidade das respostas a serem dadas, inclusive quanto à manutenção dos eixos estruturantes e do *mindset* da inovação;
g) franqueamento a perguntas por qualquer interessado, sem a necessidade de identificação de sua procedência ou a apresentação de documento de identificação;
h) em sendo necessário, a indicação, durante a sessão, de documentos de fundamentação das respostas, compartilhamento dos itens do edital respectivo, fornecimento posterior dos documentos de comprovação, apontamento das fontes formais de sustentação da informação dada, respeitados os direitos aplicáveis (inclusive quanto à LGPD e regras de governança);
i) manifestações que não importem direcionamento a soluções específicas ou que restrinjam soluções ou componentes, afetando a competitividade.

5.10 Fases procedimentais

Cada ente da Administração Pública, ao realizar seus processos licitatórios e contratuais, deve utilizar metodologia que lhe pareça adequada à sua realidade e grau de maturação do modal e da inovação, constituindo os itens abaixo sugestões metodológicas que se mostrem ajustadas à generalidade das entidades públicas.

Pedimos atenção para avaliar os itens abaixo e proceder, em sendo necessário, a adaptações que facilitem sua fluidez e utilização no caso concreto, respeitados os princípios e diretrizes do MLSEI, bem como os eixos estruturantes e *mindset* já abordados neste livro.

5.10.1 Fase eliminatória inicial

Após a abertura das propostas, realizada na sessão pública inicial, deverá a Administração Pública proceder à avaliação dos *licitantes entrantes*, com os quais serão realizadas as etapas de *interação com o mercado* e obtenção de propostas que sejam consideradas aptas à celebração dos CPSIs.

Na fase inicial do procedimento, no entanto, interessa à Administração Pública a *ampliada* interação com o mercado para o conhecimento do maior número possível de propostas e soluções inovadoras capazes de resolver o problema proposto. Essa é uma fase de escuta empática e dedicação à superação da assimetria de informações.

Por isso, interessa que qualquer filtro submetido inicialmente seja de reduzido alcance, ou seja, capaz apenas de eliminar os licitantes com os quais essa interação se mostre impossível ou desaconselhável. Melhor dizendo, licitantes com os quais não seja possível, a fim e a cabo, qualquer tipo de contratação.

Esse filtro, portanto, deve se restringir às hipóteses clássicas de eliminação de licitantes, a exemplo da verificação de conformidade junto a algumas certidões e documentos:

> a) não atendimento ao disposto no Art. 7º, inc. XXXIII, sobre o não emprego, em desconformidade, de menores;
> b) existência de sanções administrativas fixadas para participação em licitações e contratos administrativos e que impeçam a realização de novos contratos, a exemplo das seguintes certidões: CEIS (Cadastro de Empresas Inidôneas e Suspensas) e seus correlatos estadual, distrital e municipal; CNEP (Cadastro Nacional de Empresas Punidas) e Cadastro Nacional de Condenações Cíveis por Ato de Improbidade Administrativa;
> c) restrições a celebração de contrato em razão de processos de dissolução, recuperação judicial ou extrajudicial (excetuados os casos jurisprudencialmente admitidos) ou falência.

Excetuadas essas hipóteses, é possível à Administração Pública seguir o diálogo com os licitantes interessados.

5.10.2 Fase do *pitch day*

Divulgada a lista dos licitantes com os quais a Administração Pública poderá seguir nas fases de diálogo e interação, a próxima etapa é permitir que esses apresentem seus modelos de negócios e propostas de solução inovadora e tecnológica com a qual resolveriam o problema proposto no edital.

Alguns cuidados são relevantes nessa fase:

a) a ordem de apresentação dos licitantes seja realizada por sorteio e em sessão pública;
b) seja determinado igual prazo a todos os licitantes, em formato *pitch*, para o qual todo e qualquer interessado, licitante ou não, possa assistir, ressalvado o conhecimento das informações sobre os quais tenha sido alegado *trade secret*;
c) seja permitido aos membros da Comissão de Julgamento realizar, ao final da apresentação, indagações ao licitante a respeito de sua apresentação, modelo de negócio, solução ou etapa de desenvolvimento;
d) possa a Comissão de Julgamento receber indagações e, considerando relevantes os questionamentos, os formular diretamente aos licitantes respectivos;
e) no caso de prorrogação do tempo de apresentação aos licitantes, seja a oferta de tempo extra permitida de forma equânime;
f) seja priorizada a apresentação virtual, de forma que a gravação em áudio e vídeo seja feita pela Administração Pública e mantida à disposição dos órgãos de controle, em qualquer etapa do processo ou após esse, mantendo-se no processo licitatório o material em PDF das apresentações porventura realizadas.

Realizadas as apresentações a contento, seguindo-se a programação prevista no edital e respondidas as indagações formuladas pela Comissão de Julgamento em nível satisfatório, essa poderá, se necessário for, baixar o processo em diligência para apuração de alguma informação nessa etapa do modal, desde que essencial à compreensão e ao prosseguimento (e desde que não seja sobre item que compete a outra fase do processo, a exemplo dos documentos habilitatórios).

Mais uma vez, a existência de filtros deve ser diminuta nessa fase, ainda permitindo que, com um número maior de licitantes, a Administração Pública proceda à interação a respeito dos modelos de negócios e soluções tecnológicas disponíveis.

Assim, com os licitantes considerados "aptos" nessa fase se dará prosseguimento ao modal.

5.10.3 Fase do *bootcamp*

Em seguida, portanto, serão convocados os licitantes para a fase do *bootcamp*, em que será realizada *imersão no desafio* e maior conhecimento e detalhamento desse, dos requisitos esperados e/ou desejáveis, dos entraves tecnológicos à realização da solução ou do teste, com espaço para a troca de experiência e superação de eventuais dúvidas e gargalos que subsistam até esse momento.

Para que essa fase possa ocorrer, convém seja cobrada, antes de seu início, a assinatura de *termo de confidencialidade* pelos licitantes, comprometendo-se esses na sua ocorrência e respeito também por prepostos e equipes internas, a fim de que a Administração Pública possa compartilhar toda e qualquer informação necessária à realização do desafio, mas em face das quais seja necessária, por medida de segurança, alguma confidencialidade.

Exemplo disso está no conhecimento de informações sensíveis (à luz da LGPD), sigilosas (à luz da Lei de Acesso à Informação) ou que possam comprometer a segurança nacional, das pessoas ou dos órgãos, entre outras.

Termos de confidencialidade devidamente conformes, a imersão pode se iniciar.

Dentre os atos possíveis da imersão, estão: reuniões de alinhamento de informações (com a participação de servidores com conhecimento e *expertise* suficientes à elucidação de indagações de parte a parte), visitas técnicas (opcionais para os licitantes, mas disponíveis para eventual conhecimento de informações e dados que tenham na visitação a melhor forma de elucidação), inspeção de locais e objetos, entre outras estratégias de imersão.

A Administração Pública deve buscar que, nessa fase, sejam superados quaisquer questionamentos, de parte a parte, que possam influir na melhor construção das propostas (de trabalho ou de preço) e que possam interferir na edificação dos resultados (tanto para a etapa de P&D quanto para a etapa de testes).

Além disso, a Administração Pública deve sair dessa fase apta a compreender as soluções tecnológicas propostas para que, sobre essas, possa:

> a) construir o julgamento das propostas, à luz do Art. 13, §4º do MLSEI, sem prejuízo de outros definidos no edital, ou seja, o potencial de resolução do problema pela solução proposta e, se for o caso, da provável economia para a Administração Pública; o grau de desenvolvimento da solução proposta; a viabilidade e a maturidade do modelo de negócio da solução; a viabilidade econômica da proposta, considerados os recursos financeiros disponíveis para a celebração dos contratos; e a demonstração comparativa de custo e benefício da proposta em relação às opções funcionalmente equivalentes;

b) não excluir as propostas que estejam acima do limite mínimo orçamentário indicado no edital, considerando os termos do Art. 13, §10 do MLSEI e que, portanto, permitem negociação e contratação, cuja abordagem ainda se dará em fase posterior;
c) realizar a fase negocial posterior, compreendendo todos os pontos sobre os quais essa possa incidir e de forma equânime a todos os licitantes.

5.10.4 Fase de negociação

Conforme a previsão do art. 13, §§9º e 10, do MLSEI, o próximo passo é haver negociação com os licitantes.

Conforme o MLSEI, após a fase de julgamento das propostas, a Administração Pública poderá negociar com os selecionados as condições econômicas mais vantajosas para a Administração e os critérios de remuneração que serão adotados, observados os que estão previstos no art. 14, §3º, do MLSEI.

5.10.4.1 O sentido de uma fase própria

Defendemos, metodologicamente, situar a negociação como *fase própria* para esse modal. Há um sentido profilático e educativo nessa sugestão: fazer com que a Administração Pública também se eduque a construir uma negociação com os licitantes.

De um lado, sem transformar a negociação em uma opção que a Administração Pública use de forma arbitrária e exclua, sem fundamentações, no caso concreto e após conhecer quem são os licitantes e suas soluções propostas, e que circunscreva a negociação a um mero pedido de desconto por parte do licitante.

De outro lado, é construir a cultura da negociação, a fim de encontrar as melhores condições de vantajosidade à Administração Pública, como também uma metodologia de execução resultante da interação com o mercado, da escuta empática, do entendimento a respeito da melhor experiência do usuário e o ajuste de todas as condições para que a execução do CPSI possa ser a mais fluida possível.

Esse espaço dialógico-negocial precisa de exercício, de hábito, de comportamento e, por isso, é crucial que se implante a negociação como fase, abdicando da ditadura da solução para uma solução construída dialogicamente.

5.10.4.2 Os limites objetivos da negociação

Como dito, essa negociação não se restringe a um pedido de desconto sobre o preço, em que os licitantes adiram em seu fornecimento ou não. Essa negociação tem um sentido muito mais bilateral e estendido, podendo a Administração Pública negociar sobre os componentes abaixo referidos, que, em consequência, vão representar condições econômicas mais vantajosas.

De alguma forma, esses itens se conectam ao previsto no §1º do art. 14 do MLSEI, no que é negociável a esse tempo e pode resultar na abordagem do conhecimento das soluções após a apresentação das propostas e para que haja objetividade na comparação entre as soluções apresentadas, tais como:

> a) como as metas serão atingidas e como se dará a validação do êxito da solução, principalmente diante de soluções díspares;
> b) definição da titularidade dos direitos de propriedade intelectual das criações resultantes do CPSI;
> c) definição da participação nos resultados de sua exploração, assegurados às partes os direitos de exploração comercial, de licenciamento e de transferência da tecnologia de que são titulares;
> d) ajustes no cronograma, desde subdivisão de etapas (ou sua reprogramação), prazos de entrega, formas de controle e registro das etapas, sobre a experiência do usuário que será realizada, volumetria e detalhamento dos testes, valor de preços unitários ou globais, tamanho ou temporalidade das *sprints*, dentre outros (desde que esses ajustes não signifiquem deturpar a proposta inicial do desafio e significar uma nova combinação que afete a competitividade e a atratividade a entidades que não participaram do processo, garantida a fluidez procedimental e a relação dialógico-negocial que são eixos estruturantes da inovação).

Entendemos que os licitantes devem participar dessa etapa e procurar, junto à Administração Pública, a melhoria na formatação de suas propostas, a fim de que soluções melhores e capazes de resolver os desafios sejam obtidas.

5.10.4.3 A crítica à desclassificação proposta pelo TCU aos não negociantes

No entanto, deve haver razoabilidade nas propostas da própria Administração Pública, com respeito aos modelos de negócio e à estrutura dos licitantes, sem formulações que ultrapassem a interação empática e equilibrada com o mercado e sem que representem uma ditadura da solução expressiva de um *mindset* tradicionalista.

Em assim sendo, não consideramos seja imperativo, como posto pelo TCU em sua primeira licitação desse modal, que os licitantes com os quais não seja possível negociar devam ser automaticamente alijados da disputa. Apenas nos parece razoável a exclusão se o licitante se recusar a iniciar qualquer negociação com a Administração Pública, como a recusa genérica à fase negocial ou se o ponto sobre o qual é necessário negociar fique insolúvel e prejudique a própria existência de um contrato operante.

No primeiro caso, vale lembrar, se para o início das relações não há diálogo, há uma razoável projeção de que esse será inviável em outros momentos.

Mas, vamos reforçar aqui, a própria Administração Pública deve ser capaz de avaliar a sua própria inflexibilidade, seja em razão de uma costumeira *ditadura da solução* nos modelos tradicionalistas, seja em razão de sua ainda incipiente experiência negocial, em que pesem previsões normativas como das Leis nº 13.140/15, 13.988/20, 14.133/21 (arts. 151 e ss.), dos *dispute boards* e outras experiências. No âmbito do Poder Judiciário, por exemplo, o contido na Recomendação nº 140/23 do CNJ.[318]

Por isso, não se pode, de antemão, afirmar que a ausência de resultados negociados seja decorrência de renitência mercadológica.

5.10.4.4 Os pontos de possível negociação e a equanimidade entre os concorrentes

Encerrada a fase de julgamento e de negociação, na hipótese de o preço, ainda assim, ser superior à estimativa inicial da Administração Pública, essa poderá, mediante justificativa expressa, com base na demonstração comparativa entre o custo e o benefício da proposta, aceitar o preço ofertado, desde que seja superior em termo de inovações, de redução do prazo de execução ou de facilidade de manutenção ou operação, limitado ao valor máximo que se propõe a pagar, como disposto no art. 13, §10, do MLSEI.

---

[318] Disponível no *link* https://atos.cnj.jus.br/atos/detalhar/5177 e que recomenda e regulamenta a adoção de métodos de resolução consensual de conflitos pela Administração Pública dos órgãos do Poder Judiciário em controvérsias oriundas de contratos administrativos. Acesso em: 2 maio 2024.

Essa previsão merece algumas considerações especiais.

A primeira delas é que ela inaugurou uma nova forma de a Administração Pública formular valor estimado de contratação para um modal.

De um lado, a Administração Pública deverá fixar um *intervalo de valores estimados*, dentro dos quais a contratação poderá se dar.

O valor mínimo desse intervalo é considerado o valor máximo a ser pago por CPSI em relação ao qual não é necessário *fundamentação adicional*, ou seja, qualquer proposta apresentada até esse limite será considerada plausível para se cogitar da assinatura de um CPSI com esse licitante.

O valor máximo desse intervalo, no entanto, é considerado o valor máximo a ser pago por CPSI em relação ao qual é necessário *fundamentação adicional*, nos termos do art. 13, §10, do MLSEI, ou seja, "desde que seja superior em termo de inovações, de redução do prazo de execução ou de facilidade de manutenção ou operação" e que justifique a Administração Pública celebrar o CPSI com o licitante respectivo.

Essa disposição é salutar, pois permite que a Administração Pública não desperdice a experiência com soluções que se mostrem interessantes à resolução do problema somente porque, inicialmente, se mostrem com preços ou condições um pouco superiores à estimativa inicial, que, como já abordamos neste livro, está conectada ao apetite de investimento, e não necessariamente ao real custo, preço ou valor do que será obtido.

Assim, caminha-se no ciclo de real escuta empática, de interação com o mercado para a superação da assimetria de informações, não se desperdiçando o conhecimento de soluções um pouco mais custosas, mas ainda assim mais vantajosas à Administração Pública.

Nem por isso, diga-se, será possível qualquer valor superior. Ainda dependerá de respeitar o apetite de investimento da Administração Pública e sua previsão orçamentária, razão pela qual o edital terá de indicar esse *intervalo de valores* dentro do qual poderá pendular na aceitação de uma proposta.

Conforme disposição legal, "limitado ao valor máximo que se propõe a pagar".

No entanto, essa expressão é dúbia e, ao menos em princípio, permite dois tipos distintos de interpretação, uma mais restritiva e outra mais ampliativa do caráter negocial.

A interpretação mais restritiva vai considerar limitado ao valor máximo *individual* que se propõe a pagar. A interpretação mais amplificativa vai considerar limitado ao valor máximo *global* que se propõe a pagar.

Vejamos, em números, em que consistem essas opções.

Imagine a seguinte hipótese: a Administração Pública previu a possibilidade de firmar até três CPSIs, ao valor individual de R$1.000.000,00 (um milhão de reais).

Portanto, seu apetite de investimento ou valor máximo global seria de R$3.000.000,00 (três milhões de reais) se até três contratos forem, efetivamente, celebrados.

No entanto, a Administração Pública resolve prever um adicional possível para as soluções diferenciadas previstas no art. 13, §10, do MLSEI e, portanto, estabelece um valor máximo global de R$3.900.000,00 (três milhões e novecentos mil reais).

Esse adicional de R$900.000,00 (novecentos mil reais) pode ser distribuído equitativamente aos três potenciais contratos e, assim, as propostas podem chegar individualmente até R$1.300.000,00 (um milhão e trezentos mil reais).

Essa é a interpretação restritiva.

Ou, se se preferir uma interpretação ampliativa, a Administração Pública tem até R$3.900.000,00 (três milhões e novecentos mil reais) para dividir entre três contratos, sem limitar o valor máximo de cada um deles.

Poderia, nessa hipótese, chegar à seguinte situação extrema: R$1.000.000,00 para o licitante 1, R$1.000.000,00 para o licitante 2 e R$1.900.000,00 para o licitante 3.

O texto legal, ao apenas dizer "valor máximo que se propõe a pagar", poderia sugerir a conclusão por uma ou outra interpretação.

A interpretação restritiva estaria baseada nos sentidos dados à expressão "valor máximo" em outros dispositivos do MLSEI, já que a terminologia aparece três vezes ao longo do texto, ou seja:

a) No Art. 13, §10, item sobre o qual estamos a debater, ou seja, "valor máximo que se propõe a pagar";
b) No Art. 14, §2º, ou seja, "o valor máximo a ser pago à contratada será de R$ 1.600.000,00 (um milhão e seiscentos mil reais) *por CPSI*, sem prejuízo da possibilidade de o edital de que trata o art. 13 desta Lei estabelecer limites inferiores". Nesse caso, a expressão "por CPSI" vai indicar que o termo "valor máximo" deve ser no sentido individual;

c) No Art. 15, §3º, ao disciplinar que "os contratos de fornecimento serão limitados a 5 (cinco) vezes o valor máximo *definido no §2º do art. 14* desta Lei Complementar para o CPSI". Por se referir ao item comentado na alínea anterior, o sentido dado há de ser o mesmo.

Portanto, se o MLSEI fez referência outras vezes à expressão "valor máximo" e todas no mesmo sentido, a lógica interpretativa é que usemos também esse ao fazer a leitura do art. 13, §10.

Em sendo assim, estamos sugerindo a adoção da *interpretação restritiva*.

Para além disso, essa parece mais prestigiar uma abordagem *equitativa*, no sentido de que toda e qualquer proposta existente na licitação poderá gerar a utilização do art. 13, §10, e, assim, manter-se a equanimidade na avaliação das propostas existentes.

Uma última consideração ainda é necessária, pois há divergência doutrinária atualmente sobre o momento de se realizar essa negociação.

A proposta deste livro é que ela seja *anterior à fase habilitatória*, mas há autores que preferem sua ocorrência após a habilitação.

Pressupõe-se que o posicionamento decorra da ordem sistêmica em que os parágrafos foram alocados dentro do art. 13 do MLSEI, pois a habilitação é tratada no §7º, e a negociação é tratada no §9º.

No entanto, esse argumento não nos parece suficiente, atentando-se para a redação desse último, que afirma poder a Administração Pública negociar "após a fase de julgamento das propostas" e, assim, antes mesmo de avaliar a habilitação das selecionadas.

O próprio §10, ao dispor que se pode aceitar o preço diferenciado após essas fases, dá a entender que só se termina de avaliar as propostas após a negociação, tratando-se da habilitação em momento posterior porque, aí sim, se conhecem os "proponentes selecionados", conforme a terminologia do §7º.

Não bastasse, consideramos razoável deixar a habilitação como última etapa, a fim de que se otimize o procedimento e somente se proceda a essa abordagem com os licitantes realmente aptos à assinatura dos CPSIs.

Portanto, alinhando-se o texto da lei e os princípios informativos, melhor que se coloque a negociação antes mesmo da habilitação.

5.10.5 Fase de julgamento técnico das propostas

O MLSEI, no art. 13, §4º, estabelece os seguintes critérios de julgamento das propostas "sem prejuízo de outros definidos no edital":

> a) o potencial de resolução do problema pela solução proposta e, se for o caso, da provável economia para a Administração Pública;
> b) o grau de desenvolvimento da solução proposta;
> c) a viabilidade e a maturidade do modelo de negócio da solução;
> d) a viabilidade econômica da proposta, considerados os recursos financeiros disponíveis para a celebração dos contratos; e
> e) a demonstração comparativa de custo e benefício da proposta em relação às opções funcionalmente equivalentes.

Dessa previsão podem ser extraídas várias camadas de conclusão, especialmente as seguintes:

a) A primeira conclusão é de que, ao menos, cinco critérios de julgamento deverão ser articulados para que se proceda à averiguação da pertinência das soluções propostas.

Não somente cinco, mas necessariamente na ordem sistêmica apresentada pelo legislador, em que a prioridade é a eficiência, ou seja, o potencial de resolver o problema proposto. Há um valor na ordem em que colocados os critérios na lei.

Nisso está embutido dizer, portanto, que o preço não é sinônimo de vantajosidade nem é a prioridade ou fim último desse modal.

Se, já de há muito, vantajosidade e preço não devem ser tidos como sinônimos nas licitações tradicionais, isso é potencializado no MLSEI.

O foco principal é a capacidade de encontrar soluções aptas a resolver o desafio lançado.

b) A segunda conclusão é de que, se a Administração Pública pretender eleger outros critérios de julgamento para além dos cinco elencados como obrigatórios no MLSEI, há uma linha de importância entre os gêneros de critérios, *preferindo-se eficiência a preço*, já que os critérios atrelados ao preço estão em segundo plano (incs. IV e V).

Confirma esse posicionamento o §5º do mesmo art. 13 do MLSEI, que prevê que "o preço indicado pelos proponentes para a execução do objeto será critério de julgamento *somente na forma disposta* nos incisos IV e V do §4º deste artigo".

De um lado, isso significa que qualquer adicionamento de critérios não pode ser relativo a preço, mas à eficiência ou qualidade da solução proposta.

De outro lado, isso significa que, por mais critérios de julgamento que a Administração Pública queira estabelecer, esses não podem ser capazes de suplantar a hierarquia e proporcionalidade proposta pelo legislador, somente sendo lícito adicionar critérios que, em termos de peso ou representatividade, não deturpem o sentido dado pelo texto legal.

5.10.5.1 Critérios de julgamento

5.10.5.1.1 Observações acerca dos critérios e seus métodos de avaliação

Esse é um dos pontos sensíveis na utilização do modal, a exigir dos atores, especialmente na fase de planejamento, um cuidado ímpar.

De um lado, porque a lei apenas previu critérios mínimos e permitiu que, de acordo com o caso concreto, outros sejam utilizados. Portanto, é necessário saber os *eleger*.

De outro lado, porque a lei não estabeleceu os sentidos de cada critério, o peso na nota final, as formas de sua medição e de que forma se articulam. Portanto, é necessário saber os *ler*.

Houve um grande espaço para que os casos concretos se constituam, a doutrina conceitue, os órgãos de controle disponham/direcionem, a jurisprudência se manifeste, desde que respeitem o quantitativo mínimo de critérios propostos por lei e que não invertam a importância entre resolução do problema x preço, únicos pontos mais incisivos pelo legislador.

De pronto, lembremos os critérios legais:

> Art. 13.
> §4º. Os critérios para julgamento das propostas deverão considerar, sem prejuízo de outros definidos no edital:
> I - o potencial de resolução do problema pela solução proposta e, se for o caso, da provável economia para a Administração Pública;
> II - o grau de desenvolvimento da solução proposta;
> III - a viabilidade e a maturidade do modelo de negócio da solução;
> IV - a viabilidade econômica da proposta, considerados os recursos financeiros disponíveis para a celebração dos contratos; e

V - a demonstração comparativa de custo e benefício da proposta em relação às opções funcionalmente equivalentes.

§5º. O preço indicado pelos proponentes para execução do objeto será critério de julgamento somente na forma disposta nos incisos IV e V do § 4º deste artigo.

Portanto, compete à Administração Pública, em atenção ao arcabouço disponível (doutrina, orientações e jurisprudência), erigir itens à categoria de critérios de julgamento, definir a metodologia de aferição, alocar pesos e fórmulas, da maneira mais adequada possível.

Alguns indicativos se mostram mais adequados a realizar os dispositivos genéricos propostos pelo legislador.

De um lado, o estabelecimento de *diferença de peso entre os critérios*, sendo razoável que os primeiros (eficiência) pesem mais do que os segundos (preço). E quanto mais a Administração Pública adicionar outros critérios de julgamento além desses, mais preocupação deve ter para que esse adicionamento não signifique destemperamento das proporções propostas pelo legislador.

De outro lado, o significado de cada um dos critérios, podendo ser destacados os seguintes pontos:

a) O primeiro destaque é o uso da metodologia TRL para aferição da adequação e maturidade da solução proposta e realização do inc. II do §4º do art. 13 do MLSEI.

Trata-se da *escala de maturidade tecnológica* (*Technology Readiness Level*).

Em 1974, a *National Aeronautics and Space Administration* (NASA), agência governamental americana para programas especiais, realizou a primeira versão dessa escala, com sete níveis. Na década de 1990, passou a adotar a escala com nove níveis, com ampla aceitação na indústria e assim ainda utilizada nos dias de hoje (está formalizada, inclusive, pela ISO nº 16292:2013).

A partir da Portaria nº 6.449/2022,[319] o Ministério da Ciência, Tecnologia e Inovações (MCTI) passou a adotar o sistema de medição e identificação do nível de maturidade tecnológica dos projetos desenvolvidos no âmbito do ministério como padrão, inclusive com o uso da *calculadora de maturidade tecnológica* para projetos e programas.

---

[319] Disponível em: https://antigo.mctic.gov.br/mctic/opencms/legislacao/portarias/Portaria_MCTI_n_6449_de_17102022.html#:~:text=Disp%C3%B5e%20sobre%20o%20uso%20do,e%20de%20suas%20unidades%20vinculadas. Acesso em: 3 maio 2024.

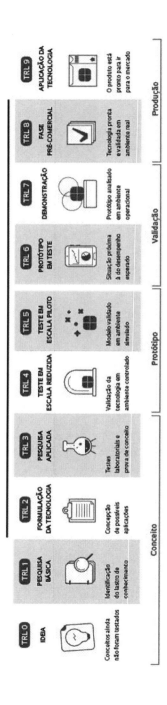

Essa metodologia prevê notas de 0 a 9.

Nas notas 0 a 3, está-se ainda em mera fase conceitual, de mera ideação, em que ainda não existe solução em desenvolvimento fático e, portanto, convém retirar essas hipóteses do universo do modal do MLSEI.

Para essas notas, mostram-se mais razoáveis, por exemplo, diálogos competitivos ou encomendas tecnológicas.

Muito espaço de P&D coloca a situação distante da utilização de uma solução, o que torna estreito o espaço de utilização do modal do MLSEI, que tem limitações de tempo e valor para ocorrer.

Por isso, é possível ver que vários editais têm excluído essas hipóteses, o que também é nossa sugestão.

Das notas 4 a 7, tem-se, de fato, uma solução em desenvolvimento e que pode ter a sua capacidade de aplicação em ambiente real possível em sede de CPSI. É possível, portanto, que qualquer produto ou serviço dentre essas notas se mostre plausível para o modal do MLSEI.

Não é possível afirmar, de antemão, que hipóteses com notas mais baixas terão, necessariamente, custos mais altos ou maior tempo de P&D em relação a hipóteses mais desenvolvidas, tudo a depender do tipo de solução ou complexidade tecnológica perante a qual se esteja. No entanto, é razoável supor todas essas compatíveis com o modal do MLSEI.

Das notas 8 e 9, correspondentes à fase de produção, temos visto alguns editais excluindo a possibilidade de que os licitantes a essas soluções se refiram, o que, desde um ponto de vista teórico, não se apresenta como a solução ideal a ser adotada.

Portanto, é possível permitir soluções que se encontrem nesses patamares.

Fazemos duas observações a essa altura:

a) A primeira é que parte das exclusões realizadas no caso concreto tem se dado ao argumento de que, se os licitantes já se encontram em fase de produção e vendagem, não precisariam do fomento estatal, estando aptos à sobrevida e prosperidade sem a contribuição dos órgãos públicos.

Esse não nos parece ser um argumento suficientemente sólido para excluir os licitantes, pois mesmo às *startups* e empreendedores que estejam em condições de faturamento com as soluções desenvolvidas ainda há desafios de permanência no mercado, inclusive por toda a descapitalização que pode ter significado o período de P&D.

O objetivo do modal do MLSEI não é, por certo, apenas fomentar o mercado e usar do poder de compra do Estado para promover o desenvolvimento e a sustentabilidade do ecossistema da inovação.

Fosse esse o único ou principal objetivo, haveria uma inversão entre os incisos do art. 12 do MLSEI.

Com efeito, a dicção desse colocou, em primeiro plano, a capacidade de resolver demandas públicas. Há um sentido sistêmico nesse posicionamento dos incisos, prevalecendo a eficiência sobre o fomento. Assim, eles são aliados, mas não invertíveis.

Conforme o art. 12, as licitações e os contratos do MLSEI têm por finalidade: "I – resolver demandas públicas que exijam solução inovadora com emprego de tecnologia; e II – promover a inovação no setor produtivo por meio do uso do poder de compra do Estado".

b) A segunda é que, em decorrência da assimetria de informações entre os órgãos públicos e privados, não se deve supor que a Administração Pública deveria conhecer soluções prontas e, assim, partisse para contratações tradicionais.

E nem o prévio conhecimento de que essas soluções prontas excluiriam a possibilidade de os investimentos em P&D significarem a obtenção de soluções melhores e mais capazes de resolver o problema proposto.

A única diferença que se deve ter a observar é que essas soluções não precisarão de investimentos em P&D na mesma medida que as demais e, portanto, poderão ser testadas e pagas em menores volumes de tempo e recursos.

Com essas considerações, entendemos adequada a utilização da metodologia TRL, bem como a adoção da nota 4 como *ponto de corte* e início das soluções selecionadas e da nota 9 como última nota possível para seleção à próxima fase.

Dito isso, sugerimos, na melhor compreensão e utilização das notas TRL, que a Administração Pública adote critérios objetivos, a exemplo dos contidos nos seguintes instrumentos, além da Portaria do MCTI já referida: "a) Guia de Avaliação de Maturidade Tecnológica da ANEEL, divulgado em 2024;[320] b) Manual do Uso da escala TRL/MRL da EMBRAPA, divulgado em 2018".[321]

---

[320] AGÊNCIA NACIONAL DE ENERGIA ELÉTRICA – ANEEL. *Guia de avaliação de maturidade tecnológica da ANEEL*. Brasília: ANEEL, 2024. Disponível em: https://biblioteca.aneel.gov.br/acervo/detalhe/239764. Acesso em: 3 maio 2024.

[321] Disponível em: https://cloud.cnpgc.embrapa.br/nap/files/2018/08/EscalaTRL-MRL-17Abr2018.pdf. Acesso em: 3 maio 2024.

Dito isso, importante ainda destacar que não há que se confundir o grau de aderência de uma solução ao desafio proposto pela Administração Pública com o grau de maturação da solução em si, razão pela qual é importante que os critérios não sejam confundidos na prática.

Para além disso, não há que se confundir uma solução mais maturada com uma solução mais apta à resolução do conflito e à satisfaciência do teste, competindo à fase de P&D do CPSI justamente a adequação da solução e sua maturação às necessidades da Administração Pública.

Por último, convém destacar não haver uma linha lógica de conclusão de que soluções mais maduras são naturalmente mais econômicas para a Administração Pública, já que transcorridos mais níveis de maturidade na escala (e, consequentemente, menos investimento em P&D). Essa conclusão não é, desde um ponto de vista teórico, lógica e possível para todos os casos, a depender (sempre) da avaliação do caso concreto.

Isso significa que a avaliação do preço puro por etapa de maturação não é sinônimo de mais vantajosidade de uma solução a outra, pois é possível que soluções ainda (e meramente ainda) menos maduras possam ser mais aptas à resolução do problema do que outras. Só a avaliação da realidade e do caso concreto poderá indicar essa diferença.

É exatamente por isso que o art. 13, §4º, separou os incs. I ("potencial de resolução do problema pela solução proposta") e II ("grau de desenvolvimento da solução da proposta"), erigindo o inc. I (com significado sistêmico) à primeira hipótese e reservando ao segundo plano a avaliação da maturidade tecnológica da solução em si, critério aqui ora analisado.

b) O segundo destaque a ser feito é quanto à comparação entre "soluções funcionalmente equivalentes", mesmo que utilizem metodologia e caminhos distintos para a obtenção do resultado, mas que, do ponto de vista funcional, possuem alguma objetividade de comparação.

De um lado, isso significa que não são apenas soluções *similares* que permitem comparatividade, mas as que sejam *funcionalmente equivalentes*, para que, do ponto de vista econômico, possam ser avaliadas lado a lado.

Isso significa que à Administração Pública não importa *como* se obtêm os resultados, mas se esses são *alcançáveis*, já que o foco está no *potencial de resolução do problema pela solução proposta* (art. 13, §4º, inc. I, do MLSEI).

Daí se superarem discussões típicas de *competitividade* entre soluções, nos moldes do que seria possível discutir à luz do art. 74 da Lei nº 14.133/21. Pouco importa à Administração Pública, nesse sentido, como as soluções são construídas, mas se são capazes de resolver o desafio proposto, independentemente da singularidade com que se constituem suas respostas, métodos ou elementos.

c) O terceiro destaque a ser feito é que o MLSEI deixou à Administração Pública, como esforço administrativo de preenchimento da vacuidade procedimental, adotar outros critérios além dos cinco propostos pelo art. 13, §4º.

De um lado, significa dizer que pouco espaço sobrou à Administração Pública, cujo preenchimento dependerá muito das especificidades e complexidades dos desafios que lançar e das soluções tecnológicas que esses requisitarem, já que os critérios propostos pelo legislador têm substancial alcance.

Avaliando os critérios de julgamento normalmente postos em editais publicados desde então, pouca utilidade, indispensabilidade ou proporcionalidade se veem nos critérios que foram eleitos além dos legais.

Exemplos desses têm sido:

c.1) *Escalabilidade da solução ou do modelo de negócio do licitante.*

Essa é uma eleição que nos parece extremamente complexa e, nessa medida, com entraves à sua adoção.

Vamos aqui nos referir a dois espectros do conceito de escalabilidade para explicitar nossas preocupações com a eleição do item como critério de julgamento, sem prejuízo de outras nuances que derivam dessa escolha.

Vejamos:

a) O primeiro sentido da escalabilidade é ser o *potencial de expansão do negócio*, ou seja, a capacidade de aumentar o atendimento da demanda sem comprometimento de qualidade e valor do produto e da operação que ele comporta.

b) O segundo sentido da escalabilidade é ser o *potencial de expansão da solução tecnológica*, ou seja, a capacidade de cobrir o desafio a que se propõe em toda a sua extensão e/ou profundidade.

Ambas as hipóteses se mostram complexas como critério de julgamento autônomo, a exemplo dos seguintes aspectos:

a) É possível compreender que à Administração Pública, como a qualquer contratante, interesse relacionar-se com entidades que consigam manter erguidos seus negócios e potentes os seus produtos. Vários dos requisitos tradicionais das licitações visam, inclusive, trazer essa segurança.

Nesse sentido, estão diversos requisitos habilitatórios, tais como saúde financeira e regularidade fiscal/trabalhista; e requisitos técnicos, tais como desempenho anterior e capacidade técnica sobre itens de especial relevo ao objeto.

No entanto, para fins do mero teste da solução proposta, não é possível transformar em critérios objetivos e seguros a *especulação* sobre o que será possível alcançar nem quando isso será alcançável e se beneficiará a Administração Pública nos limites do que vier a contratar para si, especialmente considerando que se está no terreno de incerteza e risco tecnológico, em que não se pode, de antemão, sequer afirmar que a solução será alcançada no período de P&D do CPSI.

Portanto, em grande medida se corre o risco de apostar ainda mais alto na incerteza.

b) De alguma forma, a escalabilidade já está embutida nos critérios de julgamento, para isso valendo verificar os incs. I e III do art. 13, §4º, do MLSEI, nas expressões "potencial de resolução do problema pela solução proposta" e "viabilidade e maturidade do modelo de negócio da solução". Portanto, a ausência de higidez conceitual poderá desaguar em um *bis in idem*, com uma sobreposição que importa em separatismo dos licitantes.

c) Também pode ser levado em conta que, ao escolher soluções mais estáveis, viáveis e sólidas, se leva ao prestígio de entidades com maior estruturação e musculatura em dissonância aos princípios do art. 3º do MLSEI e do uso do poder de compra do Estado como fomento, exatamente em um instrumento estabelecido para significar a chance de sobrevida a tais entidades.

Como já dito neste livro, integra a filosofia de criação do marco criar um arcabouço de oportunidades para que as entidades possam vir a se erguer e sobreviver e, se pontuamos a sua prévia capacidade de fazê-lo, nos distanciamos da origem do próprio MLSEI.

d) A Administração Pública ainda avaliará, no planejamento do fornecimento (como será tratado neste livro mais adiante), se terá condições de, ela mesma, absorver a solução inovadora para resolver o problema proposto (ou todo ele).

Portanto, pode ocorrer de não ser possível escalar em sua própria estrutura, não sendo razoável que transforme em critério de julgamento algo que pode vir a não usar e proceder, de forma estéril, a um separatismo entre soluções que podem não ter eficácia.

Vamos a exemplos *hipotéticos*, para melhor compreensão.

Já citamos aqui o primeiro desafio lançado pelo TCU para fiscalização de obras de pavimentação.

O TCU indica que seu volume *estimado* de obras fiscalizáveis é de 10.000 (dez mil) unidades e que, hoje, realiza fiscalização por amostragem, dada a inviabilidade de ser procedida em 100% do quantitativo, seja por inviabilidade técnica (não há profissionais disponíveis para tantos deslocamentos sem prejuízo das atividades), seja por inviabilidade financeira (alto custo da própria fiscalização, com deslocamento de servidores para investigações *in loco*).

Mesmo que da licitação realizada o TCU consiga encontrar soluções capazes de cobrir o espectro de 10.000 obras, não se pode avaliar, de plano, se as soluções encontradas propiciarão que o TCU tenha viabilidade técnico-operacional para tratar os dados obtidos em 100% dessa volumetria e agir a partir desse ponto.

Com efeito, os dados coletados pela solução terão de ser tratados pelos servidores do TCU e transformados em processos investigativos e, sem conhecer as soluções propostas, não se pode afirmar que terá *background* para absorver e dar andamento a todas essas, o que só confirmará em um planejamento posterior (ou em uma vivência posterior, a partir do que os dados coletados significarão de "medidas a tomar") e que leve em conta o modelo da própria solução e como suas equipes poderão lidar com todo esse volume novo de dados, sem concurso público ou drásticas mudanças internas, bem como em quanto tempo se encontraria apto a absorver toda essa demanda.

Essas avaliações só serão possíveis futuramente, quando do planejamento do fornecimento (ou até da sua vivência por um período), razão por que excluir ou reduzir a pontuação de soluções menos escaláveis, mas que na prática corresponderão ao volume que, de fato, será usado, não se mostra condizente e pode vir a significar uma indevida restrição à competitividade.

Também podemos citar o primeiro desafio lançado para o Tribunal de Justiça mineiro, interessado no atendimento aos usuários da Justiça. Inicialmente, é possível dar atendimento a todos os usuários do estado e em ambas as instâncias.

Considerando que as soluções propostas pelos licitantes envolviam parte do serviço sendo prestado por servidores ou colaboradores do próprio Judiciário, em parte das camadas de atendimento, há de se refletir em que medida seria possível absorver essa demanda com equipe própria, sem a edição de concursos públicos ou menor impacto de estruturas físico-operacionais. Leve-se em consideração, inclusive, que toda melhoria de atendimento pode vir a significar o aumento da procura, e novos volumes teriam de ser avaliados.

Portanto, ainda há uma reflexão que a Administração Pública terá de fazer à luz das soluções que vierem, e não necessariamente a escalabilidade da solução possa vir a ser utilizada, não havendo razões para pontuar a mais, o que não será relevante para o fornecimento em si.

Nesse sentido, inclusive, a experiência da jurisprudência com as pontuações de técnica, nas licitações de técnica e preço, a fim de que tudo que se pontue seja, de fato, relevante ao objeto. Podem ser citados, como referência analógica, os seguintes dispositivos da Lei nº 14.133/21: arts. 18, inc. IX; 36, §1º; e 67, §1º.

Há, nesse sentido, um grau especulativo alto em relação a situações em que a Administração Pública ainda não tem controle ou ciência e, diante dessa imprevisão, não se mostra razoável valorar pontos sobre os quais é impreciso pontuar objetiva e equanimemente.

Se, contudo, a Administração Pública pretender eleger esse critério, é fundamental que os conceitos de cada critério estejam suficientemente descritos no edital, de forma a evitar erros interpretativos, julgamentos subjetivos, dirigismo e/ou *bis in idem*.

c.2) *Imediatidade de fruição da solução.*

A nosso juízo, essa é uma confusão com o grau de maturidade da solução e com o preço possível a P&D, não se justificando, desde um ponto de vista teórico, que se constitua em um novo critério de julgamento, quando muito a urgência na fruição da solução possa significa maior peso no grau de maturidade, não necessitando que se superponha como um critério novo, sob pena de *bis in idem*, ou, se assim definir o edital a partir de uma análise maturada pela Administração Pública, a fixação de critério de remuneração com variável de incentivo se houver antecipação na fruição dos resultados pretendidos.

c.3) *Preexistência ou valoração de equipes e condições humanas de operabilidade da solução.*

A nosso juízo, esse também não é um critério elegível, por algumas razões.

De um lado, por forçar a ocorrência (ou, assim, restringir a competitividade) a entidades que já possuam estrutura preexistente, o que impõe custo prévio à licitação, situação que recebe reprimendas recorrentes da jurisprudência e dos órgãos de controle.

De outro lado, por desprestigiar os pequenos negócios, que justamente necessitam do fomento para se consolidarem e escalarem seu modelo, fazendo uma separatividade entre os negócios que confrontam os princípios e diretrizes propostos pelo art. 3º do MLSEI.

Daí ser necessário um maior processo de maturação dos critérios de julgamento que se mostrem verdadeiramente imprescindíveis para além dos cinco já listados no MLSEI.

Some-se a isso que alguns critérios podem ter significância apenas para a própria Administração Pública proponente, não se justificando a padronização a outras entidades e listagem neste livro. Dentre essas proponentes, as que atinem somente à Administração Pública indireta e a entidades ligadas à exploração de atividade econômica (e menos à prestação de serviços públicos) e que necessitem escalar negócios e criar fontes permanentes de investimento como parte de seus modelos de negócio.

Por isso, é compreensível que o MLSEI, se valendo da técnica de deslegalização, permitiu a eleição de outros critérios de julgamento, mas não foi além do rol já proposto (e bem robusto).

Com essas considerações, chegamos às recomendações finais:

a) É aconselhável afastar hipóteses de muito P&D que mais se amoldam às encomendas tecnológicas ou aos diálogos competitivos, excluindo-se as notas de 0 a 3 na avaliação pela metodologia TRL. Havendo dúvida quanto à existência de mercado amadurecido para os desafios, a utilização das consultas prévias;

b) É aconselhável treinar os profissionais no uso da metodologia TRL, na norma ISO e/ou nas cartilhas e manuais referidos neste livro, inclusive para que os julgamentos sejam suficientemente objetivos e cada vez menos especulativos quanto ao grau de maturidade aplicável;

c) Na ausência de conhecimento aprofundado da Comissão de Julgamento, é possível produzir consultas às áreas vocacionadas da própria Administração Pública, ao Comitê de Especialistas recomendado neste livro e, se for o caso, produzir consulta a órgãos especializados de outros entes públicos a que a Administração Pública possa contactar (inclusive do ambiente acadêmico acerca de um assunto específico) ou, se assim necessário e se preferir, contratar profissionais para suporte, nos termos

do Art. 117 da Lei nº 14.13321, ou seja, "contratação de terceiros para assisti-los e subsidiá-los com informações pertinentes a essa atribuição";
d) É aconselhável consolidar as experiências coletadas ao longo dos desafios, montando um banco de dados coletados que auxiliem nas experiências futuras, inclusive a edificação de metodologias estruturadas, cursos e treinamentos periódicos, cartilhas e manuais de orientação próprios, dentre outros.

d) O quarto destaque a ser feito é quanto à *diferença de pesos* entre os critérios de julgamento.

De antemão, afirmamos que é *imprescindível* a atribuição de pesos aos critérios, pois, se todos tivessem o mesmo peso, não haveria significado no posicionamento sistêmico dos critérios propostos pelo art. 13, §4º, do MLSEI, e a observação posta a respeito do peso do preço sobre esses critérios lançada no §5º do mesmo dispositivo (menos preço, mais eficiência).

Assim, a forma de respeitar essa proporção sistêmica é dar pesos distintos aos critérios, a partir da fórmula de cálculo proposta pela Administração Pública.

Mas essa atenção também deve ocorrer quando a Administração Pública resolver adotar outros critérios de julgamento além dos cinco adotados pelo legislador. Essa introdução de critérios não deve alterar a capacidade de *eficiência e resolutividade* pesarem mais do que *preço* e também não deve criar um abismo de critérios que abra flancos a discussões de sobrepreço ou pagamentos desmedidos.

O único ponto que não podemos afirmar neste livro é quais são os pesos ideais, desde um ponto de vista teórico. Ao contrário: compete à Administração Pública sopesar, à luz do caso concreto e respeitando as consequências práticas de seu decidir, quais os pesos necessários sobre os critérios eleitos em cada caso.

5.10.6 Fase habilitatória

5.10.6.1 A redução dos itens habilitatórios

Conforme já defendemos neste livro, não se justifica a abordagem habilitatória extensiva e rigorosa, nos moldes do que é exigido em licitações tradicionais, sob pena de não ser possível o aproveitamento de licitantes que, pelas dificuldades próprias do ecossistema da inovação, não são capazes de os portar, embora tenham condições técnicas e operacionais de proceder à realização do teste de suas soluções e, caso venham a ser cogitados para o contrato de fornecimento, tenham condições de se estruturar e escalar os produtos pretendidos.

Afinal de contas, não se perca de vista que, para o teste das soluções, não é necessária a condição de prestação de todas as suas etapas e na volumetria que, ao final, poderá ser pretendida pelo órgão a título de fornecimento da solução.

Assim, justificam-se a redução e a simplificação dos itens habilitatórios.

Para além disso, devemos considerar que as próprias normas gerais de licitação têm tido menos neuroticismo na avaliação desses critérios e é rica a jurisprudência em experiências de formalismo moderado, entendendo os dispositivos como *numerus clausus* e/ou sujeitos a interpretações restritivas.

Cabe aqui o registro da escolha do legislador na Lei nº 14.133/21, especialmente nos seguintes dispositivos:

a) No Art. 64, §1º foi previsto que "na análise dos documentos de habilitação, a comissão de licitação poderá sanar erros ou falhas que não alterem a substância dos documentos e sua validade jurídica, mediante despacho fundamentado registrado e acessível a todos, atribuindo-lhes eficácia para fins de habilitação e classificação". A título de exemplo, a juntada de documentos novos que visam à atestação de situações preexistentes, como decidido pelo TCU em inúmeros precedentes;[322]

b) No Art. 65 foi previsto que "as condições de habilitação serão definidas no edital" e, portanto, serão avaliadas a cada caso concreto, para que só sejam referidas as que forem fundamentais e proporcionais a esse, competindo à Administração Pública o sopesamento do que for requerido;

---

[322] Como referência, apontamos o seguinte julgado: "Admitir a juntada de documentos que apenas venham a atestar condição pré-existente à abertura da sessão pública do certame não fere os princípios da isonomia e igualdade entre as licitantes e o oposto, ou seja, a desclassificação do licitante, sem que lhe seja conferida oportunidade para sanear os seus documentos de habilitação e/ou proposta, resulta em objetivo dissociado do interesse público, com a prevalência do processo (meio) sobre o resultado almejado (fim). O pregoeiro, durante as fases de julgamento das propostas e/ou habilitação, deve sanear eventuais erros ou falhas que não alterem a substância das propostas, dos documentos e sua validade jurídica, mediante decisão fundamentada, registrada em ata e acessível aos licitantes, nos termos dos arts. 8º, inciso XII, alínea 'h'; 17, inciso VI; e 47 do Decreto 10.024/2019; sendo que a vedação à inclusão de novo documento, prevista no art. 43, §3º, da Lei 8.666/1993 e no art. 64 da Nova Lei de Licitações (Lei 14.133/2021), não alcança documento ausente, comprobatório de condição atendida pelo licitante quando apresentou sua proposta, que não foi juntado com os demais comprovantes de habilitação e/ou da proposta, por equívoco ou falha, o qual deverá ser solicitado e avaliado pelo pregoeiro" (BRASIL. Tribunal de Contas da União. Acórdão nº 1.211/2021. Plenário, Relator Ministro Walton Alencar Rodrigues, j. 26/5/2021).

c) No Art. 66, ao definir a habilitação jurídica, estabeleceu que essa "limita-se à comprovação da existência jurídica da pessoa", sem que seja razoável exigir outros documentos e sentidos à sua comprovação;
d) No Art. 67, ao explicitar a documentação relativa à qualificação técnico-profissional e técnico-operacional, o legislador optou pela terminologia "será restrita a", de caráter imperativo, impedindo que outras sejam exigidas e que, assim, restrinjam a competitividade e desvirtuem o sentido mínimo proposto pelo legislador. Para além disso, os parágrafos desse mesmo dispositivo trouxeram outros níveis de restrição a essas qualificações, evitando-se a transformação de critérios habilitatórios em maquiadas versões de "técnica e preço" ou de exigência de itens não representativos ao objeto ou direcionadores a parcela da concorrência, acolhendo a jurisprudência consolidada nos últimos anos;
e) No Art. 68, ao descrever as habilitações fiscal, social e trabalhista, o legislador optou pela terminologia "serão aferidas mediante a verificação dos seguintes requisitos", transformando a listagem proposta como *numerus clausus*;
f) No Art. 69, ao dispor sobre a habilitação econômico-financeira, o legislador explicitou o sentido de sua exigência ("aptidão econômica para cumprir as obrigações decorrentes do futuro contrato") e determinou que essa "será restrita à apresentação da seguinte documentação", também estabelecendo uma lista *numerus clausus*;
g) No Art. 70, inc. III, o legislador previu a possibilidade de ser "dispensada, total ou parcialmente, nas contratações para entrega imediata, nas contratações em valores inferiores a ¼ do limite para dispensa de licitação para compras em geral e nas contratações de produto para pesquisa e desenvolvimento até o valor de R$ 300.000,00" a documentação mencionada no Capítulo VI da lei.

Portanto, há uma tendência na diminuição dos itens e dos rigores habilitatórios que vale a pena ser levada em conta, especialmente para a licitação destinada a mero teste de solução inovadora (art. 14 do MLSEI).

5.10.6.2 As consequências da inabilitação – o gestor está obrigado a convocar outros classificados?

Considerando que a habilitação é a última etapa proposta nessa licitação, a que se seguirá para os habilitados a possibilidade de celebração dos CPSIs (tantos quanto o edital permitir a celebração), é necessário pensar qual é a consequência da inabilitação de algum convocado.

Pareceria intuitivo dizer que bastaria convocar o próximo classificado e, assim, seguir-se na avaliação dos documentos habilitatórios até que se possa proceder à efetiva habilitação do número máximo de possíveis contratados no caso concreto (a mesma indagação seria plausível sobre a convocação de licitantes remanescentes no caso de não assinatura do CPSI por algum convocado).

Mas esse chamamento automático não se mostra lógico e desejável, desde um ponto de vista teórico, para todos os casos, especialmente à luz dos arts. 20 e 21 da LINDB, que nos obrigam a medir as consequências práticas de todo decidir administrativo.

Isso porque os demais licitantes podem possuir soluções com baixo potencial de resolução do problema ou baixo grau de maturidade que justifique os limites de P&D propostos para o CPSI e, assim, não se mostrem como *testagem atrativa* à Administração Pública frente às demais soluções já selecionadas.

Se assim se apresentam, não seria o caso de os convocar à avaliação de suas habilitações.

Daqui já temos uma primeira afirmação: não é porque o edital previu a possibilidade de celebração de CPSIs (um ou mais de um, nos termos do art. 13, §6º, do MLSEI, denominados pela lei de "propostas selecionáveis") que a Administração Pública deve ser tida como obrigada a todos esses.

Há uma indiscutível discricionariedade aqui, pois podem não existir propostas de *testagem atrativa* que justifiquem a utilização dos contratos (ou do teto de propostas selecionáveis).

E, a partir dessa afirmação, já é possível se indagar como a Administração Pública poderá, no seu uso discricionário (nem por isso menos responsável e motivado), deixar de utilizar o número máximo de contratações possíveis previstas (ou até mesmo uma delas).

Também é possível trazer outra abordagem à mesma situação: seriam essas propostas de *baixa atratividade* igualmente classificáveis? Em outras palavras, deveria haver uma *nota de corte* abaixo da qual as propostas seriam desconsideradas para eventual testagem (e, assim, seriam desclassificadas ou não classificadas)?

Essas são questões para as quais o próprio MLSEI não fornece o caminho, exatamente em razão de sua intencionada deslegalização e vacuidade procedimental, mas a Administração Pública deve exercer esse raciocínio (e decisão consequente), informando sua orientação no próprio edital ou, se necessário for, a partir da resposta às indagações formuladas na fase do art. 164 da Lei nº 14.133/21. E caso não adote qualquer nota de corte e assim opte por, necessariamente, realizar o máximo de contratações previstas, apor a fundamentação que lhe parecer razoável a essa escolha.

Um ponto nos parece inarredável: não é possível repristinar fases e pretender convocar quaisquer licitantes.

É indispensável que se levem em conta licitantes que participaram de *todas as etapas anteriores* e, assim, tiveram suas propostas de trabalho e preço avaliadas pela Comissão de Julgamento e passadas pela fase de negociação (em que, inclusive, se equalizam as propostas em avaliação). A esses daremos o nome de "licitantes remanescentes".

Portanto, só se convoca à habilitação quem classificado tiver sido.

A pergunta que restará, então, é se todos os classificados podem ser convocados à habilitação ou se é necessário haver uma *cláusula de barreira* à própria classificação.

A afirmação que, desde um ponto de vista teórico, podemos fazer neste livro é que não se justifica convocar a todos que sobreviveram às negociações e tiveram suas propostas avaliadas.

Portanto, em algum instante entendemos indispensável haver uma *cláusula de barreira*. A questão está em que momento essa barreira é levantada e qual é a opção que a Administração Pública deverá fazer, ou seja:

a) *Cláusula de barreira à convocação*.

Cumpridas todas as etapas anteriores (propostas apresentadas e negociadas), a Comissão de Julgamento classificará todos os licitantes, apresentando a ordem de classificação em que se encontram, e procederá à convocação para habilitação apenas aqueles licitantes que considerar aptos à celebração de CPSIs.

A barreira é erguida, portanto, no momento de *convocar* licitantes à fase habilitatória e, portanto, nem todos serão a essa fase "convocados".

De início, a barreira é erguida e só ultrapassa o número de licitantes correspondente ao máximo de contratos celebráveis, nos termos do art. 13, §6º, do MLSEI.

Se, após isso, algum convocado for inabilitado e tiver de se meditar sobre a possibilidade de convocação de outro licitante remanescente, será avaliado se a barreira permanece (e, portanto, não será convocado, mesmo que classificado tenha sido) ou se essa se desconstitui e seus documentos habilitatórios serão avaliados.

Portanto, a barreira se dá ao fundamentar a convocação ou não convocação, a partir dos critérios que a Administração Pública estabelecer.

b) *Cláusula de barreira à classificação.*

Cumpridas todas as etapas anteriores (propostas apresentadas e negociadas), a Comissão de Julgamento separará os licitantes entre classificados e não classificados, apenas permitindo que a convocação à habilitação se dê quanto à primeira lista.

Portanto, a barreira se dá ao fundamentar a classificação ou não classificação, a partir dos critérios que a Administração Pública estabelecer.

Estamos convocando o leitor a atentar que a Administração Pública precisa definir objetivamente se haverá barreira e quando ela será erguida.

Não vemos motivos para engessar a abordagem, ou seja, que nota de corte sobre os critérios de julgamento se deva, desde um ponto de vista teórico, estabelecer, mas lhe caberá:

> a) Meditar a respeito na fase de planejamento, acrescentar ao processo sua motivação e apresentar aos licitantes a opção eleita diretamente no edital;
> b) Estabelecer a cláusula de barreira com base em critérios objetivos, evitando-se subjetivismos, arbitrariedades ou dirigismos.

A título de exemplo desses critérios, podemos mencionar como cláusulas de barreira propostas que não atinjam determinado percentual de nota, propostas que zerem algum critério de julgamento, propostas que não comprovem titularidade da solução apresentada (e que gerará cotitularidade estatal), entre outras.

5.10.6.3 A declaração de vencedores

Trata-se de especialidade no modal do MLSEI a possibilidade de que o processo licitatório desemboque na contratação de mais de um licitante, conforme previsto no art. 13, §6º, competindo ao edital limitar a quantidade de "propostas selecionáveis", decorrendo do conjunto estimado dessas o apetite de investimento da Administração Pública.

Havendo disponibilidade orçamentária, convém à Administração Pública meditar sobre a possibilidade de contratar distintos testes.

De um lado, porque a competitividade entre as soluções e seus autores é salutar e pode impulsionar o encontro de soluções que melhor resolvam o problema proposto.

Com mais hipóteses bem-sucedidas de soluções, a Administração Pública terá diversidade para optar quando do fornecimento e, em mais uma oportunidade, prestigiar a solução de maior eficiência ou custo-benefício.

Como posto no art. 15, §1º, "quando mais de uma contratada cumprir satisfatoriamente as metas estabelecidas no CPSI, o contrato de fornecimento será firmado, mediante justificativa, com aquela cujo produto, processo ou solução atenda melhor às demandas públicas em termos de relação de custo e benefício com dimensões de qualidade e preço".

De outro lado, porque a licitação pode ter sido proposta para soluções com risco tecnológico (art. 13, *caput*, do MLSEI) e, assim, aumentam-se as chances por sobre a incerteza. Para além disso, o reforço ao próprio propósito do fomento, permitindo que mais *startups* e empreendedores encontrem no suporte público sobrevida e prosperidade.

No entanto, importa destacar que também para os CPSIs permanece a discricionariedade da Administração Pública em os celebrar (um, parte ou todos) quanto às *testagens atrativas* sobre as quais já comentamos, com o cuidado de se apor a fundamentação adequada nessa escolha.

5.10.7 Fase recursal

O MLSEI não previu a ocorrência de fase recursal como parte de sua estratégia de deslegalização, competindo averiguar de que forma deverá a Administração Pública prever essa possibilidade em seus próprios procedimentos.

De início, destaca-se que não se pode negar a existência de uma fase recursal porque não houve referência expressa, pois ela decorre diretamente de um princípio constitucional.

Conforme o art. 5º, inc. LV, da Constituição Federal, é necessário garantir em todos os processos administrativos o direito ao contraditório e à ampla defesa "com os meios e recursos a ela inerentes" e, dentre esses recursos, está o direito de se insurgir a inconformidades.

5.10.7.1 A existência de fase recursal única

Em seguida, convém destacar que, nos espaços de deslegalização do MLSEI, um dos passos para preenchimento, já indicados neste livro, é averiguar a aplicação subsidiária da Lei nº 14.133/21 e dessa se extraem a possibilidade recursal, a existência de avaliação em fase única e o procedimento para sua ocorrência, devendo se aplicar o disposto no art. 165, inclusive seu §1º.

Por isso, após a declaração dos licitantes aptos à celebração dos CPSIs, será garantido o prazo para que todos os interessados interponham seus recursos, independentemente da fase a que queiram se referir, competindo à Administração Pública avaliar os argumentos trazidos após as contrarrazões dos demais licitantes.

5.10.7.2 Os efeitos da repristinação de fases em decorrência do acolhimento de recursos e os limites do retrocesso

Isso significa que, em razão do acolhimento de algum(ns) desses recursos, seja necessário repristinar fases e repetir atos que tenham sido privados ao licitante cujo recurso esteja acolhido para esse fim.

No entanto, não há a necessidade de refazimento integral, podendo haver o aproveitamento de algumas etapas (à luz do art. 165, §3º, da Lei nº 14.133/21), a exemplo das seguintes:

a) Se necessário retornar ao *bootcamp* para permitir a imersão de algum licitante que tenha sido eliminado em etapa anterior, é possível que se garanta a esse assistir aos atos já praticados e gravados, somente repetindo o espaço de indagações, visitações e inspeções para o igualar aos demais licitantes, sem que seja necessário repetir todo o evento. Por isso, inclusive, a recomendação dantes feita de que o *bootcamp* seja um dos atos eletronicamente praticados, com gravação em áudio e vídeo, permitindo o conhecimento e acompanhamento a qualquer tempo.

b) Se necessário retornar à fase negocial e oportunizar algum item, a Administração Pública deverá avaliar eventual repercussão dessa negociação sobre a equanimidade aos licitantes e à equalização das propostas. Nesse sentido, deverá avaliar as consequências práticas de seu decidir, nos termos dos arts. 20 e 21 da LINDB.

c) Se necessário retornar à avaliação dos critérios de julgamento e isso afetar a classificação dos licitantes, com repercussão sobre os que podem ser convocados à assinatura de CPSIs, deverá avaliar de que forma se alteram a ordem e as consequências daí advindas.

Paralelo a isso, importante destacar que a Administração Pública não perde a possibilidade de anulação dos próprios atos e repristinação das fases a partir da detecção de atos anuláveis, seja por provocação do interessado (como direito de petição do art. 5º, inc. XXXIV, alínea "a", da Constituição Federal), seja *ex officio*.

Destacamos, inclusive, que convém à Administração Pública esse olhar proativo e ágil na solução de eventuais impasses ou equívocos, exatamente para que se remediem mais facilmente os efeitos de uma repristinação.

5.10.8 Contrato Público de Solução Inovadora (CPSI)

A partir deste item, trataremos das contribuições metodológicas deste livro para a vivência do CPSI, conforme subitens a seguir.

5.10.8.1 Os espaços dialógico-negociais no contrato e a relativização do conceito de aditivação contratual

O CPSI está previsto no art. 15 do MLSEI, podendo ser celebrado com as proponentes selecionadas, com vigência limitada a 12 meses, prorrogável por igual período, em que estejam previstas as seguintes cláusulas mínimas:

a) as metas a serem atingidas para que seja possível a validação do êxito da solução inovadora e a metodologia para a sua aferição;
b) a forma e a periodicidade da entrega à Administração Pública de relatórios de andamento da execução contratual, que servirão de instrumento de monitoramento, e do relatório final a ser entregue pela contratada após a conclusão da última etapa ou meta do projeto;
c) a matriz de riscos entre as partes, incluídos os riscos referentes a caso fortuito, força maior, risco tecnológico, fato do príncipe e álea econômica extraordinária;
d) a definição da titularidade dos direitos de propriedade intelectual das criações resultantes do CPSI; e
e) a participação nos resultados de sua exploração, assegurados às partes os direitos de exploração comercial, de licenciamento e de transferência da tecnologia de que são titulares.

Há uma mensagem nessa previsão simplificada do §1º do art. 15: existe um espaço de vivência desses contratos que não exige (ou, melhor dizendo, prescinde) uma abordagem estreita no próprio contrato, devendo ser reservado à relação diuturna entre contratante e contratado, diferentemente do que ocorre na contratação do fornecimento de uma solução predefinida.

Isso porque existem ajustes que são próprios de uma solução em desenvolvimento, com a incerteza própria da inovação e do risco tecnológico, e que vão exigir das partes (contratante e contratados) uma flexibilidade e uma capacidade adaptativa.

Tornar-se-ia contraproducente se o CPSI tivesse de, a todo momento, passar por aditivos contratuais para tantas redefinições, que, como sabemos, possuem uma burocracia e um trâmite que podem se tornar incompatíveis com a fluidez necessária à inovação (inobstante a previsão do art. 132 da Lei nº 14.133/21), inclusive por se tratar de contratos simultâneos com distintos contratados e que estarão a merecer tratamentos equânimes.

Por isso destacamos o eixo estruturante dos *espaços dialógico-negociais* também no contrato, o que importa relativização da imprescindibilidade de aditivação contratual. Melhor dizendo: relativização da previsão contratual de todo o trâmite executivo e, por isso, sem necessidade de aditivação nas alterações de itens que não integram, de forma pormenorizada, o contrato.

Os pontos que exigem flexibilidade, dinamismo e adaptação devem estar autorizados a ocorrer de forma fluida e por decorrência do contrato, como próprios da vivência desse.

Essa é uma experiência que a Administração Pública irá desenvolver e maturar no cotidiano.

No entanto, nem por isso serão condições contratuais desconstituídas nesse ou com a possibilidade de se tornar um novo espaço de *ditadura da solução* pela Administração Pública ou de ações sem registro ou entendimento entre as partes. Apenas outra dinâmica de documentação.

Por isso, serão relevantes os entendimentos cotidianos realizados entre contratante e contratados, dando-se especial relevo ao que for referido nos diários de bordo ou *sprints* estabelecidos entre esses, nas comunicações trocadas e nos ajustes realizados, permitindo com que os órgãos de controle permaneçam tendo acesso a todas as ocorrências ao longo do procedimento.

Da mesma forma, nos casos em que for necessário, a Administração Pública contará com a contribuição dos especialistas para suas consultas acerca dos melhores rumos a serem tomados, inspirando e orientando fiscais e gestores desses contratos.

Dinamismo, portanto, não será sinônimo de ausência de controle.

5.10.8.2 Reunião inaugural e única

Para além dessa plasticidade acima enunciada, sugerimos a realização de uma reunião inaugural e única entre contratante e todos os contratados, de forma que assim se inicie o tratamento equânime e negociado entre todos esses, com transparência das ações que competirão a cada um.

Nessa reunião inaugural, poderão ser ajustados todos os pontos necessários à vivência da execução, tais como:

> a) a partir da reunião se decidir acerca da Ordem de Serviço, que pode ser extraída da sua própria ocorrência, permitindo o início dos trabalhos por todos os contratados e também como marco para a contagem das *sprints* e relatórios a serem cumpridos;
> b) deixar claro quais são os atos devidos pela Administração Pública para que os contratos possam ser operados e quais as datas de suas entregas (e, em sendo possível, para que os testes possam ser simultâneos e assim se facilite a comparação na fase da experiência do usuário);
> c) substituir a previsão de dias nos cronogramas de execução por datas precisas, a fim de que todos tenham ciência dos vencimentos das etapas previstas;
> d) apresentação a todos os contratados de quem serão os fiscais e gestores dos CPSIs, com os quais serão estabelecidas as comunicações futuras;
> e) apresentação, pelos contratados, dos prepostos e equipes que serão alocados para a execução, com as funções que serão atribuídas a cada um desses;
> f) retirada de quaisquer dúvidas ou indagações que contratante e contratados tenham para a correta execução das fases subsequentes;
> g) ajuste do canal de comunicação que será utilizado pelas partes e quais atos dependerão de formalização por essa via, dentre outros ajustes práticos.

Ao longo da execução dos contratos, serão realizadas, por certo, diversas outras reuniões, produzindo-se paulatinamente os ajustes que se mostrarem necessários, pelo dinamismo dessa execução.

Para todas essas reuniões, deverão ser tomados os mesmos cuidados, ou seja:

a) se a realização for feita de forma eletrônica, deverão ser gravadas em áudio e vídeo, mantendo-se o registro nos autos do processo;
b) independentemente da forma de realização, recomenda-se que haja atermação em ata dos principais pontos, a fim de que o processo tenha a devida documentação de todas as ocorrências, para que gestores dos contratos e órgãos de controle possam ter acesso e ciência de todos os passos;
c) as principais ocorrências deverão se ver refletidas no relatório constante do Parecer Conclusivo da Comissão de Julgamento se interferirem na dinâmica e na compreensão da suficiência das ações das partes.

5.10.8.3 A coordenação dos diferentes contratos em um mesmo processo executório e fiscalizatório e a isonomia no seu tratamento

A partir da equalização na reunião inaugural, a Administração Pública procurará, na medida do possível, a gestão coordenada dos diferentes contratos em um mesmo roteiro executório, de forma que consiga garantir:

a) o tratamento equânime e isonômico entre os contratados;
b) a manutenção, em relação às soluções funcionalmente equivalentes, de condições similares de desenvolvimento, a facilitar o futuro processo de demonstração comparativa das propostas (iniciado no Art. 13, §4º, inc. V do MLSEI);
c) para viabilizar, se possível, a ocorrência de uma única instância de experiência do usuário para as distintas soluções, a fim de permitir ao usuário grau de comparação entre as soluções e menor tempo de consumo das equipes (internas e externas) na sua realização;
d) simultaneidade dos desenvolvimentos, customizações e testes, para garantir a sadia competição entre os contratados;
e) em se tratando de fiscalizações simultâneas e funcionalmente equivalentes, facilitar o processo de fiscalização e controle pela Administração Pública, o que impactará, inclusive, o custo operacional de realização desses contratos;
f) realizar uma única curva de aprendizado, aplicando-se o amadurecimento e as posturas de forma equânime a todos os contratados e aproveitar as experiências colhidas, sem qualquer beneficiamento ou discriminação.

5.10.8.4 A fiscalização dos contratos

Outra recomendação que fazemos é a designação de mesmos gestores e fiscais a todos os contratos firmados, evitando-se divergência de posicionamento entre equipes responsáveis pelo acompanhamento e andamento dos trabalhos (em analogia ao art. 55, §1º, do CPC).

Também recomendamos que, para a realização da fiscalização, seja deslocada uma Comissão, constituída de forma multidisciplinar, em especial:

> a) ao menos um membro com conhecimento sobre o desafio em si, o problema a ser resolvido e os resultados esperados;
> b) ao menos um membro com conhecimento sobre os aspectos tecnológicos e que possibilitará a integração com as equipes técnicas que terão de atuar para propiciar a execução dos contratos;
> c) ao menos um membro com conhecimento do MLSEI, seus eixos estruturantes e *mindset*, permitindo que não se perca, ao longo da execução, o fio condutor de toda a fisiologia do MLSEI;
> d) ao menos um membro com conhecimento de negociação, metodologias ágeis que tenham sido previstas para os contratos ou que consiga articular bem as tratativas com os contratados.

Não há necessidade de se tratar de membros distintos para cada uma das previsões acima, desde que as *expertises* mencionadas se mostrem presentes.

Por medida de cautela e para permitir que as decisões sejam tomadas por maioria, aconselhamos que a Comissão Fiscalizadora seja formada por número ímpar de integrantes, assegurando-se não sejam os mesmos da Comissão de Julgamento que atuaram na fase licitatória (em atenção ao princípio da segregação de funções e desde que isso seja viável ao órgão em tela), sem prejuízo de que para essa também se utilize um professor de IPES (em analogia ao disposto no art. 13, §3º, inc. II, do MLSEI).

Se a completa reformulação da Comissão não for possível por ausência de tantos servidores com as *expertises* necessárias, recomendamos que ao menos parte dessa possa se renovar e ocorrer um rodízio na montagem das diversas comissões de desafios que a Administração Pública pretenda formular.

No caso de decisões tomadas por maioria, os votos dissidentes deverão ser registrados em ata (por analogia ao art. 8º, §2º, parte final, da Lei nº 14.133/21).

Para além disso, as diversas decisões e tratativas que forem produzidas como resultado dessa fiscalização dinâmica deverão se ver sintetizadas no processo de execução do contrato, com o devido registro nos autos que o constituírem, o que pode ser feito a partir dos registros das *sprints* e das atas de reunião.

Vale lembrar que todas as ações praticadas por essa Comissão Fiscalizadora, formada de fiscais de contrato, estão sujeitas à validação pelos gestores.

5.10.8.4.1 O parecer conclusivo opinativo da Comissão Fiscalizadora

Ao final dos trabalhos dos CPSIs, sugerimos seja elaborado pela Comissão Fiscalizadora *parecer conclusivo opinativo* para que os gestores dos contratos possam conhecer, validar e avaliar todas as ações praticadas durante o seu curso, concluindo pelo atingimento (ou não) dos resultados pretendidos com a contratação.

Esse parecer deve procurar conter os seguintes elementos:

a) relatório de todos os acontecimentos durante a execução do contrato, contendo os principais eventos e ocorrências, sintetizando os que deverão ser levados em conta pelos gestores e órgãos de controle;
b) apontamento de todas as obrigações assumidas pelos contratados e os elementos que permitem concluir pelo cumprimento (ou não) dessas;
c) no caso de apontamento de obrigações não cumpridas, a avaliação se elas decorreram de risco tecnológico e, portanto, competiria à Administração Pública a remuneração pelo esforço (Art. 14, §§4º e 5º do MLSEI), inclusive com a medida financeira que lhe corresponderia;
d) no caso de criações resultantes do CPSI, o apontamento de quais seriam as consequências sobre propriedade intelectual e fruição de suas repercussões financeiras e executivas;
e) no caso de ocorrência de fatos imprevisíveis ou previsíveis de consequências incalculáveis, a eventual repercussão financeira aos contratados, observada a matriz de risco prevista nos CPSIs;
f) no caso de apontamento de obrigações não cumpridas, a avaliação das consequências sobre a remuneração dos contratados e, se for o caso, da necessidade de abertura de processo administrativo de apuração de responsabilidades ou utilização de métodos alternativos de resolução de controvérsias;
g) no caso de apontamento de risco tecnológico ou obrigações não cumpridas que decorram de omissões ou falhas da própria Administração

Pública, o apontamento das responsabilidades que deverão ser apuradas, em eventual processo administrativo de cunho sancionatório;
h) no caso da contratação de terceiros, para auxílio na fiscalização dos trabalhos, a suficiência (ou não) da execução, para a tomada das medidas cabíveis;
i) para mapeamento dos custos havidos pela Administração Pública na execução, a relação de todos quanto realizados, sejam eles diretos ou indiretos;
j) descrição pormenorizada das Experiências do Usuário, com referência à sua realização, os resultados obtidos, o público participante, as pesquisas de satisfação, eventuais depoimentos e entrevistas colhidos durante sua realização, incidentes, custos, dentre outros;
k) as contribuições para a curva de aprendizado, inclusive eventuais indicações de ajustes nas futuras minutas de edital e contrato, suficiência (ou não) do apetite de investimento, melhorias na capacitação e treinamento de equipes, alteração de normativos, dentre outras contribuições de melhoria.

Esse parecer, portanto, servirá aos gestores dos contratos, e esses últimos, entendendo necessário, pedirão complementações ou diligências sobre o material produzido.

Vale destacar, por último, que não é papel dos fiscais que constituem a Comissão (assim como também não o é dos gestores desses mesmos contratos) realizar a seleção da solução preferida para contratação de futuro fornecimento (conforme previsão do art. 15, *caput* e §1º, do MLSEI), mesmo que possuam alguma opinião a respeito.

Essa decisão deverá ser tomada em outro momento e a partir da autoridade competente, designada pela Administração Pública, *apenas após* os estudos técnicos para definição do modelo de negócio, que decorrerá, como será tratado mais adiante, de uma série de atos multidisciplinares e compostos.

Compete, como posto acima, à Comissão Fiscalizadora apenas a avaliação se as obrigações assumidas pelos contratados, previstas nos CPSIs e nas propostas (de trabalho e de preço), forem, de fato, cumpridas, independentemente de serem consideradas a solução ideal (ou não) aos propósitos do desafio posto. E, mesmo assim, na condição de meros fiscais de contrato, não estarão a emitir decisão propriamente dita, o que competirá aos gestores em passo subsequente.

5.10.8.5 Relatórios de execução

O art. 14, §1º, do MLSEI previu que, dentre as obrigações dos contratados, está a entrega à Administração Pública de "relatórios de andamento da execução contratual, que servirão de instrumento de monitoramento, e do relatório final a ser entregue após a conclusão da última etapa ou meta do projeto", cuja forma e periodicidade da entrega estarão descritas no próprio contrato, à luz do que tiver sido proposto no edital e/ou negociado na fase própria durante a licitação.

Desse texto se extraem algumas observações que, mesmo não expressamente postas no MLSEI, dele emanam até em razão da natureza das atividades de *startups* e empreendedores, a saber:

a) o acompanhamento da execução pela Comissão Fiscalizadora é muito mais estreito e dinâmico que em contratos tradicionais, não se aguardando a implantação do teste e a conclusão dos trabalhos para avaliar a pertinência das entregas. Ao contrário, a Comissão Fiscalizadora atuará lado a lado com os contratados para resolver todas as demandas que surgirem nas fases de P&D e teste, até porque será indispensável que a Administração Pública contribua, de forma muito mais ativa e interventiva, para que essas fases sejam possíveis (fornecendo dados, integrando sistemas, prestando informações, verificando customizações, produzindo e requerendo ajustes, dentre outras providências típicas tanto de uma temporada de P&D quanto de testes que se dão com uso de sua infraestrutura e interveniência para a experiência do usuário ocorrer);
b) considerando o eixo estruturante da agilidade para ser eficiente e a habitualidade com que essas entidades lidam com protótipos, provas de conceito, MVP e o ciclo de construir-medir-aprender, recomenda-se a utilização de metodologias ágeis no acompanhamento da execução, fixando *sprints* de curtos períodos (semanal, decenal, quinzenal), permitindo com que, em sendo necessário, se produzam ajustes de rotas em menor tempo e com menor dispêndio (erre rápido, corrija rápido);
c) a existência de relatórios periódicos não exclui a interação diuturna entre contratante e contratados, de forma a que se ajustem os pontos necessários e se otimize o encontro de resultados, evitando-se que, em caso de incertezas e riscos tecnológicos, se remunere por esforços infrutíferos que poderiam ter sido evitados, preservando o erário e a eficiência;
d) da mesma forma como o acompanhamento é vívido, os relatórios não são apenas formais, devendo receber a atenção da Comissão Fiscalizadora e, a partir dessa leitura, sejam tomadas as medidas porventura cabíveis para otimização dos resultados e aumento do potencial de resolução do problema proposto, com controle de danos e perdas;

e) o conjunto dos relatórios deve permitir, a todos que os avaliem, perceber não só quais os resultados foram obtidos com as soluções testadas, mas os caminhos construídos para a sua obtenção, pois serão relevantes à comprovação de como descrever a construção de um Termo de Referência que anteceda o fornecimento (ou, até, a opção da Administração Pública pelo fornecimento próprio, como ainda trataremos neste livro), oportunidade na qual será essencial a completa descrição dos itens a implantar;

f) o conjunto dos relatórios também deve permitir compreender quais foram e são os desafios tecnológicos enfrentados na execução, de forma a que sejam contemporizados, evitados, remediados, transpostos ou considerados para o próprio fornecimento da solução e deverão estar mapeados pela Administração Pública, já que qualquer implantação tecnológica mantém um grau de incerteza mesmo nas soluções implementadas, pela própria atualização que se lhes deve ser atribuída (inclusive de extensão do ciclo de vida em detrimento de sua natural obsolescência).

5.10.8.5.1 Relatórios periódicos e metodologias ágeis

Os relatórios periódicos documentam a evolução executiva dos contratos, mas a interação entre contratante e contratados deve transcender a uma tradicional *troca formal* de documentos e informações.

Pelo contrário: a construção de soluções capazes de resolver os problemas públicos advirá da *interlocução vívida e contínua* entre as partes envolvidas, a partir de uma moderna e ágil gestão de projeto.

Para isso, estão hoje disponíveis *metodologias ágeis* que facilitam essa interlocução.

Entenda-se metodologia ágil a soma de habilidades e práticas usadas na gestão de projetos com o objetivo de garantir mais rapidez, eficiência e flexibilidade.

Em que pese inicialmente criada apenas para empresas desenvolvedoras de *softwares*, seu uso foi disseminado para todos os tipos de negócios e organizações,[323] sendo plenamente cabível no uso do modal do MLSEI e à própria estrutura pública.

Não é este livro o espaço para discorrer sobre todas as metodologias existentes ou indicar as que sejam preferíveis para esse fim, devendo a Administração Pública avaliar quais as que melhor se adequam às

---

[323] Em 2001, foi criado o *Manifesto para desenvolvimento ágil de software*, por um grupo de 17 profissionais, com o objetivo de realizar entregas mais ágeis para seus clientes.

suas equipes, graus de maturação, treinamentos periódicos para boa gestão, além da adequabilidade ao problema proposto.

No entanto, nos compete adiantar a importância de serem utilizadas no caso concreto, respeitados os valores[324] do *Manifesto ágil*, ou seja:

a) *indivíduos e interações* mais que processos e ferramentas;
b) *software em funcionamento* mais que documentação abrangente;
c) *colaboração com o cliente* mais que negociação de contratos;
d) *responder a mudanças* mais que seguir um plano.

Não se perca de vista que o uso de metodologias ágeis permite não só rapidez na implantação de projetos como a redução de despesas, impactando o resultado do negócio, o que muito importa à Administração Pública.

Apenas para referendar, nesses termos, que tais metodologias são bem-vindas na construção do CPSI, vejamos as principais características dessas:

a) o foco está na *entrega de um produto* que seja, ao mesmo tempo, funcional, de qualidade e que realmente atenda aos desejos do cliente;[325]
b) o cliente *participa ativamente* e intervém com recorrência, dado o seu papel decisivo no estabelecimento da requisitação necessária e/ou recomendável do produto que pretende adquirir;[326]
c) como o foco está na entrega, a execução é *prioritária*, procedendo-se à documentação de relatórios a reboque, ou seja, a partir das ferramentas de produção;
d) o desenvolvimento do projeto leva em conta as pessoas e, por isso, uma *boa comunicação entre as equipes* é essencial;
e) a *alteração de projetos* no curso da execução é *pressuposta* e, portanto, as requisitações não estão engessadas, mantendo-se o foco na obtenção dos resultados, dentre elas satisfazer o usuário, priorizar a melhoria contínua, manter a motivação e o envolvimento na construção do projeto, facilitar as tomadas de decisão e execução de tarefas;

---

[324] Disponível em: https://agilemanifesto.org/iso/ptbr/manifesto.html. Acesso em: 7 maio 2024.

[325] Isso é compatível com a eleição sistêmica do legislador no MLSEI, que colocou como finalidade precípua do modal "resolver demandas públicas que exijam solução inovadora com emprego de tecnologia" (art. 12, inc. I) e elegeu como primeiro critério de julgamento das propostas (e com peso maior que o preço) o "potencial de resolução do problema pela solução proposta" (art. 13, §4º, inc. I).

[326] Isso é compatível com os princípios do art. 3º do MLSEI, a exemplo de seu inc. VII, que trata da "promoção da cooperação e da interação entre os setores público e privado, como relações fundamentais para a conformação de ecossistema de empreendedorismo inovador efetivo".

f) produzir *economia de tempo e custos,* imprimindo velocidade e eficiência no trabalho, eliminando custos, recursos e requisitos desnecessários, inclusive os assim percebidos no curso da execução;
g) *agilidade na correção de erros* e identificação de problemas e gargalos;
h) *aceleração do retorno do investimento,* assim agregando-se mais valor ao produto/projeto obtido.

Alguns exemplos de metodologias ágeis disponíveis:

a) Kanban;
b) Lean Startup;
c) Scrum;
d) Extreme Programming (XP);
e) Feature Driven Development (FDD);
f) Dynamic Systems Development Methodology (DSDM);
g) Adaptive Software Development (ASD);
h) Scaled Agile Framework (SAFe);
i) Microsoft Solutions Framework (MSF).

Assim, os relatórios periódicos devem se alinhar ao uso das metodologias ágeis mais eficazes ao órgão e ao objeto, somando-se no propósito de documentação e vivência da execução.

5.10.8.5.2 Relatório de engenharia reversa

Ao final dos testes, nossa recomendação é que os contratados propiciem a entrega de um relatório que contenha o conceito de *engenharia reversa,* ou seja, a descrição destrinchada do funcionamento tecnológico da solução proposta, com análise de sua função, estrutura e operação.

Se, no início do modal, a Administração Pública, em razão da assimetria de informações, não possuía conhecimento a respeito de que solução seria capaz de resolver seu problema e, com isso, sequer teria como descrever sua pretensão e inaugurar uma licitação tradicional (a propósito o art. 13, §1º, do MLSEI), ao final do CPSI essa assimetria se arrefece.

Assim, com o relatório de engenharia reversa, a Administração Pública tem a perfeita compreensão de como a solução se constitui e de que forma ela poderia, de fato, resolver o problema proposto e, assim, decidir qual é o modelo de negócio a que quer chegar.

Esse caminho começa, exatamente, no entroncamento entre produzir ela mesma a solução ou continuar a jornada de contratação de terceiros para esse fim. Além disso, avaliar as distintas soluções "por dentro" e entender qual delas melhor se amolda ao que quer absorver, inclusive considerando o ciclo da vida do produto, a maturação do próprio órgão e suas equipes para administrar a solução e seus resultados, entre outras questões.

Portanto, se no início não se tinha condições de alcançar um "termo de referência", conforme a definição do art. 6º, inc. XXIII, da Lei nº 14.133/21, ao final do processo isso será possível.

Para isso, a Administração Pública poderá apresentar um modelo de relatório a ser preenchido pelos contratados ou, a partir do que lhe for entregue, realizar questionamentos que lhe permitam alcançar o destrinchamento da solução apresentada (respeitados os *trade secrets* em separado à concorrência) e que se conectem com a solução proposta e as informações necessárias ao seu entendimento.

5.10.8.6 Experiência do usuário como etapa

O modal licitatório estipulado no MLSEI veio, precipuamente, para resolver problemas vivenciados pela Administração Pública. A implantação da solução que os resolver vai, exatamente, permitir a superação de entraves e gargalos que, em fim último, beneficiarão um público usuário.

Esse público usuário pode tanto ser o servidor (e a solução viabiliza a atividade-meio) como também o cidadão (e a solução focará na atividade-fim).

Dependendo da hipótese, portanto, haverá um usuário interno e/ou também um usuário externo das funcionalidades dessa solução.

Portanto, se uma contratação especial será feita para a *testagem* da solução e a averiguação da sua pertinência à resolução do problema proposto, faz sentido que o próprio *usuário* futuro possa participar do processo.

Nesse sentido, não se trata de um teste em ambiente laboratorial, com simulações de uso da solução. Trata-se, na verdade, de uma *degustação* da solução, em *ambiente real de aplicação*, para a qual propomos neste livro seja adotada como fase da execução do teste.

Para além dessa concepção de que o teste deve se dar em situações reais, e não meramente simulatórias ou especulativas, nossa proposta é que o *usuário* da solução seja incluído nessa avaliação e possa, diretamente, testá-la, apondo as considerações que julgar relevantes às fases de P&D ou de fornecimento.

5.10.8.6.1 A importância de ouvir o usuário

Ouvir esse usuário vai permitir, ao mesmo tempo:

a) a confirmação (ou não) de que o problema proposto pode ser resolvido a partir de uma solução tecnológica;
b) a confirmação (ou não) de que a solução tecnológica proposta é capaz de, efetivamente, resolver o problema proposto e agregar valor à relação com o usuário;
c) a confirmação (ou não) de que o investimento público na aquisição dessa solução inovadora seria razoável e elegível;
d) a confirmação (ou não) de que o produto testado é usável e satisfaz a necessidade do usuário, conforme tratamos como eixo estruturante do *mindset* do MLSEI.

De fato, se ao usuário o produto será destinado, faz sentido que opine ao tempo de sua testagem, como componente da eficiência da gestão.

Na dicção de Uri Levine:

> Aí está um dos elementos-chave mais importante para o sucesso e vou enfatizá-lo mais uma vez: ouça os usuários/clientes, em especial na fase de adequação do produto ao mercado, e tente entender o que não funciona para eles. O *feedback* do usuário é a única coisa que importa. Mesmo que consigamos medidas muito boas de nosso sistema, se não falarmos com os usuários, podemos até descobrir "o quê", mas não o "por quê". E para alcançar o "bom o bastante, é necessário que se compreenda o "por quê".[327]

Nesse sentido, por exemplo, a Política de Gestão da Inovação no Poder Judiciário, constante da Resolução nº 395/21, na redação dada pela Resolução nº 521/23, que estabeleceu o foco no usuário como princípio (art. 3º, inc. II), ou seja, "observância, sempre que possível, da construção de solução de problemas a partir dos valores da inovação consistentes na concepção do usuário como eixo central da gestão".

---

[327] LEVINE, Uri. *Apaixone-se pelo problema, não pela solução*: o Waze para todos os empreendedores e profissionais do mundo dos negócios. Porto Alegre: Citadel, 2023. p. 70.

Vão existir distintos tipos de usuários a serem levados em conta, especialmente:

a) o *usuário interno*, servidor ou colaborador da Administração Pública, que se vale da solução para o desenvolvimento de suas atividades e, assim, está interligado à atividade-meio estatal;
b) o *usuário externo*, cidadão ou consumidor, que se vale da solução para a fruição dos serviços públicos ou atividades econômicas propiciadas pela Administração Pública e, assim, está interligado à atividade-fim estatal;
c) o *usuário externo institucionalizado*, que são as Instituições parceiras da Administração Pública e que representam grupamentos de usuários externos.

Podem ser citados como exemplo desse último instituições com legitimação extraordinária e que atuem na defesa de direitos coletivos, difusos e transindividuais, tais como Ministério Público, Defensoria Pública, Polícias Civil e Militar, conselhos profissionais, entidades do terceiro setor e outros, desde que guardem pertinência temática e defesa aos usuários envolvidos.

5.10.8.6.2 Os módulos de experiência do usuário

Considerando a diversidade desses usuários, recomendamos a adoção de *módulos de experiência do usuário*, competindo avaliar no caso concreto qual(is) dele(s) se mostra(m) adequado(s).

Com isso, afirmamos que nem todo desafio terá a íntegra dos módulos aqui propostos, devendo a Administração Pública sopesar sua adoção à luz do caso concreto, embora recomendemos a sua adoção.

São estes os módulos:

a) *Módulo 1: experiência do usuário interno ou externo.*

O módulo 1 foi pensado para ocorrer durante a testagem do CPSI, após a Administração Pública ter feito as primeiras verificações de funcionalidade das soluções e entender que elas se encontram aptas a serem testadas para além das equipes técnicas do próprio órgão.

Esse módulo serve à experiência por parte de usuários internos e/ou externos.

A título de exemplo, trazemos a experiência do que foi feito no primeiro desafio lançado pelo Tribunal de Justiça mineiro, cujo objetivo era a implantação de solução tecnológica que otimizasse o atendimento do jurisdicionado em relação aos processos judiciais, viabilizando o acesso a informações ágeis, seguras e facilitadas sobre seus andamentos, audiências, significados e outros pontos cruciais.

Nesse caso, a solução proposta pelos licitantes foi de uso de camadas de atendimento, começando pelo WhatsApp e com uso de IA e *chatbot* até chegar, se necessário fosse, ao agendamento de atendimentos presenciais.

Além desse sistema, a possibilidade de acesso aos painéis de audiência, pelo celular, *web* ou acondicionados pelos corredores dos fóruns, com informação atualizada das audiências do dia (a iniciar, iniciadas, concluídas, suspensas, adiadas ou canceladas) e seus locais de realização.

Assim, os cidadãos poderiam obter informações úteis sobre a Justiça na palma da mão, sem a necessidade de baixar aplicativos com consumo de dados, em ferramenta de fácil e conhecido acesso, com uso de tecnologia assistiva e facilidade de comunicação.

Após, portanto, as testagens pelas equipes técnicas, foi designado um período de testagem por todos os servidores, magistrados e cidadãos, jurisdicionados ou não, para acessar o sistema e consultar as diversas informações possíveis.

Ao fim das testagens, era possível acessar a pesquisa de satisfação e, com respostas rápidas, sinalizar ao Tribunal a pertinência (ou não) das soluções, as contribuições de melhoria e a avaliação sobre se seria útil a contratação da solução em definitivo.

A pesquisa de satisfação permitiu o conhecimento de informações valiosas, tais como:

> a) 77,8% dos respondentes, dentre os usuários internos, elegeram a opção "excelente" quanto à oportunidade de testarem as soluções inovadoras;
> b) 96,3% dos respondentes, dentre os usuários, recomendaram a aquisição de uma das soluções testadas para o fim proposto;
> c) das respostas dos usuários externos também foi possível coletar que o atendimento atingiu a satisfatoriedade buscada, resolveu as dúvidas e dores trazidas, além de trazer benefícios o acesso remoto (sem necessidade de deslocamento aos fóruns para obtenção das informações) com inovação, agilidade, compreensão e facilidade.

Esses dados legitimam o processo realizado e a aquisição pretendida, além de indicar que o usuário está pronto para a absorção de soluções com emprego de tecnologia para problemas dessa ordem.

Objetivamente, a Comissão Fiscalizadora deve viabilizar os seguintes itens:

1) Definição do público-alvo da testagem.
2) Definição do período em que oda a testagem será realizada, dentro do prazo do CPSI.
3) Estabelecimento de um plano de comunicação para que os usuários:
a) tenham ciência de que as soluções estão disponíveis para teste;
b) tenham ciência de que não se trata da implantação da solução, com todas as funcionalidades, volumetria e alcance que poderá vir a ter, mas que sua participação é indispensável para compreensão da satisfatoriedade da solução aos propósitos propostos;
c) tenham ciência do local de realização dos testes ou dos pré-requisitos porventura necessários à sua fruição;
d) tenham ciência do passo a passo para a realização dos testes;
e) tenham ciência dos canais de comunicação em caso de dúvidas ou falhas (SAC);
f) adiram à pesquisa de satisfação e apresentem suas ponderações não só para a adoção de uma solução, mas para o seu aprimoramento.
4) Treinamento das equipes que atuarão na fase de testes, tanto para o desenvolvimento desses quanto para a instrução e acompanhamento dos usuários.
5) Conscientização das equipes para a melhor realização da testagem, a exemplo das seguintes instruções:
a) estimulação dos usuários para adesão aos testes;
b) equânime disponibilização das soluções aos usuários, sem aposição de preferências pessoais ou discriminações;
c) utilização do SAC para solução de dúvidas ou entraves na utilização das soluções;
d) *feedback* à Comissão Fiscalizadora quanto a eventuais gargalos a serem resolvidos;
e) estimulação dos usuários à pesquisa de satisfação;
f) participação direta na pesquisa de satisfação formulada para usuários internos.
6) Disponibilização de pesquisas de satisfação (separadas por usuários internos e externos), a partir de técnicas consagradas de realização, com recursos tecnológicos que permitem anonimização

do respondente, registro automático e auditável das respostas e compilação dos dados, além de serem de fácil e ágil resposta.

b) *Módulo 2: experiência do usuário externo institucionalizado.*

O módulo 2 foi pensado para ocorrer durante a testagem do CPSI, convocando-se à sua realização todas as instituições parceiras representativas dos usuários e que tenham conexão com a temática envolvida. O objetivo é dar conhecimento a essas instituições a fim de que também testem as soluções e, sob a ótica coletiva, tragam suas contribuições de melhoria, além de participarem do processo de engajamento dos usuários externos que representam.

Também a título de exemplo, trazemos a experiência do que foi feito no primeiro desafio lançado pelo Tribunal de Justiça mineiro, em que foi designado um evento destinado às instituições parceiras envolvidas na temática do atendimento ao público, especialmente Ministério Público, Defensoria Pública, Ordem dos Advogados do Brasil, Polícias Civil e Militar e entidades ligadas ao enfrentamento da violência doméstica e familiar (já que houve, no recorte de volumetria de teste, a priorização do atendimento das varas especializadas nessa temática, inclusive em razão da necessidade de que o teste suportasse a avaliação de processos em segredo de Justiça, que requerem cuidados adicionais).

Além dessas, também foram convidados outros órgãos para o conhecimento das soluções, podendo ser citados os comparecimentos de técnicos do Supremo Tribunal Federal, do Tribunal Regional Federal da 6ª Região (Minas Gerais) e de órgãos de governança, controle e transparência de outros estados.

Nesse evento, foi feita a explicitação do modal, dos objetivos do MLSEI, de como o processo de contratação foi realizado, quais as soluções foram contratadas e desenvolvidas, o que estava à disposição do público usuário e como poderia contribuir na testagem e avaliação.

Ainda, foi franqueado às instituições parceiras visitar as áreas do Fórum que continham o atendimento ao público para a testagem, os painéis de audiência, os acessos públicos às soluções e o acompanhamento das equipes treinadas para o caso de dúvidas, além, claro, da própria experimentação das soluções pelo celular.

Ao final, foram colhidas as impressões do público presente, com coleta de entrevistas e depoimentos dos representantes das instituições convidadas.

Objetivamente, o que a Comissão Fiscalizadora deve viabilizar para a ocorrência desse evento:

---

1) Definição do público-alvo e realização dos convites específicos.

2) Definição de realização de um evento fixo ou período de testagem, dentro do prazo do CPSI.

3) Estabelecimento de um plano de comunicação para maior adesão e engajamento dos órgãos, nos moldes do proposto para o módulo 1.

4) Treinamento e conscientização das equipes que atuarão no módulo, nos moldes do proposto para o módulo 1.

5) Convocação da alta administração para participação efetiva no módulo e, se se entender pertinente, convocação de outras instituições que possam ter interesse no compartilhamento da solução.

6) Disponibilização de pesquisas de satisfação, além de coleta de depoimentos e realização de entrevistas.

7) Registro das presenças para avaliação do engajamento das instituições parceiras na iniciativa.

---

c) *Módulo 3: experiência do usuário externo institucionalizado.*

O módulo 3 foi pensado para ocorrer em dois distintos momentos.

O primeiro deles é na fase de P&D para que seja possível à Administração Pública colher contribuições das instituições parceiras durante o desenvolvimento da solução e, inclusive, com a possibilidade de averiguar eventual interesse em desenvolvimento conjunto.

O segundo deles é na fase de planejamento do contrato de fornecimento, em que será definido o modelo de negócio para a aquisição para que seja possível à Administração Pública colher contribuições das instituições parceiras em itens que interessam à construção desse modelo, sua volumetria e recortes (como mais adiante detalharemos), com a possibilidade de averiguar eventual interesse de fruição conjunta.

Ela se dá com os mesmos usuários que integraram o módulo 2.

A título de exemplo, trazemos a experiência do que foi programado no primeiro desafio realizado pelo Tribunal de Justiça mineiro (ao tempo da edição deste livro, os diálogos respectivos a essa fase estavam programados): reuniões de alinhamento com as instituições parceiras que aderiram ao módulo 2 para trazerem suas contribuições ao fornecimento da solução e a melhor construção do modelo de negócio, com discussões sobre volumetria, alcance das camadas de atendimento, customização de itens de atendimento, permissões de acesso às instituições para consultas específicas ao sistema, discussões sobre a Política de Linguagem Simples do CNJ e sua implantação nesse atendimento, entre outros fatores que interessam ao fornecimento.

Objetivamente, a Comissão Fiscalizadora deverá atentar para as seguintes providências:

> 1) Definição do público-alvo e realização dos convites específicos.
> 2) Realização de reuniões de alinhamento com as instituições que aderirem ao módulo.
> 3) Convocação dos contratados, na fase do CPSI, para acompanhamento das reuniões, tendo em vista que as contribuições não podem ser incompatíveis com o P&D realizado nem com as soluções desenvolvidas.
> 4) Consolidação das contribuições recebidas e, assim, a formulação da *requisitação consolidada* que integrará o pedido de proposta aos anteriores contratados e que integrará a avaliação do modelo de negócio no planejamento do contrato de fornecimento (se o módulo integrar essa fase).
> 5) Consolidação das contribuições recebidas e, assim, a *integração ao P&D* (se o módulo integrar essa fase).
> 6) Registro das presenças para avaliação do engajamento das instituições parceiras na iniciativa.

Essa é uma etapa para consolidar a efetiva oitiva dos usuários.

d) *Módulo 4: experiência do usuário.*

O módulo 4 foi pensado para a execução do contrato de fornecimento, no qual serão mantidos os espaços de oitiva dos usuários para os processos de melhoria, customização, atualização e aprimoramento da solução, haja vista que soluções tecnológicas pressupõem um processo contínuo de adaptação e enfrentamento de sua obsolescência natural.

Recomendamos que os contratos de fornecimento tenham espaço para esse módulo até como processo contínuo, mantendo escuta empática, como eixo estruturante, e proximidade do usuário como partícipe.

Afinal, a mesma lógica que determina a oitiva do usuário antes determina a permanência dessa oitiva ao longo de todo o processo.

Objetivamente, a Comissão Fiscalizadora deverá atentar para as seguintes providências:

> 1) Definição do público-alvo e realização dos convites específicos.
> 2) Realização das reuniões de alinhamento com as instituições que aderirem ao módulo.
> 3) Convocação do contratado para acompanhamento das reuniões e avaliação da viabilidade das adequações e contribuições de melhoria apontadas.
> 4) Consolidação das contribuições recebidas para que integrem *cronograma de manutenção corretiva, atualização e/ou implantação* e, se for o caso, a respectiva contraprestação financeira e aditivação temporal do contrato.
> 5) Se houver compartilhamento contratual entre instituições, a definição das responsabilidades de cada qual.
> 6) Registro das presenças para avaliação do engajamento das instituições parceiras na iniciativa.

5.10.8.6.3 Os registros da experiência do usuário

Realizadas as experiências, recomendamos o registro delas no processo administrativo (licitatório ou contratuais), tornando transparente a informação do que foi possível colher.

Esses registros podem ser:

> a) consolidação das pesquisas de satisfação, bem como dos dados e estatísticas gerados a partir dessas;
> b) registros fotográficos, audiovisuais e videográficos;
> c) degravação de depoimentos e entrevistas;
> d) coletânea de reportagens e notícias a respeito das experiências;
> e) listas de convites, confirmações e presenças apuradas;
> f) gravação em áudio e vídeo (e atas respectivas) das reuniões de alinhamento realizadas.

Esses registros vão comprovar não só a ocorrência das experiências, mas as suas contribuições à solução, ao processo e à curva de aprendizado da Administração Pública.

5.10.8.7 Os limites do teste

Em que pese o desenvolvimento da solução proposta deva ser o mais completo possível durante o CPSI (reservando-se à etapa do fornecimento somente a customização essencial a essa), a testagem da solução se dá sob outra filosofia: ela deve se limitar ao indispensável à averiguação de pertinência da solução à resolução do problema proposto.

De um lado, assim se evita que se permaneça em teste por mais tempo e custo do que o indispensável (principalmente considerando que mais de uma solução está em teste e, assim, despendendo recursos públicos). O próprio MLSEI, ao fixar os prazos dos contratos, atribuiu menor temporalidade ao CPSI.

De outro lado, assim se evita que o CPSI seja travestido de fornecimento e acabe por funcionar como um apêndice do contrato futuro, que possui limitações de prazo e recursos disponíveis.

Por isso, compete à Administração Pública avaliar que recorte dará à testagem.

O primeiro recorte é de *tempo*, inclusive para que seja possível equalizar P&D e testagem no limitado prazo do art. 14 do MLSEI ("vigência limitada a 12 meses, prorrogável por mais um período de até 12 meses").

O segundo recorte é de *dimensão*, escolhendo uma volumetria e um alcance capazes de expressar o conjunto satisfatoriamente.

A título de exemplo, trazemos as situações do TJMG e do TCU em suas licitações recentes:

> a) No caso do TJMG, embora a melhoria do atendimento possa beneficiar 100% dos usuários da Justiça em todo o Estado, nas 2 instâncias, foi escolhida a testagem em 2 volumes: no caso dos processos sob segredo de justiça (que têm condições especiais de acesso à informação) foram selecionados apenas os advindos da varas especializadas em violência doméstica e familiar da Comarca da Capital; e no caso dos demais processos (que têm um volume maior de informações disponíveis) foram selecionados apenas os advindos de uma única unidade da Comarca da Capital (já que Belo Horizonte tem sedes descentralizadas);
> b) no caso do TCU, em que pese esse possua 10.000 obras de volume esperado para o fornecimento, optou pela testagem em um volume de 60 a 100 obras e que recaiam sobre algumas das camadas de risco que elegeu, podendo determinar o fim antecipado da testagem se o volume for suficiente à averiguação pretendida.

O terceiro recorte é de *modelo de desenvolvimento*.

Destacamos não se dever prescindir nem da participação do usuário e da Administração Pública na construção da solução (que está na raiz dos eixos estruturantes do MLSEI, já comentados neste livro), nem da testagem em ambiente real de aplicação.

Se respeitados esses pressupostos, os modelos podem ser de:

a) *Minimum viable product* (MVP) ou produto mínimo viável, termo cunhado por Frank Robinson em 2001, mas que ganhou franca disseminação uma década depois com a obra *The Lean Startup*, de Eric Ries.

Segundo esse último, é a "versão do produto que permite uma volta completa do ciclo construir-medir-aprender com o mínimo de esforço e o menor tempo de desenvolvimento".

Assim, o produto é desenvolvido à medida que se verifica que as etapas constituídas se mostram suficientes, sem a necessidade de volumetria e alcance iguais ao fornecimento, bastando que estejam atestadas satisfatoriedade, escalabilidade e eficiência.

b) Prova de conceito já se mostra como modelo distinto.

Embora o principal objetivo interesse à Administração Pública, ou seja, a avaliação de funcionalidade na prática, e considerando as condições necessárias de operação, interoperabilidade e eficiência, nesse modelo não é imprescindível a atuação do cliente/usuário.

Esse é, por certo, o ponto de crítica à sua adoção pelo modal do MLSEI.

Além disso, sua funcionalidade pode ser testada laboratorialmente, o que não necessariamente estará ao alcance dos usuários.

c) Protótipo já se dá com foco no usuário, ou seja, na sua sensação, percepção ou experiência, com colheita de seu *feedback* acerca do produto, funcionalidade, satisfatoriedade e eficiência.

Ainda cabe a crítica de não pressupor a participação do usuário na criação do produto e poder ser apenas uma projeção da solução, sem a verificação de todas as suas camadas constitutivas ou fora do ambiente real de aplicação.

No entanto, parece-nos que a escolha da terminologia *teste* pelo MLSEI quis findar com os questionamentos sobre qual seria, desde um ponto de vista teórico, o modelo a ser utilizado.

Melhor é que a Administração Pública sinalize no edital e as partes (contratante e licitante/contratado) acordem na negociação até onde será necessário constituir o teste e a partir de que tipo de modelo (isolado ou conjugado).

Desde um ponto de vista teórico, de fato, não é o ideal se definir, especialmente quando a Administração Pública sequer sabe que solução advirá na licitação, quais são seus componentes técnicos e de que forma os usuários terão condições de avaliar a sua pertinência aos propósitos.

5.10.8.8 Criações resultantes

Ao final do CPSI, será possível avaliar quais foram as criações resultantes desse e sobre as quais poderá imperar regras próprias de propriedade intelectual (e seus direitos de exploração), conforme o art. 14, §4º, inc. IV, do MLSEI.

O primeiro ponto a considerar é que o CPSI terá de regular como se dará a propriedade intelectual sobre essas criações, mas não necessariamente essa definição tem de partir, inarredável e imutavelmente, do edital.

O que o edital precisará é sinalizar um destes caminhos:

a) ao estipular como fica a titularidade, se essa previsão é fixa e não sujeita a modificações posteriores;
b) ao estipular como fica a titularidade, se essa previsão é apenas inicialmente sugerida e poderá vir a ser modificada na fase de negociação (Art. 13, §9º do MLSEI);
c) prever que na fase de negociação será definido como será a titularidade, sem nenhuma indicação prévia.

Não é indispensável que a Administração Pública retenha para si a copropriedade nesses casos, mesmo que o produto seja desenvolvido em comum.

A obrigação de cessão da titularidade deixou de ocorrer no próprio marco das licitações (Lei nº 14.133/21), como se vê no art. 93, com a exceção de seu §2º, ou seja:

> Art. 93. Nas contratações de projetos ou de serviços técnicos especializados, inclusive daqueles que contemplem o desenvolvimento de programas e aplicações de internet para computadores, máquinas, equipamentos e dispositivos de tratamento de comunicação da informação (software) – e a respectiva documentação técnica associada –, o autor *deverá ceder todos os direitos patrimoniais* a eles relativos para a Administração Pública, hipótese em que poderão ser livremente utilizados e alterados por ela em outras ocasiões, sem necessidade de nova autorização de seu autor.

§2º. É facultado à Administração Pública *deixar de exigir a cessão de direitos a que se refere o caput deste artigo quando o objeto da contratação envolver atividade de pesquisa e desenvolvimento de caráter científico, tecnológico ou de inovação*, considerados os princípios e os mecanismos instituídos pela Lei nº 10.973, de 2 de dezembro de 2004.

Assim, estão as partes aptas, se o edital franquear, à negociação de como se darão a titularidade e a exploração dos direitos decorrentes, sendo possível à Administração Pública, por exemplo, prescindir da cessão do *caput* se mantém para si a possibilidade de utilização, sem ônus, com o desenvolvimento das customizações necessárias.

Ao menos em princípio, nas licitações do Poder Judiciário, poder-se-ia pensar em uma relativização dos conceitos em parte de seus objetos, considerando o disposto na Resolução nº 335/20, que dispõe sobre a política pública para a governança e a gestão de processo judicial eletrônico e sobre a Plataforma Digital do Poder Judiciário Brasileiro (PDPJ). Segundo essa:

> Art. 5º. Fica proibida a contratação de qualquer novo sistema, módulo ou funcionalidade privados, mesmo de forma não onerosa, que cause dependência tecnológica do respectivo fornecedor e que não permita o compartilhamento não oneroso da solução na PDPJ-Br.
> §1º. A dependência tecnológica indicada no *caput* diz respeito à hipótese em que o tribunal contratante não tenha direito à propriedade do que for desenvolvido e não tenha direito aos códigos fonte, documentação e quaisquer outros artefatos que venham a ser produzidos.
> §2º. Os tribunais que possuem contratos nas condições previstas no §1º deste artigo terão prazo fixado em ato normativo próprio para início de projeto-piloto de adequação.
> §3º. O descumprimento da regra prevista no caput poderá ensejar:
> I – a responsabilização do ordenador de despesas por improbidade administrativa, sem prejuízo da comunicação ao Tribunal de Contas respectivo;
> II – apuração de possível responsabilidade disciplinar dos gestores de TIC e da administração do respectivo tribunal.

De um lado, vale considerar que esse normativo é anterior à edição da Lei nº 14.133/21 e da Lei nº 14.230/21 e, portanto, precisa ter sua validade severamente revista, tanto pelo fato de que hoje é possível abdicar da cessão à luz da primeira lei, tanto pelo fato de que não se pode presumir ou pressupor a ocorrência de improbidade administrativa sem a investigação de circunstâncias fáticas, vontade livre e consciente de alcançar o resultado ilícito e outros requisitos saudáveis instituídos pela lei de reforma da LIA.

De outro lado, esse normativo deve ser compreendido à luz dos seus interesses de origem, quando o país vivenciava, em alguns estados, sobretudo, um nível significativo de dependência tecnológica para a íntegra da operação de sistemas de processos judiciais, o que não se amolda às funcionalidades e limites de um desafio como o posto no MLSEI.

Para além disso, a previsão não pode significar o soterramento das iniciativas de inovação nos tribunais brasileiros, já que a obrigação de compartilhar, de forma não onerosa, as criações com todos esses pode significar a inviabilidade de se desenvolverem soluções regionais, que não teriam o mesmo custo que sistemas de amplitude nacional.

E soterrar a iniciativa da inovação nesses é completamente avesso ao arcabouço normativo de inovação do próprio CNJ.

A título de exemplo, pode ser citada a Política de Gestão da Inovação no âmbito do Poder Judiciário (Resolução nº 395/21), em que está previsto o aprimoramento das atividades judiciárias requerer a difusão da cultura da inovação, com a modernização de métodos e técnicas de desenvolvimento do serviço judiciário (art. 1º), entendendo-se a inovação como a implementação de ideias que criam uma forma de atuação e geram valor para o Poder Judiciário, seja por meio de novos produtos, serviços, processos de trabalho, ou uma maneira diferente e eficaz de solucionar problemas complexos encontrados no desenvolvimento das atividades que lhe são afetas (art. 2º).

Da referida Política, ainda se extraem seus princípios, dentre os quais estão a cultura da inovação (a partir da adoção de valores voltados ao estímulo da inovação incremental ou disruptiva, com prospecção e desenvolvimento de procedimentos que qualifiquem o acesso à justiça e promovam a excelência do serviço judicial, com vistas a propiciar melhor atendimento ao usuário do Poder Judiciário), o foco no usuário (com observância, sempre que possível, da construção de solução de problemas a partir dos valores da inovação consistentes na concepção do usuário como eixo central da gestão), a participação (integrando atores externos com visão multidisciplinar), a colaboração (com realce à criatividade e experimentação, inclusive interagindo com o mercado para a busca das melhores soluções), a desburocratização (aprimorando e simplificando tarefas, promovendo agilidade, otimização de recursos e ganhos de eficiência), a transparência (gerando dados capazes de dar acesso adequado à informação), entre outros (art. 3º).

Daí que tal Política estipulou competir a todos os órgãos do Poder Judiciário implementar a política de inovação (art. 4º), propiciar a concepção de ideias inovadoras, seu desenvolvimento e materialização (art. 5º), fomentando-se o desenvolvimento, pelos tribunais, de projetos inovadores que utilizem ferramentas, disseminando a cultura da inovação (art. 6º).

Para além disso, por certo, compete ao Poder Judiciário a avaliação das consequências práticas de seu decidir, por força dos arts. 20 e 21 da LINDB, de obrigatória observação inclusive à luz do art. 5º da Lei nº 14.133/21.

Assim, em que pese a aparente dureza e direção da norma inicialmente citada do CNJ, ela somente pode ser lida à luz do conjunto normativo sistêmico disponível e, a partir desse, neutralizador dos posicionamentos inflexíveis inicialmente apostos.

Para além disso, relevante aqui mencionar a resposta a questionamento realizado ao TCU, no seu primeiro desafio à luz do MLSEI, a respeito dessa temática e que demonstra como pode ser compreendida a titularidade no caso concreto, ou seja:

> 1) Quem terá a propriedade intelectual da Solução Inovadora? A Contratada terá que disponibilizar seu código-fonte com o TCU?
> Componentes (algoritmos, APIs, SDKs, modelos computacionais) previamente existentes na data da assinatura do CPSI, trazidos pela Contratada para integrar a Solução Inovadora NÃO são de propriedade intelectual do TCU. E não será exigido que seu código-fonte seja compartilhado com o TCU. Contudo, tais componentes, enquanto parte da Solução, deverão ser cedidos para uso perpétuo e não oneroso do TCU, inclusive suas eventuais atualizações lançadas no mercado pela Contratada.
> Já os componentes, códigos-fonte, programas de computador, algoritmos, informações técnicas etc. que tenham sido desenvolvidos no âmbito do CPSI terão a titularidade da propriedade intelectual e a cessão de direitos de exploração comercial negociados na Fase de Negociação. Não é interesse do TCU a exploração comercial da Solução Inovadora, motivo pelo qual o TCU poderá ceder os direitos de exploração ou mesmo a titularidade da propriedade intelectual, conforme previsto na LCP 182 art 14 §1º incisos IV e V. Mediante uma contrapartida negociada. O que pode incluir, por exemplo, a certeza de que os custos do CPSI não estão inflados com lucros para a Contratada; e/ou a assunção de riscos da matriz de riscos pela Contratada.

Os conteúdos (dados) coletados, processados ou gerados no CPSI são de uso exclusivo do TCU, e não poderão ser utilizados pela Contratada para outros fins ou por ela divulgados.

5.10.8.9 Evento do *demo day*

Após o encerramento dos testes no CPSI, é hora de apresentar as experiências coletadas no período e verificar a efetiva execução contratual, antes que fiscais e gestores dos contratos sobre isso se manifestem. A condensação de todos esses dados poderá se dar, então, em uma sessão pública denominada *demo day*, em que os contratados os apresentarão à Comissão Fiscalizadora e que corresponderá ao recebimento provisório da totalidade do objeto.

A Comissão Fiscalizadora deverá atribuir igual prazo de manifestação a todos os contratados e poderá, em sessão, realizar os questionamentos que entender pertinentes à elucidação das informações trazidas ou, se necessário for, baixar em diligência para que as informações faltantes sejam posteriormente trazidas.

Como já previsto para outras reuniões comentadas neste livro, a sessão deverá ser gravada em áudio e vídeo, com disponibilização nos autos do processo, acompanhada de ata respectiva e juntada dos *templates*, documentos e informações apresentados pelos contratados.

Ato seguinte, a Comissão Fiscalizadora poderá elaborar o parecer conclusivo opinativo dirigido ao gestor dos contratos.

5.10.8.10 Recebimento do objeto

Após a apresentação do parecer conclusivo opinativo pela Comissão Fiscalizadora e não havendo novas diligências por essa ou pelos contratados, competirá ao gestor proceder ao *recebimento definitivo* da totalidade do objeto (art. 140, inc. I, alínea "b", da Lei nº 14.133/21), comprovando o atendimento das exigências contratuais e todos os ajustamentos no curso da execução.

Esse recebimento comportará três grupos de situações:

a) *itens efetivamente cumpridos*: esses deverão ser atestados e permitirão, como consequência, a realização do pagamento, conforme proposta anexa ao CPSI;

b) *itens não cumpridos em razão do risco tecnológico*: esses itens serão documentados e serão remunerados com base no esforço empreendido, indicando-se o valor correspondente a tanto;[328]

c) *itens não cumpridos e desvinculados do risco tecnológico*: esses serão descritos e avaliados, podendo daí decorrer: a liberação dos contratados (porque os itens não utilizados não são essenciais e podem ser decotados) ou a remessa a processos administrativos de apuração de responsabilidade ou meios alternativos de resolução de controvérsias (porque entendidos como inadimplência).

Por último, convém lembrar que não haverá, nem por parte dos fiscais, nem por parte do gestor dos contratos, manifestação acerca da *preferência* por uma ou mais soluções testadas, pensando-se no futuro fornecimento.

A decisão sobre qual solução contratar competirá à autoridade competente pelo planejamento do próximo contrato, após a avaliação do modelo de negócios que será seguido e ouvida a equipe multidisciplinar designada para esse fim, conforme trataremos no próximo tópico.

Assim, encerrado o CPSI, os autos deverão ser remetidos à área demandante a fim de que se iniciem as tratativas que, se for o caso, desembocarão no fornecimento.

5.10.9 Contrato de fornecimento

Encerrado o CPSI, a Administração Pública poderá celebrar com o mesmo contratado, sem nova licitação, contrato para o fornecimento da solução, conforme o art. 15 do MLSEI.

Caso mais de uma solução cumpra satisfatoriamente as metas estabelecidas no CPSI, o contrato de fornecimento será firmado, mediante justificativa, com o contratado cujo produto, processo ou solução atenda melhor às demandas públicas em termos de relação de custo e benefício com dimensões de qualidade e preço, conforme o §1º do mesmo dispositivo.

Esse contrato será firmado pelo prazo de até 24 (vinte e quatro) meses, prorrogável por mais um período de até 24 (vinte e quatro) meses, limitado ao valor de R$8.000.000,00 (oito milhões de reais), incluídas

---

[328] Por conta disso, se relativiza o termo "ateste" para permitir que conglobe a aquisição do fracasso, como já tratamos neste livro.

eventuais prorrogações, reajustes e acréscimos legais, conforme os §§2º e 3º do mesmo dispositivo.

Essas são as únicas especificações do MLSEI e, portanto, é necessário que a vacuidade procedimental seja preenchida por esforço administrativo. Aqui, então, aporemos as sugestões para superação dessa.

5.10.9.1 As possibilidades de fornecimento do serviço e a escolha do modelo de negócio

A partir do conhecimento das possíveis soluções à resolução do problema proposto, a Administração Pública está apta a eleger o *modelo de negócio* que será utilizado, ou seja, *como* se pretende alcançar o fornecimento e, assim, gerar e entregar valor ao usuário.

Dentre esses modelos, estão:

a) *prestação direta*: considerando que agora se conhece a solução e suas especificações à resolutividade do problema, a Administração Pública pode decidir por prestar, ela mesma, esse objeto;
b) *prestação indireta*: considerando que a terceirização de atividades-meio é relevante para a Administração Pública, concentrando-se essa em sua atividade-fim, essa pode decidir pela contratação de terceiros que prestem a solução pretendida, a partir das seguintes possibilidades:
b.1) *por contratação direta, através de dispensa de licitação*: com quem fora celebrado o CPSI que se apresente, à luz do §1º do Art. 15 do MLSEI, o ideal à resolução pretendida;
b.2) *por licitação*: abrindo-se procedimento para que, qualquer interessado na prestação da solução que se mostre apto a fornecê-la, possa acudir com sua proposta;
b.3) *por inexigibilidade*: como hipótese meramente resquicial e excepcional, onde houver inviabilidade de competição, nos termos do Art. 74, inc. I da Lei nº 14.133/21.

O que coube ao MLSEI foi apenas prever a hipótese de contratação por dispensa, sem que com isso inviabilizasse outras possibilidades.

Mesmo quando a Administração Pública optar pela prestação indireta, não lhe será possível, automaticamente, escolher a dispensa, devendo prosseguir na investigação de outros dados que lhe permitam concluir pela viabilidade dessa hipótese, como trataremos a seguir.

5.10.9.2 A possibilidade do contrato de fornecimento como dispensa de processo licitatório

Importa compreender que o art. 15 previu uma hipótese de dispensa, ou seja, "poderá celebrar com a mesma contratada, sem nova licitação, contrato para o fornecimento".

E, como toda dispensa, não exclui a possibilidade de que a licitação ocorra, sendo apenas uma autorização legislativa de, no caso concreto, se a dispensar.

A razão de o legislador assim proceder é justificável: do planejamento à execução dos CPSIs houve considerável investimento público, de recursos humanos a financeiros, que fundamentam se aproveite o caminho percorrido e talhado, se há solução desenvolvida e testada que se mostre satisfatória à resolução do problema proposto, sobre a qual possa resultar, inclusive, direitos de propriedade intelectual ou de exploração à Administração Pública.[329]

No entanto, a dispensa não poderá ocorrer senão sob os limites propostos pelo legislador, que são o tempo máximo de contrato (24 meses + 24 meses) e o preço máximo (até R$8 milhões, contadas as prorrogações, além de reajustes e acréscimos possíveis de quantitativo conforme a lei).

Portanto, caso a pretensão concreta ultrapasse esses limites, forçosamente a Administração Pública, se desejar a terceirização, terá de proceder à contratação por licitação (salvo a excepcional ocorrência de inexigibilidade à luz do art. 74, com especial ênfase no inc. I, da Lei nº 14.133/21).

5.10.9.3 Estudo Técnico de Modelo de Negócio (ETM)

A escolha do modelo de negócio, portanto, deverá ser feita pela Administração Pública a partir de um estudo criterioso e que permita chegar-se à melhor conclusão.

---

[329] Importa registar que não é impossível o aproveitamento de mais de uma solução. É possível, por exemplo, encontrar soluções parciais que, somadas, resolvem melhor o problema proposto. É possível, por exemplo, conjugar soluções totais para se alcançar a escalabilidade pretendida. É possível, por exemplo, que a contratação de soluções simultâneas e paralelas se mostre útil, analogicamente à figura do credenciamento. É possível, inclusive, que os contratados anteriores se consorciem ou se subcontratem para esses fins. Não há como, desde um ponto de vista teórico, excluir hipóteses e entender que o MLSEI, pelo uso de sua terminologia, intencionalmente impediu essas conjugações. A nós parece possível, devendo-se avaliar a situação concreta para essa conclusão.

A isso optamos por denominar de Estudo Técnico do Modelo de Negócio (ETM), intencionalmente distanciando-se da terminologia Estudo Técnico Preliminar (ETP), já que solução em si a Administração Pública já possui e não necessita trilhar o caminho para o seu encontro. Portanto, o conceito dos arts. 6º, inc. XX, e 18, §1º, ambos da Lei nº 14.133/21, não se mostra adequado a esse momento e situação.

Para a montagem do ETM, será necessário que a Administração Pública tome as seguintes ações:

a) Nomeie *equipe multidisciplinar de planejamento* para a sua concretização, avaliando todos os pontos indispensáveis à definição do modelo de negócios;
b) Mantenha o comando dessa fase sob os cuidados de uma área demandante, que tomará a decisão acerca dos pontos sobre os quais a equipe apenas apresenta suas opiniões mesmo com todo o auxílio multidisciplinar e de especialistas;
c) Avalie os *modelos de negócio* cabíveis, suas volumetrias e cenários, medindo todas as possibilidades de utilização.

O ETM, nesse sentido, *auxiliará* na definição de qual dos perfis será seguido e, em consequência, que tipo de contrato será celebrado. No entanto, porque outras etapas ainda são necessárias até que a decisão sobre o modelo de negócio ocorra, o ETM não terá como objetivo eleger um dos modelos possíveis, mas será seu ponto de partida.

Nesse sentido, será necessário ainda que algumas etapas de validação de componentes, tais como cenários, volumetrias, propostas comerciais, SLA, cronograma de implantação, dotação orçamentária e outras, ocorram e, ao final, a autoridade competente tenha condições de realizar sua opção.

Mas, desenhados os possíveis modelos no ETM, a Administração Pública poderá seguir na trajetória dessa fase de *planejamento do fornecimento*.

5.10.9.4 Diálogo com os usuários e instituições de representação

O próximo passo é a realização da *experiência do usuário*, no *módulo 3* já sugerido neste livro, com seu respectivo plano de comunicação, para colher eventuais contribuições das instituições a partir dos levantamentos constantes do ETM.

Para as reuniões de alinhamento, serão convocados os contratados por CPSI, que, nos termos do §1º do art. 15 do MLSEI, são potenciais partes do novo contrato, a fim de que verifiquem a pertinência das sugestões às suas próprias soluções, mesmo que alguma customização se mostre necessária.

Assim se completa a efetiva oitiva do usuário e se torna possível o fechamento dos itens técnicos e requisitações que integrarão o modelo de proposta.

5.10.9.5 Apresentação, negociação e avaliação das propostas consolidadas

Ato seguinte, a Administração Pública requererá a esses anteriores contratados, a partir do modelo de proposta que formular, que apresentem suas *propostas consolidadas (trabalho e preço)*, a fim de que se avalie o que descrito na parte final do §1º do art. 15 do MLSEI, ou seja, "relação de custo e benefício com dimensões de qualidade e preço".

Com as propostas consolidadas em mãos, a Administração Pública pode iniciar a *fase de negociação* sobre os seus termos e buscar, analogicamente ao contido no art. 13, §9º, do MLSEI, qual a proposta mais vantajosa.

Poderá receber, para essa definição, todo o auxílio que julgar necessário (pareceres jurídicos e técnicos, participação do Comitê de Especialistas e demais consultas já abordadas neste livro).

5.10.9.6 Decisão do modelo de negócio e encaminhamento para contratação

Negociadas essas propostas e alcançada a(s) que melhor(es) se adequa(m) à necessidade pública, é possível chegar ao seguinte entroncamento:

> a) a proposta selecionada permaneceu *superior ao limite de R$ 8.000.000,00* (oito milhões de reais) e, por isso, incompatível com os limites de dispensa do Art. 15, §3º do MLSEI: se a Administração Pública não optar por uma redução de cenário ou volumetria, o percurso posterior é quanto à licitação da solução no mercado (excetuada a excepcional investigação de inexigibilidade do Art. 74, inc. I da Lei nº 14.133/21);
> b) a proposta selecionada é *igual ou inferior ao limite de R$ 8.000.000,00* (oito milhões de reais) e, por isso, a dispensa se torna possível nos limites do Art. 15, §3º do MLSEI ou, se assim ainda preferir a Administração

Pública, poderá optar pela redução de cenário ou volumetria ou manter o espectro total e, ato seguinte, decidir – em um ou em outro caso – pela realização de dispensa ou licitação.

Tomadas essas decisões, então, finalmente se chegará ao *modelo de negócio* para o fornecimento, seguindo-se o procedimento de contratação/licitação nos moldes das normas gerais da Lei nº 14.133/21.

CAPÍTULO 6

CASES RELEVANTES DE UTILIZAÇÃO DO NOVO MARCO LEGAL

HENRIQUE CAMPOLINA

6.1 A experiência vivida no Tribunal de Justiça de Minas Gerais

Na vanguarda da aplicação do MLSEI, de forma inédita no Poder Judiciário, em 17.02.2023, o TJMG publicou o aviso de seu primeiro edital (nº 28/2023)[330] do modal dessa lei.

O desafio escolhido para inaugurar o novo modal licitatório foi:

> Oferecer, em locais de fácil acesso, informação qualificada ao público externo, por meio de linguagem simplificada e de forma atualizada e imediata, sobre os serviços da Justiça, tais como pautas de audiência, locais de comparecimento, atendimento e andamento processuais.

Por se localizar no período no qual, excepcionalmente, como já abordado neste livro, conviviam vigentes dois regimes gerais de licitações e contratações públicas, o TJMG definiu as normas da Lei nº 8.666/93 como aplicação subsidiária aos dispositivos do MLSEI.

---

[330] Edital nº 28/2023. Disponível em: https://www8.tjmg.jus.br/licitacoes/consulta/consultaLicitacao.jsf?anoLicitacao=2023&numeroLicitacao=28. Acesso em: maio 2024.

No processamento da fase externa da licitação, o TJMG configurou o seguinte "funil"[331] para o desenvolvimento da disputa:

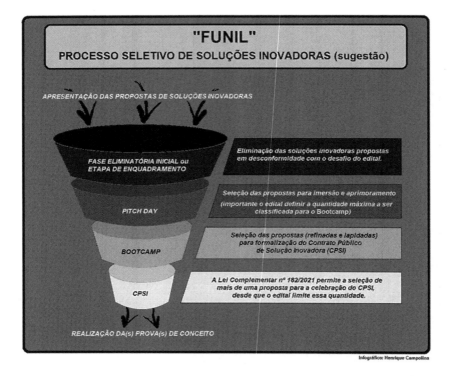

São pontos destacáveis do procedimento realizado:

a) À época ainda vigia a Lei nº 8.666/93, em concomitância à Lei nº 14.133/21, tendo o TJMG optado pela utilização subsidiária da primeira, na esteira do que vinha realizando com outros processos;
b) No primeiro desafio foi feita a opção por propostas exclusivamente advindas de *startups*, aplicando o Art. 3º, inc. VIII do MLSEI, acudindo ao processo 5 licitantes;
c) O edital previu a possibilidade da celebração de até 3 CPSIs, tendo sido, ao final, celebrados 2, cujas soluções apresentadas eram funcionalmente equivalentes;

---

[331] Funil: termo utilizado no ecossistema das empresas inovadoras para remeter ao procedimento eliminatório e/ou classificatório de avaliação e seleção das soluções inovadoras.

d) Nos CPSIs foram cumpridas 2 etapas distintas, sendo uma de P&D reduzido (pois as soluções tinham TRL de notas altas e, portanto, só necessitavam de customização às requisitações do TJMG) e uma de teste;
e) Na fase de testes foram realizadas as Experiências do Usuário nos módulos 1 e 2 já descritos neste livro, cujas pesquisas de satisfação indicaram o interesse do público na contratação de soluções tecnológicas para melhoria do atendimento, conforme escopo, bem como a satisfatoriedade com as soluções que foram testadas;
f) Os CPSIs tiveram seu prazo inicial prorrogado e, ao final, vigência de 180 dias, tendo sido atestados e considerados atendidos os propósitos inicialmente desenvolvidos e, com isso, considerada ser a primeira experiência como exitosa;
g) Ao tempo de edição deste livro estavam em andamento as ações para obtenção de contrato de fornecimento (por dispensa ou licitação, como já exposto neste livro);
h) O edital se valeu, para a licitação, das seguintes fases: eliminatória (conformidade nos formulários iniciais apresentados), *Pitch day* (apresentação inicial pelos licitantes), *Bootcamp* (imersão com possibilidade de questionamentos), negociação, julgamento de propostas, classificação, fase recursal e, ao final, a celebração dos CPSIs;
i) O edital utilizou os 5 critérios de julgamento das propostas dispostos no MLSEI, sem inclusão de outros, bem como se valeu do critério de remuneração fixa para ambas as fases do CPSI, com pagamento ao final dos trabalhos e sem possibilidade de adiantamento de pagamentos;
j) O edital completo foi acompanhado, também, do lançamento de um edital interativo com recursos de *design thinking* e que permitia a rápida circulação de seu material.[332] A partir das perguntas realizadas na fase de esclarecimentos foi possível perceber que parte das indagações decorriam da leitura desse material e, com isso, a compreensão de que seu propósito de ser a primeira fonte de atratividade de interessados se havia cumprido;
k) Inobstante os desafios tecnológicos do caso concreto, especialmente na interação das soluções com os sistemas judiciais, não houve inviabilidade técnica ou econômica ao desenvolvimento dos testes, razão pela qual as propostas apresentadas foram consideradas como integralmente cumpridas.

---

[332] Como boa prática, recomenda-se conhecer o texto originário: https://www.tjmg.jus.br/data/files/34/D3/36/B7/D3F768107AC592688908CCA8/Edital%20interativo%20-%20Foro%20capital_TJMG%20FINAL.pdf.

6.2 Os editais do TCU

O TCU, antes de lançar seu primeiro desafio com base no MLSEI, optou pela publicação de consulta ao mercado por chamamento público, cujo objetivo era "consultar potenciais interessados sobre possíveis soluções inovadoras para o Desafio proposto" e "para subsidiar decisão sobre realizar futura licitação prevista no MLSEI visando a contratação pública de solução inovadora".

Conforme seu texto:

> Durante a fase de chamamento público, a Corte de Contas tem a oportunidade de aprimorar as especificações e a precificação das soluções, preparando-se para lançar um edital que selecionará até três empresas para testar suas propostas em desafios concretos.

A publicação é de 30.11.2023, por meio do Processo nº TC 023.053/2023-2, com o seguinte desafio: "Como o TCU poderá realizar a fiscalização remota, periódica, tempestiva e em larga escala de obras urbanas de calçamento e pavimentação?".[333]

Nessa consulta, foi realizada uma sessão pública de esclarecimentos, cujo conteúdo permanece à disposição na página própria do TCU (www.tcu.gov.br/cpsi), oportunidade em que todos os interessados puderam ouvir a respeito do desafio e da consulta, bem como solicitar esclarecimentos de forma livre.

A partir de então, puderam apresentar suas propostas de trabalho, tendo o TCU registrado 20 interessados com propostas formais.

Com o aprendizado da referida consulta, o TCU lançou seu primeiro desafio à luz do MLSEI, em 21.03.2024, com a publicação do Edital nº 001/2024.

A metodologia do TCU tem muitas semelhanças à utilizada pelo TJMG e à adotada neste livro, com alguns diferenciais, dentre esses:

> a) a não adoção do *Bootcamp* (embora possa ser assim entendido como feito no chamamento que lhe antecedeu);
> b) a diferenciação dos critérios de remuneração para as fases (P&D com valores mensais e testes com valores unitários), embora ambos como remuneração fixa sem variáveis;

---

[333] Disponível em: https://portal.tcu.gov.br/lumis/portal/file/fileDownload.jsp?fileId=8A81881E8BFEE6F3018C1D4A051361DE&inline=1. Acesso em: maio 2024.

c) o registro de nota zero às soluções com TRL inferior a 5 ou sem projeção de alcançar 8 durante o CPSI.

As similaridades são bem maiores, tais como:

a) a existência de fases em forma de funil (conforme quadro abaixo);
b) a utilização da negociação como fase obrigatória e anterior à habilitação;
c) a utilização apenas dos 5 critérios de julgamento previstos no MLSEI, com pesos próprios;
d) a utilização da metodologia TRL para avaliação das soluções;
e) a possibilidade de indicação de *trade secrets* pelos licitantes;
f) a divisão entre P&D e testes;
g) o apontamento de temas negociáveis (plano de trabalho, cronograma físico-financeiro, custos e prazos, antecipação de pagamentos, metas de desempenho e forma de aferição dos resultados esperados, matriz de risco, subcontratação parcial, titularidade das criações resultantes e exploração dos resultados). Destaque ao apontamento dos temas não negociáveis (critérios de remuneração e extinção do CPSI no caso de inviabilidade técnica ou desempenho insuficiente);
h) a celebração de até 3 CPSIs;
i) o maior peso aos critérios ligados à eficiência (75% do peso).

Quando da edição deste livro, ainda não haviam sido julgadas as propostas apresentadas, mas vale registrar que 20 empresas acudiram ao edital, o que é número bastante expressivo.

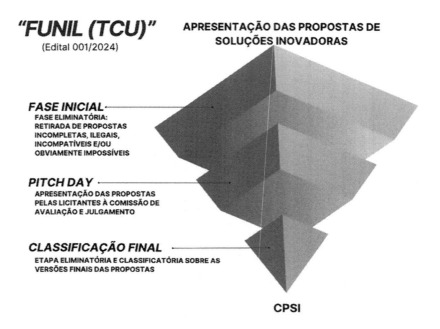

6.3 Outras experiências

6.3.1 Copel

A Companhia Paranaense de Energia (Copel) lançou um dos primeiros editais à luz do MLSEI, o Edital nº LE 001/2021, por intermédio de seu programa de inovação aberta: Copel Volt.

Várias das suas adoções se similarizam com as propostas aqui trazidas e/ou foram utilizadas nos *cases* acima indicados.

Para além disso, dá-se destaque aos seguintes componentes:

a) a presença de *Pitch day* e *bootcamp* como fases;
b) a limitação do número de participantes por fases ou por sessão (nos *cases* anteriores houve a preferência por exames de conformidade como itens de afunilamento);
c) lançamento conjunto de 8 desafios em um mesmo edital, mas a partir do conceito de escopo amplo ou abrangente (diferentemente dos *cases* anteriores);
d) cotitularidade das criações resultantes do CPSI;
e) a primeira edição do Copel Volt (out/2021 a mai/2022) recebeu mais de 200 inscrições de *startups*;

f) participaram *startups* brasileiras e estrangeiras;
g) 5 *startups* receberam investimento e mentoria de especialistas da Copel para desenvolver suas provas de conceito.

A Copel Volt lançou a segunda edição do seu Programa de Inovação Aberta, que convocou, pós-*bootcamp*, cinco *startups* para apresentação da documentação exigida pelo edital, com vistas à assinatura do contrato de execução das provas de conceito.

6.3.2 Recife

A capital pernambucana, também em uma iniciativa inédita no campo do MLSEI, criou o programa *E.I.T.A.! Recife*, voltado a identificar desafios da cidade e formatar um ambiente fértil à apresentação e implementação de soluções inovadoras, como bem define a Secretaria Municipal de Desenvolvimento Econômico, Ciência, Tecnologia e Inovação (SDEC):

> O EITA! Recife é a experiência de transformação digital da Prefeitura do Recife que tem como base o Marco Legal das Startups e os Contratos Públicos de Solução de Inovação. Trabalha com a identificação de desafios, captação de recursos, lançamento de ciclos de inovação e gestão do processo de inovação. *Isso é feito por meio de quatro trilhas: Ciclos de Inovação (utilizando o marco legal de startups, LC 182)*, Parcerias Acadêmicas, Hackathons e Living Labs. [334]

A cidade de Recife buscou inspirações em exitosas experiências vivenciadas em cidades pelo mundo, como Londres, na Inglaterra; São Francisco, nos Estados Unidos; e Melbourne, na Austrália.

Já no ano de promulgação do MLSEI, entre novembro de 2021 e agosto de 2022, o *E.I.T.A.!* lançou o 1º Ciclo de Inovação Aberta de Recife. Em março de 2023, o *E.I.T.A! Recife* publicou o 2º Ciclo.

O quadro abaixo traça um comparativo entre os cronogramas dos dois ciclos com o objetivo de demonstrar o dinamismo e as constantes atualizações que as contratações de soluções inovadoras exigem de seus contratantes com base em experiências anteriores e evoluções mercadológicas:

---

[334] Disponível em: https://desenvolvimentoeconomico.recife.pe.gov.br/eita-recife-4#:~:text=segundo%20lugar%20geral.-,O%20EITA!,gest%C3%A3o%20do%20processo%20de%20inova%C3%A7%C3%A3o. Acesso em: maio 2024.

FASES	E.I.T.A! RECIFE	
	1º CICLO DE INOVAÇÃO (nov. 2021 a ago. 2022)	2º CICLO DE INOVAÇÃO (mar. 2023 a dez. 2023)
Lançamento de desafios	Lançamento do portal e edital	
	Dia "D"	
	Fórum com especialistas	
	Dia do *Pitch* (mesa redonda de discussões)	Hacker Cidadão 10.0
	Último dia de inscrição nos desafios	
	1º funil de seleção (divulgação dos selecionados para a próxima fase)	
Prototipagem	-x-	Reunião para planejamento dos próximos passos
	-x-	Mentorias (disponibilização de calendário para reuniões de aceleradoras com as equipes vencedores
		(*etapa opcional para as equipes*)
	Design de problema (oficina de imersão no problema de cada desafio para nivelamento entre todos os participantes)	
	Reuniões de acompanhamento das *sprints* de prototipagem	Reuniões de planejamento das *sprints* de prototipagem
	-x-	Reunião de fechamento do protótipo
	-x-	Preparação para a apresentação final
	Dia do protótipo (apresentação dos protótipos não funcionais desenvolvidos para a banca julgadora)	
	2º funil de seleção (divulgação dos protótipos selecionados para a próxima fase)	
	-x-	Encerramento da fase de negociação
	-x-	Adjudicação/homologação do chamamento público
Produto Mínimo Viável (MVP)	Reuniões de *kick off* com os selecionados para planejamento das *sprints* e do escopo do MVP	
	Reuniões de acompanhamento das *sprints*	
	Evento final do ciclo (apresentação e entrega dos MVPs)	

A inserção, desdobramento, pormenorização e maior detalhamento das etapas que compõem cada fase do cronograma do 2º Ciclo em relação à inicial experiência do programa demonstram a preocupação que os gestores do *E.I.T.A! Recife* dispensam em prol da melhoria contínua dos eventos, seja no atendimento de necessidades do contratante, seja no incremento de sua aderência ao dinâmico mercado inovador.

Os dois primeiros Ciclos de Inovação do *E.I.T.A! Recife* seguiram os princípios da inovação aberta, utilizando o MLSEI, sendo que, entre o lançamento dos dois eventos, em 31.08.2022, foi promulgada a Lei Municipal do Recife nº 18.974, que trata de incentivos às atividades de ciência, tecnologia e inovação no Recife e embasou as diretrizes e disposições do 2º Ciclo.

Na configuração do novo modal do MLSEI, definida pelo *E.I.T.A! Recife*, tem-se:

> A licitação, conforme estabelecido na LC 182, compreenderá as 02 (duas) primeiras fases. Após a entrega do protótipo não funcional, se inicia a fase de Contrato Público de Solução de Inovação (CPSI), que se divide em 03 (três) etapas: desenvolvimento de um produto mínimo viável (MVP), experimentação e aceleração do MVP a um produto de inovação.[335]

Por meio da análise do quadro comparativo acima apresentado, obtém-se uma noção clara do funil de seleção definido nos Ciclos de Inovação da cidade de Recife.

Assim como fez a Copel, o *E.I.T.A! Recife* configurou seus desafios de forma abrangente e/ou ampla, como demonstra o quadro abaixo:

DESAFIOS DA CIDADE DE RECIFE	
1º CICLO DE INOVAÇÃO – 2021/2022	**2º CICLO DE INOVAÇÃO – 2023**
Desafio 1. Como aperfeiçoar a qualidade dos encaminhamentos realizados pelos profissionais de saúde?	Desafio 1. Como melhorar a mobilidade na cidade do Recife, com uso de tecnologias inovadoras, reduzindo os impactos causados pelo trânsito?
Desafio 2. Como reduzir o índice de absenteísmo dos pacientes no comparecimento aos exames e consultas reguladas?	Desafio 2. Como reduzir o abandono de cães e gatos na cidade do Recife, identificando e registrando cada um deles de forma escalável e mudando a cultura da população no trato desses animais?

---

[335] Disponível em: https://sites.google.com/recife.pe.gov.br/eita-2-ciclo/regulamento. Acesso em: maio 2024.

DESAFIOS DA CIDADE DE RECIFE	
1º CICLO DE INOVAÇÃO – 2021/2022	**2º CICLO DE INOVAÇÃO – 2023**
Desafio 3. Como monitorar e identificar, de maneira escalável e em tempo real, os defeitos no pavimento das vias do Recife, trazendo agilidade no direcionamento dessas demandas aos órgãos competentes?	Desafio 3. Como tornar o centro do Recife, com o uso de tecnologias inovadoras, um lugar atrativo para habitações, atividades de comércio, turismo, cultura e lazer?
Desafio 4. Como aumentar o número de praticantes de exercício físico, diminuindo o custo da inatividade física que impacta diretamente a saúde na cidade do Recife?	Desafio 4. Como, por meio da tecnologia, criar e incentivar um ecossistema que utilize o resíduo sólido como insumo para uma nova indústria baseada na reutilização criativa (*upcycling*)?
Desafio 5. Como estimular a colaboração dos cidadãos para solucionar diferentes tipos de poluições ambientais do Recife, trazendo equilíbrio ecossistêmico e bem-estar social?	Desafio 5. Como reduzir, com o uso de tecnologias inovadoras, os riscos de incidentes com tubarão na orla do Recife?
Desafio 6. Como diminuir a fome em nossa cidade de maneira escalável e sustentável?	

Outro ponto digno de destaque na iniciativa do *E.I.T.A! Recife* refere-se à forma de divulgação dos Ciclos sob o ponto de vista do estímulo para o mercado inovador por meio dos benefícios porventura provenientes de uma vencedora participação:

BENEFÍCIOS	
1º CICLO DE INOVAÇÃO – 2021/2022	**2º CICLO DE INOVAÇÃO – 2023**
-x-	Prêmio de R$5.000,00 para os vencedores do Hacker Cidadão 10.0.
Remuneração de até R$40.000,00 para desenvolvimento do MVP do desafio proposto por meio de CPSI.	Remuneração de até R$50.000,00 para desenvolvimento do MVP do desafio proposto por meio de CPSI.
Propriedade intelectual compartilhada, podendo a empresa colaboradora vender a solução desenvolvida a instituições terceiras interessadas.	
Possibilidade de parcerias estratégicas com definições de comissões e regras de distribuição do produto final conforme a Lei nº 13.303/2016.	
Possibilidade de novo investimento com valores de até R$1,6 milhão para implementação de melhorias e manutenção (aceleração) em um contrato de até 2 (dois) anos.	
-x-	Após a aceleração, possibilidade de assinatura de um contrato de fornecimento para manutenção e evolução do produto com valores de até R$8 milhões por um período de até 4 (quatro) anos.

Identifica-se outra boa prática adotada pelo município de Recife ao atualizar, refinar e lapidar seus ciclos de inovação com base em experiências anteriores em busca da captação do maior número de participantes por meio de regulamentos/editais cada vez mais atraentes dentro das possibilidades orçamentárias da prefeitura, com a sempre importante e necessária aderência aos valores praticados no mercado.

Sempre importante trazer para o comparativo a forma de abordagem e tratamento da titularidade/propriedade dos direitos intelectuais das soluções inovadoras definida nos instrumentos convocatórios. O *E.I.T.A! Recife* assim configurou o tema:

> O MVP desenvolvido será de propriedade conjunta das PARTES. O Dono do Desafio exercerá seus direitos de coproprietário para utilizar a tecnologia desenvolvida em benefício próprio, de maneira perpétua, a qualquer tempo, no todo ou em parte, inclusive com o direito ao recebimento de atualizações de versões que possam vir a existir, sem a necessidade de pagar qualquer valor adicional em benefício da Empresa Colaboradora.
>
> Em contrapartida, a Empresa Colaboradora poderá realizar a exploração comercial, a qualquer tempo, da totalidade dos direitos de propriedade intelectual sobre a respectiva Tecnologia Desenvolvida, no todo ou em parte, da maneira que melhor lhe convier.
>
> Caso o MVP seja escolhido para uma possível aceleração, no sentido de evoluir para um produto de larga escala, a Emprel e a Empresa Colaboradora seguirão os termos definidos no Termo de Desenvolvimento de Produto de Inovação (Anexo V) e no Acordo de Participação na Comercialização do Produto de Inovação (Anexo VI), onde será disciplinada todas as questões de co participação e comercialização do produto final, incluindo possibilidades de exploração comercial da Empresa Colaboradora e um percentual de retorno sobre essas vendas para o Dono do Desafio, como também de parcerias estratégicas estabelecidas com definições de comissões e modelos de distribuição do produto final, conforme estabelecido na Lei 13303.
>
> O participante deve garantir que o produto e demais materiais a serem desenvolvidos durante este Ciclo de Inovação não infringem direito autoral, segredo comercial ou quaisquer outros direitos patrimoniais de terceiros.[336]

---

[336] Disponível em: https://sites.google.com/recife.pe.gov.br/eita-2-ciclo/regulamento. Acesso em: maio 2024.

Não há uma regra correta para o tratamento da titularidade dos direitos intelectuais das soluções inovadoras *decorrentes* da execução de um CPSI. O importante é o instrumento convocatório tratar o sensível assunto com clareza e objetividade, com vistas a evitar confusões, transtornos, controvérsias e embates futuros.

6.3.3 Ministério Público do Rio de Janeiro

O MPRJ, no campo das contratações de inovação, criou em 2019 o Programa Inova/MPRJ, com os seguintes objetivos:

> a) *Desenvolver* experimentos de inovação, voltados a aumentar o custo-efetividade das atividades-meio e fim;
> b) *Prospectar* práticas, ferramentas, projetos e oportunidades de inovação no Brasil e no exterior;
> c) *Difundir* cultura de aprendizado e inovação, práticas inovadoras e novas habilidades;
> d) *Promover* integração, criar e fomentar redes de inovação.[337]

O ponto de destaque da experiência trazida é a relação dos princípios que regem seus programas, como o *Fagulha*:

> a) Ninguém inova sozinho;
> b) Trabalhar de portas abertas é melhor do que isolado;
> c) Inovação não pode estar restrita a um ou outro departamento;
> d) Diversidade possibilita melhores resultados;
> e) *É importante aproveitar os benefícios da inteligência coletiva;*
> f) Quem vive a rotina do MPRJ conhece bem seus desafios;
> g) Faíscas são os participantes em fase de imersão;
> h) Fagulhas são os participantes já graduados;
> i) Faíscas mergulham no mundo da inovação;
> j) Fagulhas disseminam aprendizados por todos os lados.[338]

Outro programa do MPRJ no campo da inovação, o *Impacta*, foi lançado antes da publicação do MLSEI. Independentemente da cronologia, importante resgatar o passo a passo ali definido:

---

[337] Disponível em: https://www.mprj.mp.br/inova. Acesso em: maio 2024.
[338] Disponível em: https://www.mprj.mp.br/inova/fagulha. Acesso em: maio 2024.

Programa Impacta - MPRJ
ETAPAS
1) Inscrições
2) Entrevistas seletivas – Incubação
3) Divulgação dos selecionados para o Módulo Incubação
4) Entrevistas seletivas aceleração
5) Módulo de Incubação
6) Divulgação dos selecionados para o Módulo Aceleração
7) Módulo de Aceleração
8) Ciclo 1 – Imersão nos desafios
9) Ciclo 2 – Preparação de solução
10) Ciclo 3 – Desenvolvimento de Produto Mínimo Viável
11) Apresentação das soluções para o MPRJ

No desenho idealizado pelo MPRJ, o Módulo de Incubação objetiva fornecer a empreendedores, técnicos e pesquisadores treinamentos, mentorias e consultorias para propiciar o melhor desenvolvimento de suas propostas.

Já o Módulo de Aceleração oportuniza às equipes selecionadas mentorias e consultorias externas em ciência de dados, *design*, comunicação, políticas públicas, gestão ágil e desenvolvimento de *software*, como informa a página do programa.[339]

Por fim, o MPRJ prevê fase de apoio na negociação e desenvolvimento das soluções vencedoras às suas equipes.

6.3.4 Petrobras

A Petrobras possui o programa de inovação aberta batizado de *Conexões para Inovação*. O portal[340] do programa apresenta os módulos existentes, com suas definições e objetivos, esquematicamente abaixo transcritos:

---

[339] Disponível em: https://www.mprj.mp.br/documents/20184/3643928/index.html. Acesso em: maio 2024.
[340] Disponível em: https://conexoes-inovacao.petrobras.com.br/conexoes-inovacao. Acesso em: maio 2024.

- Open Lab:
  - Definição: Desenvolvimento de software em código aberto,
  - Objetivo: Captar pessoas da área de tecnologia ou desenvolvedores de software para atuar de forma colaborativa a partir da disponibilização de códigos-fonte e dados na plataforma do GitHub;[341]
- Startups:
  - Definição: Busca de soluções inovadoras junto a startups de diferentes áreas,
  - Objetivo: Captar startups e pequenas empresas para desenvolver soluções e modelos de negócios inovadores que atendam desafios relevantes da indústria de petróleo, gás e energia;
- Aquisição de Soluções:
  - Definição: Busca de startups e outras empresas inovadoras que apresentem soluções validadas ou em fase de validação no mercado,
  - Objetivo: Captar soluções inovadoras no Brasil e no exterior para teste e validação em ambiente real de aplicação que atendam os desafios da Petrobrás e tenham alto potencial de implantação e geração de valor;
- Encomendas Tecnológicas:
  - Definição: Desenvolvimento conjunto com contratação de fornecimento já pré-estabelecida,
  - Objetivo: Captar empresas ou instituições de ciência e tecnologia capazes de desenvolver soluções para desafios reais das áreas de negócio da Petrobrás que dependem da superação do risco tecnológico para implantação;
- Parcerias Tecnológicas:
  - Definição: Parcerias com Universidades, empresas e instituições de ciência e tecnologia do Brasil e do Exterior,
  - Objetivo: Captação de universidades, empresas e instituições de ciência e tecnologia para realização de parcerias tecnológicas e projetos de P,D&I com potencial para solucionar os desafios da Petrobrás com foco na geração de valor;
- Transferências de Tecnologias:
  - Definição: Licenciamento de tecnologias para utilização de terceiros em seus negócios,
  - Objetivo: Captar empresas, ICTs e outros agentes do ecossistema de inovação para licenciamento das tecnologias Petrobrás com o foco em aprimorar, acelerar, e/ou viabilizar a implementação de novos produtos, processos ou serviços;
- Residente:
  - Definição: Atração de profissionais aceleração da curva de aprendizado,

---

[341] GitHub: plataforma de armazenamento de códigos e gestão de projetos. Também funciona como um *hub* para profissionais de desenvolvimento de *software*.

– Objetivo: Captar profissionais altamente qualificados, tanto do meio acadêmico quanto do mercado, para atuação conjunta com o time Petrobrás de pesquisadores para contribuir com a pesquisa e desenvolvimento de suas tecnologias.

Esta é a introdução dos editais das chamadas públicas de projetos de inovação da parceria Petrobras-Sebrae que vêm sendo publicados ao longo dos anos para o já mencionado Módulo *Startups* do Programa Petrobras *Conexões para Inovação*, que trazem a seguinte cronologia de suas fases seletivas:[342]

\multicolumn{2}{c}{ETAPAS DO PROCESSO DE SELEÇÃO Edital PETROBRAS - SEBRAE 2022}	
FASES	**DESCRIÇÃO DAS ATIVIDADES**
Primeira fase	Lançamento do edital
	Inscrição das propostas e das proponentes
	Avaliação e seleção das propostas de projetos de inovação
	Publicação das propostas aprovadas na primeira fase
Segunda fase	Envio da documentação complementar
	Análise e validação documental das propostas aprovadas
	Submissão dos pré-projetos das propostas aprovadas no Sistema de Gestão de Projetos da Petrobras
	Workshop de preparação para o *Inception*
	Inception com a Petrobras e o Sebrae para elaboração dos planos de trabalho de projeto e modelos de negócios
	Submissão dos planos de trabalho de projeto no Sistema de Gestão de Projetos da Petrobrás
	Pitch Day – banca de seleção final
	Publicação dos projetos aprovados
	Análise de enquadramento do plano de trabalho no regulamento da ANP
	Contratação e início dos projetos aprovados

Assim como constatado no Programa *E.I.T.A! Recife*, também os editais do Módulo *Startups* da iniciativa da Petrobras apresentam uma melhoria contínua e dinâmica evolução ao longo dos anos. O quadro

---

[342] Disponível em: https://sebrae.com.br/Sebrae/Portal%20Sebrae/Arquivos/Edital%20Petrobras-Sebrae%202022%20-%20v3.pdf. Acesso em: maio 2024.

acima foi elaborado com as informações do instrumento convocatório de 2022, que traz etapas mais detalhadas e pormenorizadas se comparado ao edital de 2019.

O edital de 2022 assim discorreu sobre a propriedade intelectual das soluções inovadoras decorrentes da execução contratual (CPSI):

> • O Sebrae não requerer titularidade da propriedade intelectual nem participação nos eventuais proveitos econômicos decorrentes dos direitos de propriedade intelectual oriundos das soluções desenvolvidas,
> • Eventual exploração comercial dos resultados será feita pela contratada e frações dos lucros advindos dessa atividade serão pagas a cada um dos cotitulares, conforme percentuais previamente definidos em conjunto;
> • A Petrobrás e a contratada:
> – serão cotitulares dos resultados do CPSI,
> – concederão licença recíproca, gratuita e não exclusiva de uso de seus direitos de propriedade intelectual necessários para os fins do projeto de inovação, estritamente na medida do que for preciso para alcançá-los e enquanto vigorar o instrumento jurídico específico,
> – deliberarão em conjunto sobre a oportunidade e conveniência de permitir que terceiros usem e/ou explorem os resultados, bem como sobre os termos e condições em que se dará a eventual licença correlata;
> • Sem incorrer em ônus perante a contratada e outros eventuais cotitulares, a Petrobrás tem o direito de:
> – usar os resultados no desempenho ou em proveito de suas respectivas atividades,
> – licenciar o uso dos resultados a pessoas físicas ou jurídicas que lhe prestem serviços, desde que tal uso seja aproveitado tão somente nesses serviços e reverta em benefício exclusivo da Petrobras;
> • O proveito econômico auferido de negócio firmado para a exploração dos resultados por terceiros será partilhado pela Petrobrás e a contratante na proporção 50%/50%;

O edital Petrobras-Sebrae também apresenta disposições referentes a processos de licenciamento para os casos de resultados, produtos, inventos e criações da solução inovadora decorrentes da execução do CPSI com utilidades patenteáveis.

REFERÊNCIAS

AIDIN, Salamzadeh; HIROKO, Kawamorita. *Startup companies*: life cycle and challenges. Disponível em: htpps://www.researchgate.net/publication/280007861_Startup_Companies_Life_Cycle_and_Challenges.

ALMEIDA JÚNIOR, Sebastião. *Gestão de Compras*. Rio de Janeiro: Qualitymark, 2012.

AMORIM, Bruno de Almeida Lewer; CRUZ, Thays Murta dos Santos. *O marco legal das startups e o desenvolvimento do empreendedorismo de inovação no Direito apud* PIMENTA, Eduardo Goulart; BASTOS, Luciana de Castro (orgs.). *Estudos sobre o marco legal das startups e do empreendedorismo inovador*. Belo Horizonte: Expert, 2021. Disponível em: https://experteditora.com.br/wp-content/uploads/2021/12/Estudos-sobre-o-marco-legal-das-startups-e-do-empreendedorismo-inovador.pdf.

AGÊNCIA NACIONAL DE ENERGIA ELÉTRICA – ANEEL. *Guia de avaliação de maturidade tecnológica da ANEEL*. Brasília: ANEEL, 2024. Disponível em: https://biblioteca.aneel.gov.br/acervo/detalhe/239764.

BELICE, Afonso Códolo (coord.). *Marco Legal das Startups*: Compras Públicas e o Marco Legal das Startups: a nova modalidade de contratação de soluções inovadoras pelo Estado. São Paulo: Revista dos Tribunais.

BRASIL. Conselho Nacional de Justiça. *Guia de contratações de TIC do Poder Judiciário*. Brasília, CNJ, jun. 2022. Disponível em: https://www.cnj.jus.br/wp-content/uploads/2024/01/guia-de-contratacoes-de-tic-do-judiciario.pdf.

BRASIL. Embaixada do Brasil na Haia. *Atração de startups estrangeiras em ecossistemas de inovação europeus*. nov. 2021. Disponível em: https://www.gov.br/mre/pt-br/assuntos/ciencia-tecnologia-e-inovacao/estudo-de-mercado-atracao-de-startups-estrangeiras-em-ecossistemas-de-inovacao-europeus.pdf.

BRASIL. Superior Tribunal de Justiça. Agravo interno no recurso especial nº 1.733.540/DF. 1ª Turma, Relator Ministro Gurgel de Faria, p. 4/12/2019.

BRASIL. Superior Tribunal de Justiça. Recurso especial nº 1.925.492/RJ. 2ª Turma, Relator Ministro Herman Benjamin, p. 1/7/2021.

BRASIL. Superior Tribunal de Justiça. Recurso especial nº 695.396/RS. 1ª Turma, Relator Ministro Arnaldo Esteves Lima, p. 27/4/2011.

BRASIL. Tribunal de Contas da União. Acórdão n 1.888/2010. Plenário, Relator Ministro Valmir Campelo, j. 4/8/2010.

BRASIL. Tribunal de Contas da União. Acórdão n. 1.524/2019. Plenário, Relator Ministro Vital do Rego, j. 3/7/2019.

BRASIL. Tribunal de Contas da União. Acórdão n. 2.518/2022. Plenário, Relator Ministro Jorge Oliveira, j. 16/11/2022.

BRASIL. Tribunal de Contas da União. Acórdão n. 588/2018. Plenário, Relator Ministro Bruno Dantas, j. 21/3/2018.

BRASIL. Tribunal de Contas da União. Acórdão nº 1.211/2021. Plenário, Relator Ministro Walton Alencar Rodrigues, j. 26/5/2021.

BRASIL. Tribunal de Contas da União. Acórdão nº 1.273/2015. Plenário, Relator Ministro Augusto Nardes, j. 27/5/2015.

BRASIL. Tribunal de Contas da União. Acórdão nº 1.302/2023. Plenário, Relator Ministro Augusto Nardes, j. 28/6/2023.

BRASIL. Tribunal de Contas da União. Acórdão nº 1.465/2013. Plenário, Relator Ministro José Múcio Monteiro, j. 12/6/2013.

BRASIL. Tribunal de Contas da União. Acórdão nº 1.984/2006. Plenário. Relatório do Ministro Relator.

BRASIL. Tribunal de Contas da União. Acórdão nº 2.037/2019. Plenário, Relator Ministro Augusto Sherman, j. 28/8/2019.

BRASIL. Tribunal de Contas da União. Acórdão nº 2.143/2023. Plenário, Relator Ministro Jhonatan de Jesus, j. 18/10/2023.

BRASIL. Tribunal de Contas da União. Acórdão nº 2.622/2015. Plenário, Relator Ministro Augusto Nardes, j. 21/10/2015.

BRASIL. Tribunal de Contas da União. Acórdão nº 304/2017. Plenário.

BRASIL. Tribunal de Contas da União. Acórdão nº 4.447/2020. 2ª Câmara, Relator Ministro Aroldo Cedraz, j. 30/4/2020.

BRASIL. Tribunal de Contas da União. Acórdão nº 484/2021. Plenário, Relator Ministro Walton Alencar Rodrigues, j. 10/3/2021.

BRASIL. Tribunal de Contas da União. Decisão nº 439/1998. Plenário, Relator Ministro Adhemar Paladini Ghisi, j. 15/7/1998.

BRASIL. Tribunal de Contas da União. Decisão nº 439/1998. Plenário, Relator Ministro Adhemar Paladini Ghisi, j. 15/7/1998.

BRASIL. Tribunal de Contas da União. Decisão nº 472/1999. Plenário, Relator Ministro Valmir Campelo, j. 28/7/1999.

BRASIL. Tribunal de Contas da União. Decisão nº 653/1996. Plenário, Relator Ministro Iram Saraiva, j. 16/10/1996.

BRASIL. Tribunal de Contas da União. *Encomenda tecnológica*. Projeto de contratação de inovação para a Administração Pública. Disponível em: https://portal.tcu.gov.br/data/files/21/04/56/AE/5200371055EB6E27E18818A8/ETEC_projeto_contratacao_inovacao_administracao_publica.pdf.

BRASIL. Tribunal de Contas da União. Jornada de compras públicas de inovação. Instituto Serzedello Corrêa. Brasília, 2022.

BRASIL. Tribunal de Contas da União. *Jornada de compras públicas de inovação*. Brasília: TCU, Instituto Serzedello Correa, 2022. Disponível em: https://portal.tcu.gov.br/data/files/ CF/47/FE/D5/BC3348102DFE0FF7F18818A8/Jornada%20de%20Compras%20Publicas%20 de%20Inovacao.pdf.

BRASIL. Tribunal de Contas da União. *Licitações e contratos*: orientações e jurisprudência do TCU. 5. ed. Brasília: TCU, Secretaria-Geral da Presidência, 2023. Disponível em: https:// portal.tcu.gov.br/data/files/93/31/DD/59/E436C8103A4A64C8F18818A8/Licitacoes%20 e%20Contratos%20-%20Orientacoes%20e%20Jurisprudencia%20do%20TCU%20-%20 5a%20Edicao.pdf.

BRASIL. Tribunal de Contas da União. *Lista de alto risco na Administração Pública Federal*. 1. ed. Disponível em: https://portal.tcu.gov.br/data/files/7A/91/41/18/9D8A2810B4FE0F F7E18818A8/Lista_de_alto_risco_INFOGRAFICOS.pdf.

BRASIL. Tribunal de Contas da União. *Referencial básico de governança aplicável a órgãos e entidades da administração pública*. 2ª versão. Brasília: TCU, Secretaria de Planejamento, Governança e Gestão, 2014. Disponível em: https://portal.tcu.gov.br/data/files/FA/B6/ EA/85/1CD4671023455957E18818A8/Referencial_basico_governanca_2_edicao.PDF.

BRASIL. Tribunal de Contas da União. *Referencial básico do programa de inovação*. Brasília: TCU, Instituto Serzedello Correa, Centro de Pesquisa e Inovação, 2017. Disponível em: https://portal.tcu.gov.br/data/files/93/43/FA/EA/2451F6107AD96FE6F18818A8/ Referencial_basico_programa_inovacao.pdf.

BRESSER-PEREIRA, L. C.; SPINK, P. K. (org.). *Reforma do Estado e Administração Pública gerencial*. 7. ed. Rio de Janeiro: FGV, 2006.

BRITO, Isabella. *Governança em contratações públicas*: a transformação passa pelos meios. Disponível em: http://www.licitacaoecontrato.com.br/assets/artigos/artigo_download_62. pdf.

CAMARÃO, Tatiana; FORTINI, Cristiana; OLIVEIRA, Rafael Sérgio Lima de. *Comentários à lei de licitações e contratos administrativos*: Lei nº 14.133/21, de 1º de abril de 2021. 2ª ed. Belo Horizonte, 2023.

CAMARÃO, Tatiana; SANTANA, Jair Eduardo; CHRISPIM, Anna Carla Duarte. *Termo de Referência*: o impacto da especificação do objeto e do termo de referência na eficácia das licitações e contratos. 3ª ed. Belo Horizonte: Fórum, 2013.

CAMARÃO, Tatiana; PIRES, Maria Fernanda. A inexigibilidade de licitação para a contratação de serviços jurídicos à luz da Nova Lei de Licitações. *ONLL*, 07 abr. 2021. Disponível em: http://www.novaleilicitacao.com.br/2021/04/07/a-inexigibilidade-de-licitacao-para-a-contratacao-de-servicos-juridicos-a-luz-da-nova-lei-de-licitacoes/.

CARMELO, Bradson; NÓBREGA, Marcos; TORRES, Ronny Charles Lopes. *Análise econômica das licitações e contratos*: de acordo com a Lei nº 14.133/2021. Belo Horizonte: Fórum, 2022.

CAVALCANTE, Márcio André Lopes. Breves comentários à LC 167/2019 que instituiu o Inova Simples. *Revista Dizer o Direito*. Disponível em: https://www.dizerodireito.com.br/2019/04/breves-comentarios-lc-1672019-que.html.

CHIOATO, Tânia Lopes Pimenta; LINS, Maria Paula Beatriz Estellita. *Compras públicas para inovação na perspectiva do controle apud* RAUEN, André Tortato (org.). *Compras públicas para inovação no Brasil*: novas possibilidades legais. Brasília: IPEA, 2022.

CHIOATO, Tânia Lopes Pimenta. *Marco Legal das startups*: contratando inovação no setor público. ENAP - Fundação Escola Nacional de Administração Pública. Brasília, 2023.

COVEY, Stephen R. *O 8º hábito*: da eficácia à grandeza. 5. ed. Rio de Janeiro: BestSeller, 2011.

DAL POZZO, Augusto; MARTINS, Ricardo (coord.). *Compliance no direito administrativo*. São Paulo: Thomson Reuters, 2020. Coleção Compliance, vol. 1.

DE PIERRO, Bruno. Inovações Induzidas. *Revista de Pesquisa da FAPESP*. Edição 279, maio 2019. Disponível em: https://revistapesquisa.fapesp.br/inovacoes-induzidas/.

DOTTI, Marinês Restelatto; LOPES, Ronny Charles; VILAC, Teresa. *Manual de licitações e contratações administrativas*. Brasília: AGU, 2014. Disponível em: https://www.gov.br/agu/pt-br/composicao/cgu/arquivos/ManualdeLicitacoeseContratacoesAdministrativaspdf.pdf.

DOTTI, Marinês Restelatto; PEREIRA JR., Jessé Torres. As licitações exclusivas para microempresas e empresas de pequeno porte: regra e exceções. *Revista do TCU*. Disponível em: https://revista.tcu.gov.br/ojs/index.php/RTCU/article/view/149/146.

EMENTÁRIO Gestão Pública: Entrevista: Rodrigo Narcizo (Ementário GP 07/06/2021). Disponível em: https://ementario.info/2021/06/07/egp-entrevista-rodrigo-narcizo/#comments.

FASSIO, Rafael Carvalho de; RADAELLI, Vanderleia; AZEVEDO, Eduardo; DIAZ, Karina. *Guia de alternativas jurídicas e de boas práticas para contratações de inovação no Brasil*. BID, 2022. Disponível em: https://publications.iadb.org/pt/contratacoes-de-inovacao-guia-de-alternativas-juridicas-e-de-boas-praticas-para-contratacoes-de.

FEDICHINA, Marcio A. H. *Gestão de compras e estoques*. 1ª ed. Curitiba, 2021.

FEIGELSON, Bruno; NYBO, Erik; FONSECA, Vitor. *Direito das startups*. São Paulo: Saraiva, 2018.

FEIGELSON, Bruno et al. *O futuro do Direito*: tecnologia, mercado de trabalho e os novos papeis dos advogados. 1. ed. Jota, 2017.

FOSS, Maria Carolina; MONTEIRO, Vítor. *Diálogos competitivos motivados pela inovação apud* RAUEN, André Tortato (org.), *op. cit.*

FREIRE, Carlos Torres; MARUYAMA, Felipe Massami; POLLI, Marco. *Inovação e empreendedorismo*: políticas públicas e ações privadas. Disponível em: https://www.scielo.br/j/nec/a/7MVBV5N3V3BcVmTTbmMjrDv/.

GAMBOGI, Luís Carlos Balbino; FERREIRA Maura Bartolozzi; BOSON, Patrícia Helena Gambogi. *Controle em Foco – Revista do MPC-MG*, Belo Horizonte, v. 1, n. 1, p. 128, jan./jun. 2021.

GASIOLA, Gustavo; MARRARA, Thiago. *Fato do príncipe*: o que é como identificar?. 18 abr. 2020. Disponível em https://www.conjur.com.br/2020-abr-18/fato-principe-identificar/.

GOMES JR., Luiz Manoel. *Curso de Direito Processual Civil Coletivo*. 2. ed. São Paulo: SRS, 2008.

GOMES, Oseas. *Negócio escalável*: como transformar sua ideia em uma startup bem-sucedida. São Paulo: Ed. Gente, 2022.

GRINOVER, Ada Pelegrini. *Código Brasileiro de Defesa do Consumidor*. 6. ed. Rio de Janeiro: Forense Universitária, 1999.

GUIMARÃES, Edgar; SAMPAIO, Ricardo. *Dispensa e inexigibilidade de licitação*: aspectos jurídicos à luz da Lei nº 14.133/2021. Rio de Janeiro: Forense, 2022.

GUIMARÃES, Fernando Vernalha. O Direito Administrativo do Medo: a crise da ineficiência pelo controle. *Direito do Estado*, ano 2016, n. 71. Disponível em: http://www.direitodoestado.com.br/colunistas/fernando-vernalha-guimaraes/o-direito-administrativo-do-medo-a-crise-da-ineficiencia-pelo-controle.

GUIMARÃES, Raissa de Luca. *Inovação no setor público e condições da proteção intelectual, uso e exploração dos resultados apud* SANTOS, Bruna (org.). *Caminhos da inovação no setor público*. Brasília: Enap, 2022. p. 339. Disponível em: https://repositorio.enap.gov.br/bitstream/1/7420/1/caminhos_da_inovacao_no_setor_publico.pdf.

HARGER, Marcelo (coord.) *Aspectos Polêmicos sobre a Nova Lei de Licitações e Contratos Administrativos*: Lei nº 14.133/21. "O processo de contratação direta e a inexigibilidade de licitação: como fazer a coisa certa com os atalhos legais?". Belo Horizonte, 2022.

HORN, Guilherme. *O mindset da inovação*: a jornada de sucesso para potencializar o crescimento da sua empresa. São Paulo: Editora Gente, 2021.

ISO 9241-210:2019. Amostra disponível para consulta em: https://www.iso.org/obp/ui/en/#iso:std:77520:en.

KEPLER, João. *O poder do equity*: como investir em negócios inovadores, escaláveis e exponenciais e ser tornar um investidor-anjo. 1ª ed. São Paulo: 2021.

KUHN, André. *Contratos de obras públicas*: uma visão gerencial. Belo Horizonte: Fórum, 2022.

LANA, Henrique Avelino; PIMENTA, Eduardo Goulart. *A LC 182/2021 e o regramento sobre investimentos em inovação e tecnologia pelo novo marco legal das startups*. Disponível em https://revistas.unibh.br/dcjpg/article/download/3314/pdfTTT.

LEVINE, Uri. *Apaixone-se pelo problema, não pela solução*: o Waze para todos os empreendedores e profissionais do mundo dos negócios. Porto Alegre: Citadel, 2023.

LINDENBERG JUNIOR, Ivan. *Judiciário 4.0 = Justiça 4.0 + Administração Judiciária 4.0*: A transformação digital e a governança no Poder Judiciário como caminho até a sociedade. São Paulo: Vidaria Livros, 2022.

LUPI, André Lipp Pinto Basto. *O marco legal das startups e do empreendedorismo inovador* apud LUPI, André Lipp Pinto Basto; QUINT, Gustavo Ramos da Silva; NIEBUHR, Joel de Menezes. *Marco legal das startups e do empreendedorismo inovador. E-book*. Disponível em: https://www.mnadvocacia.com.br/wp-content/uploads/2021/06/Marco-Legal-das-Startups-e-do-Empreendedorismo-Inovador_final.pdf.

MAGALDI, Sandro; SALIBI NETO, José. *Gestão do amanhã*: tudo o que você precisa saber sobre gestão, inovação e liderança para vencer na 4ª Revolução Industrial. São Paulo: Gente, 2018.

MANKINS, J. C. *Technology Readiness Levels*. A White Paper. April 6, 1995. Advanced Concepts Office. Office of Space Access and Technology. NASA. Disponível em: http://www.artemisinnovation.com/images/TRL_White_Paper_2004-Edited.pdf.

MATIAS, Eduardo Felipe P. (coord.) *Marco Legal das Startups*. Compras Públicas e o Marco Legal das Startups: a nova modalidade de contratação de soluções inovadoras pelo Estado. São Paulo: Revista dos Tribunais.

MCKEOWN, Greg. *Sem esforço*. Rio de Janeiro: Sextante, 2021.

MELAMED, Alejandro. *Diseña tu cambio*. Ciudad Autónoma de Buenos Aires: Paidós, 2019.

MENDONÇA, Hudson; PORTELA, Bruno Monteiro; MACIEL NETO, Adalberto do Rego. *Contrato público de soluções inovadoras*: racionalidade fundamental e posicionamento no mix de políticas de inovação que atuam pelo lado da demanda apud CHIOATO, Tânia Lopes Pimenta; LINS, Maria Paula Beatriz Estellita, *op. cit.*

MINAS GERAIS. Tribunal de Justiça de Minas Gerais. Edital nº 28/2023. Disponível em: https://www.tjmg.jus.br/portal-tjmg/noticias/projetos-inovadores-bienio-2020-2022/tjmg-seleciona-startups-para-desenvolver-solucoes-para-o-setor-de-atendimento.htm#:~:text=O%20Edital%2028%2F2023%20%C3%A9,o%20entendimento%20das%20empresas%20interessadas e https://www.tjmg.jus.br/portal-tjmg/informes/solucoes-inovadoras-de-startups-8ACC809886295CA701867F4A2FF64B38.htm#!.

MINAS GERAIS. Tribunal de Justiça de Minas Gerais. *TJMG apresenta protótipos desenvolvidos por startups para aprimorar atendimento ao cidadão*. Notícias. 19 fev. 2024. Disponível em: https://www.tjmg.jus.br/portal-tjmg/noticias/tjmg-apresenta-prototipos-desenvolvidos-por-startups-para-aprimorar-atendimento-ao-cidadao.htm.

MINAS GERAIS. Tribunal de Justiça de Minas Gerais. *TJMG realiza testes com sistemas tecnológicos desenvolvidos por startups*. Notícias. 31 jan. 2024. Disponível em: https://www.tjmg.jus.br/portal-tjmg/noticias/tjmg-realiza-testes-com-sistemas-tecnologicos-desenvolvidos-por-startups.htm.

MODELO de Apoio a Compras Públicas de Inovação. *BID*, 2021. Disponível em: https://portal.tcu.gov.br/data/files/02/12/B7/05/1EDC9710FC66CE87E18818A8/Inovamos_modelo_apoio_compras_publicas_inovacao.pdf.

MONTE ALTO, Clélio Feres. *Técnica de compras*. 2ª ed. Rio de Janeiro: Ed. FGV, 2016.

MOTTA, Alexandre Ribeiro. *O combate ao desperdício no gasto público*: uma reflexão baseada na comparação entre os sistemas de compra privado, público federal norte-americano e brasileiro. Disponível em: https://repositorio.unicamp.br/acervo/detalhe/771507.

NALINI, José Renato. *A rebelião da toga*. Campinas: Millenium, 2006.

NIEBUHR, Joel de Menezes. *Licitação pública e contrato administrativo*. 5ª ed. Belo Horizonte: Fórum, 2022.

Nogueira, Elias, Laskowiski e Matias Advogados. *Empreendendo Direito*: Aspectos Legais das Startups. São Paulo, SP: NELM, 2017.

NOGUEIRA, Vanessa Silva; OLIVEIRA, Carlos Alberto Arruda de. Causa da mortalidade das startups brasileiras: como aumentar as chances de sobrevivência no mercado. *DOM*, Nova Lima, v. 9, n. 25, p. 26-33, nov. 2014/fev. 2015.

NONNENMACHER, Bruna Isabela; CARVALHO, Elisa Andrade Antunes de; SILVA, Jéssica Maria Gonçalves da Silva. *O marco legal das startups e a figura do investidor anjo*. Disponível em: https://www.metodista.br/revistas-izabela/index.php/dih/article/view/2395/1258.

OCDE. *Declaração sobre inovação no setor público, OCDE/LEGAL/0450*. Disponível em: https://oecd-opsi.org/wp-content/uploads/2018/11/OECD-Declaration-on-Public-Sector-Innovation-Brazilian-Portuguese-.pdf.

OLIVEIRA, Rafael Sérgio Lima de. *Comentários à Lei de Licitações e Contratos Administrativos*. Belo Horizonte: Fórum, 2022.

OLIVO, Emanuelle Fuzari; POMIN, Andryelle Vanessa Camilo. *O marco legal das startups e do empreendedorismo no Brasil*. Disponível em: https://rdu.unicesumar.edu.br/bitstream/123456789/9540/1/Emanuelle%20Fuzari%20Olivo.pdf.

PALAGASHVILI, Liya; SUAREZ, Paola. *Technology startups and industry*. Disponível em: https://www.fraserinstitute.org/sites/default/files/technology-startups-and-industry-specific-regulations.pdf.

PÉRCIO, Gabriela; FORTINI, Cristiana (coord.). *Inteligência e inovação em contratação pública*. Belo Horizonte: Fórum, 2023.

PETERS, Steve. *O paradoxo do chimpanzé*: o programa de gestão mental para alcançar a autoconfiança, o sucesso e a felicidade. Rio de Janeiro: Intrínseca, 2016.

PICCOLI, Ademir *et al*. *Contratação da inovação*: com os avanços do Marco Legal de ciência, tecnologia e inovação. 1ª ed. São Paulo: Vidaria Livros, 2020.

PINTO, Marcos Barbosa. Repartição de riscos nas parcerias público-privadas. *Revista do BNDES*, Rio de Janeiro, v. 13, nº 25, jun. 2006.

RAUEN, André Tortato; BARBOSA, Caio Márcio Melo. *Encomendas tecnológicas no Brasil*: guia geral de boas práticas. Brasília: Instituto de Pesquisa Econômica Aplicada (IPEA), 2019.

RAUEN, André Tortato (org.). *Compras públicas para inovação no Brasil*: novas possibilidades legais. Brasília: IPEA, 2022. Disponível em: https://repositorio.ipea.gov.br/bitstream/11058/11623/16/Compras_publicas_para_inovacao_no_Brasil.pdf.

RAUEN, André Tortato. *Concursos para inovação*: como a licitação na modalidade concurso pode estimular o desenvolvimento e a introdução de soluções no mercado brasileiro *apud* RAUEN, André Tortato (org.), *op. cit.*

REIS, Luciano Elias. *Compras públicas inovadoras*: o desenvolvimento científico, tecnológico e inovativo como perspectiva do desenvolvimento nacional sustentável – De acordo com a nova lei de licitações e o marco legal regulatório das Startups. Belo Horizonte: Fórum, 2022.

RESENDE, Mariana Bueno. O Procedimento de Manifestação de Interesse (PMI) na nova Lei de Licitações. *SLC – Solução em Licitações e Contratos* nº 74. Seção Entrevista com a Mestre. São Paulo: SGP, maio/2024, p. 21-26.

RIBEIRO, Cássio Garcia; INÁCIO JR., Edmundo. *O mercado de compras governamentais brasileiro (2006-2017)*: mensuração e análise. Texto para discussão. Brasília, Rio de Janeiro, IPEA, 2019. Disponível em: https://repositorio.ipea.gov.br/bitstream/11058/9315/1/td_2476.pdf.

RIES, Eric. *A startup enxuta*: como os empreendedores atuais utilizam a inovação contínua para criar empresas exatamente bem-sucedidas. São Paulo: Lua de Papel, 2012.

ROSENBERG, Marshall. *Comunicação não violenta*: técnicas para aprimorar relacionamentos pessoais e profissionais. São Paulo: Ágora, 2021.

ROSENBERG, Marshall. *Vivendo a comunicação não violenta*: como estabelecer conexões sinceras e resolver conflitos de forma pacífica e eficaz. São Paulo: Sextante, 2019.

SANTANA, Jair Eduardo. O controle dos suprimentos governamentais pelo Tribunal de Contas: Uma análise da Denúncia nº 1.066.682, do TCE/MG. *Controle em Foco – Revista do MPC-MG*, Belo Horizonte, v. 1, n. 1, jan./jun. 2021, p. 70.

SANTOS, Bruna (Org.) *Caminhos da inovação no setor público*. Brasília: Enap, 2022. p. 277. Disponível em: https://repositorio.enap.gov.br/bitstream/1/7420/1/caminhos_da_inovacao_no_setor_publico.pdf.

SANTOS, Fábio Gomes *et al. Desafios jurídicos para o fomento financeiro da inovação pelas empresas*: inovação no Brasil: avanços e desafios jurídicos e institucionais *apud* NONNENMACHER, Bruna Isabela; CARVALHO, Elisa Andrade Antunes de; SILVA, Jéssica Maria Gonçalves da Silva. *O marco legal das startups e a figura do investidor anjo*. Disponível em: https://www.metodista.br/revistas-izabela/index.php/dih/article/view/2395/1258.

SILVA, Daniele Macedo da; BALASSIANO, Moisés (orientador). *A sustentabilidade fiscal de um plano de carreiras no setor público*: o caso do Tribunal de Contas do Estado do Rio de Janeiro. 2008. 107 f. Dissertação (Mestrado em Administração). Fundação Getulio Vargas. Escola Brasileira de Administração Pública, Rio de Janeiro, 2008.

SOBRAL, Michelle Vieira; BASTOS, Luciana de Castro. *Marco legal das startups*: incentivo ao empreendedorismo inovador e ao desenvolvimento econômico, social e ambiental *apud* PIMENTA, Eduardo Goulart; BASTOS, Luciana de Castro (org.). *Estudos sobre o marco legal das startups e do empreendedorismo inovador*. Belo Horizonte: Expert, 2021.

SOUSA, Horácio Augusto Mendes de; SADDY, André; MEDEIROS, Fernanda; RODOR, Ribeiro. *Direito público das startups*: uma nova governança público-privada nas parcerias entre o Estado e as entidades privadas de tecnologia e inovação. Rio de Janeiro: CEEJ, 2020.

SPANIOL MENGUE, Tatiana; SCHIMDT, Serje; BOHNENBERGER, Maria Cristina. Contribuições do investimento anjo para o desenvolvimento de startups na região metropolitana de Porto Alegre. *Revista Gerão e Desenvolvimento da Universidade Feevale*, vol. 16, n. 1, jan./abr. 2019. Disponível em: https://periodicos.feevale.br/seer/index.php/revistagestaoedesenvolvimento/article/view/1640/2292.

TAE, Young Cho. *Governança corporativa*: abordagem jurídica da experiência brasileira. Rio de Janeiro: Lumen Juris, 2015.

VIEIRA, James Batista; BARRETO, Rodrigo Tavares de Souza. *Governança, gestão de riscos e integridade*. Brasília: Enap, 2019.

VIEIRA, Thiago Gontijo; PICCOLI, Ademir Milton. *Inovação aberta na justiça*: transformação disruptiva por meio de colaborações público-privadas. Inovações Tecnológicas no Direito. Editora Thoth, 2024.

WARPECHOWSKI, Ana Cristina Moraes; IOCKEN, Sabrina Nunes. *O processo de contratação direta e a inexigibilidade de licitação*: como fazer a coisa certa com os atalhos legais? *apud* HARGER, Marcelo (coord.). *Aspectos Polêmicos sobre a Nova Lei de Licitações e Contratos Administrativos*: Lei nº 14.133/21. Belo Horizonte: Fórum, 2022.

ZÊNITE. Núcleo de Pesquisa e Desenvolvimento. Apontamentos sobre a exigência e a análise da amostra nos processos de contratação pública. *Revista Zênite – Informativo de Licitações e Contratos (ILC)*, Curitiba: Zênite, n. 244, p. 580-584, jun. 2014.

Esta obra foi composta em fonte Palatino Linotype, corpo 10
e impressa em papel Offset 75g (miolo) e Supremo 250g (capa)
pela Gráfica Formato.